미시경제학 II

미시경제학 II

2023년 2월 25일 초판 인쇄
2023년 2월 28일 초판 발행

지은이　　김덕수
펴낸이　　이찬규
펴낸곳　　북코리아
등록번호　제03-01240호
전화　　　02-704-7840
팩스　　　02-704-7848
이메일　　ibookorea@naver.com
홈페이지　www.북코리아.kr
주소　　　13209 경기도 성남시 중원구 사기막골로 45번길 14
　　　　　우림2차 A동 1007호
ISBN　　978-89-6324-998-8 (93320)

값 23,000원

대학원 · 공무원 · 공인회계사 · 임용고시 · 공기업 · 태셋 · 기타 수험준비용

출제전문가가 경제시험에 적합하도록 특화시키고
이해하기 쉽게 설명한 경제학 책

microeconomics

미시경제학 II

김덕수 지음

북코리아

머리말

『거시경제학』 책을 출간한 지, 꼭 2년이란 시간이 흘렀다. 지난 1년은 오로지 『미시경제학』 책의 출간을 위해 내 모든 것을 아낌없이 바친 한해였다. 환갑을 넘긴 나이에 학생들을 가르치고 지도하면서 매일 12시간 이상을 집필 작업에 전념한다는 것이 그리 쉬운 일은 아니었다. 가족들과 주변의 지인들은 나이를 생각해서 너무 무리하지 말 것을 권유했다. 하지만 대학에서 은퇴하기 전, 그동안 열정적으로 가르쳐온 미시경제와 거시경제에 관한 좋은 책을 후학들에게 꼭 남겨주고 싶은 강한 열망이 있었기에 비교적 짧은 시간 내에 원고 집필을 끝낼 수 있었다. 코로나로 인한 재택근무와 재택수업, 오랫동안 꼼꼼하게 메모해 둔 강의 노트가 큰 도움이 되었다.

아주 오래전의 일이다. 어떤 모임에 나갔다가 국내의 물리학 분야에서 명망이 높은 권재술 교수님(전, 교원대학교 총장)한테 직접 들었던 얘기다. 당시 동석(同席)했던 여러 대학 교수님들의 공통된 화제(話題)는 '베스트 티쳐(best teacher)'에 대한 것이었다. 그때 권 교수님께서 하신 말씀이 단연 압권이었다. 어느 날 알베르트 아인슈타인(A. Einstein)이 어느 젊은 기자로부터 상대성원리(principle of relativity)의 본질에 대해 설명해 달라는 부탁을 받았다고 한다. 그때 기자는 아인슈타인이 E = mc²에 관해 얘기할 것으로 기대했다. 하지만 아인슈타인은 젊은 기자가 인문학을 공부한 사람임을 직감하고 다른 예를 들어 상대성원리를 다음과 같이 설명했다고 한다. "기자 양반, 여기에 두 분의 여성이 있다고 합시다. 한 분은 내 이상형이고 다른 분은 그렇지 않다고 가정합시다. 내가 두 분과 똑같이 1시간 동안 대화를 나눴는데, 내 이상형의 여성과 대화를 나눈 1시간은 마치 1분처럼 짧게 느껴졌고, 다른 여성과 나눈 1시간의 대화는 마치 1년처럼 길게 느껴졌습니다. 그게 바로 상대성원리의 본질입니다" 그때 내가 생각한 것은 딱 하나다. 최고의 교육자는 아무리 어려운 내용이더라도 그것을 알기 쉽게 설명하는 사람이라는 것이다. 권 교수님의 말씀은 사범교육을 맡고 있던 나에게 하나의 커다란 나침판이 되었음을 고백한다.

나는 수백 개에 이르는 그래프를 직접 그려가며 A4용지로 500페이지가 훨씬 넘는 분량의 『미시경제학』 책의 원고를 집필하는 내내 권 교수님의 말씀을 늘 생각했다. 그러면서 스스로에게 두 가지 질문을 끊임없이 던졌다. '경제원리를 모르는 까막눈 할머니도 이 책의 내용을 이해할 수 있도록 친절하고 알기 쉽게 쓰고 있는가?', '이 책을 읽은 학생이면 누구나 각종 경제시험에서 탁월한 성적을 거둘 수 있다고 자신할 수 있는가?' 원고 집필을 마치고 화룡점정(畵龍點睛)으로 저자 서문인 '머리말'을 쓰고 있는 지금, 나는 그동안 숱하게 자문(自問)해 왔던 2가지 질문에 대해 대답하고자 한다. "그렇다!"라고. 그만큼 이 책에는 내 땀과 영혼이 담겨져 있다고 자부한다.

　　인터넷 서점에 들어가서 『미시경제학』 책을 검색하면 『거시경제학』 책보다 훨씬 더 많음을 확인할 수 있다. 저자들의 이력이나 학력을 보면 모두 다 국보(國寶)급 교수들이다. 그래서 그분들이 집필한 『미시경제학』 책을 거의 다 읽어보았고, 더러는 수업교재로 채택하여 학생들에게 읽혀보기도 했다. 하지만 내 마음에 딱 들어맞는 책은 그리 많지 않았다. 모두 다 훌륭한 책이었지만 설명이 지나치게 어려운 책, 설명은 잘 되어 있지만 핵심 이슈에 대한 증명이 생략되어 아쉬운 책, 경제시험과는 동떨어진 이론 중심의 책들도 많았다. 그것이 내가 『미시경제학』 책을 쓰겠다고 마음먹은 주된 이유다. 이 책은 기존의 훌륭한 『미시경제학』 책들 가운데 수험생들이 아쉽다고 느낀 점들을 보완한 책이라고 보면 좋을 것 같다.

　　이 책은 『경제원론』을 통해 기초 경제원리를 공부한 학생들이 생산물시장과 생산요소시장을 둘러싼 수요·공급의 원리, 자원 배분을 둘러싼 시장실패와 정부실패, 정보의 비대칭과 관련된 모럴 해저드와 역선택, 공공선택의 이론을 기초 이론부터 꽤 높은 수준의 경제이론에 이르기까지 심화학습을 할 수 있도록 설계했다. 미시경제의 기초 이론에 대해서는 편미분·전미분의 개념과 그래프를 십분 활용해서 최대한 알기 쉽도록 설명했고, 필요한 경우에는 적절한 사례를 가미시켜 학생들의 이해를 높이고자 배려했다. 그리고 이 책의 가장 큰 장점은 하찮은 내용이더라도 그것이 학생들의 지적 수준을 높이는 데 도움이 된다고 판단되면, 각주를 통해 친절한 설명이나 수학적 증명을 빠트리지 않았다는 것이다. 따라서 학생들이 끈기와 도전정신을 갖고 책 내용을 파고들면 다른 책에서는 경험하지 못한 다양한 증명들을 접하면서 경제이론의 명쾌함에 청량감을 느낄 수 있을 것이다. 또 그것은 경제에 대한 학생들의 지적 능력을 함양하고 각종 경제시험에서 좋은 결과를 도출할 수 있는 실전 능력까지 길러줄 것으로 확신한다. 특히 나는 학생들이 어려워하는 과점이론, 생산요소시장이론, 시장 실패와 해결방안, 모럴 해저드와 역선택 등에 많은 시간과 노력을 집중했다. 그야 말로 양질의 책을 만들기 위한 저자로서의 고뇌와 열정이었다. 이들 영역에 대한 설명이나 접근 방식, 요약·정리하는 스킬은 다른 책들과 분명하게 차별되는 그 무엇이 있을 것이다. 물론 그에 대한 평가는 독자 여러분들의 몫으로 남겨두고자 한다.

또 이 책의 특징은 [보론]에 있다. [보론] 내용은 주로 대학원, 5급 고시, CPA 시험을 준비하는 학생들을 위해 준비한 것이다. 다양한 주제의 좋은 내용들로 채워져 있다. 그리고 수학의 기초개념만 이해한다면 누구든지 편하게 읽을 수 있도록 친절하게 설명해 놓았다. 그러니 무조건 건너뛰려고 하지 말고 냉철한 마음가짐으로 당차게 도전해주기 바란다. 만약 [보론] 내용까지 섭렵한 학생이라면 그는 어떤 유형의 시험 문제 앞에서도 결코 주눅드는 일은 없을 것이다.

끝으로 온 정성을 다해 책을 집필했지만 혹시라도 오류가 존재한다면 그것은 전적으로 저자인 나의 책임이며, 발견 즉시 정직하게 수정해 나갈 것을 약속드린다. 또 대학교수로서 은퇴한 이후에도 건강이 허락하는 한 경제시험을 준비하는 독자 여러분들 곁에서 경제 길라잡이로서 젊은 학생들과 즐겁게 만날 계획을 갖고 있다. 그때는 30년 가까운 교수 생활과 20회가 넘는 풍부한 출제 경험을 바탕으로 독자 여러분들에게 좋은 강의와 조언을 해주며 영혼이 자유로운 훈장으로 제2의 삶을 재미있게 살아가고 싶다. 독자 여러분들의 대성공과 경제적 지식의 비약적 발전을 소망해본다.

2023년 2월
저자 김덕수 識

『미시경제학 II』 차례

『미시경제학Ⅰ』 차례

과점시장에서의 가격과 생산

1 　 과점시장 및 과점이론에 대한 개관

(1) 과점시장에 대한 개관

① 과점시장의 정의

과점시장(oligopoly market)은 시장점유율이 매우 큰 소수의 기업에 의해 지배되는 시장이다. 여기서 소수(小數)는 두 개 이상, 그러나 많지 않은 숫자를 의미한다. '구체적으로 몇 개 기업이 시장을 지배해야 과점시장이다'라고 단언할 수는 없다. 다만, 한 가지 분명하게 말할 수 있는 것은 과점이 되려면, 해당 기업들이 경쟁 상대의 존재를 충분히 인식할 정도로 적은 숫자여야 한다는 점이다.

2개의 기업이 과점시장을 분점하는 특수한 경우를 복점(duopoly)이라고 한다. 또 과점시장에서 생산 공급되는 상품의 질(quality)이 동일하면(예; 철강, 설탕, 맥주, 시멘트 등) 순수과점(pure oligopoly), 상품의 질에 차이가 존재하면(예: 자동차, 가전, 휴대폰 등) 차별과점(differentiated oligopoly)이라고 한다.

② 과점시장의 특징

기업들 간에 긴밀한 상호의존관계가 존재한다. 이는 과점기업이 다른 시장구조(예; 완전경쟁, 독점, 독점적 경쟁)하의 기업들과 확연하게 다른 점이다. 과점시장을 구성하는 기업들은 소수이기 때문에 어느 과점기업이 가격이나 생산량을 변경할 경우, 다른 경쟁기업들은 그로 인해 큰 영향을 받게 된다. 그 때문에 보복을 비롯한 혈투(血鬪)가 벌어질 개연성이 크다. 따라서 이런 특성을 잘 알고 있는 과점기업들은 가격이나 생산량을 결정할 때, 다른 경쟁기업들의 반응을 신중하게 고려할 수밖에 없다.

과점시장에서는 가격경쟁보다 비가격경쟁이 치열하게 전개된다. 과점기업들은 숫자가 적기 때문에 서로를 너무나도 잘 안다. 만약 어느 과점기업이 가격을 인하하면 다른 경쟁기업들도 자신의 고객을 지키기 위해 가격을 인하할 가능성이 크다. 하지만 다른 과점기업이 가격을 인상할 때는 정반대다. 그 기업보다 가격을 올리지 않거나 올린다 해도 적게 인상한다. 그 결과 과점가격은 경직적인 특징을 띤다. 또 과점기업들은 광고, 판매 조건의 다양화, 상품 차별화 등을 비롯한 비가격경쟁에 몰두하며 이윤극대화를 추구하려는 경향이 강하다.

과점기업들은 공동이윤의 극대화를 목적으로 담합(collusion)을 비롯한 비경쟁 행위를 하려는 경향이 강하다. 과점기업들은 기업 상호간 가격경쟁이 공멸(共滅)을 초래한다는 것을 동물적 감각으로 인지하고 공동의 번영과 생존을 위해 가격을 협정하는 등 다양한 방식의 공동행위를 추구한다. 담합, 카르텔(cartel; 기업연합), 트러스트(turst; 기업합동)가 그것이다.

상당한 정도의 진입장벽이 존재한다. 과점기업의 진입장벽은 독점기업보다는 작고, 독점적 경쟁기업보다는 큰 편이다. 과점기업의 진입장벽도 그 원천은 독점기업과 유사하다. 즉 규모의 경제, 정부의 인·허가 조치, 소수기업에 의한 원·부자재의 독점적 소유가 진입장벽의 원천이다.

(2) 과점이론에 대한 개관

① 과점이론의 특성

과점이론은 과점시장에서 과점기업들의 가격과 생산량이 어떻게 결정되는가를 설명해 준다. 이러한 과점이론들을 알기 쉽게 분류하면 〔표 11-1〕과 같다.

〔표 11-1〕은 과점이론이 우리가 지금까지 학습한 완전경쟁시장이나 독점시장에서 학습한 이론들과 사뭇 다르다는 것을 보여준다. 다음 장에서 배울 독점적 경쟁시장이론과도 크게 차별된다. 〔표 11-1〕은 과점시장을 설명해주는 이론이 하나의 일원화된 체계가 아니고 여러 개임을 시사한다. 그렇다면 왜 과점시장을 설명하는 과점이론은 이러한 특성을 갖는 것인지? 궁금하지 않을 수 없다. 과점기업들은 다른 시장구조하의 기업들과 달리 가격이나 생산량을 결정할 때, 다른 경쟁기업들의 반응을 고

〔표 11-1〕 과점이론을 구성하는 제(諸)모형에 대한 체계적 분류

과정이론의 세부 구분		해당모형
1. 독자적 행동 이론	1) 가격 결정 이론	굴절수요곡선 모형
		내쉬균형
		베르뜨랑 모형
	2) 생산량 결정 이론	꾸르노 모형
		슈타켈버그 모형
2. 상호 협조 이론	1) 완전 담합 이론	카르텔 모형
	2) 불완전 담합 이론	가격 선도 모형
3. 전략적 행동 이론		게임 이론
4. 기타 과점 이론		비용 할증에 의한 가격 설정 모형
		경합시장의 모형
		진입 저지 가격 설정 모형
		기점 가격 제도 이론
		비가격 경쟁 이론

려한다. 그런데 경쟁기업들의 반응이 제각기 다르다. 따라서 과점이론은 경쟁기업들의 상이한 반응을 고려해서 다양한 과점이론을 전개할 수밖에 없다. 과점시장이 경제학을 처음 접하는 초심자들에게 어렵게 다가오는 이유도 그 때문이다. 독자 여러분들은 과점이론이 완전경쟁, 독점, 독점적 경쟁시장처럼 명쾌하게 떨어지지 않고 여러 가설(假說)들만 어지럽게 나열된 것 같은 느낌을 받을 것이다. 저자도 30년 가까이 과점이론을 가르쳐왔지만 지금도 그것을 간단명료하게 설명하는 데는 적지 않은 부담감을 갖고 있을 정도다. 그러니 겁먹지 말고 적극적인 자세로 도전해주기 바란다.

과점시장을 설명하는 이론은 크게 독자적 행동이론, 상호협조이론, 전략적 행동이론, 기타 과점이론으로 세분된다. 또 독자적 행동이론은 가격 결정 이론과 생산량 결정 이론으로 구분해서 설명할 것이다. 또 상호협조이론은 완전 담합이론과 불완전 담합이론으로 나누어 살펴볼 것이다. 마지막으로 기타 과점이론을 간략하게 언급할 것이다. 특히 본서는 기타 과점이론 가운데 상대적으로 중요하다고 생각되는 비용할중에 의한 가격설정 모형과 경합시장 모형은 자세히 언급하고 나머지 이론은 간략하게 소개하는 선에서 마무리하고자 한다.

2

과점이론(1);
독자적 행동이론

(1) 가격결정이론; 굴절수요곡선 모형, 내쉬균형, 베르뜨랑 모형

과점이론으로서 맨 먼저 학습할 내용은 독자적 행동이론이다. 독자적 행동이론은 과점기업이 다른 경쟁기업의 반응에 대해 사전적으로 어떤 추측(推測)을 하고, 그것에 기초해서 자신의 최적 선택을 한다는 이론이다. 이때 과점기업은 자신의 최적 선택 과정에서 다른 경쟁기업들과 아무런 협조 관계를 맺지 않고 독자적으로 행동한다고 가정한다. 독자적 행동이론에는 2가지 모형이 존재한다. 하나는 과점시장에서 어느 과점기업이 다른 경쟁기업의 가격 변화를 미리 추측하고 자신의 가격을 결정한다는 이론이다. 즉 $CV_P = \triangle P_B / \triangle P_A = 0$[1]을 가정한다. 이 이론으로는 굴절수요곡선 모형, 내쉬균형, 베르뜨랑 모형이 있다. 다른 하나는 어느 과점기업이 다른 경쟁기업의 생산량 변화를 미리 추측하고 자신의 생산량을 결정한다는 이론이다. 즉 $CV_q = \triangle q_B / \triangle q_A = 0$[2]을 가정한다. 꾸르노 모형과 슈타켈버그 모형이 여기에 해당된다. 이는 다음의 2항에서 상세하게 논의할 것이다.

---

1   과점기업 A가 가격을 $\triangle P_A$만큼 변화시키고 이에 대해 다른 과점기업 B가 $\triangle P_B$의 가격 변화로 대응할 것으로 추측한다고 가정하면, 가격의 추측된 변화(conjectural variation in price)인 CV_P는 $CV_P = \triangle P_B / \triangle P_A$로 정의된다. 그런데 $CV_P = \triangle P_B / \triangle P_A = 0$이다. 이는 과점기업 A가 가격을 변화시킬 때, 과점기업 B는 현재 가격을 고수한다는 것을 의미한다.

2   과점기업 A가 생산량을 $\triangle q_A$만큼 변화시키고 이에 대해 다른 과점기업 B가 $\triangle q_B$의 생산량 변화로 대응할 것으로 추측한다고 가정하면, 생산량의 추측된 변화(conjectural variation in quantity)인 CV_q는 $CV_q = \triangle q_B / \triangle q_A$로 정의된다. 그런데 $CV_q = \triangle q_B / \triangle q_A = 0$이다. 이는 과점기업 A가 생산량을 변화시킬 때, 과점기업 B는 현재의 생산량 수준을 고수한다는 것을 뜻한다.

① 굴절수요곡선 모형; 차별화된 상품의 과점이론

굴절수요곡선(kinked demand curve) 모형은 미국의 경제학자이자 마르크스주의자였던 폴 스위지(P. Sweezy)가 1939년에 제시한 것이다. 이 모형은 과점시장에서 결정되는 과점가격의 경직성을 잘 설명해준다는 장점이 있다.

스위지는 어느 한 과점기업이 가격을 인하하면 다른 경쟁기업들도 가격을 인하하지만, 가격을 인상할 때는 그렇지 않다고 가정했다. 또 〔그림 11-1〕에서 보듯이 어느 한 과점기업의 수요곡선은 최초의 균형점인 e를 통해 결정되는 a점(P_0, X_0)에서 굴절한다고 가정했다.

A라는 과점기업이 P_0에서 가격을 결정했다고 하자. d_1d_1'는 과점기업 A가 가격을 인하 또는 인상하든 간에 다른 경쟁기업들이 아무런 반응을 보이지 않는 경우, A가 직면하는 수요곡선이다. 반면, d_2d_2'는 과점기업 A가 가격을 인하 또는 인상하든 다른 경쟁기업들이 덩달아 반응을 보이는 경우, A가 직면하는 수요곡선이다. 따라서 d_2d_2'는 d_1d_1'보다 가파르게 그려질 수밖에 없다.[3]

이제 최초의 균형가격 P_0에서 과점기업 A가 X재의 가격 인상을 시도할 때, 다른 경쟁기업들이 반응을 보이지 않으면 A는 다른 경쟁기업들에게 고객을 빼앗기기 때문에 A가 생산 공급하는 X재 수요는 크게 감소한다. 이때 A가 직면하는 수요곡선은

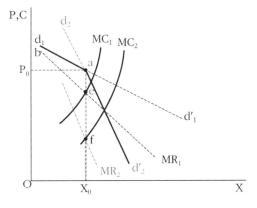

〔그림 11-1〕 굴절수요곡선 모형

3　수요곡선을 d_1d_1, d_2d_2로 하지 않고 d_1d_1', d_2d_2'라고 한 이유는 굴절점을 기준으로 서로 다른 것을 보여주기 위함이다. d_1d_1'에서는 굴절점 a를 기준으로 점선 처리된 수요곡선이 ad_1'이고, d_2d_2'에서는 실선 처리된 것이 ad_2'이다. 오해 없기를 바란다.

탄력적인 d_1a가 된다. 한편, A가 최초의 균형가격 P_o에서 X재 가격을 인하하면 다른 경쟁기업들도 자신의 고객을 빼앗기지 않기 위해서 가격을 인하한다. 그러면 A가 생산 공급하는 X재에 대한 수요량은 크게 늘지 않는다. 따라서 이 경우 A가 직면하는 수요곡선은 ad_2'이다. 결국 P_o를 중심으로 X재 가격 인상과 가격 인하에 따른 A의 수요곡선은 굴절된 수요곡선 d_1ad_2'로 정의된다. 이때 굴절수요곡선 d_1ad_2'에 따른 MR곡선은 $befMR_2$이다.

이때 MC곡선이 MC_1과 MC_2 사이에 있으면 $MR = MC_1$, $MR = MC_2$가 되기 때문에 X재의 이윤극대화생산량과 균형가격은 X_o, P_o로 일정하다. 흔히 MC가 조금이라도 변하면 MR = MC에 의거해서 이윤극대화생산량과 균형가격이 변하기 마련이다. 그러나 굴절수요곡선에 의하면 MC가 변한다 해도 MC_1보다 크거나 MC_2보다 작지 않으면 이윤극대화생산량과 균형가격이 변하지 않는다는 것을 알 수 있다. 이로써 과점가격의 경직성이 잘 설명된다. 이것이 스위지의 굴절수요곡선이 갖는 매력 포인트다.

하지만 굴절수요곡선모형에 대해서는 비판의 소지가 있다. 첫째는 굴절점인 a점과 최초의 균형가격 P_o가 어떻게 결정되었는지에 대한 이론적 해명이 없다는 점이다. 둘째는 어느 한 과점기업이 가격을 인상하면 다른 경쟁기업들도 가격을 인상시키는 경우가 대부분인데, 굴절수요곡선은 그것을 배제시켰다는 점이다. 이것은 1982년에 노벨경제학상을 수상한 조지 조셉 스티글러(G.J. Stigler) 교수에 의해 지적된 바 있다. 셋째는 과점가격의 경직성이 그리 흔한 현상이 아니라는 비판도 제기된 바 있다.

② 내쉬균형; 차별화된 상품의 과점이론

내쉬균형(Nash equilibrium)은 1994년에 노벨경제학상을 수상한 존 내쉬(J. Nash)가 정립한 개념이다. 내쉬는 각 경제주체가 어떤 행동을 선택하든 간에 다른 경제주체들은 자신의 현재 행동을 변경하지 않는다고 가정했다. 또 그런 상황에서 개별 경제주체들의 의사결정이 어떻게 이루어지며, 그것이 사회 전체적으로 어떻게 조화를 이룰 것인가에 대해 분석했다.

과점기업 A, B가 차별화된 상품을 생산 공급하는 복점에 대해 내쉬의 분석기법을 활용하면 흥미있는 결론이 도출된다. 과점시장에서 A는 X_1재, B는 X_2재를 생산 공급한다고 가정하자. X_1과 X_2는 긴밀한 대체재이기 때문에 A, B가 직면하는 수요곡선은 경쟁기업이 가격을 인상하면 우측 상방으로 이동하고, 가격을 하락하면 좌측 하방으로 이동한다. 따라서 A, B의 수요곡선은 경쟁기업이 책정한 가격의 함수로 정의된다. A, B가 생산 공급하는 X_1과 X_2의 가격을 P_1^o, P_2^o로 책정할 때, 그들 기업은 각각 다음과 같은 이윤극대화 문제를 충족시키는 생산량을 공급하게 된다.

$$\text{Max.} \atop X_1 \quad P_1(X_1, P_2^o) \cdot X_1 - TC_1(X_1) \quad \cdots\cdots\cdots\cdots\cdots\cdots\cdots\cdots\cdots ㉠$$

$$\text{Max.} \atop X_2 \quad P_2(X_2, P_1^o) \cdot X_2 - TC_2(X_2) \quad \cdots\cdots\cdots\cdots\cdots\cdots\cdots\cdots ㉡$$

참고로 ㉠, ㉡식에 내재된 중요한 가정은 과점기업 A, B가 이윤극대화생산량을 결정하는 과정에서 경쟁기업이 책정하는 가격이 일정불변이라고 예상한다는 점이다. ㉠, ㉡식으로 정의된 이윤극대화 문제의 1차 조건을 풀면 아래의 ㉢, ㉣식으로 요약된다.

$$P_1(X_{1*}, P_2^o) + X_{1*} \cdot \frac{\partial P_1(X_{1*}, P_2^o)}{\partial X_1} - \frac{\partial TC_1(X_{1*})}{\partial X_1} = 0 \quad \cdots\cdots\cdots\cdots\cdots ㉢$$

$$P_2(X_{2*}, P_1^o) + X_{2*} \cdot \frac{\partial P_2(X_{2*}, P_1^o)}{\partial X_2} - \frac{\partial TC_2(X_{2*})}{\partial X_2} = 0 \quad \cdots\cdots\cdots\cdots\cdots ㉣$$

A, B의 이윤극대화생산량 X_1^*, X_2^*에서 ㉢, ㉣식은 다음의 ㉤, ㉥식으로 정리된다.

$$MR_1(X_1^*, P_2^o) = MC_1(X_1^*) \quad \cdots\cdots\cdots\cdots\cdots\cdots\cdots\cdots\cdots\cdots\cdots ㉤$$

$$MR_2(X_2^*, P_1^o) = MC_2(X_2^*) \quad \cdots\cdots\cdots\cdots\cdots\cdots\cdots\cdots\cdots\cdots\cdots ㉥$$

㉤, ㉥식은 A, B도 독점기업처럼 MR과 MC가 일치하는 수준에서 이윤극대화생산량이 결정됨을 보여준다. 하지만 독점기업과 다른 점은 A의 MR곡선인 MR_1이 경쟁기업 B가 현재 책정한 가격 P_2^o의 함수라는 점이다. 이는 B의 MR곡선인 MR_2의 경우도 마찬가지다.

지금까지 설명한 내용을 그래프로 나타내면 [그림 11-2]와 같다. 수요곡선 dd

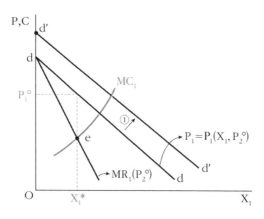

〔그림 11-2〕 과점기업 A의 이윤극대화생산량

는 B가 가격을 P_2^o로 책정한 경우, A가 직면하는 수요곡선으로서 그것의 궤적은 P_1 = $P_1(X_1, P_2^o)$이다. A는 MR_1 = MC_1이 성립하는 생산량 X_1^*를 생산함으로써 이윤극대화에 성공한다. 이때 A가 책정한 가격이 P_1^o이라면, B는 A의 가격이 P_1^o로 일정불변일 것으로 예상하고 $MR_2(P_1^o)$ = MC_2가 충족되는 이윤극대화 생산량 X_2^*를 결정한다. 그리고 자신의 상품에 대한 과점가격을 책정할 것이다. 만약 B가 책정한 가격이 P_2^o라면, A, B가 책정한 가격은 P_1^o, P_2^o로 계속 유지될 것이다. 하지만 B가 책정한 가격이 P_2^o보다 높은 P_2'라면 A는 B가 P_2'로 유지될 것으로 예상하기 때문에 A가 직면하는 수요곡석은 dd로부터 d′d′로 이동①할 것이다. 즉 B가 생산 공급하는 X_2재 가격이 상대적으로 높아지면 소비자들은 상대적으로 저렴한 X_1재의 수요를 늘릴 것이다. 그것이 dd에서 d′d′로 이동하게 만든 이유다. 한편, A는 새로운 수요곡선 d′d′에 기초해서 새로운 MR곡선과 MC곡선이 일치하는 점에서 이윤극대화생산량을 결정한다. 이때 A가 생산 공급하는 X_1의 수준은 증가할 것이다.

앞에서 설명한 ㉠, ㉡식에 대한 솔루션(解)은 A, B의 이윤극대화생산량 X_1^*, X_2^*로 요약된다. 그런데 X_1^*는 경쟁기업 B의 현재 가격 P_2^o, X_2^*는 경쟁기업 A의 현재 가격 P_1^o의 크기에 따라 결정된다. 따라서 우리는 A, B의 이윤극대화생산량을 경쟁기업이 현재 책정한 가격의 함수로 표현할 수 있다. 즉 X_1^* = $X_1^*(P_2^o)$, X_2^* = $X_2^*(P_1^o)$이다. 이것을 A, B의 가격함수 P_1 = $P_1(X_1, P_2^o)$, P_2 = $P_2(X_2, P_1^o)$에 대입하면 다음과 같다. P_1 = $P_1[X_1(P_2^o), P_2^o]$ = $\Phi_1(P_2^o)$, P_2 = $P_2[X_2(P_1^o), P_1^o]$ = $\Phi_2(P_1^o)$ 이것을 보면 A, B가 책정하는 가격은 경쟁기업이 책정하는 가격에 따라 달라진다는 것을 알 수 있다. 따라서 P1

미시경제학 II

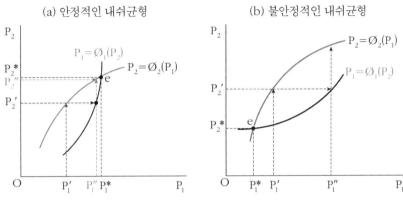

〔그림 11-3〕 내쉬균형에 대한 기본 원리

$= \pmb{\varPhi}_1(P_2^{\circ})$와 $P_2 = \pmb{\varPhi}_2(P_1^{\circ})$가 A, B의 반응곡선(reaction curve)이다.

〔그림 11-3〕의 (a) 그래프는 안정적인 내쉬균형, (b) 그래프는 불안정한 내쉬균형을 나타낸다. 만약 A, B의 반응곡선이 교차하지 않는 경우에는 내쉬균형이 존재하지 않는다. 또 내쉬균형이 존재하더라도 (b) 그래프처럼 일단 내쉬균형을 벗어나면 최초의 균형점으로 회귀하지 못하고 균형점에서 멀어지는 경우에도 안정적인 과점가격이 형성될 수 없다. 오로지 안정적인 과점가격의 형성은 (a) 그래프의 안정적인 내쉬균형에서만 가능하다. 따라서 본서(本書)는 (a) 그래프로 한정해서 설명하고자 한다. 〔그림 11-3〕의 (a) 그래프를 통해 B가 책정한 가격 P_2의 수준에 따라 A의 반응곡선 $P_1 = \pmb{\varPhi}_1(P_2)$이 어떻게 변해가는지? 살펴보자. 만약 B가 현재 가격을 P_2'로 책정하면 A는 자신의 반응곡선에 따라 P_1''로 책정한다. 그러면 B는 A가 현재 가격을 P_1''로 책정했다고 보고 이윤극대화를 위한 자신의 가격을 P_2''로 조정해 나간다. 이와 같은 일련의 조정과정은 균형점인 e점에서 A, B의 가격이 P_1^*, P_2^*에 도달할 때까지 계속된다. 따라서 e점에서는 ㉠, ㉡의 관계가 성립한다.

$$P_1^* = \pmb{\varPhi}_1(P_2^*) \quad \cdots\cdots\cdots\cdots\cdots\cdots\cdots\cdots\cdots\cdots\cdots\cdots\cdots ㉠$$

$$P_2^* = \pmb{\varPhi}_2(P_1^*) \quad \cdots\cdots\cdots\cdots\cdots\cdots\cdots\cdots\cdots\cdots\cdots\cdots\cdots ㉡$$

㉠과 ㉡식을 보면 B가 P_2^*를 책정하면 A는 P_1^*를 책정하고, 그에 따라 B가 다시 가격의 재조정을 시도해도 균형가격 P_2^*는 변하지 않는다. 이처럼 A, B가 경쟁기업의 가

격을 주어진 것으로 간주하고 자신의 가격을 책정할 때, 자신의 현재 가격이 가장 유리한 가격으로 나타나는 상태를 내쉬균형(Nash equilibrium)이라고 정의한다. 따라서 과점기업 A, B가 자신이 어떻게 행동하더라도 다른 경쟁기업의 가격이 변하지 않을 것으로 예상한다면, 이 때의 과점가격은 내쉬균형에서의 가격 P_1^*, P_2^*로 결정될 것이다.

③ 베르뜨랑 모형(1); 순수 복점의 경우

베르뜨랑 모형(Bertrand model)을 제시한 인물은 1883년 프랑스의 경제학자 조셉 루이스 프랑소와 베르뜨랑(J. Bertrand)이다. 또 베르뜨랑 모형은 동질적 상품을 공급하는 순수 복점과 차별화된 상품이 거래되는 차별과점으로 구분된다.[4] 우선 순수 복점부터 살펴보자.

순수 복점에서 소비자들은 과점기업들이 설정한 가격을 관찰한 후, 해당 상품을 얼마만큼 구매할 것인가를 결정한다. 이때 과점기업들은 소비자가 원하는 상품을 즉시 공급한다고 가정한다. 또 시장수요곡선은 $P = a - X_D^M$(단, a > 0)이고, MC는 A, B 모두 생산량과 무관하게 일정하다고 가정한다. 즉 $MC_A = MC_B = c$(일정한 상수)라는 얘기다. X재는 동질적 상품이기 때문에 A, B가 같은 가격을 설정하면 이들 기업은 시장수요를 양분(兩分)한다. 하지만 A, B가 설정하는 가격 사이에 조금의 차이라도 존재하면 상대적으로 높은 가격을 설정한 과점기업의 판매량은 0이 되고, 가격을 낮게 설정

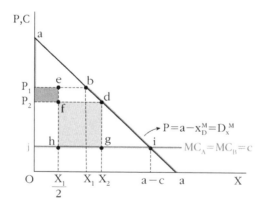

〔그림 11-4〕 순수 복점의 베르뜨랑 모형

---

4   성백남 · 정갑영, 『미시경제학』, 박영사, 2011, 501-508쪽 참조.

한 과점기업이 시장수요를 독차지한다.

A가 예상하는 B의 시장가격이 P_1이라고 가정하자. 이때 A도 시장가격을 P_1으로 설정하면 이들 기업은 X_1의 시장수요를 양분해서 각자 $X_1/2$만큼 공급한다. 하지만 A가 시장가격을 P_1보다 높게 설정하면 A의 판매량은 0이고, B가 X_1만큼의 X재를 독점적으로 공급하게 된다. 물론 A가 P_1보다 낮은 수준으로 설정하면 시장수요는 모두 A의 몫이 된다. 이를 종합하면 B가 시장가격을 P_1으로 설정할 때, A가 직면하는 시장수요곡선은 짙은 색깔로 처리된 aP_1과 bdia로 정의된다.

만약 B가 시장가격을 P_1으로 설정할 것으로 예상될 경우, A가 P_1보다 낮은 P_2를 설정하면 A는 시장수요 X_2를 독차지할 수 있다. 이때 A가 잃는 손실의 크기는 □P_1efP_2이지만 새롭게 얻는 이윤의 크기는 □fdgh이다. 그런데 □fdgh가 □P_1efP_2보다 크다. 이러한 현상은 B의 경우도 마찬가지다. 따라서 A, B는 상대 기업이 자신보다 가격을 낮게 책정할 것을 걱정한 나머지, 가격을 한계비용 c와 같은 수준으로 결정해서 $(a-c)/2$만큼씩 공급할 것이다. 또 그때 A, B의 초과이윤은 0이다.[5] 물론 이때도 A, B는 정상이윤을 얻고 있음에 유의해야 한다. 이는 X재의 생산과정에 생산요소를 제공한 사람에게는 최소한 그의 기회비용에 상응하는 보수가 지급되고 있음을 시사해준다.

④ 베르뜨랑 모형(2); 차별 복점의 경우

현실의 과점시장에서는 동질적 상품보다 차별화된 상품이 더 많이 거래된다. 여기서 차별화된 상품이란 완전대체재는 아니지만 그래도 매우 긴밀한 대체재를 말한다. 이제 과점기업 A, B가 차별화된 상품을 공급하며, 상호 비협조적으로 가격을 동시에 결정한다고 가정하자. 순수 복점에서는 동질적 상품을 공급하기 때문에 기업들 간에 가격경쟁이 치열하게 벌어진다. 따라서 완전경쟁시장에서의 장기균형과 같은 결과가 도출되었다. 하지만 차별 복점의 경우에는 그런 결과를 기대하기 어렵다.

---

5   MC가 c로 일정하면 AC도 c로 일정하게 됨은 앞에서 증명했기에 추가 설명은 생략한다. 또 [그림 11-4]에서 P = MC 조건이 충족되는 i점에서 결정되는 생산량 수준은 a - c이다. 그에 대한 근거는 P = a - X_D^M = c에서 찾아야 한다. P식을 X_D^M로 재정리하면 X_D^M = a - c가 된다. 또 i점에서는 P - MC = P - AC가 성립한다. 그런데 X재의 1단위당 이윤은 P - AC로 정의되고, P가 AC와 같기 때문에 0이다. 따라서 총이윤과 초과이윤 모두 0이다.

A, B가 생산 공급하는 상품을 X_1, X_2라고 하자. 순수 복점에서는 동질적 상품이기에 X재 하나로 통일해서 분석했지만 차별 복점에서는 동질적 상품이 아니기 때문에 그렇게 하면 곤란하다. 그래서 X_1, X_2라고 상정한 것이다. 소비자들은 X_1, X_2가 대체재라고 생각하기 때문에 X_1 가격이 오르면 그것을 덜 구입하고 X_2를 더 구입할 것이다. 이는 X_2의 경우도 똑같다. 따라서 P_1, P_2를 A, B가 생산 공급하는 X_1과 X_2의 가격이라고 가정하면, 이들 기업이 시장에서 직면하는 수요곡선은 다음과 같다. 단, ㉠, ㉡식에서 a, b는 각각 0보다 큰 상수이다.

$$X_1 = a - bP_1 + bP_2 \quad \cdots\cdots\cdots\cdots\cdots\cdots\cdots\cdots\cdots\cdots\cdots\cdots ㉠$$

$$X_2 = a - bP_2 + bP_1 \quad \cdots\cdots\cdots\cdots\cdots\cdots\cdots\cdots\cdots\cdots\cdots\cdots ㉡$$

여기서 독자 여러분들이 알아야 할 것은 ㉠, ㉡식에서 소비자들이 X_1과 X_2를 긴밀한 대체재로 인식하면 할수록 b의 크기가 커진다는 점이다.

베르뜨랑 모형에서는 가격에 대한 추측된 변화(CV_P)가 $CV_P = \triangle P_2 / \triangle P_1 = 0$이라고 가정한다. 따라서 A는 경쟁기업 B가 책정한 가격 P_2가 일정불변이라고 예상한다. 이는 A가 ㉠식에서 $a + bP_2$를 상수로 간주하고, B 역시 ㉡식에서 $a + bP_1$을 상수로 간주한다는 얘기다. 이제 ㉠, ㉡식을 P_1, P_2로 재정리하면 ㉢, ㉣식과 같다.

$$P_1 = \frac{a + bP_2}{b} - \frac{X_1}{b} \quad \cdots\cdots\cdots\cdots\cdots\cdots\cdots\cdots\cdots\cdots\cdots ㉢$$

$$P_2 = \frac{a + bP_1}{b} - \frac{X_2}{b} \quad \cdots\cdots\cdots\cdots\cdots\cdots\cdots\cdots\cdots\cdots\cdots ㉣$$

위의 ㉢, ㉣은 A, B의 수요곡선이다. 여기서 A, B의 MR_1, MR_2를 구하면[6] 다음의 ㉤, ㉥식과 같다. 이때도 MC, AC는 A, B 모두 생산량과 무관하게 c로 일정하다고 가정한다.

---

[6] 우리는 독점시장을 학습하면서 시장수요곡선이 우하향하는 경우, MR곡선은 Y축인 가격(P)축과 시장수요곡선의 1/2점을 지난다는 사실을 학습한 바 있다. 따라서 MR곡선의 기울기는 시장수요곡선의 그것보다 2배만큼 크다.

$$MR_1 = \frac{a + bP_2}{b} - \frac{2X_1}{b} \quad\text{......................................}\quad ㅁ$$

$$MR_2 = \frac{a + bP_1}{b} - \frac{2X_2}{b} \quad\text{......................................}\quad ㅂ$$

위에서 A, B 모두 MC, AC는 c로 일정하다고 가정했기에 A, B의 이윤극대화조건인 $MR_1 = MC_1$, $MR_2 = MC_2$는 ㅅ과 ㅇ식으로 나타낼 수 있다.

$$\frac{a + bP_2}{b} - \frac{2X_1}{b} = c \quad\text{......................................}\quad ㅅ$$

$$\frac{a + bP_1}{b} - \frac{2X_2}{b} = c \quad\text{......................................}\quad ㅇ$$

이제 P_1, P_2로 정의되는 A, B의 반응곡선(reaction curve)을 도출해보자. 즉 ㅅ, ㅇ식에서 X_1과 X_2에다 $X_1 = a - bP_1 + bP_2$, $X_2 = a - bP_2 + bP_1$을 대입한 후 P_1과 P_2로 정리하면, A, B의 반응곡선 R_A와 R_B가 도출된다.

$$P_1 = \frac{a + bc}{2b} + \frac{P_2}{2} \quad\text{......................................}\quad ㅈ$$

$$P_2 = \frac{a + bc}{2b} + \frac{P_1}{2} \quad\text{......................................}\quad ㅊ$$

ㅈ과 ㅊ식으로 정의된 A, B의 반응곡선 R_A와 R_B를 그래프로 나타내면 〔그림 11-5〕와 같다. B가 X_2의 가격을 P_2로 책정할 것이라고 예상한 A는 이윤극대화를 위해 X_1의 가격을 P_1으로 책정한다. 그것을 지켜본 B는 자신의 반응곡선이 R_B에 의거해서 이윤극대화를 보장하는 가격인 P_2'를 책정한다. 그에 따라 A도 이윤극대화를 위한 X_1의 새로운 가격인 P_1'를 책정한다. 이러한 가격의 조정과정은 균형점인 e점에 도달할 때까지 계속될 것이다. 한편, 차별 복점인 베르뜨랑 모형의 균형은 A와 B의 반응곡선이 교차하는 e점에서 이루어진다. A, B는 각각 '가격을 P_2, P_2', …로 설정한다'는 전략과 '가격을 P_1, P_1', …로 설정한다'는 전략을 동시에 선택함으로써 경쟁기업이 선택한 전략에 대해 최적의 대응을 하면서 균형에 도달한다. 그러한 점에서 차별 복점

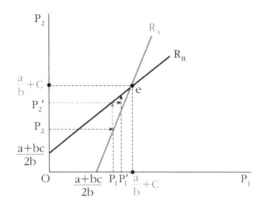

〔그림 11-5〕 차별 복점의 베르뜨랑 모형

을 설명해주는 베르뜨랑 모형의 균형은 동시 게임의 내쉬균형이라는 의미를 내재하고 있다.

한편, 차별 복점의 베르뜨랑 모형에서 균형점은 e점이며, 그때 P_1과 P_2의 값은 다음과 같다. 이는 ㉢, ㉣식의 연립방정식을 푼 결과임을 밝힌다.

$$P_1 = P_2 = \frac{a}{b} + c \quad \cdots\cdots\cdots\cdots\cdots\cdots\cdots\cdots\cdots\cdots\cdots\cdots\cdots ㉠$$

㉠식에서 c는 A, B의 MC인 동시에 AC라고 가정했기 때문에 이들 기업은 X_1과 X_2를 1단위씩 판매할 때마다 a/b만큼의 초과이윤을 얻게 된다. 그 근거는 X_1과 X_2 모두 1단위당 이윤은 $P_{1(2)} - AC$로 정의되기 때문이다. 따라서 다음의 ㉣식이 성립한다.

$$P_{1(2)} - AC = (a/b) + c - c = a/b \quad \cdots\cdots\cdots\cdots\cdots\cdots\cdots\cdots\cdots ㉣$$

이제 A, B의 이윤극대화생산량과 총이윤의 크기를 구해보자. 이를 위해서는 위의 ㉠, ㉡식에다 ㉣식의 P_1, P_2값을 대입해서 X_1, X_2로 정리해 주면 된다. 그 결과가 다음의 ㉤식이다.

$$X_1 = X_2 = a \quad \cdots\cdots\cdots\cdots\cdots\cdots\cdots\cdots\cdots\cdots\cdots\cdots\cdots\cdots\cdots ㉤$$

총이윤은 A, B의 생산량인 $X_{1(2)}$의 1단위당 이윤에다 ⑫식에서 정의한 생산량 a 를 곱해준 값으로 정의된다. 따라서 A, B의 총이윤 $\pi_{1(2)}$은 ⑬식과 같이 요약된다.

$$\pi_A = \pi_B = (a/b) \times a = a^2/b \quad\cdots\cdots\cdots\cdots\cdots\cdots\cdots\cdots\cdots\cdots\cdots\cdots\cdots\cdots ⑬$$

⑬식은 우리들에게 몇 개의 중요한 경제적 시사점을 제시해준다. 하나는 차별 복점의 베르뜨랑균형에서는 A, B가 설정하는 가격이 MC(=AC)인 c보다 크기 때문에 이들 기업은 순수 복점인 베르뜨랑 모형과는 달리 $X_{1(2)}$재 1단위당 이윤을 a/b만큼 얻 는다. 다른 하나는 b가 커질수록 $X_{1(2)}$재 1단위당 이윤이 점점 더 줄어든다는 사실이 다. 참고로 b는 A, B가 생산 공급하는 상품이 얼마만큼 유사한 대체재인가를 말해주 는 척도다. 따라서 이윤극대화를 추구하는 A, B는 자신들이 생산 공급하는 상품의 차 별화를 위해 피나는 노력을 경주할 수밖에 없다는 점이다.

(2) 생산량결정이론; 꾸르노 모형과 슈타켈버그 모형

과점이론 가운데 또 다른 독자적 행동이론을 살펴보고자 한다. 앞의 2절 (1)항에서는 가격의 추측된 변화인 CV_p(conjectural variation in price)가 0이라는 가정을 채택하는 굴절 수요곡선 모형, 내쉬균형, 베르뜨랑의 모형에 대해 설명했다. 이제는 생산량의 추측 된 변화인 CV_q(conjectural variation in quantity)가 0이라는 가정을 채택하는 꾸르노 모형과 슈타켈버그 모형에 대해 설명하고자 한다.[7] CV_q가 0이라는 것은 $CV_q = \triangle q_B/\triangle q_A =$ 0을 의미한다. 이는 과점기업 A의 생산량에 어떤 변화가 있더라도 과점기업 B는 자 신의 생산량을 전혀 변화시키지 않을 것($\triangle q_B = 0$)이라고 예상한다는 얘기다. 이는 B 기업의 경우도 마찬가지다. 즉 $CV_q = \triangle q_A/\triangle q_B = 0$이라는 얘기다. 그러면 $CV_q = 0$이 라는 가정하에 A, B의 독자적 행동이론을 설명해주는 꾸르노 모형부터 살펴보자.

---

[7]   이승훈,『미시경제학』, 영지문화사, 1995, 248-266쪽 참조.

① 꾸르노 모형; 동질적 상품의 과점이론

꾸르노 모형은 1838년에 프랑스 경제학자이자 수학자였던 앙투안 아우구스틴 꾸르노(A. A. Cournot)가 제시한 복점 모형이다. 꾸르노 모형은 비록 정태적 모형이라는 한계가 있지만 과점기업들의 전략적 행동을 최초로 분석했다는 평가를 받고 있다. 또 꾸르노 모형은 동질적 상품(예; X재)를 생산 공급하는 A, B가 자신의 생산량을 비협조적으로 동시에 결정하며, 두 기업의 생산량 결정으로 시장공급량이 정해지면 시장수요곡선과 만나는 점에서 X재 가격이 결정된다고 가정한다.

과점상품(예; X재)이 동질적인 경우, 과점가격은 시장공급량의 수준에 따라서 결정된다. 즉 A, B가 각각 X_1, X_2만큼을 생산 공급하면 과점가격은 시장수요곡선을 따라 $P(X_1 + X_2)$로 결정된다는 얘기다. 이런 경우, 어느 한 과점기업이 특정 수량을 공급할 때, 받아낼 수 있는 X재의 단위당 가격은 다른 경쟁기업이 얼마만큼 생산 공급하는가에 따라 달라진다. 따라서 A, B는 자신의 생산량을 결정할 때, 다른 경쟁기업의 생산량이 어떻게 결정될 것인가를 예상해야 한다. 꾸르노는 다른 경쟁기업의 생산량이 현재의 수준으로 일정불변이라고 예상하는 경우, 과점가격과 이윤극대화생산량이 어떻게 결정되는지를 설명했다. 따라서 꾸르노 모형은 동질적 상품의 과점에 대한 내쉬 분석의 응용편인 셈이다. A, B가 X재를 X_1, X_2만큼 생산 공급한다고 가정할 때, A와 B의 이윤극대화 문제는 다음의 ㉠, ㉡식으로 요약된다.

$$\underset{X_1}{\text{Max.}} \ P(X_1 + X_2) \cdot X_1 - TC_1(X_1) \ \cdots\cdots\cdots \ ㉠$$

$$\underset{X_2}{\text{Max.}} \ P(X_1 + X_2) \cdot X_2 - TC_2(X_2) \ \cdots\cdots\cdots \ ㉡$$

㉠식으로 정의되는 A의 이윤극대화문제를 살펴보자. B의 생산량이 X_2로 일정하게 유지되는 경우, $P(X_1 + X_2)$는 A가 직면하는 수요곡선이다. 이는 B의 경우도 마찬가지다. ㉠, ㉡식으로 정의된 이윤극대화의 1차 조건을 구하면 ㉢, ㉣과 같다.

$$P(X_1^* + X_2) + X_1 \cdot \cdot \frac{\partial P(X_1^* + X_2)}{\partial X_1} - \frac{\partial TC_1(X_1^*)}{\partial X_1} = 0 \ \cdots\cdots\cdots \ ㉢$$

$$P(X_1 + X_2^*) + X_2 \cdot \cdot \frac{\partial P(X_1 + X_2^*)}{\partial X_2} - \frac{\partial TC_2(X_2^*)}{\partial X_2} = 0 \quad \cdots\cdots\cdots\cdots\cdots ㉣$$

A, B의 이윤극대화생산량인 X_1^*, X_2^*에서 ㉢, ㉣식은 ㉤, ㉥식으로 정리된다.

$$MR_1(X_1^* + X_2) = MC_1(X_1^*) \quad \cdots\cdots\cdots\cdots\cdots\cdots\cdots\cdots\cdots ㉤$$

$$MR_2(X_2^* + X_1) = MC_2(X_2^*) \quad \cdots\cdots\cdots\cdots\cdots\cdots\cdots\cdots\cdots ㉥$$

㉤, ㉥식은 A, B도 독점기업처럼 MR과 MC가 일치하는 수준에서 이윤극대화생산량을 결정한다는 것을 보여준다. 하지만 독점기업과 다른 점은 A의 MR곡선인 MR_1은 경쟁기업 B의 생산량 X_2에 의존한다는 점이다. 이는 B의 MR곡선인 MR_2의 경우도 마찬가지다. 이것을 그래프로 나타낸 것이 〔그림 11-6〕이다.

〔그림 11-6〕에서 dd는 시장수요곡선을 의미하며 d_1d_1은 시장수요곡선 dd를 과점기업 B의 생산량인 X_2만큼 좌측으로 평행이동시킨 것이다. 즉 d_1d_1은 B의 생산량이 X_2로 일정하게 유지될 것으로 예상하는 A가 직면하는 수요곡선이다. 이런 상황에서 A는 자신의 수요곡선인 d_1d_1에 기초해서 $MR_1(X_1^* + X_2) = MC_1$의 조건을 충족시키는 이윤극대화생산량 X_1^*를 과점시장에 공급한다.

이는 B의 경우도 똑같다. B도 A의 생산량인 X_1만큼 시장수요곡선 dd를 좌측으로 평행이동시킨 자신의 수요곡선 d_2d_2를 도출한 후, 그에 기초해서 $MR_2(X_1+X_2^*) = $

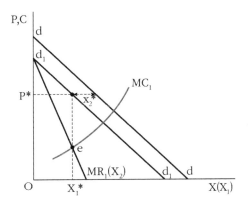

〔그림 11-6〕 과점기업 A의 생산량 결정: 동질적 상품의 경우

MC_2의 조건을 충족시키는 이윤극대화생산량 X_2^*를 과점시장에 공급할 것이다. 위의 ㉠, ㉡식에서 확인할 수 있듯이 A, B의 이윤극대화생산량은 경쟁기업의 현재 생산량에 대한 함수로 정의된다. 즉 우리는 ㉠, ㉡식의 솔루션으로부터 A, B의 반응곡선이 도출된다. 그것을 요약하면 ㉳, ◎식이 된다.

A의 반응곡선; $X_1 = \Phi_1(X_2)$ ··· ㉳

B의 반응곡선; $X_2 = \Phi_2(X_1)$ ··· ◎

A, B의 이윤극대화생산량 X_1^*, X_2^*에서 $X_1^* = \Phi_1(X_2^*)$, $X_2^* = \Phi_2(X_1^*)$의 관계가 성립하면, 과점가격은 $P(X_1^* + X_2^*)$로 결정된다. 그리고 이윤극대화 생산량 X_1^*, X_2^*가 바로 꾸르노-내쉬균형이다. 참고로 꾸르노-내쉬균형은 존재하지 않을 수도 있고, 존재한다 해도 불안정할 수도 있음에 유의해야 한다.

과점기업 A, B의 반응곡선 $X_1 = \Phi_1(X_2)$, $X_2 = \Phi_2(X_1)$은 우하향한다. 그 이유는 간단하게 증명할 수 있다. 앞의 〔그림 11-6〕에서 보는 것처럼 B의 생산량인 X_2가 증가하면 과점기업 A가 직면하는 수요곡선인 d_1d_1은 좌측 하방으로 이동한다. 그러면 A의 MR곡선인 MR_1도 좌측 하방으로 이동하고 $MR_1 = MC_1$의 조건을 충족시키는 이윤극대화생산량 X_1도 감소한다. 이는 B도 마찬가지다. 따라서 A, B의 반응곡선은 우하향한다. 한편, 〔그림 11-7〕의 (a) 그래프에서는 꾸르노-내쉬균형이 안정적이다. 경쟁기업 B의 생산량을 $X_2°$로 예상한 A는 자신의 반응곡선 $X_1 = \Phi_1(X_2)$에 따라 자신의 이

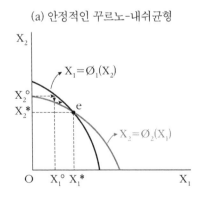
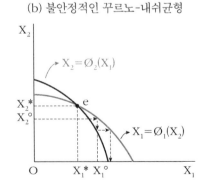

〔그림 11-7〕 꾸르노-내쉬균형

미시경제학 II

윤극대화생산량을 X_1^o로 결정한다. 그러면 B는 A의 생산량이 X_1^o로 일정할 것이라고 예상하고 자신의 이윤극대화생산량을 결정한다. 이런 과정은 (a) 그래프의 꾸르노-내쉬균형점인 e점에 도달할 때까지 계속된다. 점선으로 표시된 화살표 방향이 그 궤적을 말해준다. 반면 (b)그래프는 (a) 그래프와는 정반대로 한번 꾸르노-내쉬균형점을 벗어나면 최초의 균형점인 e점으로 회귀하지 않고 점점 더 멀어져가는 양상을 보인다. 따라서 (b)그래프는 불안정한 꾸르노-내쉬균형의 전형이다.

보론 1 ┃ MC=0인 경우, 꾸르노-내쉬균형 분석

앞서 언급한 꾸르노-내쉬균형이 자원배분의 측면에서 완전경쟁시장이나 독점시장의 균형과 어떻게 다른지 살펴볼 필요가 있다. 이 부분도 각종 경제시험에서 종종 출제되기 때문에 독자 여러분들의 각별한 주의가 요구된다. 여기서는 간단한 숫자를 활용해서 동질적 상품을 생산 공급하는 꾸르노-내쉬균형의 문제를 알기 쉽게 설명하고자 한다. 시장 생산량을 X(단위; 개), X재 가격을 P, 시장수요곡선을 P = 120 – 4X라고 가정하자. 또 분석의 편의를 위해 MC는 0이라고 가정한다. 이때 각 시장별 균형상태를 통해 자원배분의 결과를 비교해보자.

X재 시장이 완전경쟁시장인 경우의 자원배분
완전경쟁시장에서 이윤극대화조건을 충족시키는 균형조건은 P = MC이다. X재 가격 P가 MC와 일치되는 점에서 이윤극대화생산량이 도출된다. 즉 P = 120 – 4X = MC = 0이다. 이를 통해 X재의 이윤극대화생산량을 구하면 X=30(개)이다.

X재 시장이 독점시장인 경우의 자원배분
독점시장에서 독점기업의 이윤극대화를 충족시키는 균형조건은 P(X) ⟩ MR = MC이다. 따라서 시장수요곡선 P = 120 – 4X로부터 한계수입 MR을 도출해야 한다. MR은 MR = dTR/dX이고, 총수입 TR은 TR = P(X)·X이다.

$$TR = P(X) \cdot X = (120 - 4X) \cdot X = 120X - 4X^2$$

$$MR = dTR/dX = 120 - 8X = MC = 0 \quad \cdots\cdots\cdots\cdots\cdots\cdots\cdots\cdots\cdots\cdots\cdots\cdots ㉠$$

㉠식으로부터 X재를 생산 공급하는 독점기업의 이윤극대화생산량을 구하면 X=15(개)이다.

꾸르노-내쉬균형에서의 자원배분

복점(duopoly)인 꾸르노-내쉬균형은 과점기업 A, B의 반응곡선 R_A, R_B의 교차점에서 달성되기 때문에 그것의 모양과 상대적 위치부터 파악해야 한다. 우선 R_A와 R_B를 도출해 보자. 〔그림 11-8〕에서 R_A는 $X_A = 15 - (1/2)X_B$, R_B는 $X_B = 15 - (1/2)X_A$로 정의된다.[8] 이 2개의 연립방정식을 풀면 꾸르노-내쉬균형점인 e점에서 A, B의 이윤극대화

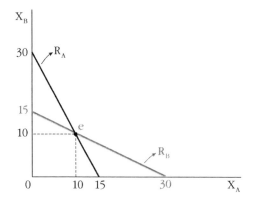

〔그림 11-8〕 MC=0인 경우의 꾸르노-내쉬균형

---

8 시장수요곡선이 P = 120 − 4X, 단, X = X_A + X_B로 주어지고 MC = 0인 상황에서 과점기업 A의 반응곡선을 도출해 보자. A의 반응곡선을 구하려면 먼저 A의 총수입(TR_A)과 한계수입(MR_A)을 구한 후, MR_A = MC를 충족시키는 조건식을 구해야 한다. 그것이 바로 A의 반응곡선이다. 이는 과점기업 B에 대해서도 동일하게 적용된다. 이제 A, B의 반응곡선을 도출해 보자. 우선 A의 총수입(TR_A)은 $TR_A = PX_A = (120 − 4X)X_A = (120 − 4X_A − 4X_B)X_A$이고, 한계수입($MR_A$)은 $MR_A = dTR/dX_A = 120 − 8X_A − 4X_B$이다. A의 반응곡선은 MR_A = MC를 충족시키는 조건식이다. 따라서 $MR_A = 120 − 8X_A − 4X_B = MC = 0$이 A의 반응곡선이다. 이 식을 X_A로 정리하면 $X_A = 15 − (1/2)X_B$가 된다. 위의 〔그림 11-8〕에서 R_A가 바로 A의 반응곡선을 의미한다. 이제 B의 반응곡선을 도출해 보자. 방법과 순서는 앞서 살펴본 A와 똑같다. 즉 B의 총수입(TR_B)은 $TR_B = PX_B = (120 − 4X)X_B = (120 − 4X_A − 4X_B)X_B$이고, 한계수입($MR_B$)은 $MR_B = dTR/dX_B = 120 − 4X_A − 8X_B$이다. B의 반응곡선은 MR_B = MC를 충족시키는 조건식이다. 따라서 $MR_B = 120 − 4X_A − 8X_B = MC = 0$이 B의 반응곡선이다. 이 식을 X_B로 정리하면 $X_B = 15 − (1/2)X_A$가 된다.

생산량 X_A, X_B는 각각 10(개)임을 알 수 있다. 독자 여러분들도 직접 연립방정식을 풀어보면서 저자의 주장이 맞는지 확인해 보기 바란다. 〔그림 11-8〕에서 R_A, R_B가 교차하는 꾸르노-내쉬균형점인 e점에서 A, B는 X재를 각각 10(개)씩 생산하고 있음을 보여준다. 즉 A, B의 생산량을 합한 시장공급량은 총 20(개)로서 독점시장보다는 5(개) 더 많고, 완전경쟁시장보다는 10(개)가 적다. 즉 꾸르노-내쉬균형에서의 총생산량은 완전경쟁시장의 2/3 수준에 해당된다.

② 슈타켈버그 모형[9]

꾸르노 모형에서는 과점기업 A, B가 경쟁자인 상대 기업의 생산량이 현재 수준으로 일정하게 유지될 것이라는 예상하에 자신의 이윤극대화생산량을 결정한다고 가정한다. 하지만 과점기업에 따라서는 자신의 이윤극대화생산량을 변경함에 따라 경쟁기업이 어떻게 반응하는지를 파악하는 과점기업이 존재할 수 있다. 현실경제에서 하나의 대기업과 소수의 중소기업으로 구성된 과점시장일 경우, 대기업이 다른 중소기업들의 반응곡선을 파악하고 있을 가능성이 있다.

1930년대 중반, 독일의 경제학자 슈타켈버그(Stackelberg)[10]는 이런 경우에 과점가격이 결정되는 과정을 설명하였다. 과점시장의 형태가 복점이고, 대기업 A가 경쟁기업 B의 반응곡선 $X_2 = \Phi_2(X_1)$을 파악하고 있다고 하자. 또 B기업은 꾸르노 모형처럼 A의 생산량이 현재 수준에서 일정할 것으로 예상하고, 이윤극대화생산량을 결정한다고 가정한다. 이제 슈타켈버그 모형을 토대로 과점가격이 어떻게 결정되는지 살펴보자. 슈타켈버그 모형에서 A, B의 이윤극대화 문제는 다음의 ㉠, ㉡식으로 정의된다.

$$\text{Max.}_{X_1} P[X_1 + \Phi_2(X_1)] \cdot X_1 - TC_1(X_1) \cdots\cdots\cdots\cdots\cdots\cdots ㉠$$

---

9   이승훈, 앞의 책, 260-263쪽 참조.

10 슈타켈버그(1905~1946)의 본명은 하인리히 프리헤르 폰 슈타켈버그(Heinrich Freiherr von Stackellberg)이다. 독일 출신으로는 드물게 전 세계의 경제학도들이 즐겨 읽는 경제학 교과서에 이름을 올린 학자라고 생각된다. 42세의 나이로 짧은 생을 마감한 그는 한때 히틀러의 나치즘에 동조하며 정치적 활동을 한 적이 있다. 나중에 그는 그것을 참회하며 훌륭한 경제학자로 거듭나기 위해 노력했다는 후문(後聞)이다.

$$\underset{X_2}{\text{Max.}}\ P(X_1 + X_2) \cdot X_2 - TC_2(X_2) \ \cdots\cdots\cdots\cdots\cdots\cdots\cdots\cdots\cdots\cdots\cdots\cdots\cdots\ \unicode{x24C1}$$

A, B는 위에서 언급한 이윤극대화 문제의 해(解)가 되는 생산량을 생산 공급함으로써 최대의 과점이윤을 확보하려고 노력할 것이다. 우선 B는 대기업 A가 X_1^*만큼의 X재를 생산한다면, 자신의 반응곡선인 $X_2 = \mathbf{\Phi}_2(X_1)$에 근거해서 이윤극대화생산량을 결정할 것이다. 이때 B의 이윤극대화생산량인 X_2^*는 $X_2^* = \mathbf{\Phi}_2(X_1^*)$로 결정된다.

㉠식에서 A의 이윤극대화 문제를 살펴보면 과점가격은 $P[X_1 + \mathbf{\Phi}_2(X_1)]$으로서 오로지 자신의 생산량인 X_1의 함수로 정의된다. 이것은 A의 생산량 X_1과 과점가격의 상호관계를 나타내는 것으로서 A가 직면하는 수요곡선의 형태다. 이제 A의 이윤식인 ㉠식으로부터 이윤극대화 1차 조건을 구하면, 다음의 ㉢식을 충족시키는 이윤극대화 생산량 X_1^*가 도출된다.

$$MR_1(X_1^*) = MC_1(X_1^*) \ \cdots\cdots\cdots\cdots\cdots\cdots\cdots\cdots\cdots\cdots\cdots\cdots\cdots\cdots\cdots\ \unicode{x24B8}$$

㉢식을 보면 대기업 A의 한계수입 MR_1은 꾸르노 모형과는 달리 B의 생산량 X_2와 아무런 관련이 없다. 따라서 A, B의 이윤극대화생산량은 각각 X_1^*, $X_2^* = \mathbf{\Phi}_2(X_1^*)$로 결정되고, 그때 과점가격은 $P^* = P(X_1^* + X_2^*) = P[X_1^* + \mathbf{\Phi}_2(X_1^*)]$로 정의된다. 그것을 그래프로 정리하면 〔그림 11-9〕와 같다.

〔그림 11-9〕에서 dd는 시장수요곡선이다. 또 대기업 A는 자신의 생산량 X_1에 대응해서 B가 $\mathbf{\Phi}_2(X_1)$만큼 생산한다는 것을 알고 있다. 따라서 A는 시장수요곡선 dd에서 $\mathbf{\Phi}_2(X_1)$만큼 좌측으로 이동시킨 d_1d_1을 자신의 수요곡선으로 인식한다. 이때 중요한 것은 A가 직면하는 수요곡선 d1d1의 기울기가 시장수요곡선 dd보다 완만하다는 점이다. 이는 꾸르노 모형과 분명하게 다른 것이다. 꾸르노 모형에서는 A가 예상하는 B의 생산량만큼 좌측으로 평행이동을 했지만 여기서는 그렇지 않다. 그 이유는 B의 반응곡선 $X_2 = \mathbf{\Phi}_2(X_1)$이 우하향하기 때문이다.[11] 한편, A는 수요곡선 d_1d_1으로부

---

11 저자의 설명이 어렵다고 생각하는 독자 여러분들을 위해 부연 설명을 하고자 한다. 앞서 언급한 것처럼 과점기업 B의 반응곡선은 $X_2 = \mathbf{\Phi}_2(X_1)$이다. 그런데 대기업 A의 수요곡선 d_1d_1을 보면 가격이 하락함에 따라 수요량이 커진다. 이는 A의 공급량이 커진다는 얘기다. 한편, 시장수요곡선이 일정

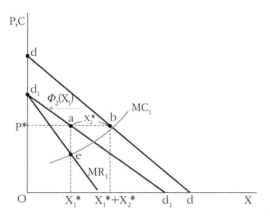

〔그림 11-9〕 가격선도자의 과점가격 결정

터 MR_1을 도출하고 $MR_1 = MC_1$의 조건을 충족시키는 e점에서 자신의 이윤극대화생산량과 과점가격을 결정한다. 그렇게 해서 결정된 것이 P^*, X_1^*이다. 그러면 B는 자신의 반응곡선 $X_2 = \Phi_2(X_1)$에 따라 이윤극대화생산량을 X_2^*로 결정한다. 그 근거는 X_2^* $= \Phi_2(X_1^*)$이다. 결론적으로 자신의 경쟁기업인 B의 반응곡선을 정확하게 파악한 A가 설정한 과점가격 P^*에서 시장수요량은 A, B의 생산량을 합계한 것은 시장공급량(= $X_1^* + X_2^*$)와 정확하게 일치한다. 우리는 슈타켈버그 모형을 통해 과점가격 P^*는 B의 반응곡선을 파악하고 있는 대기업 A의 의도대로 책정되고 있음을 확인할 수 있다. 그래서 우리는 A를 가격선도자(price leader), B를 가격추종자(price follower)라고 한다.

　　그런데 대기업 A가 가격선도자로 행동하는 것보다 꾸르노 모형처럼 의사결정을 할 때, 더 큰 이윤을 얻을 수 있다면, A는 설령 B의 반응곡선을 알고 있다 해도 가격선도자로 나서지 않을 것이다. 그런데도 A가 가격선도자로 행동한다는 것은 그렇게 하는 것이 더 큰 이윤을 얻을 수 있기 때문이다. 슈타켈버그 모형의 존재 이유를 찾기 위해서는 그것부터 명쾌하게 입증할 필요가 있다.

　　〔그림 11-10〕은 대기업 A가 가격선도자로서 행동할 경우, 꾸르노 모형보다 더 큰 이윤을 얻을 수 있음을 확실하게 보여준다. 여기서 $X_1 = \Phi_1(X_2)$외 $X_2 - \Phi_2(X_1)$은 A,

---

한 상황에서 A의 공급량이 많아지면, B의 공급량은 $X_2 = \Phi_2(X_1)$에 의거해서 작아질 수밖에 없다. 즉 〔그림 11-9〕에서 보는 것처럼 A의 공급량이 커질수록 B의 공급량은 줄어든다. 따라서 d_1d_1의 기울기는 시장수요곡선의 그것보다 완만해야 옳다.

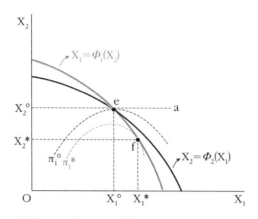

〔그림 11-10〕 꾸르노-내쉬균형과 슈타켈버그의 균형

B의 반응곡선이며 이들의 교차점인 e점은 안정적인 꾸르노-내쉬균형점이다. 또 점선으로 처리된 π_1^o와 π_1^*는 A의 등이윤선(等利潤線, isoprofit curve)이며, 이들 곡선상의 점들은 A의 이윤을 일정하게 유지시켜 주는 A, B의 생산량이다. A의 등이윤선은 A의 이윤이 π_1으로 일정하게 유지되는 경우의 방정식으로서 그것은 ㉣식으로 정의된다.

$$\pi_1 = P(X_1 + X_2) \cdot X_1 - TC_1(X_1) \cdots\cdots\cdots\cdots\cdots\cdots\cdots\cdots\cdots ㉣$$

참고로 등이윤선의 형태는 A의 반응곡선과 교차하는 e점에서 접선의 기울기는 0이고, 이윤이 커질수록 등이윤선은 〔그림 11-10〕에서 보는 것처럼 아래쪽으로 이동한다. 그 이유를 간단하게 살펴보자. A, B의 반응곡선이 교차하는 e점에서 B는 X_2^o만큼 생산하고 있다. 이때 A가 꾸르노 모형처럼 행동한다면 A는 자신의 반응곡선에 따라 X_1^o를 생산함으로써 이윤극대화를 도모할 것이다. 등이윤선 π_1^o는 e점에서 수평선(= X_2^oa)과 접할 때, A의 이윤은 최대가 된다. 또 e점을 벗어나서 X재를 X_1^o보다 더 많거나 적게 생산할 경우, A의 이윤은 최대이윤에서 멀어진다. 따라서 π_1^o과 같은 형태의 등이윤선이 도출된다. 게다가 등이윤선은 이윤이 커질수록 π_1^o에서 π_1^*로 하향 이동한다. 그 이유는 다음과 같다. A의 생산량 X_1이 일정한 상태에서 B의 생산량 X_2가 감소하면 총공급량(= $X_1 + X_2$)이 감소함으로써 X재 가격이 상승한다. 그러면 A가 일정한 생산량 X_1을 생산하고 있을 때, X재 가격의 상승에 힘입어 이윤은 증가한다.

한편, A가 경쟁 상대인 B의 반응곡선을 사전에 인지하고 가격선도자로 행동할 경우, 자신의 이윤극대화생산량 X_1^*를 생산 공급한다. 그러면 B는 X_2^*를 생산함으로써 꾸르노-내쉬균형에서 얻을 수 있는 이윤 π_1^0보다 더 큰 이윤 π_1^*를 얻을 수 있다. 따라서 f점에서의 이윤 π_1^*는 가격선도자로서 행동하는 A가 얻을 수 있는 최대 이윤이다. 그러나 과점시장 내에 서로 비슷한 규모의 대기업이 두 개 이상 존재하고 각자 경쟁기업의 반응곡선을 사전에 인지하고 있다면 그 결과는 어떻게 될까? 이때는 각 과점기업들이 보다 많은 이윤을 확보할 목적에서 서로 가격선도자가 되려고 경쟁할 가능성이 매우 높다. 그렇게 되면 과점기업들 간에 유리한 위치를 차지하기 위해 치열한 가격경쟁이 벌어지면서 어느 누구도 한 치 앞을 예측할 수 없는 국면으로 치닫게 된다. 경제학에서는 이것을 슈타컬버그의 전쟁상태(Stackelberg warfare)라고 말한다.

보론 2 │ 광고에 대한 경제적 효과 분석

광고(advertising)란 '광고주가 광고를 접하는 소비자들의 태도를 긍정적으로 변화시킬 목적에서 각종 매체를 통해 자신들의 의사를 일방적으로 전달하는 행위'를 말한다. 즉 광고는 '자신이 생산 공급하는 상품의 장점이나 특성을 홍보함으로써 소비자들의 구매 욕구를 자극하기 위한 일련의 행위'이다. 광고 활동이 극성을 부리는 시장구조는 대부분 비가격경쟁이 치열하게 발생하는 과점시장이나 독점적 경쟁시장이다. 또 광고가 일반 대중들에게 좋은 것이냐, 아니면 나쁜 것이냐에 대한 평가는 전적으로 광고 내용에 따라 결정된다. 만약 광고가 관련 제품의 특성, 장점, 가격, 판매장소 등의 주요 정보를 제공해주는 유익한 광고라면 그것은 좋은 광고임이 분명하다. 하지만 다른 경쟁기업이 광고를 하기 때문에 자신의 시장을 사수하기 위한 전투적 광고이거나 자신의 상품에 대한 그릇된 환상을 심어주거나 경쟁기업의 상품에 대한 거짓 왜곡 광고라면 그것은 나쁜 광고에 속한다. 그러면 현실경제에서 좋은 광고와 나쁜 광고를 두부모 사르듯이 명확하게 구분할 수 있을까? 저자의 생각으로는 정도의 차이가 있을 뿐, 기업들의 광고에는 좋은 광고와 나쁜 광고의 속성이 섞여 있다고 본다. 다만 여기서는 좋은 광고와 나쁜 광고를 구분할 수 있다는 전제하에 광고의 경제적 효과를 살펴보고자 한다. 우선 광고 실행의 주체가 독점적 경쟁기업이라고 가정하자.

좋은 광고의 경제적 효과

좋은 광고는 소비자들에게 올바른 상품정보를 제공해주기 때문에 소비자들의 정보획득 비용을 절감시켜줄 뿐만 아니라 소비자들의 눈맛(예; 드라마, 오락과 교양프로 등)과 세상 돌아가는 이야기(예; 뉴스 등)들을 신속 정확하게 접할 수 있도록 도와준다. 그로 인해 광고주는 중간지대에 서 있는 잠재 고객들을 자기 편으로 끌어들일 수 있다. 그 결과 자신이 생산 공급하는 상품 수요가 크게 증가한다. 이는 〔그림 11-11〕에서 보는 것처럼 시장수요곡선이 D_X^M에서 D_X^{M1}으로 이동①함을 의미한다. 〔그림 11-11〕에서 a점은 광고 활동을 전혀 하지 않는 독점적 경쟁기업의 장기균형점이다. a점에서는 두 가지 조건이 충족된다. 하나는 독점적 경쟁기업의 MR = MC이고(물론 그래프에서는 MC곡선을 나타내지 않았다!), 다른 하나는 P = LAC이다. 이때 X재에 대한 독점적 경쟁기업의 균형가격과 이윤극대화생산량은 P_o, X_o이며, 초과이윤은 0이다. 초과이윤이 0인 이유는 독점적 경쟁시장에서는 기업들의 진입과 퇴거가 자유롭기 때문이다. 이제 독점적 경쟁기업이 광고 활동을 본격적으로 개시했다고 하자. 그러면 광고비용이 소요되기 때문에 장기평균비용곡선(LAC)은 LAC_o에서 LAC_1으로 상승한다. 이때 시장수요곡선도 D_X^M에서 D_X^{M1}으로 이동하기 때문에 독점기업의 새로운 장기균형점은 b점에서 달성된다.

장기균형점인 b점에서 X재에 대한 독점적 경쟁기업의 균형가격과 이윤극대화생산량은 P_1, X_1이며, 초과이윤은 0이다. 즉 독점적 경쟁기업이 광고 활동을 실행한 결과, X재의 균형가격은 P_o에서 P_1으로 하락②하고, 이윤극대화생산량은 X_o에서 X_1

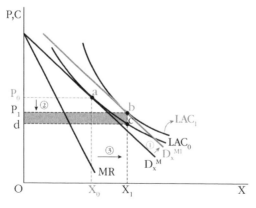

〔그림 11-11〕 좋은 광고의 경제적 효과

으로 증가(③)했다. 물론 그렇게 된 이유는 시장 판매량이 증가할수록 LAC곡선이 하락함으로써 규모의 경제가 발생하고 있기 때문이다. 장기균형점인 b점에서 독점적 경쟁기업이 지출한 총비용의 크기는 □ OP_1bX_1이고 순수한 의미에서의 생산비용은 □ $OdcX_1$이다. 총비용과 생산비용의 차이인 □ P_1bcd가 바로 독점적 경쟁기업이 지출한 광고비용이다.

나쁜 광고의 경제적 효과

나쁜 광고란 상품에 대한 객관적 정보보다는 다른 경쟁기업이 생산 공급하는 상품에 대한 음해성 광고, 자신이 생산 판매하는 상품에 대한 과장 혹은 거짓 광고, 또는 다른 경쟁기업에게 시장을 빼앗기지 않기 위해 시도하는 경쟁적인 전투적 광고 등을 말한다. 이런 경우는 광고비용의 불필요한 지출이 폭발적으로 증가함으로써 소중한 자원의 낭비를 초래할 뿐만 아니라 광고 비용의 일부가 판매가격 인상을 통해 소비자들에게 전가시키는 문제를 야기한다. 그런 광고는 나쁜 광고의 전형으로 비판받아 마땅하다. 〔그림 11-12〕를 보자. 독점적 경쟁기업의 장기균형점인 a점은 광고 활동을 전혀 하지 않는 경우이다. 이때 독점적 경쟁기업의 균형가격과 이윤극대화생산량은 P_0, X_0로 결정되고 초과이윤은 0이다. 이제 독점적 경쟁기업이 자신의 시장을 지키기 위해 경쟁기업들과 피 튀기는 광고경쟁을 한다고 가정하자. 당연히 광고비용의 지출이 증가하면 LAC곡선이 LAC_0에서 LAC_1으로 상승한다. 그 과정에서 독점적 경쟁기업은 광고효과에 힘입어 자신이 생산하는 상품에 대한 시장수요곡선이 D_X^M에서 D_X^{M1}으로

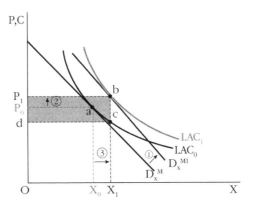

〔그림 11-12〕 나쁜 광고의 경제적 효과

상향 이동①한다. 여기서 한 가지 주목할 것은 광고 경쟁이 치열해지면 광고효과가 덜 나타난다는 사실이다. 대신 광고비용의 지출은 폭발적으로 늘어난다.

[그림 11-12]는 광고 활동을 개시한 이후, 독점적 경쟁기업의 장기균형점이 a점에서 b점으로 이동했음을 보여준다. 이때에도 독점적 경쟁기업의 장기균형조건, 즉 MR = MC, P = LAC의 조건은 반드시 충족되어야 한다. 장기균형점인 a점과 b점을 살펴보면 광고비용의 경쟁적 지출이 X재의 상품가격을 P_0에서 P_1으로 인상②시킨다는 점을 확인할 수 있다. 물론 이윤극대화생산량 역시 독점적 경쟁기업들의 광고 활동에 힘입어 X_0에서 X_1으로 증가③한다. 다만 그 증가 폭은 좋은 광고 때보다 작을 가능성이 크다. 장기균형점인 b점에서 독점적 경쟁기업이 지출한 총비용은 □ OP_1bX_1이고 순수한 의미에서의 생산비용은 □ $OdcX_1$이다. 이때 독점적 경쟁기업이 지출한 총비용과 생산비용의 차이인 □ P_1bcd가 바로 광고비용이다.

3 과점이론(2);
상호 협조적인 과점 모형

(1) 개요

지금까지 언급한 과점 모형들은 각 과점기업이 자신의 행동에 대해 경쟁기업들이 어떻게 반응할 것인지를 예상하고, 그것에 기초해서 이윤극대화를 도모하는 것이었다. 또 그런 과점 모형들은 과점기업들 상호간에 어떠한 협조적 관계도 구축하지 않았다. 이렇게 비협조적인 과점기업들은 가격경쟁을 비롯한 여러 형태의 경쟁 관계를 유발해서 이윤 손실은 물론 공멸(共滅)의 위기까지 불러올 수도 있다. 이런 문제를 인식한 과점기업은 경쟁기업들과 협조적 관계를 새롭게 설정하려는 유인이 존재한다. 여기서 협조적 관계란 명시적 담합(explicity collusion)이나 묵시적 담합(tacit collusion)[12]을 말한다. 이하에서는 이들 모형에 대해 살펴보고자 한다.

---

[12] 담합(談合)이란 짬짜미, 또는 독일어로 카르텔이라고 한다. 또 공동행위(共同行爲)나 기업연합(企業聯合)이라고도 부른다. 담합이란, 소수의 몇몇 기업들이 협약, 협정, 의결 등의 방법으로 서로 짜고 상품가격이나 생산량 능을 소성하는 빙법으로 디른 경쟁 업체에 대해 겨쟁을 제한하거나 부당한 이익을 챙기는 행위를 말한다. 일반적으로 과점시장에서는 두 가지 형태의 담합이 이루어지는데 하나는 명시적 담합이고 다른 하나는 묵시적 담합이다. 전자는 관련 기업들이 가격, 생산량 등에 대해 명시적으로 합의하는 것을 말하고, 후자는 관련 기업들 간에 공식적인 논의과정은 없지만 가격이나 생산량 등에 대해 암묵적으로 공감대가 형성되는 것을 말한다. 묵시적 담합의 사례로는 선도기업이 가격을 시장에 공시하면 추종 기업들이 그것에 부응해서 자신들의 가격을 설정하는 것을 들 수 있다.

(2) 명시적 담합; 카르텔

① 과점기업들이 카르텔을 결성하는 이유

과점시장에서 규모가 엇비슷한 소수의 과점기업들이 동질적 상품(예; X재)을 생산 공급하는 경우, 그들이 가격선도자가 되기 위해 경쟁한다면 결과를 예측하기 힘든 슈타켈버그의 전쟁상태에 돌입할 수 있다. 따라서 이들 과점기업은 카르텔(cartel)을 결성해서 파국적 대결을 지양하고, 공존공영의 전략을 도모해 나갈 가능성이 존재한다.

과점기업들이 꾸르노 모형처럼 행동하는 경우에도 공동 행동을 취하고자 하는 경제적 유인이 존재한다. 〔그림 11-13〕에서 점선으로 표시된 것은 과점기업 A의 등이윤선 π_1°와 과점기업 B의 등이윤선 π_2°이다. π_1°와 π_2°는 꾸르노-내쉬균형점인 e점에서 A, B의 반응곡선 $X_1 = \varPhi_1(X_2)$, $X_2 = \varPhi_2(X_1)$과 교차하는 점에서 수평의 기울기를 갖기 때문에 반드시 볼록렌즈 형태의 음영 처리된 부분이 존재한다. 만약 A, B가 상호 협조적인 관계를 결성해서 볼록렌즈 형태의 음영 처리된 부분으로 이동한다면, 두 과점기업은 꾸르노-내쉬균형보다 더 많은 이윤을 얻을 수 있다. 따라서 A, B는 담합을 통해 공동 행동을 도모할 경제적 유인이 존재한다.

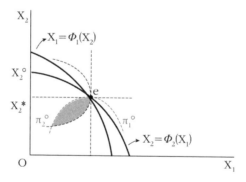

〔그림 11-13〕 꾸르노-내쉬균형과 카르텔 결성의 유인

〔그림 11-13〕에서 보듯이 A, B가 공동 행동을 취해서 볼록렌즈 형태의 음영 처리된 부분에서 X재를 생산 공급한다면 그때는 꾸르노-내쉬균형 때보다 적은 양의 X재가 생산되고, 그로 인해 X재 가격은 꾸르노-내쉬균형 때보다 상승한다. 이러한 이유로 세계 각국의 정부는 카르텔의 결성을 불법으로 간주하고 법적 제재를 취하고 있

다.[13]

② 카르텔의 의사 결정 원리; 복점의 경우

여기서는 복점의 경우, 결합이윤(joint profit)의 극대화를 추구하는 카르텔의 의사결정에 대해 살펴보자. 카르텔이 결합이윤의 극대화를 달성하기 위해서는 ㉠식으로 나타낸 이윤극대화 문제의 솔루션을 구해야 한다.

$$\underset{X_1,\, X_2}{\text{Max.}}\ P(X_1 + X_2) \cdot (X_1 + X_2) - TC_1(X_1) - TC_2(X_2) \quad \cdots\cdots\cdots\cdots ㉠$$

카르텔을 결성한 A, B의 결합이윤을 극대화시키는 문제를 풀면, 그들의 최적 생산량 X_1^*, X_2^*를 도출할 수 있다. 즉 $X = X_1 + X_2$라는 가정하에 결합이윤의 극대화를 충족시키는 X_1^*와 X_2^*는 ㉠식의 이윤극대화 1차 조건인 ㉡, ㉢식을 통해 얻을 수 있다.

$$\underbrace{\overbrace{\left(\frac{\partial X}{\partial X_1}\right)}^{=1}\left[P(X_1^* + X_2^*) + \frac{\partial P(X_1^* + X_2^*)}{\partial X} \cdot (X_1^* + X_2^*)\right]}_{MR(X^*)} - \overbrace{\left(\frac{\partial TC_1(X_1^*)}{\partial X_1}\right)}^{=MC_1(X_1^*)} = 0 \quad \cdots\cdots ㉡$$

$$\underbrace{\overbrace{\left(\frac{\partial X}{\partial X_2}\right)}^{=1}\left[P(X_1^* + X_2^*) + \frac{\partial P(X_1^* + X_2^*)}{\partial X} \cdot (X_1^* + X_2^*)\right]}_{MR(X^*)} - \overbrace{\left(\frac{\partial TC_2(X_2^*)}{\partial X_2}\right)}^{=MC_2(X_2^*)} = 0 \quad \cdots\cdots ㉢$$

우리는 ㉡, ㉢식으로부터 $MR(X^*) = MC_1(X_1^*) = MC_2(X_2^*)$의 관계를 도출할 수 있다. 이는 다(多)공장기업을 운영하는 독점기업의 이윤극대화조건과 똑같다. 이에 대한 추가 실명이 필요한 독자 여러분들은 10장의 [보론 10-5]를 복습하기 바란다. 한

---

13 참고로 미국은 1890년에 반(反)경쟁 처벌법인 셔먼법(Sherman Antitrust Act)을 제정하였고 현재는 독점금지법(Antitrust law)을 통해서 담합행위를 엄격하게 금지하고 있다. 유럽에서는 유럽연합(EU)의 기능조약에서 담합행위를 금지하고 있으며 EU 회원국과 그 회원국과 거래하는 사업자에 대한 반(反)경쟁 처벌조항을 규정하고 있다.

제11장 과점시장에서의 가격과 생산   47

편 A, B가 카르텔의 결정을 그대로 따른다면 A, B의 이윤극대화 생산량은 X_1^*, X_2^*로 유지될 것이다. 이는 카르텔이 마치 독점기업으로서 A, B에게 $X^*(= X_1^* + X_2^*)$만큼 생산하도록 유도한 후, 그들에게 각각 X_1^*와 X_2^*씩 생산량을 할당해주는 방식으로 운용된다는 얘기다. 하지만 A, B가 상대방 기업이 카르텔의 결정을 그대로 따를 것이라고 믿게 되면 사정이 달라진다. 일례로 A가 B의 이윤극대화 생산량이 X_2^*로 계속 유지될 것으로 믿는 경우를 상정해 보자. 결합이윤의 극대화를 달성하기 위한 1차 조건식인 ⓛ은 아래의 ㉣식으로 재정리할 수 있다.

$$\left[P(X_1^* + X_2^*) + \frac{\partial P(X_1^* + X_2^*)}{\partial X} \cdot X_1^* \right] - \frac{\partial TC_1(X_1^*)}{\partial X_1} = - \frac{\partial P(X_1^* + X_2^*)}{\partial X} \cdot X_2^* \ \cdots\cdots ㉣$$

㉣식에서 좌변의 〔 〕로 나타낸 첫 번째 항은 B의 이윤극대화 생산량이 X_2^*로 일정하게 유지될 것으로 예상하는 A의 한계수입 $MR_1(X_1^*, X_2^*)$을 의미한다. 또 좌변의 두 번째 항은 A의 한계비용 $MC_1(X_1^*)$이다. 또 ㉣식의 우변 항은 시장수요곡선 $P(X_1^* + X_2^*)$의 기울기에다 B의 이윤극대화 생산량 X_2^*를 곱한 값이다. 그런데 시장수요곡선의 기울기가 음(−)이기 때문에 우변 항의 값은 양(+)이다. 따라서 우리는 ㉣식으로부터 다음의 ㉤식을 유추해낼 수 있다.

$$MR_1(X_1^*, X_2^*) 〉 MC_1(X_1^*) \ \cdots\cdots\cdots\cdots\cdots\cdots\cdots\cdots\cdots\cdots\cdots\cdots\cdots ㉤$$

따라서 B가 카르텔의 결정을 수용하는 경우, A는 카르텔이 할당해 준 X_1^*보다 더 많은 X재를 공급한다면 더 큰 이윤을 얻을 수 있다. 참고로 $MR_1 〉 MC_1$이면 과점기업 A는 생산량을 늘리는 것이 이윤극대화에 도움이 된다는 것쯤은 이제 독자 여러분들도 잘 알 것이다! 이처럼 카르텔의 결성에 동참했던 과점기업들이 A처럼 카르텔의 사전 협정을 위반하면서 이윤 증대를 위해 자신의 할당량보다 더 많은 X재를 공급할 경우 시장가격은 필연적으로 하락할 수밖에 없다. 그 결과 결합이윤의 극대화를 위해 결성되었던 카르텔은 붕괴되고 만다. 이 내용은 그래프를 활용하면 간단하게 입증된다.

A, B로 결성된 카르텔은 다(多)공장기업을 운영하는 독점기업처럼 행동한다는 것은 앞에서 언급했다. 이제 카르텔의 붕괴과정에 대해 살펴보자. 우선 시장수요곡선 dd에서 MR을 도출하고, 그것과 A, B의 MC_1과 MC_2의 수평적 합인 $\sum_{j=1}^{2} MC_j = MC_1 +$

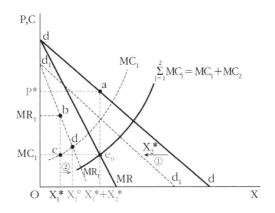

〔그림 11-14〕 협정 위반의 경제적 유인과 카르텔의 붕괴

MC_2가 교차하는 e_0점에서 카르텔 가격 P^*와 카르텔 생산량 X^*를 결정한다. 여기서 X^*는 $X^* = X_1^* + X_2^*$이다. 한편 A가 직면하는 수요곡선 d_1d_1은 시장수요곡선 dd를 좌측 방향으로 X_2^*만큼 평행하게 이동(①)시킨 것이다. 이는 A가 B의 최적 생산량이 X_2^*일 것으로 믿고 꾸르노 모형처럼 행동할 경우, 직면하는 수요곡선이다. 그에 따른 한계수입곡선은 $MR_1(X_1^*, X_2^*)$이다. 그런데 카르텔은 A에게 $MR_1 = MC_1$의 조건이 충족되는 d점에서의 생산량인 X_1^o를 할당해주지 않고 카르텔 차원의 MR과 A의 MC_1이 일치하는 c점에서 X_1^*의 생산량을 할당해 준다. 하지만 A의 경우, 카르텔이 할당해준 X_1^*에서는 $MR_1(X_1^*, X_2^*)$이 $MC_1(X_1^*)$보다 bc만큼 크다. 따라서 A는 카르텔의 생산량 할당에 불만을 품고 더 큰 이윤을 얻을 목적에서 남몰래 자신의 생산량을 X_1^*에서 X_1^o로 증가(②)시킬 경제적 유인이 존재한다. A가 X재를 추가로 공급하면, 카르텔의 시장공급량이 늘어나기 때문에 카르텔 가격 P^*는 유지되기 어렵다. 결국 카르텔은 붕괴될 수밖에 없다.

위에서 살펴보았듯이 카르텔의 결성은 그것에 참여한 과점기업들이 사전에 협약한 내용을 위반하며 생산량을 증대시킬 경우, 시장점유율과 초과이윤을 동시에 증가시킬 수 있는 경제적 유인이 존재하기 때문에 구조적으로 매우 불안정하다. 게다가 카르텔에 참여한 기업들이 많을수록, 경기가 불경기에 빠졌을 경우, 카르텔의 협약을 위반한 기업에게 보복이나 치명적 타격을 입히기 힘든 경우, 상품의 이질성으로 말미암아 가격의 차이가 품질의 차이를 반영하는지 파악하기 힘든 경우에는 카르텔의 협약을 위반할 개연성이 배가(倍加)됨에 유의하기 바란다.

(3) 묵시적 담합; 지배적 기업에 의한 가격선도 모형

① 지배적 기업에 의한 가격선도 모형

과점시장은 시장점유율이 상대적으로 큰 소수의 기업으로 구성된다. 그러나 그들 기업이 항상 대등한 위치에 있는 것은 아니다. 과점시장은 소수의 기업으로 구성되지만 생산비용, 상품 차별화 능력, 시장점유율 측면에서 우월한 위치에 있는 지배적 기업(dominant firm)과 그렇지 못한 기업들이 존재할 수 있다. 이런 상황에서는 지배적 기업에 의한 가격선도 현상이 대두될 가능성이 있다. 즉 지배적 기업이 시장가격을 설정하면, 나머지 기업들은 그 가격을 완전경쟁기업처럼 수용하면서 자신들의 이윤극대화생산량을 결정하는 묵시적 담합이 존재할 수 있다. 이처럼 지배적 기업에 의한 가격선도 모형을 부분독점(partial monopoly)이라고 부른다.

〔그림 11-15〕는 지배적 기업에 의한 가격선도 모형의 전형을 보여준다. 지배적 기업을 A라고 가정하자. dd는 시장수요곡선이고, $d_A d_A$는 지배적 기업 A가 직면하는 수요곡선, MC_A는 지배적 기업 A의 한계비용곡선, MC_R은 A기업을 제외한 나머지 기업들의 MC를 수평적으로 합계(合計)한 값이다. 여기서 첨자 R은 '나머지(residual)'를 의미한다.

우리는 지금 2가지 사항에 대해 고민해야 한다. 하나는 지배적 기업 A를 제외한 나머지 과점기업들의 한계비용곡선(MC_R)이 그들의 시장공급곡선이라는 점이다. 다른 하나는 지배적 기업 A가 직면하는 수요곡선 $d_A d_A$를 어떻게 도출할 것인가?의 문제

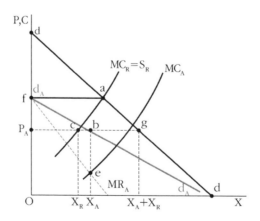

〔그림 11-15〕 지배적 기업 A에 의한 가격선도 모형

다. 이에 대한 정확한 이해가 지배적 기업 A에 의한 가격선도 모형의 핵심 이슈다. 우선 MC_R이 지배적 기업 A를 제외한 나머지 과점기업들의 시장공급곡선이라고 말할 수 있는 근거는 그들 기업이 지배적 기업 A가 설정한 과점가격을 그대로 받아들이는 가격수취자(price-taker)적 행태를 보이기 때문이다. 공급곡선은 기업이 시장가격을 주어진 것으로 받아들이는 경우에만 존재한다는 것은 이미 앞에서 학습했다. 따라서 그것에 대한 추가 설명은 생략한다. 또 지배적 기업 A가 직면하는 d_Ad_A곡선은 각 가격수준의 시장수요곡선(dd곡선)에서 나머지 과점기업들의 공급량(S_R)인 MC_R을 뺀 값이다. 일례로 d_Ad_A곡선상의 f점에서 지배적 기업인 A의 X재 공급량은 0이다. 그 이유는 시장수요곡선과 나머지 과점기업들의 시장공급곡선(MC_R)이 교차함으로써 그들간의 차이가 0이기 때문이다.

지배적 기업 A는 자신이 직면하는 d_Ad_A곡선에서 한계수입곡선인 MR_A를 도출하고, $MR_A = MC_A$가 교차하는 e점에서 과점가격 P_A와 이윤극대화생산량 X_A를 결정한다. 그렇게 해서 과점가격 P_A가 설정되면 나머지 과점기업들은 그것을 그대로 받아들이면서 $P_A = MC_R$의 조건이 충족되는 c점에서 자신들의 이윤극대화생산량 X_R을 공급한다. 그 결과 지배적 기업 A에 의한 과점가격은 P_A, 시장공급량은 $X_A + X_R$이 된다. 이때 $P_Ac = bg$의 관계가 성립한다.

② 지배적 기업에 의한 가격선도 모형과 슈타켈버그 모형의 비교분석

지배적 기업 A에 의한 가격선도 모형은 슈타켈버그 모형과 매우 비슷하다. 하지만 그들 간에도 분명한 차이가 존재한다. 슈타켈버그 모형에서는 선도자와 추종자의 전략적 변수가 모두 '생산량'이다. 하지만 지배적 기업 A에 의한 가격선도 모형에서는 지배적 기업 A와 나머지 과점기업들의 전략적 변수가 상이하다. 즉 선도자인 지배적 기업 A의 전략적 변수는 '가격'인 반면, 추종자인 나머지 과점기업들의 전략적 변수는 '생산량'이라는 사실이다.

(4) 기타 과점시장이론

① 비용할증가격설정이론

비용할증가격설정이론(mark-up pricing theory or full-cost pricing theory)은 과점시장에서 과점기업들의 가격 결정에 관한 실증연구의 결과로서 제기된 것이다. 그들의 실증연구에 따르면, 과점기업의 가격 설정은 MR = MC가 아니라 'P = AC(1 + m) 단, m = 마진율'라는 것이다. 이는 과점기업들은 자신이 생산하는 상품(예; X재)의 AC(평균비용)에다 일정한 마진율 m을 얹어 판매가격을 설정한다는 얘기다.

비용할증가격설정이론은 경제학자들간에 격렬한 논쟁을 불러일으켰다. 그것의 본질은 그 이론과 이윤극대화가 과연 양립할 수 있는가?라는 문제였다. 일부 경제학자들은 그것이야말로 과점가격의 설정 과정에서 수요측 요인이 배제된 채, 주먹구구식으로 설정된 가격이기 때문에 이윤극대화와는 거리가 멀다고 주장했다. 하지만 다른 경제학자들은 과점기업들의 가격 설정 행태, 즉 수요의 가격탄력도(εd)가 큰 상품의 마진율(m)은 낮고, 수요의 가격탄력도(εd)가 작은 상품의 마진율은 높다는 실증분석 결과를 바탕으로 비용할증가격설정이론은 이윤극대화와 양립할 수 있다고 주장했다.

앞서 언급한 P = AC(1 + m)을 m으로 재정리를 하면 다음의 ㉠식을 도출할 수 있다.

$$m = (P - AC)/AC \quad \cdots\cdots\cdots\cdots\cdots\cdots\cdots\cdots\cdots\cdots\cdots\cdots ㉠$$

비록 엄격한 가정이긴 하지만 만약 과점기업의 정상적인 생산량 수준이 LAC의 최저점에서 이루어진다면 LAC = LMC의 조건이 충족된다. 따라서 ㉠식을 ㉡식으로 바꿀 수 있다.

$$m = (P - MC)/MC \quad \cdots\cdots\cdots\cdots\cdots\cdots\cdots\cdots\cdots\cdots\cdots ㉡$$

과점기업이 이윤극대화를 추구한다면 MR = MC의 조건이 충족되어야 하므로 이윤극대화를 만족시키는 최적의 마진율(= m^*)은 다음의 ㉢식으로 전환된다.

$$m^* = (P - MR)/MR \quad \cdots\cdots\cdots\cdots\cdots\cdots\cdots\cdots\cdots\cdots\cdots\cdots\cdots\cdots\cdots ㉢$$

㉢식에서 가격 P와 한계수입 MR 간에는 $MR = P[1 - (1/\varepsilon_d)]$의 관계가 성립한다. 이것을 ㉢식에 대입한 후, m^*로 정리하면 최종적으로 ㉣식이 도출된다.

$$m^* = 1/(\varepsilon_d - 1) \quad \cdots\cdots\cdots\cdots\cdots\cdots\cdots\cdots\cdots\cdots\cdots\cdots\cdots\cdots\cdots ㉣$$

㉣식은 최적의 마진율(m^*)과 수요의 가격탄력도(ε_d)간에는 반비례의 관계가 성립한다는 것을 시사해준다. 독자 여러분들은 '수요의 가격탄력도(ε_d)가 큰 상품의 최적 마진율(m^*)은 낮고, 수요의 가격탄력도(ε_d)가 작은 상품의 최적 마진율은 높다'고 말하는 것은 이와 같은 이론적 배경에서 비롯된 것임을 이해해 주기 바란다.

② 진입저지가격설정이론

진입저지가격설정이론(entry-limit pricing theory)이란 잠재적 경쟁기업들이 과점시장으로의 진입을 모색할 때, 기존의 과점기업들이 담합 등을 통해 가격을 낮게 설정함으로써 시장진입을 저지하려는 행태를 설명해주는 모형이다. 과점기업들이 잠재적 경쟁기업들의 시장진입을 저지하려는 이유는 간단하다. 잠재적 경쟁기업의 시장진입은 기존 과점기업들의 시장점유율과 초과이윤을 갉아먹기 때문이다. 따라서 기존의 과점기업들은 그동안 누려온 초과이윤을 포기하면서까지 잠재적 경쟁기업들의 시장진입을 차단하기 위해 총력전을 감행한다. 이때 그들이 자주 쓰는 전략은 '가격 인하'이다.

이때 과점기업들이 설정하는 진입저지가격은 P가 AC보다 큰 구간에서의 이윤극대화조건을 충족시키는 가격과 P = AC의 조건이 충족되어 초과이윤이 0인 가격 사이에서 이루어질 가능성이 크다.

③ 경합가능시장이론

경합가능시장이론(contestable market theory)은 윌리엄 보몰(W. Baumol), 존 판자르(J. C. Panzar), 로버트 윌릭(R. Willig) 등에 의해 제시된 이론이다. 경합가능시장은 특정 시장에서 초과이윤이 발생하면 누구든지 그 시장으로 자유롭게 진입할 수 있고, 또 그 시장에서 손실이 발생하면 큰 매몰비용(sunk cost)의 지불없이 손쉽게 퇴거할 수 있는 시장을 말한다. 지금까지 독과점시장의 특징 가운데 하나가 '높은 진입장벽'이었다. 하지만 경합가능시장이론은 그것을 허물어트리는 이론으로 생각된다.

그렇다면 과점시장에서 진입과 퇴거장벽이 거의 존재하지 않는다는 것을 어떻게 입증할 수 있을까?가 경합가능시장이론의 최대 관건이다. 진입과 퇴거장벽이 조금도 존재하지 않는 것은 완전경쟁시장이다. 따라서 경합가능시장이론은 과점기업이 완전경쟁기업과 유사하다는 것을 전제로 하는 이론이다. 과점기업이 시장에서 퇴거할 때, 매몰비용을 지불하지 않는다는 것은 자본 설비 등에 대한 임대(리스)사업의 활성화를 전제로 한다. 국내 항공서비스 시장을 예로 들어보자. 가령, 코로나19로 인해 항공업계의 장기불황이 계속되자 D항공사가 사업을 접기로 했다고 가정하자. 만약 지금까지 D항공사가 고가의 항공기를 임대해서 사업을 운영해왔다면 별다른 매몰비용을 지불하지 않고서도 항공서비스 시장에서 퇴거할 수 있을 것이다.[14] 경합가능시장은 이런 경우에 과점기업의 의사결정과정을 분석하는 이론으로 평가된다.

만약 매몰비용이 0의 수준에서 과점시장으로의 진입과 퇴거가 자유롭다면, 과점시장에서의 자원배분은 과점기업의 수(數)와는 무관하게 $P = MC$조건이 충족되는 선에서 이루어진다. 즉 완전경쟁시장에서와 같은 효율적인 자원배분이 가능하다는 얘기다. 이때 경합가능시장에서 경쟁하는 과점기업들은 정상이윤(= 초과이윤 0)만을 얻고 있으며, 과점상품의 시장가격은 AC를 초과할 수 없다. 그래프를 활용해서 이 문제를 좀 더 살펴보자.[15]

〔그림 11-16〕은 경합가능시장에서 시장수요곡선은 dd로 정의되며 A, B는 X재를 X_0만큼 동일하게 생산해서 P_0의 가격으로 판매하는 경우를 보여준다. 경합가능시장에서는 진입과 퇴거의 자유가 보장되기 때문에 A, B는 신규로 X재 시장에 진입하려는 잠재적 경쟁기업들의 압력 때문에 AC보다 높은 가격 결정을 섣불리 하지 못한다. 만약 시장가격 P가 AC보다 높으면 초과이윤이 발생하기 때문에 잠재적 경쟁기업의 시장진입이 이루어진다. 결국 시장가격은 AC수준으로 하락한다. 과점시장에서

---

14 물론 이에 대해서도 경합가능시장이론에 대한 비판론자들은 상당한 양의 매몰비용이 소요된다고 주장한다. 사례로 제시된 항공업계(항공서비스 시장)에서의 퇴거가 비단 항공기만의 문제가 아니라는 것이다. 활주로 이용계약, 화물처리시스템, 공항 내의 사무실 공간, 광고업자와의 계약, 기타 부대비용 등 매우 많은 매몰비용이 소요될 수 있다는 것이다.

15 이준구, 『미시경제학』(제7판), 문우사, 2019, 427-429쪽 참조.

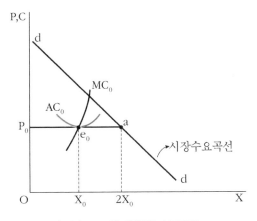

〔그림 11-16〕 경합가능시장이론

시장수요량(= $2X_0$)과 시장공급량(= $2X_0$)이 만나는 a점에서 시장가격이 P_0로 주어지면 A, B가 직면하는 수요곡선은 P_0ad이다. A는 이윤극대화 조건인 P = AR = MR = MC가 충족되는 e_0점에서 X_0를 생산한다. 여기서 자원배분의 효율성을 보장하는 P = MC조건이 충족됨을 확인할 수 있다. 또 e_0점에서는 P = AC이기 때문에 초과이윤은 0이다. 즉 정상이윤만을 얻고 있다는 얘기다.

경합가능시장이론은 독과점규제를 맡고 있는 정부 당국에게 신선한 정책적 시사점을 제공해준다. 그동안 정부의 공정거래정책은 독과점시장 내의 기업 수(數)의 관리에만 정책의 초점이 맞춰져 있었다. 하지만 그것보다 독과점시장을 효율적으로 규제할 수 있는 최적의 대안은 독과점시장이 견고하게 구축해온 진입장벽을 과감하게 허물어트리는 정책의 입안 및 추진이다. 그러면 정부는 이해당사자(과점기업, 신규 진입기업)들끼리의 자발적 경쟁과 견제를 활용해서 손 안 대고 코를 풀 수 있는 상황을 조성해 나갈 수 있기 때문이다. 그런 의미에서 조용하면서도 완벽하게 쥐를 소탕하는 방법은 빗자루를 휘두르며 소란만 피울 것이 아니라 이해당사자인 고양이를 앞세워 쥐를 소리소문없이 일망타진(一網打盡)할 수 있음을 시사해준다. 그것이 경합가능시장이론에 내재된 최고의 매력이다.

④ 기점가격제도(基點價格制度)

기점가격제도(basing-point pricing system)이란 생산량이 압도적으로 많은 지역의 가격을 기점으로 다른 지역의 가격을 관리하는 방식을 말한다. 대표적 사례로는 과거 미국의 철강산업에서 피츠버그를 중심으로 수송비를 추가하는 방식으로 가격을 설정했던, 일명 '피츠버그 플러스 방식'을 들 수 있다.

4   전략적 행동이론; 게임이론

(1) 개요

앞서 살펴보았듯이 과점시장에서 공급자의 역할을 담당하는 소수의 기업들은 상호의존적인 관계를 맺으며 최적의 선택행위를 한다. 즉 과점기업들은 경쟁기업의 반응을 예상하면서 자신에게 가장 유리한 의사결정을 시도한다. 또 그들은 의사결정 과정에서 수시로 전략적 상황(strategic situation)에 직면한다. 게임이론(game theory)은 이런 상황을 분석할 수 있는 매우 훌륭한 설명 도구이다. 폰 노이만(J. von Neumann)과 모르겐스턴(O. Morgenstern)이 정립한 게임이론은 상호의존도가 높은 소수의 기업들이 이윤극대화를 추구하는 과정에서 펼치는 다양한 전략적 상황을 분석할 수 있도록 도와준다. 또 게임이론은 전략적 상황에 직면한 과점기업들이 자신의 선택 대안과 경쟁기업들의 반응을 고려하면서 의사결정을 시도한다고 가정한다.

① 게임이론의 구성요소

게임이 진행되려면 사전적으로 게임의 구성요소가 충족되어야 한다. 우선 게임에 참가해서 그것을 주도적으로 이끌고 나갈 경기자(player)[16]가 있어야 한다. 또 경기자들이 펼치는 여러 전략(strategy)들과 경기 결과에 따라 경기자의 몫으로 귀속되는 보수(payoff), 경기자의 목적이나 행동과 관련된 정보가 게임의 구성요소이다. 참고로 전략

---

16   경기자는 한 개인이나 조직을 의미하며 기본적인 의사결정단위를 지칭한다. 경기자의 숫자에 따라 2-경기자 게임 또는 n-경기자 게임으로 구분되기도 한다.

(단위: 억원)

기업 A ＼ 기업 B	t₁	t₂
S₁	(14, 14)	(40, 10)
S₂	(10, 40)	(20, 20)

은 경기자가 게임의 참여 과정에서 직면하는 다양한 전략적 상황에 대처하기 위한 계획이자 지침서이고, 보수(報酬)는 게임 종료 후 경기자가 얻는 사적(私的) 이익을 말한다.

게임이론은 〔표 11-2〕와 같은 보수행렬로 나타내는 것이 관례다. 경기자는 과점기업 A, B이고 그들이 선택할 수 있는 전략의 숫자도 각각 2개다. A가 선택할 수 있는 전략(strategy)은 S_1, S_2이고, B가 선택할 수 있는 전략(tactic) 역시 t_1, t_2이다. 따라서 A, B가 선택할 수 있는 모든 경우의 수를 표로 정리하면 〔표 11-2〕의 보수행렬(payoff matrix)과 같다. 참고로 ( ) 안의 첫 번째 숫자는 A에게 귀속되는 보수, 두 번째 숫자는 B에게 귀속되는 보수를 의미한다.

② 게임의 종류와 개념

게임의 종류로는 크게 협조적 게임과 비협조적 게임, 순수전략게임과 혼합전략게임, 일회(一回)게임과 반복게임, 동시게임(simultaneous move game)과 순차게임(sequential move game), 정합게임과 비정합게임, 영합게임(zero-sum game)과 비영합게임, 완전정보게임과 불완전정보게임 등이 존재한다.

협조적 게임은 게임의 진행 과정에서 경기자 상호간에 대화나 협상을 통해 미리 구속력 있는 계약(binding contracts)을 체결할 수 있는 데 반해 비협조적 게임[17]은 그것이 불가능한 게임이다. 순수전략게임은 경기자가 여러 전략 가운데 특정 전략만을 선택하는 게임이고, 혼합전략게임은 경기자가 2가지 이상의 순수전략을 확률에 따라 혼

17　앞에서 학습한 내용 중 담합 같은 것을 도모하지 않고 '상대방의 가격이나 생산량의 추측된 변화가 0'이라는 가정하에 이루어지는 과점기업들의 의사결정이 비협조게임에 해당된다. 참고로 현실의 기업들에서는 협조게임보다는 비협조게임이 훨씬 더 많이 목격된다. 따라서 경제학이 관심을 갖는 분야도 비협조게임이라고 말할 수 있다.

합해서 선택하는 게임이다. 일회게임은 경기자들 간에 1번만 시행되는 게임이고, 반복게임은 경기자들 간에 여러 번에 걸쳐 계속되는 게임을 말한다. 동시게임은 경기자가 동시에 전략을 선택하는 게임을 말하며, 정태적 게임(static game) 또는 1단계 게임(one-stage game)이라고 부른다. 반면 순차게임은 바둑이나 장기를 두는 경우처럼 한 경기자가 먼저 행동한 다음, 다른 경기자가 행동하는 방식의 게임으로서 일명 동태적 게임(dynamic game) 또는 다단계 게임(multi-stage game)이라고도 부른다. 정합게임은 두 경기자가 얻는 보수의 합이 일정한 게임이고, 비정합게임은 두 경기자가 얻는 보수의 합이 일정하지 않은 게임이다. 영합게임은 두 경기자가 얻는 보수의 합이 0이 되는 게임이고, 비(非)영합게임은 두 경기자가 얻는 보수의 합이 0이 아닌 게임이다. 완전정보게임은 경쟁상대가 선택한 내용을 완전하게 인식한 상태에서 의사결정을 하는 게임이고, 불완전정보게임은 경쟁상대가 선택한 내용을 잘 모르는 상태에서 의사결정을 하는 게임이다.

③ 게임에서 '균형'이 갖는 의미

게임에서 '균형'은 경기자들이 선택한 전략에 따라 어떤 최종 결과가 도출되었을 때, 게임에 참가한 경기자들이 그것에 만족해서 자신의 전략을 더 이상 변경시킬 경제적 유인이 존재하지 않는 상태를 말한다.

본서(本書)에서 학습할 주요 게임은 우월전략균형, 내쉬균형, 최소극대화전략균형, 혼합전략균형, 순차게임, 반복게임, 완전정보게임과 불완전정보게임이다.

(2) 동시(同時)게임의 균형 분석

① 우월전략균형(dominant strategy equilibrium)

우월전략(dominant strategy)은 경쟁상대가 어떤 전략을 선택하든 자신에게 최적의 대안인 전략을 말한다. 또 우월전략균형은 모든 경기자가 자신의 우월전략을 선택한 상태, 즉 우월전략의 짝을 말한다.

앞서 제시한 [표 11-2]의 보수행렬에서 우월전략균형은 (S_1, t_1)이다. 그 이유를 알아보자. A는 B가 어떤 전략(t_1, t_2)을 선택하든 자신에게 최선의 대안이 되는 전략은

S_1이다. 즉 B가 t_1전략을 선택할 때, A가 S_1전략을 선택하면 14억원, S_2전략을 선택하면 10억원을 얻는다. 또 B가 t_2전략을 선택할 때, A가 S_1전략을 선택하면 40억원, S_2전략을 선택하면 20억원을 얻는다. 따라서 A의 우월전략은 S_1이다. 마찬가지로 B는 A가 어떤 전략(S_1, S_2)을 선택하든 자신에게 최선의 대안이 되는 전략은 t_1이다. 즉 A가 S_1전략을 선택할 때, B가 t_1전략을 선택하면 14억원, t_2전략을 선택하면 10억원을 얻는다. 또 A가 S_2전략을 선택할 때, B가 t_1전략을 선택하면 40억원, t_2전략을 선택하면 20억원을 얻는다. 따라서 B의 우월전략은 t_1이다.

하지만 '우월전략균형이 언제나 과점기업 A, B에게 최적의 결과(= 파레토 최적)를 보장하는 것은 아니다'[18]라는 점이다. 그 이유는 A, B가 (S_2, t_2)의 전략을 선택한다면 (20억원, 20억원)을 얻게 됨으로써 우월전략균형인 (14억원, 14억원)보다 더 큰 이윤을 얻을 수 있기 때문이다. 즉 우월전략균형 (S_1, t_1)을 (S_2, t_2)로 전환하면 A, B는 각자 6억원의 이윤을 추가로 얻을 수 있다.

우월전략균형을 평가한다면, 그것은 균형의 도출과정이 명쾌하다는 점이다. 하지만 현실의 게임에서 모든 경기자가 우월전략을 갖는다는 것은 결코 쉬운 일이 아니다. 따라서 우월전략균형보다 완화된 가정을 갖는 새로운 균형 개념의 정립이 필요하다. 그렇게 해서 등장한 것이 내쉬균형이다.

보론 3 | 우월전략균형의 사례; 용의자의 딜레마(prisoner's dilemma)

금은방을 턴 절도 혐의로 2명의 용의자가 체포되었다고 가정하자. 검찰은 그들이 절도범이라는 심증은 있지만 명확한 물증을 갖고 있지 못한 상태라고 한다. 이때 검찰은 그들로부터 자백을 받아내기 위해 분리 심문 기법을 활용하기로 했다. 즉 그들이 서로 의사소통을 하지 못하도록 차단된 방에서 검찰 수사관의 집중 심문을 받도록 하고, 그들에게 〔표 11-3〕과 같은 보수행렬을 제시했다고 하자.

---

18 이에 대한 정확한 표현은 '내쉬균형이 항상 파레토 효율적인 자원배분을 보장하는 것은 아니다'이다. 하지만 독자 여러분들은 아직까지 파레토 효율에 대해서 학습하지 않았기 때문에 그 개념은 뒤로 미뤄두고 여기서는 그냥 '최적의 결과'라는 용어로 표현했음에 유념해주기 바란다.

〔표 11-3〕 용의자의 딜레마

용의자 A \ 용의자 B	t₁ (부인)	t₂ (자백)
S₁ (부인)	(1년형, 1년형)	(7년형, 방면)
S₂ (자백)	(방면, 7년형)	(3년형, 3년형)

용의자 A부터 살펴보자. A는 용의자 B가 어떤 전략(t_1, t_2)을 선택하든 자신의 우월전략은 S_2이다. B가 t_1전략을 선택할 때, A가 S_1전략을 선택하면 1년형을 받지만 S_2 전략을 선택하면 방면(放免)된다. 또 B가 t_2전략을 선택할 때, A가 S_1전략을 선택하면 7년형을 받지만 S_2전략을 선택하면 3년형을 받는다. 따라서 A의 우월전략은 S_2이다. B도 A와 마찬가지다. 즉 B는 A가 어떤 전략(S_1, S_2)을 선택하든 간에 자신의 우월전략은 t_2이다. A가 S_1전략을 선택할 때, B가 t_1전략을 선택하면 1년형을 받지만, t_2전략을 선택하면 방면(放免)된다. 또 A가 S_2전략을 선택할 때, B가 t_1전략을 선택하면 7년형을 받지만, t_2전략을 선택하면 3년형을 받기 때문이다. 따라서 B의 우월전략은 t_2이다. 결국 용의자의 딜레마 모형에서 우월전략균형은 A, B 모두 검찰 수사관에게 '자백'하는 (S_2, t_2)로 요약된다.

하지만 우월전략균형 (S_2, t_2)가 A, B에게 최적의 결과(= 파레토 최적)를 보장하지 않는다. 왜냐하면 A, B가 마지막 순간까지 서로 신뢰하고 '부인(否認)'으로 일관하는 (S_1, t_1)의 전략을 고수했다면, 그들은 형량을 3년형에서 1년형으로 낮출 수 있었다. 당초 A, B는 집단적 합리성에 기초해서 '부인' 전략을 선택하고 싶었을 것이다. 그러나 상대방이 어떤 전략을 선택할지 모르는 상황에서 A, B는 사적 이기심에 의존한 '자백' 전략을 최선의 대안으로 선택했던 것이다.

② 내쉬균형(Nash equilibrium)

우월전략균형에서 경기자들의 우월전략은 경쟁기업이 선택할 수 있는 모든 전략에 대한 최적 전략이다. 하지만 이것은 비현실적이라는 비판에 직면할 수 있다. 그래서 등장한 것이 내쉬균형이다. 내쉬균형은 꾸르노 모형처럼 경쟁자의 전략을 주어진 것으로 간주하고, 그 상황에서 경기자가 자신에게 최적(最適)인 전략을 선택했을 때 도달하는 균형이다. 그런 의미에서 내쉬균형은 우월전략균형보다 현실적인 균형에 가깝다고 볼 수 있다. 더욱이 내쉬균형은 비협조적 게임에서 발생하기 쉬운 결과를 예측하는데 탁월하다는 평가를 받고 있다. 참고로 내쉬균형을 처음 제시한 사람은 미국의 수학자 존 포브스 내쉬 주니어(J. Forbes Nash Jr.) 교수이다. 그는 이 공로(功勞)를 인정받아 1994년 라인하르트 저스투스 레지널드 젤텐(Reinhard Justus Reginald Selten), 존 카롤리월 하사니(J.C Harsanyi)와 함께 노벨 경제학상을 수상했다.

〔표 11-4〕에 제시된 보수행렬에서 내쉬균형은 (S_1, t_1)과 (S_2, t_2)로 정의된다.[19] 우선 내쉬균형에서는 A, B의 우월전략이 존재하지 않는다. B가 t_1전략을 선택할 때 A가 S_1전략을 선택하면 10억원, S_2전략을 선택하면 5억원을 얻는다. B가 t_2전략을 선택할 경우 A가 S_1전략을 선택하면 5억원, S_2전략을 선택하면 7억원을 얻는다. 따라서 A에게 S_1전략과 S_2전략은 우월전략이 아니다. 이는 B도 마찬가지다. A가 S_1전략을 선택할 때 B가 t_1전략을 선택하면 7억원, t_2전략을 선택하면 5억원을 얻는다. A가 S_2전략을 선택할 경우 B가 t_1전략을 선택하면 5억원, t_2전략을 선택하면 10억원을 얻는다. 따라서 B에게 t_1전략과 t_2전략은 우월전략이 아니다. 〔표 11-4〕에서 내쉬균형은 (S_1, t_1) = (10억원, 7억원)과 (S_2, t_2) = (7억원, 10억원)이다. A가 S_1전략을 선택할 경우, B는 S_1전략을 주어진 것으로 보고 그에 대응하는 자신의 최적 전략인 t_1전략을 선택한다. 그렇다면 B는 왜 t_1전략을 선택했을까? 그 이유는 간단하다. t_2전략을 선택하면 5억원을 얻지만, t_1전략을 선택하면 7억원을 얻을 수 있기 때문이다. 따라서 (S_1, t_1) = (10억원, 7억원)은 내쉬균형이다. 다음으로 (S_2, t_2) = (7억원, 10억원)이 내쉬균형인 이유에 대

〔표 11-4〕 내쉬균형에 대한 사례

(단위: 억원)

기업 A＼기업 B	t_1	t_2
S_1	(10, 7)	(5, 5)
S_2	(5, 5)	(7, 10)

---

[19] 내쉬균형은 반드시 1개만 존재하는 것이 아니다. 게임의 형태에 따라 내쉬균형이 1개 이상 존재할 수 있다. 또 모든 경기자가 순수 전략만 고집하는 경우에는 내쉬균형이 존재하지 않을 수도 있다. 하지만 혼합전략을 허용하면 내쉬균형이 반드시 존재한다. 그에 대한 근거는 혼합전략균형의 내용을 참조해 주기 바란다.

해 살펴보자. A가 S_2전략을 선택하면, B는 S_2전략을 주어진 것으로 보고 그에 대응하는 자신의 최적 전략인 t_2전략을 선택한다. B가 t_2전략을 최적 전략으로 선택한 이유 또한 간단하게 설명된다. t_1전략을 선택하면 5억원을 얻지만 t_2전략을 선택하면 10억원을 얻을 수 있기 때문이다. 따라서 (S_2, t_2) = (7억원, 10억원)도 내쉬균형이다.

지금까지 학습한 우월전략균형과 내쉬균형을 비교하면 다음과 같은 시사점을 얻을 수 있다. 그것은 '우월전략균형은 내쉬균형의 특수한 형태에 속한다'는 점이다. 내쉬균형과 우월전략균형 간의 관계를 그림으로 나타내면 〔그림 11-17〕과 같다.

〔그림 11-17〕 우월전략균형과 내쉬균형의 관계

또 내쉬균형과 관련해서 유의해야 할 것은 내쉬균형도 모든 경기자들에게 반드시 최적의 결과(파레토 최적)를 보장해주는 것은 아니다라는 점이다. 〔보론 3〕의 용의자의 딜레마 모형을 활용해서 그 의미를 분석해보자. 〔표 11-3〕에서 (S_2, t_2)는 용의자 A, B의 우월전략균형인 동시에 내쉬균형이다. 그런데 문제는 내쉬균형 (S_2, t_2)가 최적의 결과가 아니라는 점이다. 용의자의 딜레마 모형에서 최적의 결과는 (S_1, t_1)이다. 이런 결과가 도출된 이유는 검찰 수사관들이 A, B의 의사소통(눈짓, 손짓, 몸짓 등)을 차단시킨 후, 개인적 이기심을 부추기는 분리 심문(審問)을 했기 때문이다. 하지만 A, B가 비슷한 죄목으로 또 다시 체포되어 똑같은 보수행렬을 제시받는다면, 과연 그들은 어떤 전략을 선택할까? 아마도 그때는 A, B가 검찰 수사관의 분리 심문에 당황하지 않고 서로에 대한 믿음과 신뢰로서 집단적 합리성을 발휘할 가능성이 크다.

미시경제학에서 언급되는 내용 중에 '호텔링의 법칙(일명, 입지모형)'이라는 게 있다. 그 것은 20세기 초 경제학과 통계학 분야에서 뛰어난 업적을 남긴 수학자이자 경제학자 인 헤럴드 호텔링(H. Hotelling)에 의해 제시되었다. 호텔링의 법칙은 공급자 간에 경쟁 이 치열해지면, 공급자의 판매 위치나 상품 특성이 비슷해지는 현상을 말한다. 서로 다른 정치이념을 가진 정당 정책이 엇비슷해지는 현상을 설명할 때도 호텔링의 법칙 이 인용된다. 호텔링의 법칙은 해변도로가 위치한 2개의 이동식 아이스크림 가게 가 상호경쟁 관계를 유지할 때, 그들이 가게의 위치를 어떻게 변경하는지?를 잘 보여 준다. 〔그림 11-18〕을 활용해서 그 내용을 살펴보자.

　　모래사장에 놀러 온 피서객들을 상대로 아이스크림을 판매하는 이동식 상점이 두 곳(가게 1, 가게 2)이라고 가정하자. 또 (a) 그림에서 보듯이 모래사장의 길이는 총 100m이고 가게 1과 가게 2는 각각 서쪽 끝과 동쪽 끝으로부터 25m 떨어진 곳에서 영

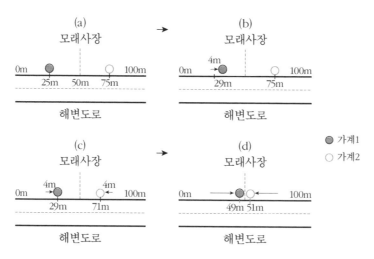

〔그림 11-18〕 호텔링의 법칙에 대한 그래프적 이해

20　이 부분은 '슬로우 뉴스(slow news)'의 강정수 칼럼 '뉴스의 미래 1; 문제는 공급 과잉이다.(2013. 2.19.)'에서 인용한 것임을 밝힌다. 다만 독자 여러분들의 이해를 돕기 위해 칼럼 내용의 일부를 저 자의 표현으로 새롭게 각색한 것을 널리 양해해 주기 바란다. 좋은 칼럼을 써주신 강정수 님께 깊은 감사를 드린다.

업하며 50m에 이르는 모래사장을 자신들의 상권으로 삼는다. 이로써 가게 1과 가게 2는 아이스크림을 구매하려는 피서객들을 공평하게 분할한다. 즉 동일한 상품을 판매하는 2개의 아이스크림 가게가 존재하고, 피서객의 입장에서 볼 때 지리적 거리(= 가게까지의 이동비용)로 시장이 2개로 분할되는 상황이다.

하지만 호텔링은 이런 상황이 오랫동안 지속될 수 없거나 애초부터 불가능하다고 보았다. 가게 1과 가게 2가 담합을 통해 가게 위치를 현재 상태로 고수하겠다고 약속하지 않는 한, 가게 1과 가게 2는 보다 많은 고객을 유치하기 위해 가게 위치를 변경한다는 것이다. 서쪽에 자리 잡은 가게 1이 자신의 가게를 가게 2가 눈치챌 수 없을 만큼 동쪽으로 이동시키면 그만큼 고객이 증가할 것으로 생각한다. 따라서 A는 자신의 가게를 동쪽으로 4m만큼 이동시킨다. 그것을 보여주는 것이 (b) 그림이다.

한편, 가게 2는 당초에 50m씩 분할되었던 자신의 시장규모가 가게 1의 동쪽 이동(= 4m)으로 시장축소와 고객 감소를 직감하고, 가게 2를 서쪽으로 4m만큼 이동시킨다. 이것을 나타낸 것이 (c) 그림이다. 가게 1과 가게 2가 이런 과정을 반복할 경우, 두 가게의 최종 위치는 각각 서쪽으로부터 49m와 51m로 결정된다. 그 결과 지리적 시장 분할이 사라지게 된다는 것이 호텔링의 주장이다. 즉 피서객의 입장에서 바라볼 때, 100m에 이르는 해변도로가에 인접해 있는 가게 1과 가게 2는 단일시장으로 인식될 수 있다는 것이다. (d) 그림이 그것을 잘 보여준다.

아이스크림을 판매하는 가게 1과 가게 2가 해변도로가의 어느 곳에 위치해 있을 것인가?는 동시 게임의 성격을 띤다. 또 가게 1과 가게 2가 초인접한 상태(49m, 51m)에서 영업 활동을 하는 것이 바로 내쉬균형이다. 왜냐하면 가게 1과 가게 2는 각자 경쟁 상대가 선택한 가게의 위치 변화에 대해 최적의 대응을 하고 있기 때문이다. 사실 100m에 이르는 모래사장에서 아이스크림을 판매하는 가게 1과 가게 2는 (a) 그림에서 보는 것처럼 각자 25m, 75m에 있을 때가 사회적으로 가장 바람직한 배치였다. 왜냐하면 모래사장의 출발선인 0m부터 종료 시점인 100m사이에 위치해 있는 어떤 피서객들도 25m만 이동하면 언제든지 아이스크림을 구입할 수 있었기 때문이다. 하지만 (d) 그림에서처럼 가게 1과 가게 2가 49m, 51m로 인접해 있는 경우, 모래사장 0m~25m, 75m~100m 사이에서 피서를 즐기는 고객들은 아이스크림을 구입하기 위해 예전보다 훨씬 더 많은 발품을 팔아야 한다. 미시경제학에서는 그런 현상을 호텔링의 역설(Hotelling's Paradox)이라고 정의한다.

③ 혼합전략균형(mixed strategy equilibrium)

혼합전략(mixed strategy)은 경기자들이 자기가 선택할 수 있는 여러 전략들에 대해 확률을 부여함으로써 전략의 선택을 무작위화(randomization)시킨 것을 말한다. 또 혼합전략균형은 그 과정에서 결정된 균형을 말한다. 참고로 혼합전략과 반대되는 개념은 순수전략(pure strategy)이다. 그것은 경기자가 선택할 수 있는 여러 전략 가운데 한가지 전략만을 선택하는 경우를 말한다.

우월전략균형이나 내쉬균형은 경기자들이 여러 전략 가운데 특정 전략 하나만을 선택했을 때의 균형이다. 그런 의미에서 우월전략균형과 내쉬균형은 순수전략균형에 해당된다. 다음의 동전 던지기 게임[21]에서 보듯이 경기자들이 순수전략만을 선택했을 때는 내쉬균형이 존재하지 않을 수도 있다. 이는 〔표 11-5〕를 통해 확인할 수 있다.

〔표 11-5〕는 동전 던지기 게임의 보수행렬을 나타낸 것이다. 경기자 A, B가 동시에 동전 던지기 게임을 전개해서 앞면이나 뒷면만 나올 때는 A가 5억원을 따고, B는 5억원을 잃는다. 하지만 앞면과 뒷면이 섞여 나올 때는 반대로 B가 5억원을 따고 A는 5억원을 잃는 게임이다. 〔표 11-5〕에서 해당 숫자 앞의 마이너스(−)는 돈을 잃는 경우를 말한다. 이런 유형의 게임에서 순수전략만 선택할 경우, 내쉬균형은 존재하지 않는다. 그 이유는 다음과 같다. 일례로, A가 동전의 앞면을 선택하면 B는 자신에게 최적 대안인 (−5, 5)를 보장해주는 뒷면을 선택한다. 하지만 B가 막상 뒷면을 선택하면, 이번에는 A가 자신에게 최적 대안인 (5, −5)를 보장해주는 뒷면을 선택한

〔표 11-5〕 동전 던지기 게임과 내쉬균형의 존재 여부

(단위: 억원)

경기자 A \ 경기자 B	t₁ (앞면)	t₂ (뒷면)
S₁ (앞면)	(5, − 5)	(− 5, 5)
S₂ (뒷면)	(− 5, 5)	(5, − 5)

---

21 참고로 동전 던지기 게임은 참가자인 A와 B가 각자 동전의 앞면이나 뒷면을 선택한 후, 이를 동시에 펼쳐 보이는 게임이다. 또 그 결과에 따라 사전에 정해진 보수행렬을 근거로 이익(손해)을 배분받는 게임이다.

다. 따라서 〔표 11-5〕와 같은 동전 던지기 게임에서 순수전략에 따른 내쉬균형은 존재하지 않는다.

하지만 경기자들이 혼합전략을 선택하면 반드시 내쉬균형이 존재한다. 혼합전략은 경기자들이 선택할 수 있는 여러 전략에 대해 확률을 적용함으로써 경쟁자가 자신의 전략을 인지할 수 없도록 무작위화(randomization)시키는 것을 말한다. 동전 던지기 게임에서는 경기자들이 특정 전략만을 고수할 경우, 경쟁자는 손쉽게 상대방의 패를 읽을 수 있다. 경쟁자에게 패를 보인 경기자가 돈을 딴다는 것은 매우 힘든 일이다. 따라서 〔표 11-5〕와 같은 상황에서는 경쟁자에게 자신의 패가 노출되지 않도록 동전을 던지는 것이 최적의 전략이다. 〔표 11-6〕의 보수행렬을 통해 혼합전략균형의 문제를 좀 더 살펴보자. 〔표 11-6〕의 보수행렬은 〔표 11-5〕와 동일하다. 한 가지 다른 게 있다면, S_1, S_2전략과 t_1, t_2 전략에다 그것의 발생 확률 P, (1 - P)과 q, (1 - q)을 적용시켰다는 점이다.

혼합전략에서 가장 중요한 것은 경기자가 선택할 여러 전략에 적용할 최적 확률을 결정하는 일이다. 그것을 위한 최적의 방법은 경쟁자가 어떤 전략을 선택하든 그가 동일한 기대보수만을 얻도록 만드는 것이다. 그렇게 해야만 경쟁자의 전략으로 인해 자신이 손해 보는 것을 막을 수 있기 때문이다.

이제 경기자가 자신의 최적 확률을 결정하는 방법에 대해 알아보자. 〔표 11-6〕의 보수행렬에서 A가 확률 P와 (1 - P)로 동전의 앞면과 뒷면을 선택한다고 가정하자. 이때 B가 동전의 앞면을 선택할 때, 그의 기대보수는 [P × (- 5)] + [(1 - P) × (5)]이다. 또 B가 동전의 뒷면을 선택할 때, 그의 기대보수는 [P × (5)] + [(1 - P) × (- 5)]이다. 위에서 언급한 것처럼 이 2개의 기대보수 값이 같게 된다면 A로서는 자신에게 최적의 확률을 구성한 셈이다. 이제 [P × (- 5)] + [(1 - P) × (5)] = [P × (5)] + [(1 -

〔표 11-6〕 동전 던지기 게임과 혼합전략균형

(단위: 억원)

경기자 A \ 경기자 B	t_1 (앞면) ; q	t_2 (뒷면) ; (1 - q)
S_1 (앞면) ; P	(5, - 5)	(- 5, 5)
S_2 (뒷면) ; (1 - P)	(- 5, 5)	(5, - 5)

P) × (– 5))]의 조건식을 풀면 P = 1/2이 도출된다. 이는 B의 경우에도 동일한 방식을 적용하면 B의 최적확률 q = 1/2[22]이 도출된다. 결론적으로 A, B는 1/2의 확률로 동전의 앞면과 뒷면을 섞는 혼합전략을 자신의 최적 전략으로 선택함으로써 혼합전략균형에 도달하게 된다.

혼합전략균형을 갈무리하면서 '경기자들이 혼합전략을 선택하면 반드시 내쉬균형이 존재한다'는 의미에 대해 정리할까 한다. 〔표 11-6〕의 보수행렬을 보면 혼합전략균형은 기존의 우월전략균형이나 내쉬균형처럼 명쾌하게 드러나지 않는다. 그런데도 내쉬균형이 존재한다고 말할 수 있는 것은 동전의 앞면과 뒷면을 각각 1/2의 확률로 혼합하는 전략을 채택하는 것이 A, B에게 최적 선택이고, 다른 선택으로 이동할 경제적 유인이 없기 때문이다. 즉 임의의 한 선택에서 다른 선택으로 이동할 경제적 유인이 없을 때가 바로 균형이라는 얘기다. 독자 여러분들도 이와같은 주장에 쉽게 동의해줄 것으로 믿는다.

④ **최소극대화전략균형**(maxmin strategy equilibrium)
내쉬균형은 경기자들이 합리적인 의사결정자라는 가정하에 도출되는 균형이다. 즉 내쉬균형은 경기자들이 경쟁자의 전략에 대해 자신에게 최적 보수를 보장해주는 전략을 선택하는 과정에서 달성된다. 그런데 경기자들이 합리적이지 않다면, 내쉬균형의 성립은 기대하기 어렵다. 그런 경우를 잘 설명해주는 것이 바로 최소극대화전략균형이다.

최소극대화전략은 경기자들이 자기가 선택한 각 전략에 대해 최악(最惡)의 결과가 발생했을 때의 보수를 확인하고, 그 가운데서 최선의 결과를 보장해주는 전략을 선택하는 것을 말한다. 이와 같은 최소극대화전략은 경쟁자의 합리성에 의구심이 들 때, 활용된다. 〔표 11-7〕에 제시된 보수행렬을 통해 최소극대화전략균형을 살펴보자.

---

22 이는 경기자 A를 B로, 숫자와 확률 P대신 q로 바꿔 문제를 풀면 손쉽게 q = 1/2을 구할 수 있다. 따라서 이에 대한 추가 설명은 생략하고 독자 여러분의 자율학습에 맡기고자 한다.

〔표 11-7〕 최소극대화전략균형의 결정 원리

(단위: 억원)

경기자 A / 경기자 B	t_1	t_2
S_1	(16, 9)	(– 15, 5)
S_2	(5, 7)	(8, 4)

　〔표 11-7〕에서 A는 우월전략이 없고 B만 우월전략 t_1을 갖는다.[23] 〔표 11-7〕에서 B가 합리적인 경제주체로서 t_1전략을 선택할 것으로 예상되면, A는 S_1전략을 선택할 것이다. S_2전략을 선택할 때보다 11억원(= 16억원 - 5억원)의 추가 이윤을 얻을 수 있기 때문이다. 또 A가 S_1전략을 선택할 것으로 예상되면, B는 t_1전략을 선택할 것이다. 그 이유는 t_2전략을 선택할 때보다 4억원(= 9억원 - 5억원)의 추가 이윤을 얻을 수 있기 때문이다. 따라서 (S_1, t_1) = (16억원, 9억원)이 내쉬균형이다. 그러나 B가 합리적인 태도를 포기하고 t_2전략을 선택하면 S_1전략을 선택한 A는 15억원의 손실을 입게 된다. 이때 보수적(위험기피적) 태도를 갖고 있는 A가 B의 합리성에 의구심을 갖는다면, 그는 상대적으로 안전한 보수를 보장받기 위해 최소극대화전략을 선택할 수 있다. 이는 B의 경우에도 마찬가지다.

　이제 최소극대화전략에 대해 살펴보자. A가 S_1전략을 선택할 때 최악의 결과는 – 15억원이고, S_2전략을 선택할 경우 최악의 결과는 5억원이다. 따라서 A의 입장에서 최소극대화전략은 S_2전략이다. 다음으로 B의 경우를 살펴보자. B가 t_1전략을 선택할 때 최악의 결과는 7억원이고, t_2전략을 선택할 때 최악의 결과는 4억원이다. 따라서 B의 입장에서 최소극대화전략은 t_1전략이다. 따라서 〔표 11-6〕에서 최소극대화전략균형은 (S_2, t_1)=(5억원, 7억원)으로 결정된다.

23　B가 t_1전략을 선택하면 A는 S_1전략을 선택한다. 그러나 B가 t_2전략을 선택하면, A는 S_2전략을 선택한다. 따라서 A에게는 우월전략이 존재하지 않는다. 하지만 A가 S_1전략을 선택하면 B는 t_1전략을 선택한다. 또 A가 S_2전략을 선택하면 B는 t_1전략을 선택한다. 따라서 B에게는 t_1전략이 우월전략이다.

앞에서 살펴본 게임들은 경기자들이 경기 결과로 얻을 수 있는 보수의 합이 특정 숫자와 일치하는 것이 아니었다. 하지만 어떤 게임은 경기자들이 얻는 보수의 합이 특정 숫자와 일치하도록 설계되는 경우가 있다. 일례로 가전(家電)시장, 자동차시장, 맥주나 아이스크림시장에서 두 기업이 시장점유율을 놓고 벌이는 게임을 들 수 있다. 그런 유형의 게임을 정합게임(constant sum game)[24]이라고 한다. 국내 자동차 산업을 대표하는 H사와 K사가 벌이는 시장점유율 경쟁을 통해 정합게임의 본질을 살펴보자. H사와 K사의 보수행렬이 〔표 11-8〕과 같다고 가정하자.

〔표 11-8〕과 같이 보수가 일정한 값으로 주어진 상황(예; 시장점유율 100%)에서 H사와 K사가 상대 기업보다 시장점유율을 조금이라도 더 높이기 위해 사활(死活)을 건 경쟁을 시도할 경우, 그들 간에 원만한 협력관계나 신뢰 유지는 불가능하다. 당연히 게임의 결과도 예측하기 어렵다. 하지만 보수행렬이 〔표 11-8〕과 같고, H사와 K사가 모두 최소극대화전략을 선택한다면 상당히 그럴듯한 게임의 결과가 도출된다.

H사의 관점에서 최소극대화전략은 S_2전략이다. 왜냐하면 H사가 S_1전략을 선택하면 최소 25%의 시장점유율을 확보할 수 있지만 S_2전략을 선택하면 최소 40%의 시장점유율을 확보할 수 있기 때문이다. 마찬가지로 K사의 입장에서 최소극대화전략은 t_2전략이다. 그 이유는 t_1전략을 선택하면 최소 55%의 시장점유율을 확보할 수 있

〔표 11-8〕 H사와 K사의 정합게임과 안장점

(단위: %)

H사 \ K사	t_1	t_2
S_1	(25, 75)	(30, 70)
S_2	(45, 55)	(40, 60)

---

24 〔표 11-8〕의 정합게임에서 국내 자동차산업을 양분하고 있는 H사와 K사의 시장점유율 합을 100%로 가정한 것은 타국과의 시장개방을 배제한 것임에 유념해야 한다. 만약 현실 세계처럼 자동차시장의 개방이 이루어지면 국내 대형 자동차 메이커인 H사와 K사의 시장점유율이 100%가 될 수 없기 때문이다. 또 정합게임과 유사한 성격을 띠는 것이 영합(零合)게임(zero-sum game)이다.

지만 t_2전략을 선택하면 최소 60%의 시장점유율을 확보할 수 있기 때문이다. 이들 전략의 짝인 (S_2, t_2) = $(40, 60)$은 H사와 K사에게 40%와 60%의 보수를 보장하는데, 게임이론에서는 이것을 안장점(saddle point)이라고 부른다.[25]

여기서 한 가지 흥미로운 것은 안장점 (S_2, t_2)가 H사와 K사의 최소극대화전략균형인 동시에 내쉬균형이라는 사실이다. 그 이유는 H사가 S_2전략을 선택하면 K사의 최적 대응은 t_2전략이고, K사가 t_2전략을 선택하면 H사의 최적 대응은 S_2전략이기 때문이다. 시장점유율을 조금이라도 더 높이기 위해 치열하게 경쟁하는 과점시장에서 안장점이 존재하는 정합게임이 보장될 경우, 과점기업 간의 게임은 안정적이다. 왜냐하면 다른 선택을 해야 할 경제적 유인이 존재하지 않기 때문이다. 그렇다고 해서 모든 정합게임에서 안장점이 항상 존재하는 것은 아니다. 또 안장점이 존재하지 않는 정합게임에서는 그 결과도 예측하기 어렵다. 참고로 현실경제에서는 정합게임보다 비정합게임이 상대적으로 더 많은 것도 부인하기 어렵다.

(3) 순차(順次)게임의 균형 분석

지금까지 학습한 게임은 2명의 경기자가 동시에 전략을 선택하는 동시(同時)게임이었다. 하지만 현실 세계에서 더 많이 접할 수 있는 게임은 아마도 순차(順次)게임(sequential game)일 것이다. 순차게임은 한 경기자가 먼저 전략을 선택하면, 다른 경기자가 그것을 보고 자신의 최적 전략을 선택하는 게임이다. 순차게임의 대표적인 사례

---

[25] 안장점의 유래에 대해 살펴보자. H사의 전략이 S_2로 주어졌을 경우, K사가 선택하는 t_2전략은 H사의 보수를 극소화하는 전략이다. 또 K사의 전략이 t_2로 주어졌을 경우, H사가 선택하는 S_2전략은 H사의 보수를 극대화하는 전략이다. 즉 〔표 11-8〕의 (S_2, t_2)하에서 H사의 보수는 한쪽에서 극소화이면 다른 쪽에서는 극대화가 된다. 정합게임에서 H사의 보수가 극대화이면 K사의 보수는 극소화가 되고, H사의 보수가 극소화이면 K사의 보수는 극대화가 된다. 안장점은 이런 특성이 마치 카우보이용 말안장(사진 참조)의 모습과 흡사하다고 해서 붙여진 이름이다. 즉 한 기업의 시장점유율이 증가하면 상대 기업의 시장점유율은 그만큼 감소할 수밖에 없음을 시사해준다.

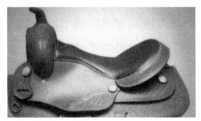

출처: 몽골 승마협회.

로는 다음의 2가지를 들 수 있다. 하나는 과점시장에서 생산활동을 하고 있는 기존 기업과 신규로 진입하려는 잠재적 경쟁기업 간의 게임이고, 다른 하나는 노사(勞使) 간에 임금과 근로조건을 놓고 벌이는 교섭 게임을 들 수 있다.

① 순차게임(1); 경쟁자에 대한 정보가 완전한 경우

순차게임은 크게 완전정보게임과 불완전정보게임으로 구분된다. 전자(前者)는 순차게임의 각 단계에서 경기자가 자신을 비롯한 경쟁자들의 모든 행태를 자세히 파악하고 있는 상태에서 진행하는 게임이고, 후자(後者)는 그렇지 못한 게임을 말한다. 본항에서는 완전정보게임으로서 순차게임의 본질을 이해시키기 위해 단순한 형태의 2단계 순차게임을 상정한다. 또 순차게임과 동시게임은 2가지 점에서 구별된다. 하나는 동시게임이 정규형(正規型; normal form) 보수행렬을 이용해서 게임을 진행한다면, 순차게임은 게임나무(game tree)와 의사결정마디(decision node)를 활용한다는 점이다. 이때 순차게임은 역진귀납(逆進歸納; backward induction)의 방식을 통해 균형을 모색한다. 다른 하나는 균형의 속성에 관한 것이다. 동시게임의 균형이 내쉬균형이라면 순차게임의 균형은 완전균형(perfect equilibrium)이다. 여기서 말하는 완전균형은 내쉬균형은 물론 신빙성의 조건(credibility condition)까지 충족시키는 균형이다. 이들 개념은 순차게임의 사례를 통해 좀 더 자세히 살펴보고자 한다.

국내 아이스크림 시장을 양분하고 있는 L사와 B사가 있다고 가정하자. 〔그림 11-19〕는 두 기업이 더 많은 이윤을 얻을 목적으로 경쟁기업과 생산량 증대(I; increase)와 현(現)생산량 유지(M; maintain)를 놓고 게임을 벌이는 상황을 보여준다. 〔그림 11-19〕에 제시된 게임은 완전정보의 2단계 순차게임으로 L사가 a점에서 먼저 행동을 하고 B사는 L사의 행동을 지켜본 후, b와 b′점에서 자신에게 최적의 의사결정을 하는 방식으로 진행된다. 참고로 게임나무(game tree)라는 명칭은 게임의 진행방식이 마치 나뭇가지가 중심에서 곁가지로 퍼져나가는 것과 유사하다는 데서 비롯된 것이다. 한편, 게임나무에는 게임의 각 단계별로 L사와 B사의 의사결정점이 굵은 점과 함께 a, b, b′로 표시되어 있는데 이것을 의사결정마디(decision node)라고 부른다. 이때 L사와 B사가 선택할 수 있는 경우의 수는 (I, I), (I, M), (M, I), (M, M)이며 그때의 보수인 L사와 B사의 이윤은 각각 (2억원, 2억원), (7억원, 3억원), (3억원, 7억원), (4억원, 4억원)으로 결정된다고 가정한다. 단, ( ) 안의 첫 번째 숫자는 L사의 이윤, 두 번째 숫자

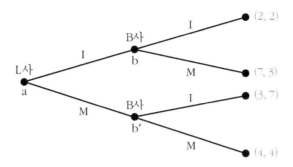

〔그림 11-19〕 단순한 형태의 2단계 순차게임

는 B사의 이윤을 의미한다.

　〔그림 11-19〕의 순차게임에서 B사의 최적 전략은 두 개이지만 L사의 최적 전략은 존재하지 않는다. 그 이유를 알아보자. L사가 I전략을 선택하면 B사의 최적 전략은 M전략이고, L사가 M전략을 선택하면 B사의 최적 전략은 I전략이다. 이제 L사에 대해 살펴보자. B사가 앞서 얘기한 최적 전략을 선택할 경우, L사는 I전략을 선택하는 것이 최적의 대응이다.[26] 하지만 B사가 L사로 하여금 I전략을 선택하지 못하도록 위협하기 위해 무조건 I전략을 선택한다면 L사의 최적 대응은 M전략일 수밖에 없다.[27] 이처럼 L사의 최적 대응은 B사가 어떤 전략을 선택하는가에 의존하기 때문에 최적 전략이 존재하지 않는다고 말하는 것이다.

　〔그림 11-19〕의 순차게임에서 L사는 B사보다 앞서 어떤 전략을 선택할 것인지를 결정해야 한다. 이를 위해 L사는 B사가 자신의 전략에 대해 어떻게 대응할 것인지를 판단한 후, 그에 기초해서 자신의 의사결정을 단행한다. 즉 L사는 B사가 합리적인 경기자라는 생각에서 B사가 결정할 수 있는 최적 전략, 즉 (7, 3)과 (3, 7) 가운데 자신에게 가장 유리한 (7, 3)을 선택하기 위해 I전략을 선택한다. 따라서 (7, 3)은 내쉬균형

26　B사의 최적 전략은 〔그림 11-19〕에서 (7, 3)과 (3, 7) 등 2가지다. 이때 L사는 자신의 이윤이 극대화되기 위해서는 I전략을 써야 한다. 그래야만 7억원의 이윤을 챙길 수 있기 때문이다.

27　L사가 I전략을 선택할 때, B사가 I전략을 선택하겠다는 것은 "L사가 아이스크림의 생산량 증가와 그로 인한 가격 인하를 통해 L사의 시장점유율과 장기적 이윤 증대를 도모한다면 B사도 아이스크림 생산량을 증가시켜 L사와의 공멸(共滅)을 선택하겠다"고 협박하는 것과 다를 게 없다. 그때 L사와 B사가 얻을 수 있는 이윤은 (2, 2)이다. 이런 경우 L사의 I전략은 최적 대응이 아니다. 왜냐하면 L사가 M전략을 선택하면 (3, 7)에서 보듯이 1억원의 이윤을 추가로 얻을 수 있기 때문이다.

이다. 이처럼 게임나무의 마지막 단계로부터 거슬러 올라가는 방식으로 게임의 균형을 찾는 것이 역진귀납이다. 이제 완전균형에 대해 알아보자. L사가 어떤 전략을 선택하든 "무조건 I전략을 선택하겠다"는 B사의 행동에는 위협요소가 내재되어 있다. L사가 B사의 위협에 굴복해서 M전략을 선택할 경우, B사는 I전략을 선택하는 것이 최적대응이다. 이때의 보수는 (3, 7)이며, 이것 또한 내쉬균형이다. 여기서 신빙성의 조건에 대한 문제가 제기된다. 신빙성의 조건은 어떤 위협이 신빙성을 갖고 있어야 한다는 것을 의미한다. 그런데 신빙성의 조건이 충족되려면 어떤 위협을 실행하는 것이 본인의 이익과 부합해야 한다는 점이다. 그렇지 않으면 그것은 공갈·협박에 지나지 않기 때문이다. 〔그림 11-19〕에서 내쉬균형인 (7, 3)과 (3, 7) 중에서 (3, 7)은 신빙성의 조건을 충족하지 못하는 내쉬균형이다.[28] 따라서 위의 순차게임에서 내쉬균형의 조건과 신빙성의 조건을 모두 만족시키는 완전균형은 (7, 3)이다.

완전정보하에서의 순차게임은 여러 가지로 응용될 수 있다. 특히 신규기업이 과점시장으로 진입하는 것을 막기 위해 기존의 과점기업들이 펼칠 수 있는 다양한 전략을 모색하는 데도 유용하게 활용될 수 있다. 〔그림 11-19〕에 나타낸 의사결정마디 a에서 I전략에 시장진입, M전략에 시장진입 포기, 의사결정마디 b와 b′에서 I전략과 M전략 대신에 각각 가격 인하와 현행 가격 유지를 대입하면 과점시장으로의 진입을 저지하기 위한 기존 과점기업들의 가격전략을 설득력 있게 분석할 수 있다.

② 순차게임(2); 경쟁자에 대한 정보가 불완전한 경우
앞에서는 경기자들과 관련된 정보가 완전한 경우에 대해 살펴보았다. 하지만 현실은 불완전정보게임(game of imperfect information)이나 불충분정보게임(game of incomplete information)이 보다 더 일반적이다. 그러면 불완전정보게임과 불충분정보게임은 같은 개념인가, 아니면 다른 개념인가? 이들 게임이 완전정보게임이 아니라는 점에서는

---

28 B사가 무조건 I전략을 선택하겠다는 것은 공갈·협박일 가능성이 크다. 가령 L사가 I전략을 선택하면 B사는 I전략보다는 M전략을 선택할 가능성이 높다. 그 이유는 B사가 I전략을 포기하고 M전략을 선택하면 1억원(= 3억원 – 2억원)의 이윤을 추가로 얻을 수 있기 때문이다. B사의 위협이 공갈·협박로 끝나지 않으려면 위협의 실행으로 B사가 이익을 얻어야 하는데 여기서는 손해를 볼 수밖에 없다. 이것을 직시한 L사는 결국 I전략을 선택하고, B사는 M전략을 선택하게 된다. 따라서 (7, 3)은 내쉬균형과 신빙성의 조건까지 충족하는 완전균형이고, (3, 7)은 완전균형의 조건을 충족하지 못한다.

동일하다. 그러나 본질에 있어서는 결을 달리한다.[29] 불완전정보게임은 경기자들이 마치 검찰 수사관의 분리 심문을 받는 용의자들처럼 경쟁자가 어떤 선택을 했는지? 잘 모르는 상태에서 선택을 해야 하는 게임을 말한다. 반면, 불충분정보게임은 게임의 내용(예; 자신의 선택에 따른 경쟁자의 보수, 게임나무의 모양 등)에 대해 전혀 알지 못하면서 게임에 참가하는 최악의 경우를 말한다. '용의자의 딜레마 모형'을 통해 불완전정보게임의 내용을 살펴본 후, 불충분정보게임에 대해 언급하고자 한다.

　〔표 11-3〕에서 학습한 정규형(正規型)의 '용의자의 딜레마 게임'을 〔그림 11-20〕과 같은 게임나무의 전개형으로 표현해도 게임의 본질에는 아무런 차이가 없다.

　불완전정보게임은 나중에 의사결정(예; 부인, 자백)을 해야 하는 용의자 B가 앞서 의사결정(예; 부인, 자백)을 한 용의자 A에 대한 관찰이 어려운 게임이다. 따라서 B가 최적 전략을 선택할 때는 정작 자신이 의사결정마디 b에 있는지, 아니면 b′에 있는지조차 알지 못한다. 〔그림 11-20〕에서 타원형으로 표시한 것은 정보집합(information set)이며, 이는 B가 A의 자백 여부조차 알지 못하고 있음을 의미한다. 참고로 완전정보게임의 정보집합에는 의사결정마디가 1개다. 그러나 불완전정보게임의 정보집합에는 2개 이상의 의사결정마디가 존재한다. 〔그림 11-20〕의 불완전정보게임에서도 결과는 〔보론 3〕에서 도출된 것과 같다. 즉 용의자 A도 자백하고 용의자 B도 자백함으로써 (3년, 3년)을 선택한다.

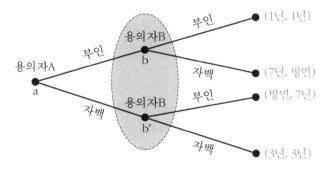

〔그림 11-20〕 불완전정보게임의 사례; 용의자의 딜레마 모형

29　이준구 서울대 명예교수는 『미시경제학(7판)』에서 제3의 경기자로서 '자연(nature)'을 도입함으로써 불충분정보의 게임을 불완전정보의 게임으로 변환시킨 바 있다. 본서(本書)도 그 방식에 따라 논의를 전개하고자 한다. 자세한 것은 다음 항의 내용을 참조하기 바란다.

③ 순차게임(3); 경쟁자에 대한 정보가 불충분한 경우

이제 불충분정보게임에 대해 살펴보자. 현재 과점시장에서 생산활동을 하고 있는 기존의 과점기업을 B, 과점시장으로의 신규 진입을 탐색하는 잠재적 경쟁기업을 A라고 하자. 또 B는 A의 시장진입을 저지할 목적에서 대대적인 가격 인하 방침을 공표했다고 가정하자. 그런데 지금 A는 B의 평균비용(AC)에 관한 정보조차 갖고 있지 못한 상태다. 다만 A는 B의 AC가 높을 확률이 P, 그것이 낮을 확률이 $(1-P)$라는 정도만 알고 있을 뿐이다. 또 이와 같은 불충분정보게임에 대한 정규형 및 전개형의 보수행렬이 다음과 같다고 하자.

〔표 11-9〕 AC가 높을 확률(P)인 경우의 보수행렬

(단위: 억원)

A사 \ B사	t_1 (가격인하)	t_2 (현행가격유지)
S_1 (시장진입)	$(-4, 4)$	$(5, 5)$
S_2 (진입포기)	$(0, 9)$	$(0, 11)$

〔표 11-10〕 AC가 낮을 확률$(1-P)$인 경우의 보수행렬

(단위: 억원)

A사 \ B사	t_1 (가격인하)	t_2 (현행가격유지)
S_1 (시장진입)	$(-4, 7)$	$(5, 6)$
S_2 (진입포기)	$(0, 13)$	$(0, 11)$

불충분정보게임은 '자연(nature)'이라는 제3의 경기자를 도입함으로써 불완전정보게임으로 전환시킬 수 있다. A사는 B사의 AC 구조에 관한 정보를 확률로서만 파악할 정도로 불충분하다. 즉 A사는 B사의 AC가 높을 확률이 P, AC가 낮을 확률은 $(1-P)$라고 생각한다. 이제 제3의 경기자인 '자연'이 이와 같은 확률로 B사의 AC와 그에 따른 가격 선택의 유형을 결정한다. 〔그림 11-21〕에서 타원형으로 표시된 것은 A사의 정보집합을 말한다.

이제 A가 과점 시장에 진입하기로 결정하면, B사는 두 개의 전략 중 하나를 선택

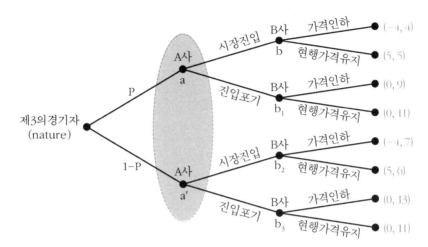

〔그림 11-21〕 불충분정보게임; 과점기업의 진입저지가격설정

해야 한다. AC가 높을 확률(P)인 경우, B사는 현행 가격수준을 유지하면서 (5억원, 5억원)의 보수를 얻으려 할 것이다. 이때 B사의 보수는 5억원이다. 또 AC가 낮을 확률 (1-P)인 경우, B사는 가격 인하를 시도하면서 (-4억원, 7억원)의 보수를 얻으려 할 것이다. 이때 B사의 이익은 7억원이고, A사는 4억원의 손실을 입는다. 이때 시장진입을 시도한 A사의 기대이윤은 '(P × 5) + 〔(1 - P) × (- 4)〕 = 9P - 4'가 된다. 반면, A사가 시장진입을 포기하면 A사의 기대이윤은 0이다. 따라서 A사는 9P - 4 〉 0인 경우에 한해, 즉 AC가 높을 확률(P)이 4/9보다 큰 경우에만 시장진입을 시도할 것이다. 그것을 보여주는 것이 바로 불충분정보게임이다.

보론 6 ｜ 과점에 대한 주요 대책

과점에 대한 대책으로 자주 언급되는 것은 존 모리스 클라크(J. M. Clark)의 유효경쟁이론과 존 케네스 갤브레이스(J. K. Galbraith)가 제시한 길항력이론(拮抗力理論)이다. 이하에서는 그것에 대한 기본 개념만 간략하게 소개하고자 한다.

유효경쟁이론(effective competition theory)

유효경쟁은 비록 완전경쟁의 조건을 갖추고 있지는 않지만 충분히 많은 기업이 존재하고, 또 그들 기업 간에 담합행위가 이루어지지 않아서 시장경쟁이 치열하게 전개되는 현상을 말한다. 그 결과 시장가격과 한계비용은 근접하게 된다. 즉 P ≒ MC라는 얘기다. 클라크는 1940년에 발표된 자신의 논문에서 "완전경쟁시장은 존재하지도 존재할 수도 없다"고 말했다. 또 "완전경쟁시장은 현실경제에서 시장의 경쟁상황을 판단하기 위한 기준으로 더 이상 적합하지 않다"고 주장했다. 그러면서 완전경쟁시장에 대한 대안으로 '유효경쟁'을 제안했다. 클라크의 유효경쟁이론을 한층 발전시킨 사람은 미국의 경제학자 메이슨(E.S. Mason)이다. 그는 시장구조와 기업의 성과 측면에 초점을 맞춘 새로운 유효경쟁의 개념을 제시했다. 즉 시장의 구조적 측면에서 유효경쟁이 존재하기 위한 전제조건으로 ① 다수의 판매자와 구매자, ② 시장지배력을 갖는 기업의 부재(不在), ③ 기업 간 담합과 같은 결탁의 부재(不在), ④ 신규기업에 대한 시장진입의 가능성 보장 등을 제시했다. 또 기업의 성과 측면에서 유효경쟁이 존재하기 위한 전제조건으로 ① 상품의 생산과정에 대한 개선 압력의 존재, ② 비용 절감을 위한 노력과 그에 따른 가격 인하 가능, ③ 효율적인 규모에서의 생산 집중, ④ 판매 활동에서의 자원절약 노력 등을 제시했다. 결론적으로 유효경쟁이론은 지금 시점에서는 비록 과점시장과 같은 불완전경쟁이지만 장기적 측면에서는 완전경쟁시장에 근접할 수 있는 시장 개념으로서 과점시장에 대한 현실적인 정책기준을 제시해준다.

길항력이론(theory of countervailing power)[30]

길항력이론은 자본주의 경제에서 특정 세력이 지배적인 힘을 발휘하면 그에 대항하는 새로운 세력이 출현해서 힘의 균형이 형성된다는 이론이다. 미국의 경제학자 J. K. 갤브레이스가 현대 자본주의, 특히 미국 경제에는 일종의 새로운 조절기구가 생겼다고 보고, 이를 설명하기 위해 전개한 이론이다. 고도로 발전한 현대 자본주의 경제에 있어서는 소수의 기업이 하나의 시장을 지배하고 있는 경우가 종종 있다. 고전적인 자본주의 경제에서는 경쟁이 경제의 움직임을 조절하는 역할을 하고 있었다. 이와 관련해서 갤브레이스는 『미국의 자본주의(1952)』라는 책에서 길항력 이론을 최초로 언급했다. 그의 저서에 나붙은 부제(副題) 'The Concept of Countervailing Power'가 시사해주듯이 길항력이라는 관점에서 현대 미국 경제의 특징을 밝히는 것이 그가 책을

---

30   출처: 두산백과.

출간한 목적이었다. 갤브레이스는 소수의 기업이 하나의 산업을 지배할 경우, 이들 기업은 상품의 강력한 판매자 측이 되지만, 이때는 강력한 구매자 측도 나타난다는 것이다. 또 노동시장에서는 구매자 측이 강력하면, 판매자 측도 강력한 노동조합을 갖는다는 것이다. 즉 시장의 어느 한쪽이 강력한 지배력을 갖게 되면 그 반대쪽도 강력한 힘을 갖게 된다는 것이 갤브레이스의 생각이며, 대기업의 힘에 대항하여 작용하는 힘을 길항력이라고 명명했다. 확실히 현대 자본주의 경제는 반드시 자유경쟁의 원리에만 의존해서 움직이는 것은 아니다. 그렇다고 해서 조절기구가 전혀 없는 것도 아니다. 길항력이론은 이런 문제에 관한 하나의 설명으로서 등장한 것이다. 갤브레이스는 몇 가지 예를 들어 이를 뒷받침하고 있으나, 그 또한 반드시 일반적인 것은 아니다. 다만 그의 길항력이론은 현대경제에 그러한 경향이 있다는 점을 지적한 것으로 중요한 시사점을 제공해준다.

요약 및 복습

과점시장(oligopoly market)은 시장점유율이 큰 소수의 기업에 의해 지배되는 시장을 말한다. 또 과점시장의 주요 특징을 열거하면 다음과 같다. ① 관련 기업들 간에 긴밀한 상호의존관계가 존재한다. ② 관련 기업들 간에 가격경쟁보다는 비(非)가격경쟁이 치열하게 전개된다. ③ 과점기업들은 공동이윤의 극대화를 위해 담합과 같은 비(非)경쟁행위를 하려는 경향이 있다. ④ 상당한 정도의 진입장벽이 존재하기 때문에 다른 기업들의 시장진입이 그리 만만치 않다.

과점시장이 완전경쟁, 독점, 독점적 경쟁 시장과 확연하게 다른 것은 그것을 설명해주는 이론이 하나의 일원화된 체계가 아니고 여러 개라는 점이다. 그렇게 된 가장 큰 이유는 과점시장에서 과점기업들이 가격이나 생산량을 결정할 때, 다른 경쟁기업들의 반응을 고려해야 하기 때문이다.

과점시장을 설명해주는 이론으로는 크게 독자적 행동이론, 상호협조이론, 전략적 행동이론, 기타 과점이론으로 구분된다.

독자적 행동이론은 과점기업이 다른 경쟁기업의 반응에 대해 사전적으로 어떤 추측(推測)을 하고, 그것에 기초해서 자신의 최적 선택(의사결정)과정을 설명하는 이론이다. 독자적 행동이론에는 두 종류의 모형이 존재한다. 하나는 과점시장에서 어느 한 과점기업이 다른 경쟁기업의 가격(P) 변화를 예측하고 자신의 가격을 결정한다는 이론이다. 즉 $CV_P = \triangle P_B / \triangle P_A = 0$(단 A, B는 기업)을 가정하는 이론이다. 굴절수요곡선, 내쉬균형, 베르뜨랑 모형이 여기에 속한다. 다른 하나는 어느 한 과점기업이 다른 경쟁기업의 생산량 변화를 사전적으로 추측하고 자신의 생산량을 결정한다는 이론이다. 즉 $CV_q = \triangle q_B / \triangle q_A = 0$(단 A, B는 기업)을 가정하는 이론이다. 꾸르노 모형, 슈타켈버그 모형이 이와 같은 부류에 속한다.

위에서 언급한 독자적 행동이론은 비협조적 과점이론이다. 그런데 비협조적인 과점기업들은 가격경쟁을 비롯한 여러 형태의 경쟁 관계를 유발해서 이윤 손실은 물론 공멸(共滅)의 위기까지 불러올 수 있다. 이러한 문제를 인식한 과점기업은 경쟁기업들과 협조적 관계를 새롭게 설정하려는 유인이 존재한다. 이것을 조명하기 위한 과점이론을 상호 협조적인 과점 모형이라고 부른다. 명시적 담합인 카르텔(cartel), 묵시적 담합인 지배적 기업에 의한 가격선도 모형이 이 부류에 속한다.

기타 과점시장이론으로는 비용할증가격설정이론(mark-up pricing theory, full-cost pricing theory), 진입저지가격설정이론, 경합가능시장이론, 기점가격제도(基點價格制度) 이론 등이 존재한다.

전략적 행동이론으로서 과점시장에서 중시하는 이론이 바로 게임이론이다. 본래 게임이론은 폰 노이만과 모르겐스턴이 정립한 이론으로서 상호의존도가 높은 소수의 몇몇 기업들이 이윤극대화 과정에서 펼치는 다양한 전략적 상황을 분석할 수 있도록 도와준다. 게임이론의 구성요인은 크게 경기자(player), 전략(strategy), 경기자들의 몫으로 돌아가는 보수(payoff), 경기자의 목적과 행동에 관한 정보 등이다.

게임의 종류로는 크게 협조적 게임과 비협조적 게임, 순수전략게임과 혼합전략게임, 일회(一回)게임과 반복게임, 동시(同時)게임과 순차(順次)게임, 정합(定合)게임과 비정합게임, 영합(零合)게임과 비영합게임, 완전정보게임과 불완전정보게임, 불충분정보게임 등이 존재한다.

게임의 균형이란 각 경기자들이 선택한 전략에 따라 어떤 최종 결과가 도출되었을 때, 게임에 참가한 경기자들이 그것에 만족해서 자신의 전략을 더 이상 변경시킬 경제적 유인이 존재하지 않는 상태를 말한다.

게임의 균형이 가장 명쾌한 것은 우월전략균형이다. 하지만 우월전략균형이 '용의자의 딜레마 모형'에서 보는 것처럼 항상 파레토 최적을 보장하지는 않는다. 우월전략균형보다 한 단계 약화된 균형이 내쉬균형이다. 내쉬균형에서는 모든 경기자들의 우월전략이 존재하지 않는다. 또한 내쉬균형 역시 모든 경기자들에게 파레토 최적을 보장하지 않는다. 혼합전략균형은 혼합전략을 통해서 이루어진 균형을 말한다. 혼합전략은 각 경기자가 자신이 선택할 수 있는 여러 전략들에 대해 확률을 부여함으로써 전략의 선택을 무작위화시킨 것을 의미한다. 각 경기자가 순수전략만을 선택했을 때는 내쉬균형이 존재하지 않을 수 있지만, 혼합전략을 선택하면 반드시 1개 이상의 내쉬균형이 존재한다. 또 경우에 따라서는 경기자들이 보수적인 최소극대화전략을 채택하는 경우도 존재한다. 또 각 경기자들이 받는 보수의 합이 일정한 정합(定合)게임에서 최소극대화전략을 구사하면 안장점에 도달하는데, 그것은 내쉬균형의 성격을 갖는다.

　각 경기자들이 동시에 전략적 행동을 취하는 게임만 존재하는 것은 아니다. 때에 따라서는 어느 한 경기자가 먼저 전략적 행동을 취한 다음에 다른 경기자가 그것을 보고 전략적 행동을 취하는 형식의 게임을 하는데 게임이론에서는 그것을 순차게임이라고 부른다. 순차게임에서는 내쉬균형과 신빙성의 조건을 충족시키는 경우를 완전균형이라고 정의한다. 또 정보가 불완전하거나 불충분한 상태에서 게임을 해야 하는 경우도 존재한다. 게임이론에서는 그것을 불완전정보게임, 불충분정보게임이라고 하며 그 내용은 완전정보를 가정하는 기존의 게임들과 차별된다.

제12장

독점적 경쟁시장에서의 가격과 생산

1 독점적 경쟁시장에 대한 개관 및 특징

(1) 독점적 경쟁시장에 대한 개관

① 독점적 경쟁시장의 정의

독점적 경쟁시장(monopolistic competition market)은 완전경쟁시장과 독점시장의 중간 형태에 해당되는 시장구조이다. 또 우리 주변에서 가장 많이 관찰되는 시장 형태이다.

독점적 경쟁기업은 완전경쟁기업보다는 시장지배력을 갖지만 독점기업에는 미치지 못한다. 독점적 경쟁기업의 시장지배력은 다른 경쟁기업들과 차별되는 상품을 생산 공급하는 데 있다. 우리 주변에서 흔히 볼 수 있는 미장원, 카페, 대중음식점, PC방, 영화관, 약국, 치킨집, 주유소, 피자집 등이 독점적 경쟁기업의 대표적인 사례다.

② 독점적 경쟁기업이 직면하는 시장수요곡선의 형태

이제 독점적 경쟁기업이 직면하는 시장수요곡선의 형태에 대해 살펴보자. 독점적 경쟁기업이 직면하는 시장수요곡선은 완전경쟁기업과 독점기업이 직면하는 시장수요곡선의 중간 형태에 해당된다.

〔그림 12-1〕에서 수평선 P_0 = AR = MR은 완전경쟁시장에서 가격수취자(price-taker)인 개별기업이 직면하는 시장수요곡선의 형태나. 반면 $P_1(X)$ = $AR_1(X)$와 MR_1은 가격설정자인 독점기업이 직면하는 시장수요곡선과 MR곡선이다. 또 $P_2(X)$ = $AR_2(X)$와 MR_2는 독점적 경쟁기업이 직면하는 시장수요곡선과 MR곡선이다. 〔그림 12-1〕에서 보듯이 독점적 경쟁기업이 직면하는 시장수요곡선은 완전경쟁기업이 직면하는

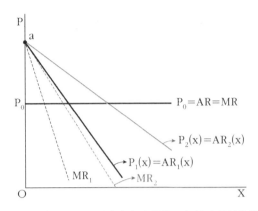

〔그림 12-1〕 독점적 경쟁기업이 직면하는 시장수요곡선의 형태

시장수요곡선(수평선)과 독점기업이 직면하는 시장수요곡선의 중간 형태다. 이는 독점적 경쟁기업이 시장지배력을 갖고 있지만 그 크기는 독점기업에 크게 못미치는 수준임을 시사한다. 물론 독점적 경쟁기업이 갖고 있는 시장지배력의 원천은 상품차별화에 있다.

(2) 독점적 경쟁시장의 주요 특징

① 구매자와 판매자가 많다!

독점적 경쟁시장의 첫 번째 특성은 구매자와 판매자가 다수(多數)라는 점이다. 그렇다고 해서 완전경쟁시장처럼 많은 것은 아니다. 독점이나 과점시장보다 상대적으로 많다는 의미다.

　　그러다 보니 독점적 경쟁시장에서 상품을 생산 공급하는 기업들이 우리들의 눈에 가장 많이 띄게 된다.

② 동종 기업일지라도 조금씩 차별화된 상품을 생산 공급한다!

독점적 경쟁기업의 특이점은 차별화된 상품을 생산 공급한다는 점이다. 또 차별화된 상품을 판매하기 때문에 독점적 경쟁기업이 직면하는 시장수요곡선은 우하향한다.

　　다만, 경쟁기업들 간에 밀접한 대체재가 존재하기 때문에 수요의 가격탄력도가 탄력적인 특성을 띤다. 그 결과 독점적 경쟁기업이 직면하는 시장수요곡선의 기울기는 독점기업의 그것보다 완만하다.

상품 차별화에 성공한 독점적 경쟁기업들은 자기가 생산 공급하는 상품에 대해 일정부분 시장지배력을 행사할 수 있다. 따라서 독점적 경쟁기업은 완전경쟁기업처럼 가격수취자로 행동하지 않는다. 즉 독점적 경쟁기업은 독점기업보다 낮은 수준의 가격설정자로 행동한다는 점에 유의하기 바란다.

③ 독점적 경쟁시장에서는 기업의 자유로운 진입과 퇴거가 보장된다!

독점적 경쟁시장에서는 독점시장과 같은 커다란 진입장벽이 존재하지 않는다. 누구든 개인의 자유의사에 따라 시장에 진입해서 사업을 할 수 있고, 또 손실이 발생하면 언제든 다른 사람의 간섭을 받지 않고 해당 시장에서 손쉽게 퇴거할 수 있다.

독점적 경쟁기업도 단기균형에서는 초과이윤이 0일 수도 있고 0보다 크거나 작을 수도 있다. 하지만 장기균형에서 독점적 경쟁기업의 초과이윤은 반드시 0이다. 이는 정상이윤만 얻는다는 얘기다. 그 이유는 독점적 경쟁시장에서는 진입과 퇴거가 보장되기 때문이다.

④ 독점적 경쟁시장에서는 가격경쟁보다 비가격경쟁이 활발하게 일어난다!

독점적 경쟁기업은 비슷비슷하면서도 약간씩 다른 상품을 생산 공급한다. 따라서 자사(自社) 상품이 타사(他社)의 그것보다 우수한 상품임을 내세우며 이윤극대화를 추구한다. 독점적 경쟁기업들이 펼치는 경쟁의 형태는 가격보다는 판매 조건, 품질, 애프터서비스(AS), 부가서비스, 광고 등의 형태로 이어지는 경향이 있다. 경제학에서는 그런 경쟁을 비가격경쟁(non-price competition)이라고 정의한다.

하지만 독점적 경쟁시장에서 전개되는 비가격경쟁의 강도(強度)는 과점시장에 비해 상대적으로 약하다.[31]

---

31 완전경쟁시장에서는 기업들이 동질의 상품을 동일한 가격으로 얼마든지 생산 판매할 수 있기 때문에 비가격경쟁이 일어나지 않는다. 또 독점시장에서는 기업들간에 대체재를 생산 판매하지 않기 때문에 어느 독점기업의 특정상품이 다른 독점기업의 그것보다 우수하다는 것을 강조할 필요가 없다. 따라서 독점시장에서도 비가격경쟁이 나타나지 않는다. 비가격경쟁은 주로 과점시장과 독점적 경쟁시장의 전유물이다. 다만, 비가격경쟁의 강도와 파워는 과점시장이 독점적 경쟁시장에 비해 월등히 크다.

2   독점적 경쟁기업의 장·단기 균형 분석

(1) 독점적 경쟁기업의 단기균형

① 단기 이윤극대화생산량의 결정 원리

독점적 경쟁기업은 이윤극대화를 위해 TR과 TC의 차이가 가장 큰 생산량 수준, 또는 $P(X) = AR(X) \rangle MR = MC$ 조건을 충족시키는 생산량 수준을 선택한다. 여기서 AC와 MC는 단기평균비용과 단기한계비용이다.

[그림 12-2]에서 독점적 경쟁기업의 단기균형은 $P(X) = AR(X) \rangle MR = MC$ 조건이 충족되는 e_0점에서 이루어지고, 시장가격과 이윤극대화생산량은 P_0, X_0로 결정된다. 그때 독점적 경쟁기업의 초과이윤은 □ P_0acd이다. 하지만 독점적 경쟁기업의 단

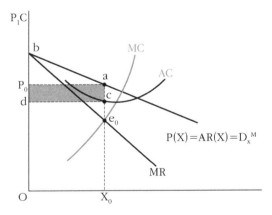

[그림 12-2] 독점적 경쟁기업의 단기균형

기균형에서 초과이윤이 항상 0보다 큰 것은 아니다. 앞서 언급했듯이 경우에 따라서는 독점적 경쟁기업의 단기 초과이윤이 0이거나 마이너스(-)가 될 수 있음에도 유의해야 한다.

② 독점적 경쟁기업의 단기균형에 내재된 특징

독점적 경쟁기업의 단기균형은 독점기업의 그것과 매우 유사하다. 다만 다른 것이 있다면 독점적 경쟁기업이 직면하는 시장수요곡선의 형태가 독점기업의 그것에 비해 완만하다는 사실이다. 이는 독점적 경쟁시장에서는 각 기업들이 상품 차별화를 통한 시장지배력을 갖지만 대체재의 존재와 치열한 비가격경쟁으로 독점기업의 시장지배력보다는 매우 약하다는 사실에서 비롯된 것이다. 그러나 시장수요곡선이 우하향하는 한, 시장가격 P는 MR보다 클 수밖에 없고 독점적 경쟁기업의 이윤극대화 조건은 MR = MC이기 때문에 완전경쟁시장처럼 P = MC조건이 충족되지 않는다. 따라서 독점적 경쟁기업의 단기균형에서도 자원배분의 비효율은 필연적으로 발생하게 된다. 하지만 비효율성의 크기는 독점기업보다 작다.

독점적 경쟁기업이 직면하는 시장수요곡선이 우하향한다는 것은 완전경쟁시장에서 통용되는 일물일가(一物一價)의 법칙이 성립하지 않는다는 것을 뜻한다. 또 독점적 경쟁기업의 장·단기균형과 이윤극대화생산량은 반드시 수요의 가격탄력도(ϵd)가 1보다 큰 구간에서 결정된다는 것도 잊지 말아야 한다.

독점적 경쟁기업은 시장지배력을 통해 가격설정자로 행동하기 때문에 그들의 MC곡선은 단지 MC곡선일 뿐 공급곡선이 아니다. 더욱이 독점적 경쟁기업은 차별화된 상품을 생산 공급하기 때문에 완전경쟁시장에서처럼 '시장수요곡선 $= \sum_{j=1}^{n}$개별기업이 직면하는 수요곡선'이라는 등식이 성립하지 않는다. 그 이유는 독점적 경쟁기업이 공급하는 상품은 본질적으로 별개의 상품이기 때문이다. 따라서 독점적 경쟁시장에서는 '독점적 경쟁 산업'과 같은 개념이 성립될 수 없다.

(2) 독점적 경쟁기업의 장기균형

① 독점적 경쟁기업의 장기조정

독점적 경쟁기업의 장기조정과정에서 핵심 동인(動因)은 진입과 퇴거의 자유로운 보장이다. 〔그림 12-2〕에서 보는 것처럼 독점적 경쟁기업의 단기균형에서 초과이윤이 발생하면, 새로운 기업들이 X재 시장으로 진입해서 X재와 매우 밀접한 대체재를 생산 공급한다. 그 결과 기존 독점적 경쟁기업의 시장수요곡선이 좌하방으로 이동한다. 그 이동이 멈춰지는 시점은 기존 독점적 경쟁기업의 초과이윤이 0이 될 때이다.

〔그림 12-3〕의 (a) 그래프는 독점적 경쟁기업의 단기균형에서 손실, 즉 □ $dbcP_0$ 〈 0인 경우를 보여준다. 그런 상황이 지속되면 시장진입을 탐색하던 기업들은 X재 시장으로의 진입을 포기하고, 기존의 독점적 경쟁기업들도 X재 시장으로부터 퇴거를 단행한다. 그 결과 X재 시장에 남아있는 독점적 경쟁기업들의 시장수요곡선이 우상방으로 이동하게 된다. 그 이동이 끝나는 시점은 독점적 경쟁기업의 초과이윤이 0이 될 때다. 그것을 잘 보여주는 것이 〔그림 12-3〕의 (b) 그래프이다.

〔그림 12-3〕의 (b) 그래프는 독점적 경쟁기업의 장기균형을 나타낸다. 독점적 경쟁기업의 장기균형조건은 P(X) = AR(X) 〉 MR = MC = LMC이며 e_0점이 장기균형점이다. 그때 독점적 경쟁기업이 책정하는 시장가격과 이윤극대화생산량은 P_0, X_0이다. 또 이때 독점적 경쟁기업이 얻을 수 있는 장기초과이윤은 0이다. 그것은 독점적 경쟁기업의 이윤극대화생산량 수준인 X_0에서 시장가격 P_0가 P_0 = AC = LAC의 조건을 충족하고 있기 때문이다. 그렇게 된 직접적인 원인은 독점적 경쟁기업들의 자유로

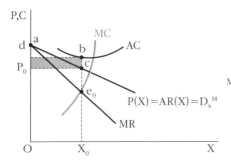
(a) 독점적 경쟁기업의 단기균형

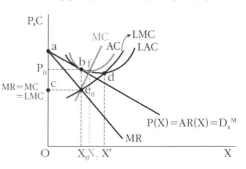
(b) 독점적 경쟁기업의 장기균형

〔그림 12-3〕 독점적 경쟁기업의 장기균형

운 진입과 퇴거에 있다.

② 독점적 경쟁기업의 장기균형에 내재된 특징

독점적 경쟁기업도 독점기업과 마찬가지로 수요의 가격탄력도(ϵ_d)가 1보다 큰 구간에서 장기균형이 이루어진다. 또 독점적 경쟁기업의 장기균형조건이 P(X) = AR(X) 〉 MR = MC = LMC이기 때문에 자원배분의 비효율[32]이 불가피하게 발생한다. 물론 그 폐해는 독점기업의 그것보다는 훨씬 작다.

독점적 경쟁기업은 독점기업처럼 초과설비의 문제가 발생한다. 〔그림 12-3〕의 (b) 그래프에서 독점적 경쟁기업의 초과설비의 크기는 X_oX_1이다. 초과설비의 문제는 종종 시험문제로 다뤄지기 때문에 독자 여러분들의 주의가 요구된다.

보론 1 │ **독점적 경쟁기업에 대한 종합 평가**

독점적 경쟁기업에 대한 평가는 긍정적인 측면과 부정적인 측면으로 구분해서 살펴볼 수 있다.

긍정적인 측면

첫째로 독점적 경쟁기업의 이윤극대화조건을 충족시키는 시장가격은 LAC의 최저 수준보다 높다. 따라서 자원배분의 비효율 문제가 필연적으로 발생한다. 그 원인이 상품 차별화라는 점도 앞에서 언급했다. 한편, 소비자들은 똑같은 상품을 동일한 가격에 소비하는 것보다 가격을 좀 더 지불하더라도 자신이 만족하는 상품을 구입하고 싶어 한다. 그런데 독점적 경쟁시장에 내재된 자원배분의 비효율성을 제거하면 상품 차별

---

32   여기에서 자원배분의 비효율이 발생한다는 의미는 LAC의 최소점인 d점에서 생산이 이루어지지 않고 b점에서 이루어짐을 말하는 것이다. 앞에서 학습한 바와 같이 완전경쟁시장에서의 개별기업은 P = AC = LAC = MC = LMC의 조건이 충족하는 장기균형점에서 시장가격과 이윤극대화생산량을 결정했다. 완전경쟁시장에서 개별기업이 책정하는 시장가격은 독점적 경쟁기업의 장기균형점에서 책정하는 시장가격보다 낮고 이윤극대화산출량은 훨씬 더 많다. 시장구조가 독점적 경쟁으로 바뀌면서 많은 상품을 좀 더 저렴하게 사용할 수 있는 기회가 사라졌다는 의미에서 자원배분의 비효율을 얘기하는 것이다.

화가 불가능해진다. 이는 소비자의 선호와 취향을 무시하는 결과를 초래한다. 이 또한 바람직한 일이 아니다. 물론 독점적 경쟁기업의 상품 차별화가 포장과 같은 상품의 표피적 차이에 국한된다면, 그것은 비판받아 마땅하다.

둘째로 적절한 수준에서 기업들 상호간에 치열한 경쟁이 보장됨으로써 독점시장이나 과점시장보다는 경제에 미치는 폐해가 상대적으로 적다는 점이다. 이는 시장에 대한 진입과 퇴거의 장벽이 없기 때문에 누구든지 마음만 먹으면 기업 활동을 위해 해당 산업으로 진입하거나 해당 산업으로부터 자유롭게 퇴거할 수 있다. 이는 직업선택에 대한 경제주체들의 자유를 증진시키는 데도 일정부분 기여한다. 또 독점적 경쟁기업의 경우, 장기초과이윤이 0이기 때문에 자연독점으로 변모할 가능성이 거의 없고, 공평 분배에도 일정부분 기여한다고 볼 수 있다.

부정적인 측면

첫째로 독점적 경쟁기업의 장·단기균형점에서 결정되는 시장가격과 이윤극대화생산량을 완전경쟁시장의 그것과 비교하면 소비자들에게 불리한 결과를 초래한다. 즉 소비자들은 완전경쟁시장의 이윤극대화 생산량보다 적은 상품을 비싸게 소비해야 한다.

둘째로 독점적 경쟁기업의 상품 차별화가 내실 있는 차별화가 아니라 피상적인 차별화에 그친다면 초과설비, 자원배분의 비효율은 부정적인 평가를 받을 수밖에 없다.

셋째로 기술혁신에 대한 유인 측면에서도 독점적 경쟁시장이나 독점적 경쟁기업은 부정적인 측면이 강하다. 그 이유는 독점적 경쟁기업은 장기초과이윤이 0이기 때문에 기술혁신에 소요되는 막대한 연구개발비를 충당하기 힘들다. 또 독점적 경쟁시장에서는 비가격경쟁으로 상품의 품질이 개선된다고는 하지만 피상적인 개량에 머물고 실질적인 기술혁신에는 이르지 못하는 경우가 적지 않다는 점도 부인하기 어렵다.

요약 및 복습

독점적 경쟁시장은 완전경쟁시장과 독점시장의 중간 형태이다. 따라서 독점적 경쟁기업이 직면하는 시장수요곡선의 형태도 완전경쟁시장에서 개별기업이 직면하는 시장수요곡선(= 수평선)보다는 가파르고, 독점기업이 직면하는 시장수요곡선보다는 완만한 형태를 갖는다.

독점적 경쟁시장의 주요 특징은 4가지로 요약된다. ① 사는 사람과 파는 사람이 많다. 물론 그 숫자는 완전경쟁시장보다 적다. ② 차별화된 상품을 생산 판매한다. ③ 기업의 자유로운 진입과 퇴거가 보장된다. 따라서 독점적 경쟁기업의 장기초과이윤은 반드시 0이다. ④ 가격경쟁보다 비가격경쟁이 활발하게 일어난다.

독점적 경쟁기업의 단기균형은 $P(X) = AR(X) > MR = MC$의 조건이 충족되는 점에서 이루어진다. 독점적 경쟁기업의 단기균형에서는 초과이윤을 얻을 수도 있고, 초과이윤이 0일 수도 있고, 손해를 볼 수도 있다. 또 독점적 경쟁기업의 장기균형은 $P(X) = AR(X) > MR = MC = LMC$조건이 충족되는 점에서 이루어진다. 장기균형이 단기균형과 다른 것은 장기초과이윤이 반드시 0이라는 점이다. 이것은 독점적 경쟁시장이 진입과 퇴거의 자유를 보장하기 때문이다.

독점적 경쟁기업이 직면하는 시장수요곡선은 우하향한다. 시장수요곡선이 우하향하는 한 시장가격 $P(X)$는 MR보다 클 수밖에 없다. 따라서 자원배분의 효율을 보장하는 $P = MC$조건이 충족되지 못한다. 따라서 독점적 경쟁기업의 단기균형에서는 자원배분의 비효율이 발생한다. 하지만 그 크기는 독점이나 과점에 비해 상대적으로 작다. 또 독점적 경쟁기업이 직면하는 시장수요곡선이 우하향하기 때문에 독점적 경쟁기업의 장·단기 균형과 이윤극대화 생산량은 반드시 수요의 가격탄력도(ϵd)가 1보다 큰 구간에서 결정된다. 독점적 경쟁기업이 직면하는 시장수요곡선의 우하향과 관련해서 제기되는 또 다른 문제는 초과설비의 존재이다. 초과설비의 크기는 독점적 경쟁기업의 장기균형점과 단기 AC곡선의 최저점간의 X재 크기로 결정된다.

독점적 경쟁기업에 대한 긍정적인 평가는 크게 3가지다. ① 상품 차별화는 자원배분의 비효율을 야기한다. 하지만 상품 차별화는 소비자들의 다양한 선호와 취향을 만족시켜준다. ② 기업 간 경쟁이 존재함으로써 독점이나 과점보다는 경제적 폐해가 상대적으로 적고, 진입과 퇴거의 자유 보장은 경제주체들의 직업선택의 자유를 신장하는 데 일조(一助)한다. ③ 장기초과이윤이 0이기 때문에 독점기업으로 변모할 가능성이 작고, 소득의 공평 분배에도 기여한다.

독점적 경쟁기업에 대한 부정적인 평가 또한 크게 3가지다. ① 독점적 경쟁기업이 직면하는 시장수요곡선이 우하향하기 때문에 P(X) 〉 MR이 될 수밖에 없다. 따라서 완전경쟁시장과 비교해서 독점적 경쟁기업의 이윤극대화 생산량은 적고, 시장가격은 높게 설정된다. ② 시장수요곡선의 우하향하기 대문에 초과설비와 그에 따른 자원배분의 비효율이 발생한다. ③ 장기초과이윤이 0이기 때문에 기술혁신을 위한 연구개발비용의 조달이 쉽지 않다.

생산요소시장이론

1 생산요소시장의 분석을 위한 기초개념

(1) 생산요소시장에 대한 개관(槪觀)

① 생산요소시장의 특징

생산요소시장은 L, K, 토지(R) 등과 같이 생산에 필요한 자원, 즉 생산요소들이 거래되는 시장을 말한다. 어떤 독자는 이렇게 짜증을 낼지 모른다. "아니 지금껏 생산물시장에 대해 힘들게 학습했는데, 또 시장을 배워요! 교수님, 시장을 한 번에 몰아서 설명을 해주시지? 왜 이렇게 해요!"라면서 말이다. 물론 그들의 주장에도 일리는 있다. 하지만 대부분의 경제학자들이 생산물시장과 생산요소시장을 구분해서 설명하는 데는 그 나름대로 이유가 있다. 그것을 언급하면 크게 2가지로 요약된다.

첫째, 생산물시장과 생산요소시장의 수요자와 공급자가 서로 뒤바뀐다는 점이다. 생산물시장에서는 수요자가 소비자이고 공급자는 기업이다. 하지만 생산요소시장에서 수요자는 기업이고 공급자는 소비자다. 이처럼 역할 전이(轉移)와 관련된 내용을 한 장(章)에다 매끄럽게 기술한다는 것이 그리 쉽지 않다. 더욱이 경제 초심자들에게는 적지 않은 혼란이 야기될 수 있다. 물론 일부 경제학자는 그렇게 책을 집필하는 경우도 있긴 있다. 하지만 그것에 대한 평가는 전적으로 독자 여러분들의 몫이다. 둘째, 생산요소시장이 갖는 본질적인 특성을 배제할 수 없다는 점이다. 생산요소에 대한 수요는 독립수요가 아니다. 생산물에 대한 소비자들의 수요가 존재해야만 기업들이 그것을 생산하기 위해 생산요소를 필요로 한다. 그런 의미에서 경제학에서는 생산요소에 대한 수요를 파생수요(derived demand) 또는 2차 수요라고 부른다. 즉 생산요소시장을 분석하려면 1차 수요인 생산물시장과 따로 구분해서 학습시키는 것이 독자 여러분들의 이해를 돕는데 훨씬 더 좋다고 본다.

② 생산요소시장의 분석이 갖는 경제적 의의

생산요소시장에 대한 분석을 통해 우리는 생산요소의 균형가격과 균형거래량이 어떻게 결정되는지를 배운다. 자원배분은 비단 생산물에만 국한된 게 아니다. 생산요소도 매우 소중한 자원이다. 따라서 생산요소시장에 대한 학습을 통해 자원배분의 효율성 여부를 좀 더 깊이 있게 평가할 수 있는 경제지식[33]을 쌓을 수 있다.

생산요소시장에서 결정된 균형가격과 균형거래량은 생산 활동을 통해 얻어지는 경제주체들의 소득이 어떻게 형성되는가?에 대한 기본정보를 제공해준다. 생산요소를 보유한 경제주체는 주로 소비자들이다. 그들은 자신이 보유한 생산요소를 생산과정에 제공하고, 그 대가로 소득을 얻는다. 즉 L을 보유한 소비자는 노동 1단위당 가격인 임금(w)에다 균형고용량(L)을 곱한 값으로 정의되는 임금소득($= w \times L$)을 얻는다. 따라서 생산요소가격의 결정은 다음 장에서 학습할 소득분배이론의 토대가 된다. 또 소득분배와 관련된 시험문제를 잘 풀려면 무엇보다도 생산요소시장에 대한 올바른 이해가 전제되어야 한다.

(2) 생산요소시장을 분석하기 위한 기초개념

① 생산요소의 한계생산력이론

기업은 생산물시장에서 X재 상품을 공급하고, 생산요소시장에서는 X재 생산에 필요한 생산요소를 수요한다. 우리는 앞서 기업이 추구하는 불변의 법칙은 이윤극대화라고 가정한 바 있다. 그런데 기업은 생산요소시장에서도 이윤극대화 조건을 충족시키

---

33 생산요소시장에서 결정되는 요소 가격 (예; 임금)은 정부 당국이나 경제 주체들에게 매우 큰 경제적 시사점을 제공해준다. 임금이 높다는 것은 취업준비생과 청소년들에게 향후 유망한 직업이 어떤 것인지에 대한 시그널(signal)을 제공해준다. 대학들도 그에 발맞추어 사양산업과 관련된 학과를 폐지하고 각광받는 산업과 직업군에 알맞은 학과 신설을 서두를 것이다. 이는 정부의 산업구조조정 및 인력 수급 정책에도 커다란 영향을 미치게 된다.

는 점까지 생산요소를 수요한다. 생산요소의 한계생산력이론이 그것을 설명해준다.

생산물시장에서 기업의 이윤극대화 1차 조건은 MR = MC다. 이 조건이 생산요소시장에서는 MRP_L = MFC로 바뀐다. 이하에서는 L을 대표적인 생산요소로 상정해서 설명한다. K나 R의 경우는 L 대신 K와 R로 대체시켜 풀면 된다. 우선 MRP_L은 노동의 한계수입생산물(marginal revenue product of labor)로서 L을 1단위 더 고용할 때 TR이 얼마만큼 변할 것인가?를 의미한다. 즉 MRP_L은 '$MRP_L = \triangle TR / \triangle L = [\triangle TR / \triangle X] \cdot [\triangle X / \triangle L] = MR \cdot MP_L$'이다. 또 MFC는 노동의 한계요소비용(marginal factor cost)으로서 L을 1단위 더 고용할 때, TC가 얼마만큼 변할 것인가?를 말한다. 즉 MFC는 '$MFC = \triangle TC / \triangle L = [\triangle TC / \triangle X] \cdot [\triangle X / \triangle L] = MC \cdot MP_L$'이다.

생산물시장에서의 이윤극대화조건과 생산요소시장에서의 이윤극대화조건을 정리하면, [표 13-1]과 같다. 이에 대해서는 독자 여러분들의 철저한 이해를 주문한다.

[표 13-1] 생산물시장과 생산요소시장의 이윤극대화조건

생산물 시장	생산요소 시장
1. 한계수입; MR = $\dfrac{\triangle TR}{\triangle X}$	1. 한계수입생산물; $MRP_L = MR \times MP_L$
2. 한계비용; MC = $\dfrac{\triangle TC}{\triangle X}$	2. 한계요소비용; $MFC = MC \times MP_L$
3. 이윤극대화조건; MR = MC	3. 이윤극대화조건; $MRP_L = MFC$

② 생산요소시장의 제반(諸般) 형태

앞서 언급했듯이 생산요소수요는 파생수요이다. 따라서 생산요소시장을 분석하려면 반드시 생산물시장의 형태를 고려해야 한다. 경제 초심자들이 생산요소시장이론을 생산물시장이론보다 더 어렵게 생각하는 이유도 그 때문이다. 하지만 생산요소시장의 제반(諸般) 형태에 대한 이해만 잘하면 생산요소시장이론도 손쉽게 학습할 수 있다. 저자는 지난 30년 가까이 이 영역에 대해 많은 고민을 하며 학생들을 가르쳐왔다. 그런 만큼 누구보다도 이 영역을 알기 쉽게 설명할 수 있다고 확신한다. 그러니 독자 여러분들은 저자의 얘기를 100% 신뢰하고, 지금부터의 설명에 집중해주기 바란다.

우선 생산물시장과 생산요소시장을 완전경쟁과 불완전경쟁으로 구분하고 불완

전경쟁의 대표 형태로 독점을 선정한 후, 생산요소시장에서 일어날 수 있는 시장의 제반 형태를 정리하면 〔표 13-2〕와 같다. 이와 관련된 시험문제를 잘 풀려면 8가지 형태로 정리된 생산요소시장의 균형조건과 그것에 내재된 경제적 함의를 잘 이해해야 한다. 단순 암기에 치중하는 사람은 이런 유형의 시험문제에 매우 취약할 수밖에 없다. 하지만 독자 여러분들이 미분에 대한 기초지식만 구비한 후, 저자의 설명에 집중한다면 어떤 시험문제라도 손쉽게 풀 수 있을 것이다. 어려운 경제학을 암기할 필요 없이 쉽게 이해시키는 것, 그것은 저자가 평생 동안 실천했던 제자 사랑의 교수법이다.

〔표 13-2〕 생산요소시장의 제반(諸般) 형태에 대한 세부 분류

생산요소시장의 제반 형태		생산물시장	생산요소시장	
		공급자(기업)	수요자(기업)	공급자(소비자)
A	요소의 완전경쟁	완전경쟁	완전경쟁	완전경쟁
B		독점	완전경쟁	완전경쟁
C	요소의 수요독점	완전경쟁	독점	완전경쟁
D		독점	독점	완전경쟁
E	요소의 공급독점	완전경쟁	완전경쟁	독점
F		독점	완전경쟁	독점
G	요소의 쌍방독점	완전경쟁	독점	독점
H		독점	독점	독점

2　완전경쟁하에서 균형임금과 균형고용량의 결정

(1) 생산물시장과 생산요소시장이 모두 완전경쟁인 경우

① 완전경쟁 생산요소시장의 특징

생산물시장과 생산요소시장이 모두 완전경쟁인 경우를 완전경쟁 생산요소시장이라고 정의한다. 참고로 완전경쟁 생산요소시장은 [표 13-2]에서 A타입을 의미한다. 여기서는 완전경쟁 생산요소시장(예; 노동시장)에서 균형임금과 균형고용량이 어떻게 결정되는지 살펴볼 것이다. 생산요소시장이 완전경쟁이 되기 위한 조건은 생산물시장에서의 완전경쟁 조건과 동일하다. 즉 생산요소의 수요자(기업)과 공급자(소비자)가 생산요소가격의 결정에 영향력을 행사할 수 없을 만큼 많이 존재해야 하고, 생산요소의 동질성이 충족되어야 한다. 또 생산요소시장에 대한 진입과 퇴거 장벽이 존재하지 않아야 하고, 생산요소에 관한 완전한 정보가 생산요소시장에서 유통되어야 한다. 이런 조건들이 모두 충족되면 완전경쟁 생산요소시장에서는 2가지 특성이 나타난다. 하나는 일물일가(一物一價)의 법칙, 즉 1개의 생산요소에는 1개의 생산요소가격만 존재한다. 다른 하나는 생산요소의 구입자와 판매자가 가격수취자로 기능한다는 점이다.

② 완전경쟁 생산요소시장에 내재된 제반 비용함수의 특성

완전경쟁 생산요소시장과 관련된 비용함수는 크게 3가지로 구분된다. 총요소비용(TFC; total factor cost), 평균요소비용(AFC; average factor cost), 한계요소비용(MFC; marginal factor cost)이 그것이다.

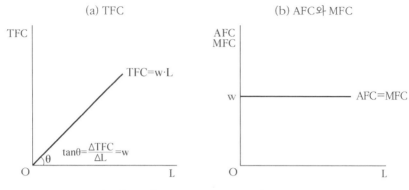

〔그림 13-1〕 TFC, AFC, MFC에 대한 기초 개념

〔그림 13-1〕의 (a) 그래프는 TFC, (b) 그래프는 AFC와 MFC가 w(단, w는 상수)와 같다는 것을 보여준다. TFC는 TFC = 임금(w) × L의 고용량 = w·L로 정의된다. w는 상수로서 L의 1단위당 요소가격인 임금이고, L은 노동의 고용량이다. AFC는 평균요소비용으로서 TFC를 L로 나눠준 값이다. 즉 AFC = TFC/L = (w · L)/L = w이다.[34] MFC는 기업이 노동 1단위를 추가로 고용하는 데 따른 TFC의 증가분을 말한다. 따라서 MFC는 MFC = △TFC/△L = △(w · L)/△L = w△L/△L = w(단 w는 상수)로 정의된다. 이를 종합하면 w = AFC = MFC임을 알 수 있다.

앞에서 w = AFC = MFC의 조건이 성립하는 이유는 완전경쟁 생산요소시장에서는 '1생산요소에 1생산요소가격의 법칙'이 성립하기 때문이다. 또한 〔그림 13-1〕의 (b) 그래프에서 MFC = AFC곡선은 기업이 직면하는 노동공급곡선이다. 독자 여러분들은 생산물시장이 완전경쟁일 경우, 가격수취자인 개별기업이 직면하는 X재의 수요곡선이 수평선이었음을 기억할 것이다.

---

34 생산요소시장이 완전경쟁시장이고 생산요소의 수요자와 공급자가 가격수취자로 기능하기 때문에 노동시장에서 결정된 임금(w)은 일정한 상수(w)로 주어진다. 하지만 생산요소시장이 완전경쟁이 아닌 경우에는 w가 상수로 주어지지 않고 w(L)로 주어짐에 유념하길 바란다.

(2) 완전경쟁 생산요소시장에서 노동수요곡선의 도출

① 단기 노동수요곡선의 도출

자본 K를 K_o만큼 일정하게 고용하고 있는 어느 한 기업의 단기 노동수요곡선은 다음과 같은 이윤극대화 1차 조건으로부터 자연스럽게 도출된다. 여기서 w는 상수임에 유의해야 한다.

$$\underset{L}{\text{Max. }} \pi = P \cdot X - w \cdot L - r \cdot K_o = P \cdot F(L; K_o) - w \cdot L - r \cdot K_o \quad\cdots\cdots\cdots\cdots ㉠$$

㉠식에서 π는 이윤, X는 X재의 생산량으로서 X = F(L; K_o), w는 임금, r은 이자율을 의미한다. 이윤극대화 1차 조건은 $\partial\pi/\partial L = 0$이다. 또 이윤극대화 2차 조건은 $\partial^2\pi/\partial L^2 \langle 0$이다. 우선 이윤극대화 1차 조건을 구하면 ㉡식이 된다.

$$\partial\pi/\partial L = P \cdot (\partial X/\partial L) - w = P \cdot MP_L - w = VMP_L - w = 0 \quad\cdots\cdots\cdots\cdots ㉡$$

㉡식에서 VMP_L이 등장하는데 이에 대해서는 약간의 설명이 필요하다. VMP_L은 노동의 한계생산물가치(VMPL; value of marginal product of labor)를 의미하며 가격, P와 노동의 한계생산물 MP_L을 곱해준 값이다. 또 이윤극대화 2차 조건인 $\partial^2\pi/\partial L^2 \langle 0$은 $\partial VMP_L/\partial L \langle 0$을 의미한다. 이는 VMP_L곡선이 우하향(右下向)한다는 것을 시사해준다.

단기 노동수요곡선을 도출하면서 독자 여러분들이 눈여겨봐야 할 것이 하나 더 있다. 그것은 생산물시장과 생산요소시장이 완전경쟁일 경우에는 VMP_L과 MRP_L이 같다는 점이다. 그 이유는 생산물시장이 완전경쟁이면, P = AR = MR이 성립하기 때문이다. 따라서 $VMP_L = P \cdot MP_L = MR \cdot MP_L = MRP_L$이다. 지금까지 설명한 것을 종합해서 단기 노동수요곡선을 그리면 〔그림 13-2〕와 같다. 여기서도 독자 여러분들이 유의해야 할 사항이 있다. 즉 단기에는 K가 K_o로 고정되어 있기 때문에 VMP_L은 $VMP_L(K_o)$로 정의된다는 것이다.

〔그림 13-2〕의 (a) 그래프는 노동의 한계생산력체감의 법칙을 나타낸다. 그런데 생산물시장이 완전경쟁이면 P는 상수(常數)이다. 따라서 MP_L에다 상수 P를 곱해도 MP_L곡선의 형태는 변하지 않는다. 하지만 Y축은 MP_L에서 w로 바뀌게 된다. 왜냐하

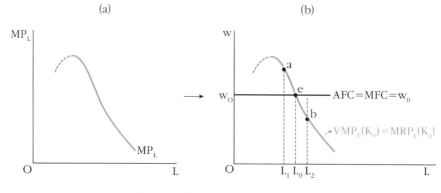

〔그림 13-2〕 단기 노동수요곡선의 도출

면 이윤극대화 1차조건이 $w = P \cdot MP_L = VMP_L = MRP_L$이기 때문이다. 이때 생산요소 시장에서 균형임금이 상수 w_o로 결정되면, 가격수취자인 개별기업의 균형고용량은 $w = VMP_L(K_o) = MRP_L(K_o)$가 성립하는 e점에서 L_o로 결정된다. 만약 고용수준이 L_1일 경우는 $VMP_L(K_o) = MRP_L(K_o) \rangle w$이다. 이때는 기업이 노동수요를 늘린다. L_1에서 L_o로 고용을 늘리면 이윤이 증가하기 때문이다. 반대로 고용수준이 L_2인 경우에는 고용을 L_2에서 L_o로 줄여야만 이윤이 증가한다.

② 노동의 단기 시장수요곡선 도출

노동의 단기 시장수요곡선은 생산물시장에서 X재의 시장수요곡선을 도출한 것과 같은 방식으로 도출하면 안된다. 왜냐하면 노동의 단기 시장수요곡선을 도출할 때는 반드시 고정요소 K에 대한 L의 변화가 초래하는 MP_L 변화까지 고려해야 하기 때문이다. 생산물시장에서 시장수요곡선은 개별 소비자 수요곡선의 횡적 합으로 정의된다.[35] 앞에서 언급한 사항에 유의하면서 노동의 단기 시장수요곡선을 도출하면 〔그림 13-3〕과 같다.

〔그림 13-3〕의 (a) 그래프는 개별기업 j의 단기 노동수요곡선이고 (b) 그래프는 시장 차원에서의 단기 노동수요곡선이다. 우선 개별기업 j의 차원에서 임금의 하락과 노동 수요량의 변화에 대해 살펴보자. (a) 그래프에서 임금이 w_o에서 w_1으로 하락(①)

---

[35] 물론 이 경우에도 개별 소비자의 수요가 다른 소비자들의 소비에 영향을 받지 않는다는 소비자 선호의 독립성이 전제되어야만 가능하다.

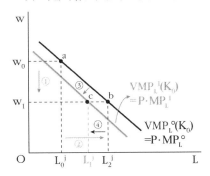
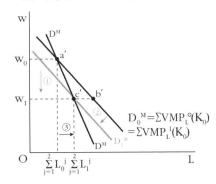

(a) 개별기업 j의 단기노동수요곡선 　　　　(b) 시장에서의 단기노동수요곡선

〔그림 13-3〕 노동의 단기 시장수요곡선 도출

했다고 하자. 그러면 개별기업 j는 노동수요를 L_0^j에서 L_2^j까지 늘릴 것이다.(②) 그런데 K가 K_0로 고정된 단기에서 L이 커지면 MP_L이 MP_L^0에서 MP_L^1으로 감소한다. 따라서 개별기업 j의 노동수요곡선인 VMP_L^0가 VMP_L^1으로 이동한다.(③) 그러면 L_2^j까지 증가했던 노동수요량이 L_1^j로 감소한다.(④) 이런 MP_L의 변화를 무시하면 노동의 시장수요곡선은 개별기업의 노동수요곡선을 횡적으로 합계한 것과 일치한다. 하지만 MP_L의 감소에 따른 VMP_L의 변화로 인해 임금이 w_0에서 w_1으로 하락하면 개별기업의 노동수요량은 L_0^j에서 L_1^j로 증가한다. 즉 $L_1^j L_2^j$가 MP_L의 하락에 따른 노동수요량의 감소 폭이다.

　　이제 시장 차원에서의 단기 노동수요곡선에 대해 살펴보자. (b) 그래프의 D_0^M과 D_1^M은 (a) 그래프의 $VMP_L^0(K_0)$와 $VMP_L^1(K_0)$의 횡적 합이다. 즉 $D_0^M = \Sigma VMP_L^0(K_0)$, $D_1^M = \Sigma VMP_L^1(K_0)$이다. 노동시장에서 임금이 w_0로 결정되면 개별기업의 노동수요는 L_0^j로 결정되고 시장의 노동수요는 $\sum_{j=1}^{n} L_0^j$로 결정된다. 그런데 임금이 w_0에서 w_1으로 하락①하면 고정된 K에 대한 L의 증가로 MP_L이 하락하고 그에 따라 시장의 단기 노동수요곡선도 D_0^M에서 D_1^M으로 하향 이동②한다. 그 이유는 (a) 그래프에서 $VMP_L^0(K_0)$가 $VMP_L^1(K_0)$로, 그들의 횡적 합도 하향 이동했기 때문이다. 따라서 임금이 w_1수준일 경우 시장의 단기노동수요량은 $\sum_{j=1}^{2} L_1^j$로 정의된다. 따라서 시장의 단기노동수요곡선은 $a'(w_0, \sum_{j=1}^{2} L_0^j)$점과 $c'(w_1, \sum_{j=1}^{2} L_1^j)$점을 연결한 D^M으로 정의된다. 이를 통해 다음과 같은 결론을 내릴 수 있다. 고정된 K에 대한 L의 변화와 그에 따른 MP_L의 감소까지 고려한 노동의 단기 시장수요곡선은 단순하게 개별기업들의 노동수요곡선을 횡적으로 합계해서 도출한 $D_o^M = \sum VMPL^o(K_o)$보다 가파르게 된다.

보론 1 │ 노동수요의 임금 탄력도를 결정하는 제(諸) 요인들

생산요소의 수요에 대한 가격탄력도를 노동과 임금에 적용하면 노동수요에 대한 임금탄력도가 도출된다. 여기서는 노동수요의 임금탄력도에 영향을 미치는 여러 요인들에 대해 살펴보고자 한다. 이 부분은 각종 경제시험에서 출제될 가능성이 높기 때문에 독자 여러분들의 세심한 주의가 요구된다.

노동수요의 임금탄력도는 노동을 투입해서 만든 상품(예; X재)에 대한 수요의 가격탄력도가 클수록 커진다. 이는 노동수요가 파생수요이기 때문이다. 가령 임금이 상승하면 X재 가격도 상승할 것이다. 그런데 X재 수요의 가격탄력도가 크다면 X재 수요량은 큰 폭으로 하락할 것이고, 그에 따라 노동수요도 크게 감소할 것이다. 따라서 노동수요의 임금탄력도는 커질 수밖에 없다.

노동수요의 임금탄력도는 다른 생산요소와의 대체 가능성이 클수록 커진다. 대체 가능성이 크다는 것은 그만큼 노동을 다른 생산요소로 쉽게 바꿀 수 있음을 의미한다. 이런 상황에서 임금이 조금만 상승해도 이윤극대화를 추구하는 기업은 노동수요를 줄이고 대체 가능한 다른 생산요소를 찾게 된다. 따라서 노동수요의 임금탄력도는 커지게 된다.

노동수요의 임금탄력도는 다른 생산요소(예; K)에 대한 공급의 가격탄력도가 클수록 커진다. 다른 생산요소에 대한 공급의 가격탄력도가 크다는 것은 노동을 다른 생산요소(예; K)로 쉽게 대체할 수 있음을 시사한다. 그러면 노동수요의 임금탄력도는 커질 수밖에 없다

노동수요의 임금탄력도는 단기보다 장기(長期)에 크다. 이는 X재 수요의 가격탄력도와 마찬가지다. 즉 장기에서는 단기보다 임금의 변화에 대한 기업의 적응력이 그만큼 더 커지기 때문이다. 단기에는 임금 변화에 속수무책이던 기업들도 장기에는 나름대로 K를 비롯한 다른 생산요소를 대체 투입할 수 있는 시간적 여유가 많기 때문이다.

노동수요의 임금탄력도는 노동수요곡선의 기울기가 완만할수록 커진다. 노동수요곡선의 기울기를 결정하는 핵심 요인은 MP_L의 체감속도이다. MP_L의 체감속도가

빠르면 노동수요곡선의 기울기가 가파를 것이고 그것의 체감속도가 느리면 느릴수록 노동수요곡선의 기울기는 완만해질 것이다.

노동수요의 임금탄력도는 총생산비용에서 노동비용이 차지하는 비중이 클수록 커진다. 총비용에서 노동비용이 차지하는 비중이 크다는 것은 기업이 임금의 작은 변화에도 크게 신경을 쓴다는 얘기다. 이런 문제는 X재 수요의 가격탄력도에서 이미 언급한 바 있다. 승용차 가격의 상승과 우편요금의 상승 중에서 소비자가 민감하게 반응하는 것은 승용차 가격이다. 왜냐하면 소비자의 소득에서 차지하는 비중이 우편요금보다는 승용차 가격이 훨씬 크기 때문이다. 이런 논리는 노동수요의 임금탄력도에도 그대로 적용된다.

(3) 완전경쟁 생산요소시장에서 단기 노동공급곡선의 도출

① 개별 소비자(근로자)의 단기 노동공급곡선의 도출

노동(L)을 공급하는 경제주체는 소비자다. 소비자는 노동 공급을 통해 임금소득을 얻고 그것에 기초해서 자신이 필요로 하는 상품(예; X재)을 구매(= 수요)한다. 또 소비자는 효용극대화를 추구하는 경제주체다. 따라서 노동공급곡선은 한계효용체감의 법칙과 한계효용균등의 법칙으로부터 도출된다.

한계효용체감의 법칙과 한계효용균등의 법칙을 정리하면 〔그림 13-4〕와 같다.

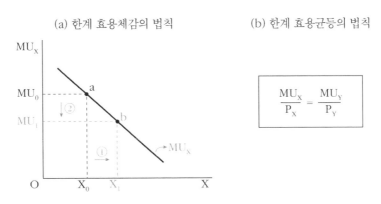

〔그림 13-4〕 한계효용체감의 법칙과 한계효용균등의 법칙

이제 한계효용체감의 법칙과 한계효용균등의 법칙의 법칙을 이용해서 개별 소비자의 노동공급곡선을 도출해보자. 여기서 X재는 상품, Y재는 여가라고 하자. 또 임금 w는 여가에 대한 기회비용이다. 그 이유는 여가를 1시간 줄이는 대신 노동력을 제공하면 시급(時給)에 해당하는 임금 w를 받을 수 있기 때문이다.

〔그림 13-5〕에서 최초의 균형점은 e_0점이고 임금 w는 w_0라고 가정하자. 또 e_0점에서는 〔그림 13-4〕의 (b)에서 보는 것처럼 $MU_X/P_X = MU_Y/w_0$의 조건이 충족된다.

이제 임금이 w_0에서 w_1으로 하락(①)한다고 하자. 그러면 위 조건은 $MU_X/P_X <$ MU_Y/w_1으로 변한다. 이 식이 다시 균형을 이루기 위해서는 MU_Y가 작아져야 한다. 그런데 MU_Y가 작아지려면 Y재(여가)의 소비가 늘어나야 한다. 왜냐하면 한계효용체감의 법칙이 작동하기 때문이다. 그런데 여가의 소비가 늘어난다는 것은 곧 노동시간이 감소(②)한다는 얘기다. 따라서 임금이 w_0에서 w_1으로 하락하면 균형점은 e_0점에서 e_1점으로 이동하고 노동공급도 L_0에서 L_1으로 감소한다. 최초의 균형점인 e_0점과 나중의 균형점인 e_1점을 연결하면 부드럽게 우상향하는 개별 소비자의 노동공급곡선이 도출된다.

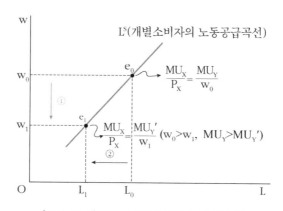

〔그림 13-5〕 개별 소비자의 단기 노동공급곡선

② 노동의 단기 시장공급곡선의 도출

생산요소의 공급곡선은 수요곡선과 같은 일관성을 갖지 못한다. 토지와 같은 생산요소는 토지의 특성상 고정성을 갖는다. 따라서 토지의 공급곡선은 수직선이다. 노동의 경우에는 우상향하는 개별 소비자의 노동공급곡선을 도출했지만 때에 따라서는 그것과 다른 형태의 노동공급곡선이 도출될 수 있다. 〔보론 2〕에서 학습할 후방굴절형 노동공급곡선이 그것이다. 이 곡선은 처음에는 우상향하다가 어느 지점에 도달하면 좌상향으로 휘어지는 형태를 띤다. 다만 여기서는 우상향하는 노동의 단기 시장공급곡선을 통해 노동시장에서의 균형 임금과 균형고용량이 결정되는 과정을 살펴보고자 한다.[36]

노동의 단기 시장공급곡선은 개별 소비자의 단기 노동공급곡선을 횡적으로 합계해서 도출한다. 개별 소비자의 단기 노동공급곡선이 우상향하기 때문에 그들의 횡적 합으로 정의되는 노동의 단기 시장공급곡선도 우상향한다. 하지만 그들 간에 차이가 있다면 노동의 단기 시장공급곡선의 기울기는 개별 소비자의 단기 노동공급곡선보다 완만하다는 점이다. 노동을 공급하는 개별 소비자가 2명 존재한다고 가정할 때, 노동의 단기 시장공급곡선은 〔그림 13-6〕의 (c) 그래프와 같다. 즉 (a), (b) 그래프는 개별 소비자 1, 2의 단기 노동공급곡선(L_1, L_2)이고, (c) 그래프는 그들의 횡적 합으로 정의되는 노동의 단기 시장공급곡선(L_S^M)이다.

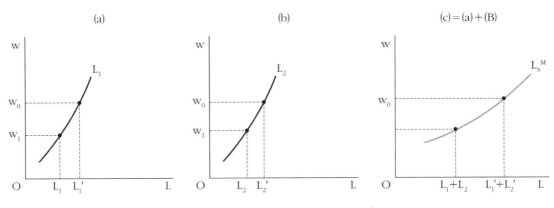

〔그림 13-6〕 노동의 단기 시장공급곡선 도출

---

[36] 사실 생산요소의 균형에 관한 한 공급곡선의 형태는 그리 중요하지 않다고 생각한다. 왜냐하면 그것이 수직선, 우상향, 후방굴절 형태의 공급곡선이든 분석의 내용이 본질적으로 달라지는 것은 아니기 때문이다.

흔히 노동수요곡선은 우하향하고 노동공급곡선은 우상향한다고 생각한다. 하지만 이 논리가 항상 통용되는 것은 아니다. 특히 노동공급곡선의 경우가 그렇다. 왜냐하면 어떤 경우는 노동공급곡선이 우상향하지 않고 [그림 13-7]의 (c)그래프에서 보는 것처럼 후방굴절하는 형태를 보일 수 있기 때문이다. 물론 이런 현상이 자주 나타나는 것은 아니다. 이 내용은 중등임용고사, 공기업, 공무원 선발시험에서 종종 출제되기 때문에 독자 여러분들의 세심한 주의가 요구된다.

A 소비자(이하 A)가 하루 24시간을 여가(l)와 노동(L; L = 24 − l)으로 보낸다고 가정하자. 또 A는 시간당 임금 w를 받으며 임금소득(= 노동소득)인 w · (24 − ℓ)이 유일한 소득원으로서 가격 P인 X재 소비에 모두 지출한다고 가정하자. 이때 A의 예산제약조건은 P · X = w · (24 − ℓ)이며, 이를 다시 정리하면 P · X + w · ℓ = 24w가 된다. A의 효용함수를 u = U(X, ℓ)이라고 하면, X재와 여가(l)에 대한 A의 소비자 균형점은 [그림 13-7]의 (a) 그래프와 같다. 즉 소비자균형점은 e점이며, 거기서 A는 X재와 여가를 X^*, $ℓ^*$만큼 소비하며 노동공급량은 24 − $ℓ^*$이다.

(b) 그래프를 보자. (b) 그래프는 임금 수준이 w_0에서 w_1, w_2로 상승할 때, X재와 여가(ℓ)에 대한 A의 소비자 균형점이 어떻게 변화하는지를 보여준다. 임금이 w_0에서 w_1으로 상승하면 소비자균형점은 e_0점에서 e_1점으로 이동하며, 그때 여가시간은 $ℓ_0$에서 $ℓ_1$으로 감소한다. 여가시간이 감소한다는 것은 그만큼 노동시간이 증가한다는

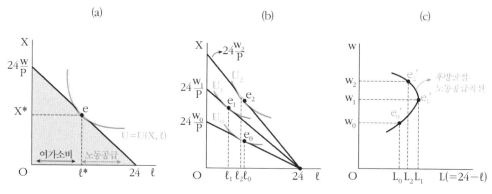

〔그림 13-7〕 후방굴절형 노동공급곡선의 도출

얘기다. 이는 (c) 그래프에서 노동시간이 L_0에서 L_1으로 증가한 것으로 나타난다. 한편, (b) 그래프에서 임금이 w_1에서 w_2로 상승하면 소비자균형점은 e_1점에서 e_2점으로 이동하며, 그때 여가시간은 ℓ_1에서 ℓ_2로 증가한다. 참고로 여가시간이 증가한다는 것은 그만큼 노동시간이 감소한다는 뜻이다. 이때 (c) 그래프는 노동시간이 L_1에서 L_2로 감소한 것을 보여준다. 우리는 〔그림 13-7〕의 (c)그래프를 통해 처음에 임금이 상승하면 노동공급이 증가하지만 임금이 매우 높은 w_1부터는 임금이 상승하면 여가 소비가 늘고 노동 공급이 줄어든다는 것을 확인할 수 있다. 그러면 이런 현상이 나타나는 이유는 무엇일까? 바로 이와 관련된 사항이 시험문제로 출제될 가능성이 높기 때문에 독자 여러분들의 철저한 학습을 주문한다.

우리는 소비자이론에서 '가격효과 = 대체효과 + 소득효과'를 학습한 바 있다. 여기서도 그 논리를 차용하면, 여러 유익한 결과를 도출할 수 있다. 우선 임금 w가 상승하면 여가의 기회비용이 상승한다. 그러면 대체효과와 실질소득 증가에 따른 소득효과가 발생한다. 대체효과는 임금이 상승하면 여가의 기회비용이 커지기 때문에 A는 여가 소비를 줄이고 노동 공급을 증가시키는 효과이다. 또 소득효과를 분석하려면 여가가 정상재냐, 열등재냐, 기펜재냐?부터 따져봐야 한다. 그런데 여가는 정상재다. 왜냐하면 사람들은 소득이 증가할수록 여가를 더 소비하려고 하기 때문이다. 임금이 상승하면 실질소득(= 24w/P)가 증가하기 때문에 A는 정상재인 여가의 소비를 증가시키고 노동 공급을 줄이려고 한다. 따라서 우리는 다음과 같은 결론을 내릴 수 있다. 첫째, (c) 그래프의 $w_0 \sim w_1$구간에서 노동공급곡선이 우상향하는 것은 임금 상승의 대체효과가 소득효과보다 크기 때문이다. 둘째, (c) 그래프의 $w_1 \sim w_2$구간에서 노동공급곡선이 후방으로 굴절하는 것은 임금 상승에 따른 대체효과가 소득효과보다 작기 때문이다.

(4) 완전경쟁 생산요소시장에서의 단기균형 분석

① 노동시장에서의 단기균형
노동시장에서의 단기균형은 노동의 시장수요곡선과 시장공급곡선이 만나는 점에서 이루어진다. 〔그림 13-8〕의 (a) 그래프에서 e점이 바로 노동시장의 단기균형점이다.

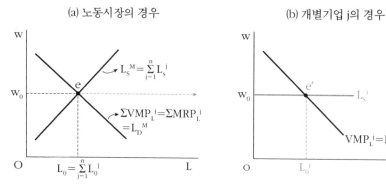

〔그림 13-8〕 노동시장에서의 단기균형

이때 균형임금과 균형고용량은 w_o, $L_o = \sum_{j=1}^{n} L_o^j$이다. 참고로 노동의 시장수요곡선은 $L_D^M = \sum_{j=1}^{n} VMP_L^j = \sum_{j=1}^{n} MRP_L^j$, 노동의 시장공급곡선은 $L_s^M = \sum_{i=1}^{n} L_s^i$이다. 여기서 j는 개별기업, i는 개별 소비자를 의미한다.

일단 노동시장에서 균형임금이 w_o로 결정되면 개별기업 j는 이것을 그대로 받아들이게 된다. 왜냐하면 생산물시장과 노동시장이 완전경쟁일 경우, 개별기업 j는 가격수취자로 행동하기 때문이다. 따라서 개별기업 j가 직면하는 노동공급곡선은 (b) 그래프에서 보는 것처럼 수평선이다. 이때 개별기업 j가 직면하는 노동공급곡선을 L_s^i라고 하자. 그러면 노동의 시장공급곡선은 $L_s^M = \sum_{j=1}^{n} L_s^i$로 정의된다. 또 개별기업 j의 노동수요곡선은 VMP_L^j이다. 이제 개별기업 j의 경우, 노동시장의 균형은 $VMP_L^j = L_s^i$가 만나는 e´점에서 이루어진다. 이때 균형 임금과 균형 고용량은 w_o, L_o^j이다. 이 L_o^j의 횡적 합인 $\sum_{j=1}^{n} L_o^j$가 노동시장에서의 균형 고용량 L_o이다. 이것을 일목요연하게 정리한 것이 〔그림 13-8〕이다.

② 노동시장에서의 단기균형에 대한 수리적 분석

앞서 언급한 사항을 수리적으로 분석해보자. 수리적 분석은 긴 설명을 필요로 하지 않는다. 수학은 단기균형의 본질을 간단명료하게 파악할 수 있도록 도와준다. 여기서는 편미분 개념만 알면 된다. 또 수리적 분석에 익숙하면 모든 내용을 일일이 암기할 필요가 없다. 즉 〔표 13-2〕에 제시된 각 타입(type)의 균형에 대한 결론이 자동적으로 도출되기 때문이다. 앞의 ①에서 논의한 노동시장에서의 단기균형은 〔표 13-2〕의 A타입에 해당된다. 편미분의 개념을 활용해서 이윤극대화 문제를 분석해보자.

생산물(예; X재)시장이 완전경쟁이면, X재의 시장수요곡선과 시장공급곡선이 만나는 점에서 일정한 값(상수) P_o로 주어진다. 또 노동시장이 완전경쟁이면 임금 w도 노동의 시장수요곡선과 시장공급곡선이 만나는 점에서 일정한 값(상수) w_o로 주어진다. 이때 개별기업 j는 가격수취자로서 시장에서 주어진 P_o, w_o를 그대로 받아들인다. 이런 상황에서 개별기업 j의 단기 이윤극대화 문제는 다음과 같이 요약된다.

$$\text{Max. } \pi = P_o \cdot X - w_o \cdot L - r \cdot K = P_o \cdot F(L; K_o) - w_o \cdot L - r \cdot K_o \quad \cdots\cdots\cdots\cdots\cdots\cdots ㉠$$
$$L$$

이때 단기의 이윤극대화 1차 조건은 $\partial \pi / \partial L = 0$이다. ㉠식을 L에 대해 편미분하면 ㉡식이 도출된다.

$$\partial \pi / \partial L = P_o \cdot \partial F / \partial L - w_o = P_o \cdot \partial X / \partial L - w_o = P_o \cdot MP_L - w_o = 0 \quad \cdots\cdots\cdots\cdots\cdots ㉡$$

㉡식에서 $P_o \cdot MP_L = VMP_L = MR \cdot MP_L = MRP_L = w_o = AFC = MFC$의 관계[37]가 도출되며, 이것을 그래프로 나타낸 것이 〔그림 13-8〕의 (b) 그래프이다. 즉 개별기업 j의 고용수준은 $VMP_L^j = MRP_L^j = w_o$의 조건이 충족되는 균형점 e′에서 L_o로 결정된다. 〔그림 13-8〕의 (b) 그래프에서는 개별기업 j의 VMP_L과 MRP_L을 강조하기 위해 VMP_L^j와 MRP_L^j로 표현했다.

생산물시장과 노동시장이 완전경쟁이고 생산요소가 L 하나만 존재하는 경우, 개별기업 j의 노동수요곡선은 VMP_L^j와 MRP_L^j로 정의된다. 그런데 고정요소가 존재하지 않

---

[37] 생산물시장이 완전경쟁일 경우, 개별기업이 직면하는 수요곡선은 시장균형가격인 P_o에서 수평선의 형태를 띤다. 이때는 $P_o = AR = MR$의 관계가 성립함은 이미 앞에서 배운 바 있다. 또 노동시장이 완전경쟁일 경우, 개별기업 j가 직면하는 노동공급곡선은 w_o에서 수평선임도 앞에서 학습했다. 이때 $w_o = AFC = MFC$임도 증명한 바 있다. 이해가 되지 않는 독자 여러분은 완전경쟁시장의 단기균형과 노동시장의 단기균형에 대해 복습해주기 바란다.

는 장기에는 단순히 VMP_L^j이나 MRP_L^j을 노동수요곡선으로 봐선 곤란하다. 왜냐하면 단기의 VMP_L^j이나 MRP_L^j는 K와 같은 생산요소가 일정하게 주어졌다는 전제하에 도출된 것이기 때문이다. 하지만 장기에는 K도 가변요소가 되기 때문에 그것의 변화까지 고려한 VMP_L^j이나 MRP_L^j를 새롭게 도출해야 한다.

$w \downarrow$
⟨ $w/r \downarrow$ ⟶ 노동수요↑, 자본수요↓ ⟶ 대체효과
$AC \downarrow$ ⟶ $MC \downarrow$ ⟶ X재 생산↑ ⟶ 노동수요↑, 자본수요↑ ⟶ 산출효과

우선 임금 w가 w_o에서 w_1으로 하락했다고 하자. 그러면 다음과 같은 현상이 일어난다. 첫째, w의 하락은 노동과 자본의 상대가격(w/r)을 하락시킴으로써 노동수요는 증가하고 자본 수요는 감소한다. 이것이 바로 대체효과(substitution effect)이다. 둘째, w의 하락은 AC, MC의 감소와 생산량의 증가로 이어진다.[38] 이는 노동수요와 자본 수요를 늘리는데, 우리는 이것을 산출효과(output effect)라고 정의한다.

이제 〔그림 13-9〕를 활용해서 노동의 장기수요곡선을 도출해보자. 최초 균형점이 a점이라고 하자. 그때 균형임금과 균형고용량은 w_o, L_o이다. 이때 임금이 w_o에서 w_1으로 하락했다고 하자. 자본이 K_o로 고정되었다면 새로운 균형점은 b점(w_1, L_2)이다. 하지만 임금 하락은 장기적으로 대체효과와 산출효과를 초래함으로써 노동수요는 항상 증가, 자본수요는 산출효과가 대체효과보다 큰 경우에만 증가한다. 만약 K가 K_o에서 K_1으로 증가한다면 MP_L은 증가하고[39] 이는 VMP_L곡선의 상승으로 이어진

---

[38] 생산물(예: X재)시장이 완전경쟁일 경우 개별기업이 직면하는 수요곡선의 형태는 수평선이며 P_o = AR = MR의 조건이 성립한다. 이때 MC가 하락(①)하면 X재의 생산량은 증가(②)한다. 그 이유는 아래 그림을 통해 확인해 볼 수 있다.

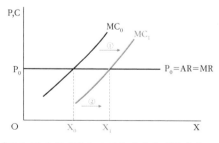

[39] 그 이유는 자본의 증가로 노동이 상대적으로 희소해졌기 때문이다.

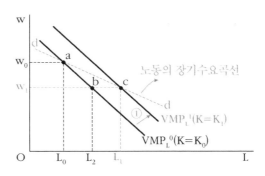

〔그림 13-9〕 노동의 장기수요곡선

다.[40] 즉 VMP$_L$곡선은 VMP$_L^0$(K = K$_o$)에서 VMP$_L^1$(K = K$_1$)로 이동(①)한다. 따라서 노동의 장기수요곡선은 최초 균형점인 a점과 임금이 w$_1$으로 하락했을 때의 새로운 균형점인 c점을 연결한 dd로 정의된다. 이를 통해 우리는 노동의 장기수요곡선은 단기수요곡선보다 완만하다는 것을 알 수 있다.

보론 4 │ 경제적 지대와 준지대의 차이

흔히 지대(rent)라고 하면 토지를 임대해서 사용한 대가로 지급하는 보수를 말한다. 토지는 대규모 간척사업을 벌이지 않는 한, 고정적일 수밖에 없다. 그런 의미에서 토지처럼 생산요소의 공급이 고정될 경우, 그것의 공급곡선은 수직선의 형태를 띤다. 이런 유형의 생산요소가격은 전적으로 수요측 요인에 의해 결정된다.

경제적 지대(economic rent)는 앞서 언급한 지대의 개념을 일반화시킨 것으로서 '생산요소의 기회비용을 초과해서 추가로 지불되는 보수' 또는 '생산요소의 공급탄력도가 비탄력적인 특성에 기인해서 추가로 발생하는 소득'이다.[41] 이 문제에 대해 좀 더 고찰해보자. 〔그림 13-10〕에서 노동시장의 균형점은 e점이다. 이때 소비자들의 임

---

40 왜냐하면 VMP$_L$은 P·MP$_L$로 정의되기 때문이다.

41 참고로 생산요소의 공급탄력도가 무한대(∞)이면, 즉 생산요소의 공급곡선이 수평선일 경우 경제적 지대는 제로(0)이고, 생산요소의 공급탄력도가 완전비탄력적(0)이면, 즉 생산요소의 공급곡선이 수직선이면 생산요소에 지불하는 모든 보수가 경제적 지대다.

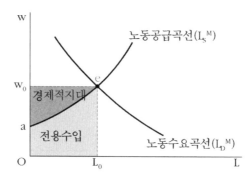

〔그림 13-10〕 경제적 지대와 전용수입

금소득은 □ w_0eL_0O이다. 이때의 임금소득은 경제적 지대와 전용수입(tranfer earnings)으로 구성된다.

　우리는 앞의 제2장에서 수요곡선과 공급곡선에 대해 학습했다. 여기서 수요곡선과 공급곡선에 내재된 특성은 생산물(예; X재)이나 생산요소(예; L)나 똑같다. 〔그림 13-10〕에서 노동공급곡선 $L_s{}^M$은 소비자들이 노동을 공급하기 위해서 최소한 받아야겠다고 생각하는 임금 수준을 의미한다. 즉 소비자들이 L_0수준의 노동을 공급하기 위해서는 단위당 eL_0수준의 임금이 보장되어야 한다는 뜻이다. 그런데 소비자들이 OL_0의 노동을 공급하기 위해서 최소한 받아야겠다고 생각하는 임금소득은 aeL_0O이다. 이것을 전용수입 또는 노동의 기회비용이라고 말한다. 또 경제적 지대는 소비자들의 임금소득(= □ w_0eL_0O)에서 전용수입(= aeL_0O)을 빼준 값(= w_0ea)으로 정의된다.

　이제 노동 공급의 임금탄력도와 경제적 지대의 관계에 대해 살펴보자. 이 내용도 시험문제로 출제될 가능성이 있기 때문에 독자 여러분들의 세심한 주의가 요구된다. 노동 공급의 임금탄력도가 탄력적이라는 것은 소비자들이 공급하는 노동에 희소성이 없다는 것을 의미한다. 반면, 노동 공급의 임금탄력도가 비탄력적이라는 것은 유명 연예인(예; BTS, 나훈아[42]), 스포츠 스타(예; 축구선수 손흥민, 프로골퍼 타이거우즈), 특수자격

42　유명 연예인이라고 해서 모든 것이 같지는 않다. 일례로 가수 나훈아와 남진의 경우를 살펴보자. 남진은 작곡가 고(故) 박춘석 님의 명곡을 잘 소화해서 부른 국민가수이다. 그러나 소득 측면에서 볼 때, 그의 소득은 주로 공연이나 방송출연료가 전부이다. 그 이유는 그는 작곡가나 작사가가 아니기 때문이다. 반면 나훈아는 작곡가인 동시에 작사가인데다 노래까지 잘 부르는 국민가수이다. 요즘은 저작권료가 장난이 아니다. 웬만한 가수의 출연료 수입보다 작곡가와 작사가의 저작권료가 더 많다는 얘기가 심심찮게 들려온다. 경제적 지대와 전용수입의 개념을 통해 남진과 나훈아의 소득

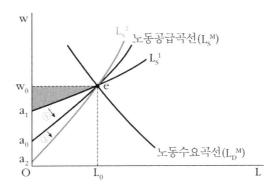

〔그림 13-11〕 노동 공급의 임금 탄력도와 경제적 지대

중 소유자(예; 의사, 변리사, 변호사, 공인회계사, 민항기 조종사 등)처럼 임금을 많이 준다 해도 손
쉽게 구할 수 없는 노동임을 시사한다. 〔그림 13-11〕은 노동 공급의 임금탄력도가 비
탄력적일수록 노동공급곡선이 $L_s^1 \rightarrow L_s^M \rightarrow L_s^2$로 이동함을 보여준다. 또 그에 따라 경
제적 지대도 $w_0ea_1 \rightarrow w_0ea_0 \rightarrow w_0ea_2$로 점점 더 커지게 된다는 것을 알 수 있다.

다음으로 준지대(準地代; quasi-rent)에 대해 살펴보자. 준지대는 단기적 개념으로
고정투입요소(예; K)에 귀속되는 보수를 말한다. 즉 X재를 생산 공급하는 개별기업 j의
준지대는 j기업의 TR에서 TVC를 빼준 값 또는 TFC(총고정비용)에다 초과이윤을 합한
값으로 정의된다.

물론 개별기업 j의 단기 이윤극대화 조건(P = MC)이 충족되는 균형점에서 초과이
윤은 0보다 클 수도 있고, 0보다 작을 수도 있다. 하지만 어떤 경우에도 개별기업 j의
준지대가 음(-)이 되는 상황은 일어나지 않는다. 준지대가 음(-)이라는 것은 개별기업 j
가 생산 공급하는 X재 가격이 조업중단점에도 미치지 못하는 수준임을 말한다. 그런
경우 개별기업 j는 공장문을 닫을 것이다. 그렇기 때문에 준지대는 음(-)이 될 수 없
다. 〔그림 13-12〕를 통해 좀 더 고찰해보자. 완전경쟁시장에서 X재의 균형가격이 P_0
로 주어지면, 가격수취자인 개별기업 j는 그것을 그대로 받아들인다. 그리고 이윤극
대화조건이 충족되는 e점에서 X_0만큼의 X재를 생산 공급한다. 이때 개별기업 j의 TR

을 비교하면, 나훈아는 남진보다 경제적 지대가 높은 가수라고 볼 수 있다. 그 때문에 나훈아 소득
이 남진보다 많을 수밖에 없다. 이는 나훈아가 의미 있는 무료공연을 하는 데서 발견할 수 있다. 그
래서 우리는 남과 차별되는 자신만의 핵심역량인 '업(業)'을 쌓기 위해 부단히 노력해야 한다.

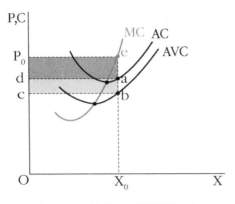

〔그림 13-12〕 준지대의 경제적 의미

은 □ OP_0eX_0이고, TVC는 □ $OcbX_0$이다. 따라서 개별기업 j의 준지대는 □ P_0ebc로 정의된다. 또 준지대 □ P_0ebc는 TFC인 □ dabc와 초과이윤인 □ P_0ead의 합이다. 〔그림 13-12〕에서는 P 〉 AC이기 때문에 초과이윤이 양(+)이다. 한편, 개별기업 j의 장기균형점에서는 고정투입요소가 존재하지 않고(TFC = 0), 기업의 진입과 퇴거가 자유롭기 때문에 초과이윤도 0이 된다. 따라서 이때의 준지대는 0이다. 또 독자 여러분들은 경제적 지대와 준지대의 차이점[43]에 대해서도 주의 깊게 살펴봐야 한다. 그 내용도 시험문제로 출제될 가능성이 있기 때문이다.

---

43 경제적 지대와 준지대의 차이는 몇 가지 측면에서 요약될 수 있다. 첫째로 적용 기간의 차이다. 경제적 지대는 장·단기에서 모두 발생하지만, 준지대는 고정투입요소가 존재하는 단기에서만 발생한다. 둘째는 지대에 내재(內在)된 속성상의 차이다. 경제적 지대는 노동을 공급하는 개별 소비자가 전용수입을 초과해서 얻는 보수인 데 반해 준지대는 단기에 고정투입요소에 귀속되는 보수이다. 셋째는 측정상의 차이다. 경제적 지대는 총임금소득에서 전용수입을 빼준 값인 데 반해 준지대는 총수입에서 총가변비용을 빼준 값으로 정의된다. 넷째는 지대를 결정짓는 핵심 요인에 대한 차이다. 경제적 지대는 노동공급의 임금탄력도가 비탄력적일수록 커지는 데 반해 준지대는 생산물의 균형가격이 높을수록 커지는 특성을 띤다.

3   불완전경쟁하에서 균형임금과
균형고용량의 결정

(1) 생산물시장은 독점, 생산요소시장은 완전경쟁인 경우

① 〔표 13-2〕의 B 타입(type)에 대한 분석

2절에서는 〔표 13-2〕의 A 타입(type), 즉 생산물시장과 생산요소시장이 모두 완전경쟁인 경우, 노동의 균형임금과 균형고용량이 어떻게 결정되는지 살펴보았다. 본절 (1)항에서는 생산물시장은 독점이고 생산요소시장은 완전경쟁인 경우, 노동의 균형임금과 균형고용량이 어떻게 결정되는지 분석하고자 한다.

생산물(예; X재)시장이 독점이면, P는 일정한 상수 P_o로 결정되지 않고 X재의 함수인 P(X)로 정의된다. 그 이유는 독점기업이 직면하는 수요곡선이 우하향하기 때문이다. 완전경쟁시장에서 개별기업 j가 직면하는 수요곡선은 수평선이고, 그때는 P_o = AR = MR의 조건이 성립한다. 하지만 j가 독점기업[44]이면, P(X) = AR(X) 〉 MR의 관계가 성립한다. 이것은 독점시장을 공부할 때, 자세히 설명했다. 또 생산요소시장은 완전경쟁이기 때문에 노동시장에서 균형임금이 일정한 상수 w_o로 결정되면, 생산물시장에서 독점기업인 j는 그것을 그대로 받아들인다. 이때 독점기업 j가 직면하는 노동공급곡선은 수평선이고, w_o = AFC = MFC의 조건이 성립한다. 이 내용을 토대로

---

[44] 현재 우리가 분석하고자 하는 대상은 생산물시장에서는 독점, 생산요소시장에서는 완전경쟁으로 활동하는 기업이다. 생산물시장에서는 유일한 기업이지만 생산요소시장에서는 j = 1, 2, 3, ... n - 1, n개의 기업 가운데 하나다. 따라서 그런 기업을 독점기업 j라고 표기하고자 하다. 이에 대한 독자 여러분들의 주의를 부탁드린다.

독점기업 j의 단기 이윤극대화 문제를 정리하면 다음의 ㉠식으로 요약된다.

$$\text{Max.}_L \ \pi = P(X) \cdot X - w_o \cdot L - r \cdot K_o = P(X) \cdot F(L; K_o) - w_o \cdot L - r \cdot K_o \ \cdots\cdots\cdots\cdots ㉠$$

위 ㉠식에서 π는 이윤, X는 $X = F(L; K_o)$, w는 임금, r은 이자율이다. 이윤극대화 1차 조건은 $\partial\pi/\partial L = 0$이고, 이윤극대화 2차 조건은 $\partial^2\pi/\partial L^2 < 0$이다. 우선 이윤극대화 1차 조건을 구하면 ㉡식이 도출된다.

$$\partial\pi/\partial L = P(X) \cdot (\partial X/\partial L) + X \cdot (\partial P/\partial X) \cdot (\partial X/\partial L) - w_o$$
$$= [P(X) + X \cdot (\partial P/\partial X)] \cdot (\partial X/\partial L) - w_o$$
$$= MR \cdot MP_L - w_o = MRP_L - w_o = 0 \ \cdots\cdots\cdots\cdots\cdots\cdots\cdots ㉡$$

또 이윤극대화 2차 조건인 $\partial^2\pi/\partial L^2 < 0$을 ㉡식에 적용하면 $\partial MRP_L/\partial L < 0$으로서 이는 MRP_L곡선이 우하향한다는 것을 의미한다. 그런데 앞서 언급했듯이 독점기업의 경우에서는 P(X)가 MR보다 크다. 따라서 $VMP_L[= P(X) \cdot MP_L]$과 $MRP_L(= MR \cdot MP_L)$ 간에는 $VMP_L > MRP_L$의 관계가 성립한다. 이를 종합하면, 생산물시장이 독점이고 생산요소시장이 완전경쟁일 때, 노동시장에서 독점기업 j의 이윤극대화를 위한 1차 조건은 다음의 ㉢식과 같다.

$$VMP_L = P(X) \cdot MP_L > MR \cdot MP_L = MRP_L = w_o = AFC = MFC \ \cdots\cdots\cdots\cdots ㉢$$

② B 타입에 대한 그래프적 분석과 공급독점적 착취

앞서 설명했듯이 생산물시장이 독점이고 생산요소시장이 완전경쟁일 경우, 노동시장의 균형은 [그림 13-13] (a) 그래프의 e_o점에서 이루어진다. 이때 노동의 시장수요곡선은 $\sum_{j=1}^{n} MRP_L^j$이고 노동공급곡선은 L_s^M으로 정의되며, 균형임금과 균형고용량은 이들 곡선이 교차하는 e_o점에서 w_o, $L_o = \sum_{j=1}^{n} L_o^j$로 결정된다. 한편 노동시장에서 균형임금이 w_o로 결정되면 생산물시장에서 독점기업 j가 생산요소시장에서는 가격수취자이기 때문에 w_o를 그대로 받아들인다. 따라서 독점기업 j가 직면하는 노동공급곡선은 수평선이고, 그것은 $w_o = AFC = MFC$의 조건을 충족한다. 또한 독점기업 j의 노동수

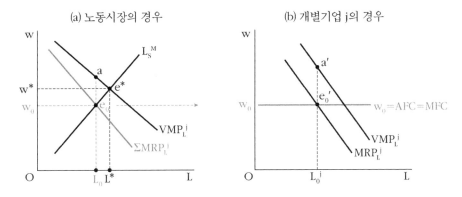

(a) 노동시장의 경우　　　　　(b) 개별기업 j의 경우

〔그림 13-13〕 B 타입에 대한 그래프적 분석과 공급독점적 착취

요곡선은 우하향하는 MRP_L^j로 정의됨은 앞서 언급했다. 독점기업 j의 경우 균형임금과 균형고용량은 (b) 그래프에서 보는 바와 같이 노동수요곡선인 MRP_L^j와 노동공급곡선인 w_0 = AFC = MFC가 만나는 e_0'점에서 w_0, L_0^j로 결정된다. 또 노동시장의 균형고용량 L_0는 독점기업 j를 비롯한 모든 기업들의 균형고용량을 횡적으로 합한 값과 일치한다. 즉 $L_0 = \sum_{j=1}^{n} L_0^j$이다.

　　생산물시장에서 독점기업인 j가 생산요소시장에서 완전경쟁기업일 경우에는 필연적으로 공급독점적 착취(monopolistic exploitation)가 발생한다. 공급독점적 착취는 〔그림 13-13〕의 (a) 그래프와 (b) 그래프를 통해 살펴볼 수 있다. 먼저 노동시장을 나타내는 (a) 그래프를 보자. 만약 생산물시장과 생산요소시장이 모두 완전경쟁이었다면 노동시장의 균형은 e^*점에서 이루어졌을 것이다. 이때의 균형임금과 균형고용량은 w^*, L^*이다. 하지만 생산물시장에서는 독점기업, 생산요소시장에서는 완전경쟁기업인 j기업의 이윤극대화 조건을 충족시키는 균형임금과 균형고용량은 w_0, L_0에서 결정된다. 노동시장에서 공급독점적 착취의 크기는 L_0 수준에서 $\sum VMP_L^j - \sum MRP_L^j = ae_0$로 정의된다. j기업의 차원에서 공급 독점적 착취의 크기는 $VMP_L^j - MRP_L^j = a'e_0'$이다. 여기서 착취란 '생산물시장에서 독점기업인 j가 소비자(근로자)들이 생산과정에서 기여한 몫(VMP_L^j)보다 낮은 수준(MRP_L^j)의 보수를 지급한다'는 뜻이다.

(2) 생산요소시장이 불완전경쟁인 경우; 생산요소의 수요독점

① [표 13-2]의 C 타입에 대한 분석

[표 13-2]에서 C, D 타입은 바로 생산요소에 대한 수요독점(monopsony)이다. 수요독점은 생산요소에 대한 수요자가 오직 하나인 경우다. 가령, 담배의 제조기술 자격증을 갖고 있는 갑(甲)이 있다고 하자. 그가 국내에서 유일하게 취업할 수 있는 곳은 담배를 생산하는 KT&G이다. 또 철도기관사 면허증을 취득한 을(乙)이 취업할 수 있는 곳도 코레일뿐이다. 따라서 우리는 KT&G나 코레일을 수요독점기업, 또는 수요독점이라고 부른다.[45] 그런데 이와 같은 수요독점기업이 직면하는 생산요소의 공급곡선과 MFC(한계요소비용)곡선은 지금까지 우리가 학습한 것과 상이하다. 여기서는 그것에 대해 살펴보고자 한다.

생산요소시장이 완전경쟁이면, 노동의 시장수요곡선은 우하향하고 개별기업 j가 직면하는 노동공급곡선은 수평선이다. 하지만 생산요소시장에서 노동을 수요독점하는 기업 j가 직면하는 노동공급곡선 L_s^j는 우상향하는 노동의 시장공급곡선 $w(L)$이다. 개별기업 j가 직면하는 노동공급곡선이 수평선일 경우는 $w_0 = AFC = MFC$의 관계가 성립한다. 하지만 수요독점기업 j가 직면하는 노동공급곡선 $w(L)$이 우상향하면 MFC는 $w(L)$보다 반드시 커야 한다. 즉 $MFC > w(L)$의 관계가 성립한다. 이는 [그림 13-14]를 통해 증명할 수 있다.

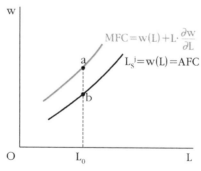

[그림 13-14] 수요독점기업의 AFC와 MFC

---

[45] 이는 독점기업이 전문화된 생산요소를 독점적으로 수요하는 경우에 해당된다. 이것만이 전부는 아니다. 이동성이 작은 지역에 하나의 큰 공장이 들어설 경우, 일자리를 얻고자 하는 마을 주민들에게 있어서 그 기업은 수요독점기업이 될 가능성이 크다.

수요독점기업의 TFC(총요소비용)은 TFC = w(L)·L이다. 또 AFC(평균요소비용)은 AFC = TFC/L = [w(L)·L]/L = w(L)이다. MFC는 MFC = △TFC/△L = w(L) + L·(dw/dL)로 정의된다. 그런데 수요독점기업 j가 직면하는 노동공급곡선 Lsj는 w(L)로서 우상향하기 때문에 dw/dL은 양(+)의 값을 갖는다. 따라서 [그림 13-14]에서 보는 것처럼 MFC = w(L) + L·(dw/dL) 〉 w(L) = AFC의 관계가 성립한다.

이제 생산물시장에서는 완전경쟁기업이고, 노동시장에서는 수요독점기업인 j의 이윤극대화조건을 충족시키는 균형임금과 균형고용량이 어떻게 결정되는지 살펴보자. 생산물시장이 완전경쟁이면 X재의 시장가격은 일정한 상수 P_0로 주어진다. 하지만 노동시장에서는 수요독점이기 때문에 임금은 w_0로 일정하지 않고 w(L)로 주어진다.[46]이때 수요독점기업 j의 단기 이윤극대화 문제는 아래의 ㉠식으로 요약된다.

$$\text{Max. } \pi = P_0 \cdot X - w(L) \cdot L - r \cdot K_0 = P_0 \cdot F(L; K_0) - w(L) \cdot L - r \cdot K_0 \quad \cdots\cdots\cdots\cdots ㉠$$
$$L$$

위 ㉠식에서 단기 이윤극대화 1차 조건은 $\partial\pi/\partial L = 0$이고, 이윤극대화 2차 조건은 $\partial^2\pi/\partial L^2 < 0$이다. 단기 이윤극대화 1차 조건을 구하면 ㉡식이 도출된다.

$$\partial\pi/\partial L = P_0 \cdot (\partial X/\partial L) - [w(L) + L \cdot (\partial w/\partial L)]$$
$$= P_0 \cdot MP_L - [w(L) + L \cdot (\partial w/\partial L)] = VMP_L - MFC = 0 \quad \cdots\cdots\cdots\cdots ㉡$$

㉡식에서 우리는 수요독점기업의 단기 이윤극대화 1차 조건에서 $VMP_L = MRP_L = MFC > AFC = w(L)$의 관계를 도출할 수 있다. 여기서 VMP_L과 MRP_L이 같은 이유는 생산물시장이 완전경쟁이면 $P_0 = AR = MR$의 조건이 성립하기 때문이다. [그림 13-15]를 통해 $VMP_L = MRP_L = MFC > AFC = w(L)$가 무엇을 의미하는지? 좀 더 살펴보자.

생산물시장이 완전경쟁이면 $P_0 = AR = MR$이 성립하기 때문에 노동수요곡선은 $VMP_L = P_0 \cdot MP_L = MR \cdot MP_L = MRP_L$이다. 또 생산요소시장에서 수요독점기업 j가 직면하는 노동공급곡선 L_s^j는 우상향하며 $L_s^j = w(L) = AFC$이고, MFC는 AFC의 윗부분에 존재한다. 이는 AC가 증가할 때, MC가 그 위에 존재하는 것과 같은 이치다. [그림

---

[46] 생산물(예: X재)시장이 완전경쟁이면 X재 가격이 P_0로 일정하게 주어지지만, 독점시장인 경우는 P가 P(X)로 주어지는 것과 같은 이치라고 이해하면 좋을 것 같다.

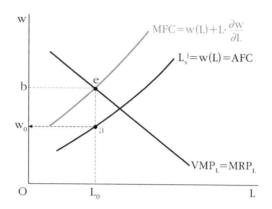

〔그림 13-15〕 C 타입; 수요독점기업의 이윤극대화 고용조건

13-15〕에서 수요독점기업 j의 이윤극대화 고용조건은 $VMP_L^j = VMP_L = MRP_L = MFC$ ＞ $AFC = w(L)$이다. 또 그 조건을 충족시키는 점은 e점이다. 여기서 노동의 시장수요곡선이 $\sum\limits_{j=1}^{n} VMP_L^j$가 아니라 VMP_L이나 MRP_L인 이유는 수요독점기업 j가 직면하는 수요곡선 VMP_L, MRP_L이 바로 노동의 시장수요곡선이기 때문이다. 한편, 수요독점기업 j가 소비자(근로자)들에게 지급하는 임금 수준은 노동공급곡선인 $L_s^j = w(L) = AFC$에 의해 w_0로 결정된다. 이때 L_0 수준에서 노동 1단위당 수요독점적 착취는 선분 ea로 정의되고, 그것의 총규모는 □ $beaw_0$이다.

② 〔표 13-2〕의 D 타입에 대한 분석

이제 D 타입의 수요독점에 대해 학습해보자. D 타입의 수요독점은 C 타입의 수요독점과 단 하나의 차이만 갖는다. 그것은 수요독점기업 j가 생산물시장에서 완전경쟁기업이냐, 독점기업이냐?의 차이다.[47] 그 이외는 C 타입과 D 타입이 모두 동일하다. 이제 생산물시장과 생산요소시장에서 각각 독점과 수요독점의 행태를 보이는 수요독점기업 j의 이윤극대화조건을 충족시키는 균형임금과 균형고용량이 어떻게 결정되는지 살펴보자. 생산물시장에서 독점인 경우 시장가격은 $P(X)$로 정의된다. 또 수요독점기업 j가 직면하는 노동공급곡선 L_s^j는 C 타입에서 살펴본 바와 같이 우상향하는 $L_s^j = w(L) = AFC$로 주어진다.

---

47   현실적으로는 후자일 가능성이 크다고 생각한다. 그런데도 우리는 이론적으로 생각해볼 수 있는 완전경쟁까지 고려해서 C 타입의 이윤극대화 노동고용조건을 학습하는 것임을 이해해 주기 바란다.

D 타입인 수요독점기업의 단기 이윤극대화 문제는 ㉠식으로 요약된다.

$$\text{Max.} \atop L \quad \pi = P(X) \cdot X - w(L) \cdot L - r \cdot K_o = P(X) \cdot F(L; K_o) - w(L) \cdot L - r \cdot K_o \quad \cdots\cdots\cdots ㉠$$

위의 ㉠식에서 단기 이윤극대화 1차 조건은 $\partial\pi/\partial L = 0$이고, 이윤극대화 2차 조건은 $\partial^2\pi/\partial L^2 < 0$이다. 우선 단기 이윤극대화 1차 조건을 구하면 ㉡식이 도출된다.

$$
\begin{aligned}
\partial\pi/\partial L &= [P(X) \cdot (\partial X/\partial L) + X \cdot (\partial P/\partial X) \cdot (\partial X/\partial L)] - [w(L) + L \cdot (\partial w/\partial L)] = 0 \\
&= [P(X) + X \cdot (\partial P/\partial X)] \cdot (\partial X/\partial L) - [w(L) + L \cdot (\partial w/\partial L)] = 0 \\
&= MR \cdot MP_L - [w(L) + L \cdot (\partial w/\partial L)] = 0 \\
&= MRP_L - MFC = 0 \quad \cdots\cdots\cdots\cdots\cdots\cdots\cdots\cdots\cdots ㉡
\end{aligned}
$$

참고로 ㉡식에서 $P(X) + X \cdot (\partial P/\partial X)$는 한계수입(MR)을 의미한다. 독자 여러분들은 독점기업의 $TR = P(X) \cdot X$를 X로 미분한 값, 즉 $MR = dTR/dX$이 $P(X) + X \cdot (\partial P/\partial X)$임은 이미 앞에서 학습한 바 있다. ㉡식을 통해 수요독점기업의 단기 이윤극대화 1차 조건이 $VMP_L > MRP_L = MFC > AFC = w(L)$과 같다는 것을 확인할 수 있다. 위의 조건이 충족되는 균형점에서 D 타입인 수요독점기업 j의 균형임금과 균형고용량이 결정된다. 여기서 VMP_L이 MRP_L보다 큰 이유는 생산물시장이 독점일 경우는 $P(X) = AR(X) > MR$의 관계가 성립하기 때문이다. 〔그림 13-16〕을 통해 $VMP_L > MRP_L = MFC > AFC = w(L)$이 의미하는 것을 살펴보자.

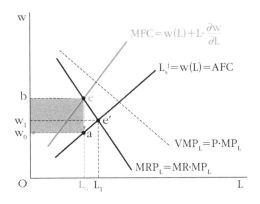

〔그림 13-16〕 D 타입; 수요독점기업의 이윤극대화 고용조건

생산물시장이 독점이면 P(X) = AR(X) > MR의 조건이 성립하기 때문에 D 타입인 수요독점기업 j는 MRP_L^j = MRP_L곡선을 갖는다. 또 생산요소시장에서 수요독점기업 j가 직면하는 노동공급곡선 L_{sj}는 우상향하며 L_{sj} = w(L) = AFC이고, MFC는 AFC보다 윗부분에 놓인다. 〔그림 13-16〕에서 수요독점기업 j의 이윤극대화조건을 충족시키는 균형임금과 균형고용량은 VMP_L > MRP_L = MFC > AFC = w(L)이 성립하는 e점에서 w_o, L_o로 결정된다.[48]

〔그림 13-16〕에서도 수요독점적 착취(monopsonic exploitation)현상이 발생한다. 수요독점기업 j의 균형고용량은 L_o이다. 이때 L_o수준에서 수요독점적 착취의 크기는 ea로 정의된다. 그 이유는 균형고용량 L_o에서 소비자(근로자)들은 생산과정에서 MRP_L만큼 기여했지만 그들에게 돌아가는 실제 임금은 w_o에 불과하기 때문이다. 참고로 ea는 노동 1단위당 수요독점적 착취이고, 그것의 총규모는 □ $beaw_o$이다.

보론 5 │ 스포츠 스타들에 대한 임금 착취는 어떻게 이루어질까?

생산요소시장에서 수요독점의 사례는 여러 곳에서 찾아볼 수 있다. 프로스포츠 관련 협회(예; 한국야구위원회, 대한축구협회, 대한농구협회, 대한배구협회 등)와 인기 연예인의 발굴·트레이닝·프로듀싱·기획·마케팅을 담당하는 연예 기획사(예; SM 엔터테인먼트, JYP, 미스틱 엔터테인먼트, 안테나 뮤직 등)이 대표적인 사례. 여기서는 한국야구위원회(이하 KBO; Korea Baseball Organization)를 통해 그들이 어떻게 생산물시장과 생산요소시장에서 독점권을 행사하는지, 또 그런 경우 야구 스타들의 임금은 어떻게 결정되며, 임금착취는 어떤 방식으로 이루어지는지? 살펴보자. 경제적인 관점에서 바라볼 때, KBO는 일종의 카르텔이다. 그것을 가능하게 하는 것은 KBO에 소속된 10개의 프로야구 구단이다. 현재 KBO에 소속된 구단은 두산 베어스, 키움 히어로즈, SK 와이번스, LG 트윈스, NC 다이노스, KT 위즈, KIA 타이거즈, 삼성 라이온스, 한화 이글스, 롯데 자이언

---

48 여기서 독자 여러분들이 유의해야 할 사항이 있다. 그것은 '생산요소시장에서 수요독점기업의 MRP_L곡선은 이윤극대화를 충족시켜주는 균형고용량을 도출하는 데 사용될 뿐, 그것이 생산요소에 대한 수요곡선이 아니다'라는 점이다. 이는 생산물시장에서 생산물에 대한 독점기업의 공급곡선이 존재하지 않는 것과 마찬가지다.

츠이다. KBO와 프로야구 구단들이 카르텔을 형성하면서 야구선수들을 관리 감독할 수 있는 실질적인 파워는 다음의 몇 개의 조항으로부터 비롯된다. 드래프트 시스템 (draft system)[49], 보류제도(reserve clauses)[50], 선수계약의 양도(trade)제도, 자유계약선수(FA; free agent)제도 등이다. 일부 경제학자들은 그런 조항을 현대판 노비 문서라고 비판한다. 야구선수들에게 불리한 이런 조항들은 그들 간의 자유경쟁을 통한 소속팀의 선택권을 제한하는 결과를 초래한다는 것이다. 즉 프로야구 구단들의 연합체인 KBO가 야구선수들의 노동에 대한 수요독점자의 지위를 갖게 된다는 것을 의미한다.

프로야구 경기라는 서비스를 공급하는 KBO는 생산물시장에서도 독점기업으로 행세한다. 〔그림 13-17〕을 자세히 살펴보자. 생산물시장에서 프로야구 경기라는 서비스를 독점 공급하는 KBO가 생산요소시장에서 수요독점적 지위를 갖는 경우, 생산요소시장의 균형은 $MRP_L = MFC$의 조건이 충족되는 e_1점에서 이루어진다. 이때의 고용수준은 L_1이다. 하지만 KBO가 야구선수들에게 책정한 임금은 KBO가 직면한 노동

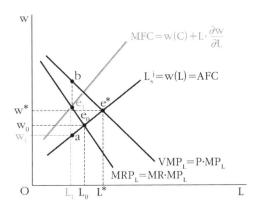

〔그림 13-17〕 KBO와 야구선수들의 임금 결정 원리

49 　드래프트 제도란, 프로야구의 선수선발권을 의미한다. KBO는 연례행사로 프로야구 신인선수 지명 회의를 개최해서 각 구단들이 선수를 선발할 수 있도록 하는데 이것을 드래프트 제도라고 말한다. 야구선수가 되기 위해서는 반드시 이러한 드래프트 세도를 거쳐야만 한다. 참고로 1차 드래프트는 매년 8월 중순에 이루어진다. 각 구단의 신인 선수 지명 순서는 모든 라운드에서 전년도 성적의 역순으로 뽑는다.

50 　KBO의 보류제도란 선수가 구단과 계약을 하려면 우선 구단의 선수 지명권 행사 절차, 즉 드래프트 절차에 들어와야 하고, 드래프트에서 어느 구단의 지명을 받은 선수에 대해서는 구단의 독점적 계약교섭권을 인정하는 제도를 말한다. 또한 지명 선수에 대한 독점적 계약권을 인정받은 구단은 일정 기간 동안 선수에 대해 계속해서 그 권한을 인정받는다.

공급곡선 L_s^j(j는 KBO) = w(L) = AFC에 의해 w_1 수준으로 결정된다. 만약 KBO가 프로야구 경기라는 서비스를 공급하는 생산물시장에서만 독점기업으로 행동하고 생산요소시장에서는 가격수취자일 경우, 생산요소시장의 균형은 $MRP_L = L_s^j = w(L) = AFC$의 조건이 충족되는 e_o점에서 이루어진다. 그때 KBO가 야구선수들에게 책정한 임금 수준은 w_o이다. 또 KBO가 생산물시장과 생산요소시장에서 모두 가격수취자로 행동할 경우, 생산요소시장의 균형은 $VMP_L = L_s^j = w(L) = AFC$의 조건이 충족되는 e^*점에서 이루어지고 KBO가 야구선수들에게 책정한 임금 수준은 w^*로 정의된다. 한편 〔그림 13-17〕에서 고용수준 L_1을 기준으로 공급독점적 착취와 수요독점적 착취의 크기를 도출하면 각각 be_1, e_1a이다.

(3) 생산요소시장이 불완전경쟁인 경우; 생산요소의 공급독점

① 〔표 13-2〕의 E 타입에 대한 분석

생산요소의 공급독점은 수요독점과 반대로 생산요소(예; L)를 수요하는 기업들은 많은 데 반해, 노동을 공급하는 주체나 조직이 하나인 경우다. 즉 노동조합이 많은 기업들을 상대로 노동 공급에 강력한 영향력을 행사하는 경우가 바로 생산요소의 공급독점이다.

이때는 앞의 A 타입부터 D 타입까지 보여준 수리적 분석과는 약간 다르게 전개됨에 유의해야 한다. 그 이유는 노동조합이 추구하는 목표(예; 임금극대화, 임금소득극대화, 고용극대화 등)가 무엇인가?에 따라 균형임금과 균형고용량이 달라지기 때문이다. 따라서 일관된 분석을 할 수 없다. 생산요소의 공급독점을 아주 쉽게 이해할 수 있는 꿀팁을 소개하면 그것은 L을 X재로, w를 X재 가격으로 생각하고, 노동조합을 생산물시장에서의 독점기업으로 간주한 후 균형조건을 찾아보라!는 것이다.

〔그림 13-18〕은 E 타입의 공급독점을 나타낸다. 생산물시장에서는 완전경쟁, 생산요소시장의 수요 측면은 완전경쟁이지만 공급 측면은 독점인 경우가 E타입이다. 생산물시장과 생산요소시장의 수요 측면이 완전경쟁이면 개별기업 j의 노동수요곡선은 $VMP_L^j = MRP_L^j$이고 노동의 시장수요곡선은 $\sum_{j=1}^{n} VMP_L^j = \sum_{j=1}^{n} MRP_L^j = L_D^M = AR$이다. 여기서 L_D^M은 노동의 시장수요곡선, AR은 노동을 독점 공급하는 노동조합이 직

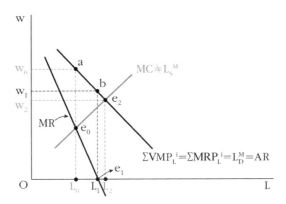

〔그림 13-18〕 E 타입; 노동의 공급독점에 대한 분석(1)

면하는 평균수입곡선이다. 이것이 쉽게 이해되지 않는 독자 여러분들은 독점시장에서 X재의 시장수요(X_D^M)가 X_D^M = P(X) = AR(X)임을 기억해주기 바란다. 또 MR곡선은 노동조합이 직면하는 AR곡선으로부터 도출된다. 이제 노동공급곡선에 대해 알아보자. 〔그림 13-18〕에서 생산요소의 공급독점인 경우 노동의 시장공급곡선(L_s^M)은 존재하지 않는다. 다만 노동공급에 따른 MC곡선만 존재할 따름이다.

생산요소시장이 공급독점일 경우 균형임금과 균형고용량에 대해 살펴보자. 그것은 전적으로 노동조합이 어떤 정책목표를 갖고 있느냐에 따라 달리 결정된다. 첫째로 노동조합이 소비자(근로자)들의 임금 극대화를 추구한다면, 균형임금과 균형고용량은 MR = MC조건이 충족되는 e_0점에서 w_0, L_0로 결정된다. 둘째로 노동조합이 소비자들의 임금소득극대화를 추구한다면, 균형임금과 균형고용량은 MR = 0[51]의 조건이 충족되는 e_1점에서 w_1, L_1으로 결정된다. 셋째로 노동조합이 소비자들의 고용극대화를 추구한다면, 균형임금과 균형고용량은 $\sum_{j=1}^{n} VMP_L^j = \sum_{j=1}^{n} MRP_L^j$ = MC의 조건이 충족되는 e_2점에서 w_2, L_2로 결정된다.

② 〔표 13-2〕의 F 타입에 대한 분석

〔표 13-2〕의 F 타입에서 균형임금과 균형고용량의 결정은 E 타입과 하나만 빼고 다른 것은 모두 동일하다. 즉 E 타입은 생산물시장이 완전경쟁이기 때문에 노동조합이

---

[51] 총수입 TR이 극대화되기 위해서는 dTR/dX인 MR이 0과 같아야 한다는 것은 더 이상의 추가적인 설명이 필요하지 않을 것이다.

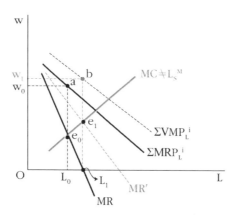

〔그림 13-19〕 F 타입; 노동의 공급독점에 대한 분석(2)

직면하는 노동의 시장수요곡선 $\sum_{j=1}^{n} VMP_L^j = \sum_{j=1}^{n} MRP_L^j$이었다. 하지만 F 타입에서는 생산물시장이 독점이기 때문에 $\sum_{j=1}^{n} VMP_L^j > \sum_{j=1}^{n} MRP_L^j$의 관계가 성립하며, $\sum MRP_L^i$가 노동조합이 직면하는 노동의 시장수요곡선이다. 또 노동조합이 추구하는 목표(예: 임금극대화, 임금소득극대화, 고용극대화 등)가 무엇이냐에 따라 균형임금과 균형고용량이 달리 결정된다는 것도 E 타입과 똑같다.

앞서 언급했듯이 생산물시장이 완전경쟁이라고 상정한 E 타입의 경우에 공급독점자인 노동조합이 소비자(근로자)의 임금극대화를 추구한다면 MR′ = MC조건이 충족되는 e_1점에서 균형을 이루었을 것이다. 이때 결정되는 균형임금과 균형고용량은 w_1, L_1이다. 참고로 MR′는 노동조합이 직면하는 노동의 시장수요곡선이 $\sum_{j=1}^{n} VMP_L^j$일 때의 MR곡선이다. 하지만 F 타입의 공급독점자는 생산물시장이 독점이기 때문에 $\sum_{j=1}^{n} VMP_L^j$의 아래쪽에 위치한 $\sum_{j=1}^{n} MRP_L^j$과 그에 따른 MR과 MC가 만나는 e_0점에서 균형을 이룬다. 그때의 균형임금과 균형고용량은 w_0, L_0이다. 이는 노동의 시장수요곡선이 $\sum_{j=1}^{n} VMP_L^j$인 경우보다 상대적으로 낮은 수준임을 알 수 있다.

(4) 생산요소시장이 불완전경쟁인 경우; 생산요소의 쌍방독점

① 쌍방독점에 대한 개관(槪觀)

생산요소의 쌍방독점에 대해서는 독자 여러분들의 이해를 돕기 위해서는 좀 더 자세한 설명이 필요하다. 쌍방독점(bilateral monopoly)은 생산요소의 수요자도 독점이고, 생산요소의 공급자도 독점인 상태를 말한다. 일례로 천문학을 공부한 기상전문가들과 기상청의 관계를 들 수 있다. 물론 기상전문가는 대학(예: 대기과학과, 천문학과, 기상학과)교수로도 취직할 수 있다. 하지만 여기서는 기상전문가가 유일하게 취업할 수 있는 곳이 기상청이라고 가정하자. 또 기상전문가들이 노동조합을 결성해서 기상청에 공동대응하는 상황이라면, 지금 우리가 논의하고자 하는 쌍방독점의 전형이 된다. 이때 수요독점기업은 기상청이고, 공급독점자는 기상전문가들로 구성된 노동조합이다.

생산요소시장이 쌍방독점일 경우에는 이윤극대화를 충족하는 균형점이 유일하게 결정되지 않는다. 그 이유는 균형점의 결정이 수요독점기업과 공급독점자인 노동조합의 교섭력(bargaining power)에 의해 판가름 나기 때문이다. 지금까지 학습한 것을 모두 활용하면서 최대한 알기 쉽게 설명하고자 한다.

생산요소의 쌍방독점은 수요독점과 공급독점이 결합된 형태이기 때문에 수요독점과 공급독점을 분석할 때, 사용되었던 여러 곡선들을 동시에 분석하는 번거로움을 감수해야 한다. 여기서는 수요독점기업의 노동수요곡선인 VMP_L 또는 MRP_L곡선은 공급독점자가 직면하는 생산요소의 시장수요곡선인 L_D^M = AR곡선이고, 또 수요독점기업(j)이 직면하는 노동의 시장공급곡선은 L_s^j = L_s^M = $w(L)$ = AFC곡선이지만 이것이 공급독점자인 노동조합에게는 MC곡선일 뿐임에 유의해야 한다.

② 〔표 13-2〕의 G 타입에 대한 분석

G 타입은 생산요소의 쌍방독점으로 생산물시장은 완전경쟁, 생산요소시장은 수요 측면과 공급 측면이 모두 독점인 쌍방독점인 경우다. 위의 ①에서 논의한 사항과 〔그림 13-20〕을 활용해서 G 타입의 쌍방독점을 살펴보자.

생산요소의 수요독점기업부터 살펴보자. 생산물시장이 완전경쟁이라고 상정했기 때문에 P_0(P_0는 상수) = AR = MR의 관계가 성립하고 그에 따라 VMP_L과 MRP_L이 같다. 즉 수요독점기업이 직면하는 노동의 시장수요곡선은 VMP_L^j = VMP_L = MRP_L이다. 여기서 노동의 시장수요곡선을 $\sum_{j=1}^{n} VMP_L^j$ = $\sum_{j=1}^{n} MRP_L^j$로 나타내지 않은 이유는 무엇일까? 수요독점기업은 자신의 노동수요가 곧 노동의 시장수요이기 때문이다. 따라서 $\sum$로 정의되지 않는다. 〔그림 13-20〕에서 수요독점기업의 균형임금과 균형고용량은 VMP_L = MRP_L = MFC의 조건이 충족되는 e_1점에서 w_1, L_1으로 결정된다. 반면, 노동

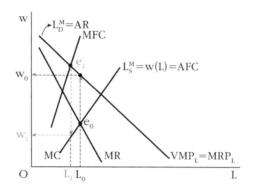

〔그림 13-20〕 G 타입; 노동의 쌍방독점에 대한 분석(1)

의 공급독점인 노동조합은 수요독점기업의 VMP_L이나 MRP_L을 자신의 시장수요곡선인 $L_D^M = AR$로 간주한다. 여기서 공급독점인 노동조합은 임금수준 극대화를 추구한다고 가정하자. 그때 노동조합이 책정하는 균형임금과 균형고용량은 MR = MC 조건이 충족되는 e_0점에서 w_0, L_0로 결정된다. 결국 균형임금과 균형고용량 수준은 $w_0 \sim w_1$, $L_0 \sim L_1$ 사이에서 결정될 것이다. 양측의 교섭 과정에서 노동조합의 파워가 수요독점기업의 그것을 압도하면 w_0와 L_0에 근접한 수준에서 이루어질 것이고, 그 반대의 경우는 w_1과 L_1에 가까운 수준에서 결정될 것이다.

③ 〔표 13-2〕의 H 타입에 대한 분석

H 타입은 생산물시장에서의 독점과 생산요소시장에서의 쌍방독점이 공존하는 경우다. G 타입과 H 타입은 하나만 빼고는 모두 다 똑같다. 즉 생산물시장이 완전경쟁이냐, 독점이냐의 문제만 다를 뿐이다. 참고로 생산물시장이 완전경쟁이면 VMP_L = MRP_L이지만 생산물시장이 독점일 때는 $VMP_L \rangle MRP_L$의 관계가 성립한다. 이제 〔그림 13-21〕을 통해 H 타입의 쌍방독점에 대해 설명하고자 한다.

〔그림 13-21〕에서 수요독점기업이 책정하는 균형임금과 균형고용량은 $VMP_L \rangle MRP_L$ = MFC의 조건이 충족되는 e_1점에서 w_1, L_1으로 결정된다. 한편, 노동의 공급독점인 노동조합은 수요독점기업의 MRP_L을 자신의 시장수요곡선, 즉 $L_D^M = AR$로 간주한다. 여기서도 노동조합은 임금수준의 극대화를 추구한다고 가정하자. 그러면 노동조합이 책정하는 균형임금과 균형고용량은 $L_D^M = AR$로부터 도출된 MR곡선과 MC곡선과 일치하는 e_0점에서 w_0, L_0로 결정된다. 결국 쌍방독점의 경우, 균형 임금과 균

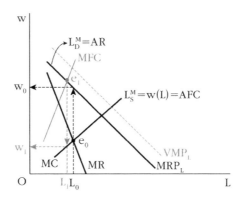

〔그림 13-21〕 H 타입; 노동의 쌍방독점에 대한 분석(2)

형고용량은 $w_0 \sim w_1$, $L_0 \sim L_1$ 수준에서 결정될 것이다. 양측의 교섭 과정에서 노동조합의 파워가 수요독점기업을 압도하면 w_0와 L_0에 근접한 수준에서 이루어질 것이고, 그 반대의 경우는 w_1과 L_1에 가까운 수준에서 결정될 것이다.

보론 6 ┃ 자본(K)의 공급(1); 실물자본의 판매시장[52]

K의 공급량이 K의 임대료인 r의 변화에 따라 어떻게 달라질 것인가?에 대한 설명은 조금 복잡하다. 그 이유는 실물자본 K(이하 K)를 생산하는 기업은 그것의 판매를 원하지만, 정작 K를 필요로 하는 기업은 그것의 임대를 희망하기 때문이다. 따라서 여기

---

[52] 이 부분은 1991년에 출간된 이승훈 교수님의 『미시경제학』, 영지문화사, 305-311쪽을 저자의 버전으로 각색한 것임을 밝힌다. 지금으로부터 30년 전에 훌륭한 학습 내용을 소개해주신 이승훈 교수님께 깊은 감사를 드린다. 이 부분은 국내외의 어떤 책보다도 이승훈 교수님의 설명이 가장 명쾌했던 것으로 평가된다. 저자도 학부 4학년 때 대학원 시험준비를 하면서 이 부분을 열심히 탐독했던 기억이 새롭다. 그런데 2020년의 개정판 『미시경제학』(이승훈·장지상·전병헌 공저)을 보니 이 부분이 통째로 빠져 있었다. 아마도 학부생이 읽기엔 다소 어려운 내용이라고 판단하신 것 같다. 하지만 저자는 아쉬운 마음에서 다소 어려운 부분은 독자 여러분들이 이해하기 쉽게 설명하면서 이승훈 교수님의 그 탁월한 논리 전개를 되살려보고 싶었다. 혹시 부족한 점이 있다면 언제든지 기탄없는 조언을 당부드린다. 이 내용은 경제학을 공부하는 후학들에게 오랫동안 이어졌으면 한다. 그리고 서울대 교수에서 은퇴하신 후, 경기도 양평에서 제2의 삶을 영위하고 계신 이승훈 교수님의 강령하심을 기원한다.

제13장 생산요소시장이론   133

서는 소비자가 소득의 일부를 저축해서 모은 돈으로 K를 구입한 후, 그것을 필요로 하는 기업에게 임대하는 경우, K의 공급량과 임대료 r의 상관관계에 대해 분석하고자 한다. K가 거래되는 시장은 크게 'K의 판매시장'과 'K의 임대시장'으로 구분된다. 전 자는 소비자가 저축한 돈으로 K의 생산자로부터 K를 구입하는 시장이고, 후자는 소 비자가 구입한 K를 필요 기업에게 임대해 주고 임대료를 받는 시장이다. 우선 K의 판 매시장부터 살펴보자.

K의 균형가격과 균형거래량은 K의 판매시장에서 시장수요곡선과 시장공급곡 선의 교차점에서 이루어진다. 또 소비자가 K를 구입하는 이유는 그것을 기업에게 임 대한 후, 그 대가로 임대소득을 얻기 위함이다. K의 생산자는 그것을 판매하는 기업 이며, 그의 MC곡선은 바로 K의 공급곡선이다. 여기서 우리는 분석의 편의를 위해 K 의 감가상각(減價償却)은 존재하지 않으며 K의 가격인 P_K는 일정하다고 가정한다.

소비자가 현재 소득에서 P_K원을 지불하고 1단위의 K를 구입한 후, 그것을 기업 에게 임대했을 경우 그의 미래 소득은 P_K + r이다. 여기서 임대료 r은 r = 자본의 한계 생산물가치(VMP_K) = $P \cdot MP_K$로 정의된다. 이때 K의 내부수익률(IRR; internal rate of return)을 i라고 하면, 그것은 다음의 ㉠식으로 정의된다.

$$i = \frac{r}{P_K}$$ .... ㉠

㉠식이 보여주듯이 내부수익률 i는 임대료 r을 1단위의 K를 구입하는데 소요되 는 비용, 즉 P_K로 나눠준 값이다. 즉 내부수익률은 소비자가 K의 형태로 저축할 경우, 그에 따른 이자율인 셈이다. 이때 1단위의 K를 구입하는 데 소요되는 비용 P_K는 P_K = r/i로 정의된다. 이제 우리는 K에 대한 개별 소비자의 수요곡선을 도출하기 위해 소 비자이론에서 학습한 '소비-저축 간의 소비자 선택' 문제를 살펴볼 필요가 있다. 소비 자는 현재(= 0기)에 I_0의 소득만 갖고 있으며 I_0 중에서 일부를 저축해서 미래 소비를 위 한 재원으로 활용한다고 가정하자. 〔그림 13-22〕의 (a) 그래프에서 I_0I_0는 내부수익 률 i가 0인 직선으로서 기울기는 – 1이다. 이것이 시사하는 것은 소비자가 현재 K를 구입하지 않았다는 점이다. 따라서 미래(= 1기)의 임대소득은 0이다. 그 결과 소비자 의 미래 소득은 현재 소득 I_0와 같다. 내부수익률 i가 0인 경우, 소비자 선택이 a점에 서 이루어지면, 현재 소비와 저축(S)은 C_0, $I_0 - C_0$이다. 이것을 (b) 그래프에 나타내면

미시경제학 II

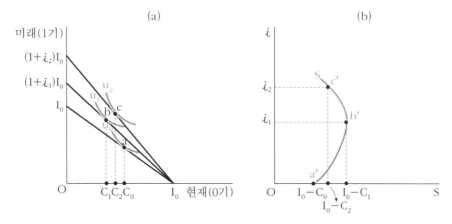

〔그림 13-22〕 내부수익률의 변화와 저축

a'점이 된다.

이제 소비자가 저축한 돈으로 K를 구입해서 기업에게 임대한 후, 임대소득을 얻는 경우를 상정하자. 내부수익률이 i_1, i_2로 상승할 경우[53] 그에 따른 소비자 선택은 b점과 c점에서 이루어지고 그때의 소비수준은 C_1, C_2이다. 이때 저축의 크기는 $I_0 - C_1$, $I_0 - C_2$로 정의된다. 이것을 (b) 그래프에 나타낸 것이 b'점과 c'점이다. (b) 그래프는 내부수익률의 변화와 저축 간의 관계를 보여준다. 즉 저축 S는 내부수익률 i의 함수이다. 또 i는 r/P_K이기 때문에 S는 임대료 r과 K를 1단위 구입하는 데 필요한 비용인 P_K의 함수라고 볼 수 있다. 따라서 S는 ⓛ식으로 정의된다.

$$S = F(i) = F(r/P_K) \quad \cdots\cdots\cdots\cdots\cdots\cdots\cdots\cdots\cdots\cdots\cdots\cdots\cdots\cdots\cdots \text{ⓛ}$$

한편, 소비자는 K를 구입하기 위해 저축한 돈을 모두 지출한다고 가정했기 때문에 K에 대한 개별 소비자 수요인 d_K는 ⓒ식으로 요약된다.

$$d_K = \frac{S}{P_K} = \frac{F(r/P_K)}{P_K} \quad \cdots\cdots\cdots\cdots\cdots\cdots\cdots\cdots\cdots\cdots\cdots\cdots\cdots \text{ⓒ}$$

---

53 〔그림 13-22〕의 종축을 보면 내부수익률 i가 상승할수록 미래 소득의 크기는 I_0에서 $I_0(1 + i_1)$, $I_0(1 + i_2)$로 변한다. 내부수익률은 위에서 언급한 것처럼 K로 저축했을 때의 이자율이다. 따라서 현재 소득(I_0)을 미래 소득으로 치환하기 위해서는 현재 소득에다 (1 + 이자율)을 곱해주어야 한다는 것만 이해하면 이에 대한 궁금증은 자연스럽게 해소될 것이다.

이제 K의 판매시장에서 K에 대한 d_K곡선을 도출해 보자. 그를 위해서는 r이 일정하다는 가정하에 K의 판매가격 P_K가 변함에 따라 d_K가 어떻게 변하는지? 추적하면 된다. 〔그림 13-23〕은 K에 대한 d_K가 도출되는 과정을 보여준다. 〔그림 13-23〕의 (a) 그래프에서 종축은 P_K이다. 〔그림 13-22〕의 (b) 그래프에서 종축은 내부수익률 i였다. 그런데 i = r/P_K이므로 이것을 P_K로 정리하면 r/i이다. r이 일정한 상태에서 내부수익률 i가 커지면 P_K는 작아진다. 따라서 〔그림 13-22〕 (b) 그래프의 b′점, c′점은 〔그림 13-23〕 (a) 그래프의 b″점, c″점으로 바뀐다. 이제 〔그림 13-23〕의 (b) 그래프를 통해 K에 대한 d_K가 어떻게 도출되는지 살펴보자. 〔그림 13-23〕의 (a) 그래프에서 개별 소비자의 저축이 가장 많았던 때는 K의 판매가격 P_K가 r/i_1인 경우다. 그런데 P_K가 r/i_1보다 크면 저축은 감소한다. 그러면 S/P_K로 정의되는 K의 수요량도 급격하게 줄어든다. 그 이유는 분모인 P_K는 커지고 분자인 S는 작아지기 때문이다. 그 결과 K에 대한 d_K는 (a) 그래프의 S곡선보다 완만하게 그려진다.[54] 반면, P_K가 r/i_1보다 작은 영역에서는 P_K가 상승하면 S도 증가하는 특성을 보인다. 따라서 S/P_K로 정의되는 K에 대한 개별 소비자의 수요량은 (a) 그래프의 S보다는 적게 상승한다. 따라서 d_K곡선의 기울기는 가파르게 된다. 이를 종합하면 K에 대한 개별 소비자의 d_K곡선은 〔그림 13-23〕의 (b) 그래프와 같이 도출된다.

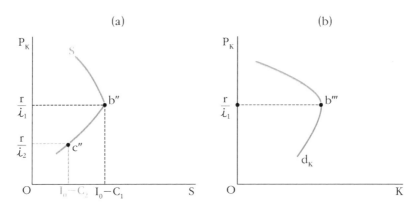

(a)　　　　　　　　　　(b)

〔그림 13-23〕 실물자본(K)에 대한 개별 소비자의 수요곡선

---

[54] 여기서는 그 이유를 찾아보자. d_K곡선의 기울기가 완만할수록 수요의 가격탄력도가 크다는 것은 이미 소비자이론에서 학습했다. 수요의 가격탄력도가 커지려면 K의 판매가격 P_K가 상승할 때, K에 대한 개별 소비자의 수요량이 큰 폭으로 줄어들어야 한다. 그러면 K에 대한 d_K곡선의 기울기는 완만해질 수밖에 없다.

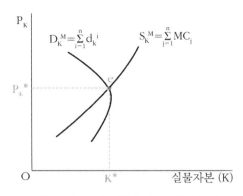

〔그림 13-24〕 K에 대한 판매시장에서의 균형

이제 K의 판매시장에서 K의 균형가격과 균형거래량이 어떻게 결정되는지 살펴보자. K에 대한 개별 소비자 수요를 횡적으로 합하면 K에 대한 시장수요곡선 D_K^M이 도출된다.

또 K를 생산 공급하는 개별기업들의 MC곡선을 횡적으로 합하면 K에 대한 시장공급곡선 S_K^M이 도출된다. 〔그림 13-24〕에서 K에 대한 시장수요곡선 D_K^M은 $D_K^M = \sum_{i=1}^{n} d_k^i$(단, i는 소비자)으로 정의된다. 이는 K에 대한 개별 소비자 i의 수요를 횡적으로 합해준 값이다. 또 K에 대한 시장공급곡선은 $S_K^M = \sum_{j=1}^{n} MC_j$이다. 결국 K의 판매시장에서 균형가격과 균형거래량은 이들 두 곡선이 교차하는 e점에서 P_K^*, K^*로 결정된다.

보론 7 ┃ 자본(K)의 공급(2); 실물자본의 임대시장

앞에서는 K의 판매시장에 대해 살펴보았다. 여기서는 K의 임대시장에 대해 알아보고자 한다. K의 임대시장에서 수요자는 기업이고, 공급자는 저축의 주체인 소비자다. 그러면 K의 임대 서비스에 대한 수요곡선은 어떻게 도출될까? 그것은 K를 임대하려는 기업의 이윤극대화 1차 조건으로부터 도출된다. 또 K의 임대시장에서 균형가격(임대료)과 균형거래량을 알려면, K의 임대 서비스에 대한 공급곡선을 도출해야 한다.

우선 K의 임대 서비스에 대한 수요곡선을 도출해보자. 이는 K를 임대해서 상품(예; X재)을 생산 공급하는 기업의 이윤극대화 문제를 살펴보는 데서 출발해야 한다. 기업의 이윤극대화 문제는 다음의 ㉠식으로 요약된다. 여기서 K를 임대하려는 기업이 완전경쟁기업이라고 가정한다. 그러면 P와 r은 상수임에 유의해야 한다.

$$\text{Max. } \pi = P \cdot X - w \cdot L - r \cdot K = P \cdot F(L, K) - w \cdot L - r \cdot K \quad \text{................................} \ \unicode{x24D8}$$

K에 대한 이윤극대화 1차 조건을 구하려면 ㉠식을 K에 대해 편미분을 해줘야 한다. 즉 $\partial\pi/\partial K=0$의 조건이 성립해야 한다는 얘기다. ㉠식을 K에 대해 편미분 하면 ㉡식이 도출된다.

$$P \cdot (\partial F/\partial K) - r = P \cdot MP_K - r = VMP_K - r = 0 \quad \text{...............................} \ \unicode{x24D9}$$

㉡식을 통해 우리는 우하향하는 K의 임대 서비스에 대한 수요곡선을 도출할 수 있다. 〔그림 13-25〕를 통해 그것의 도출과정에 대해 살펴보자. (a) 그래프의 종축은 K의 한계생산물인 MP_K, 횡축은 K를 나타낸다. 또 MP_K곡선이 우하향하는 것은 K의 한계생산물체감의 법칙에 따른 것이다. 이제 (b) 그래프를 보자. K의 임대 서비스에 대한 수요곡선은 임대료 r과 K의 관계로 정의된다. 그러면 (a) 그래프의 종축인 MP_K가 어떻게 (b) 그래프의 종축인 r로 변했을까? 그 해답은 ㉡식에 있다. K를 임대해서 생산한 X재의 판매가격 P와 MP_K를 곱한 VMP_K가 r과 같다는 점이다. 즉 K의 임대 서비스에 대한 수요곡선은 (a) 그래프의 MP_K를 상수 P만큼 우측으로 이동시킨 것임을 의미한다. 또 K의 임대 서비스에 대한 수요곡선이 우하향하는 이유는 K의 한계생산

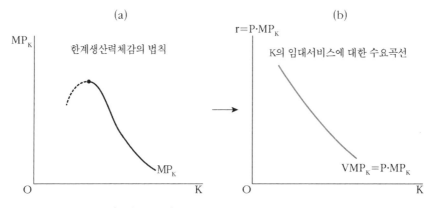

〔그림 13-25〕 K의 임대 서비스에 대한 수요곡선

미시경제학 II

물인 MP_K가 체감하기 때문이다.

이제 K의 임대 서비스에 대한 공급곡선을 도출해보자. 이를 위해서는 임대료 r이 변함에 따라 d_K가 어떻게 변하는지를 살펴봐야 한다. 여기서 d_K는 K에 대한 개별 소비자의 수요곡선이다. r이 상승할 때, d_k곡선이 변하는 형태는 〔그림 13-26〕과 같다.〔그림 13-26〕의 (a) 그래프는 〔그림 13-23〕의 (b) 그래프와 똑같다. 또 개별 소비자의 내부수익률이 i_1일 때, 저축 S는 $S^*(= I_0 - C_1)$로서 가장 크다. 〔그림 13-26〕의 (a) 그래프에서 K의 임대료 r이 상승할 때, d_k가 어떻게 변하는지를 나타낸 것이 (b) 그래프다. 거기서 d_K^o곡선은 $r = r_o$인 경우, K에 대한 개별 소비자의 수요곡선이다. 또 점선으로 표시된 hh곡선은 $P_K = S^*/K$의 조건을 충족시키는 직각쌍곡선이다. K의 판매가격 P_K가 P_K^o일 때, $i_1 = r_o/P_K^o$의 관계가 성립하고 P_K^o하에서 K를 K_o만큼 수요된다고 하자. 그러면 내부수익률 i_1에서 저축은 S^*로 최대이며 거기서 $S^* = P_K^o \cdot K_o$의 조건이 성립된다. 따라서 d_K^o곡선은 b_o점에서 hh곡선과 반드시 접해야 한다. 임대료 r이 변할 경우, d_K^o가 어떻게 변할 것인지?는 P_K^o보다 높은 수준의 가격과 낮은 수준의 가격으로 구분해서 살펴보아야 한다. 이제 K의 판매가격이 P_K^o보다 큰 P_K^1 수준에서 임대료가 r이 r_o에서 r_1으로 상승하면 d_K^o곡선이 어떻게 변하는지 살펴보자.

r_o에서 P_K가 P_K^1으로 상승하면 개별 소비자는 K를 K_2만큼 수요하며, 이때 그의 저축은 $P_K^1 \cdot K_2$이다. 또 내부수익률 i는 r_o/P_K^1으로서 $i_1(= r_o/P_K^o)$보다 작다. 그런데 r이 r_o에서 r_1으로 상승해서 내부수익률 i가 r_o/P_K^1보다 커지면 개별 소비자의 저축이 증가한다. 이는 K에 대한 수요 증가로 이어진다. 왜냐하면 $K = S/P_K^1$이기 때문이다.

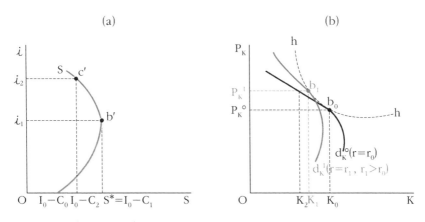

〔그림 13-26〕 r의 변화와 K에 대한 개별 소비자 수요곡선의 이동

따라서 $P_K{}^1$에서 r이 증가하면 저축이 늘고 그로 인해 K에 대한 수요가 K_2로부터 커지게 된다. 그 증가 추세가 멈추는 시점은 hh곡선과 접하는 b_1점이고, 그때 K에 대한 개별 소비자의 수요량은 K_1이다.[55] 그 결과 K에 대한 개별 소비자의 수요곡선은 $d_K{}^o$에서 $d_K{}^1$으로 우측 이동을 한다.[56] 그때의 이동폭은 K_2K_1이다. 다음으로 K의 판매가격이 $P_K{}^o$보다 낮은 $P_K{}^2$(물론 (b) 그래프에는 나타내지 않았지만)일때, K의 임대료가 r이 r_o에서 r_1으로 상승할 경우 d_K가 어떻게 변하는지 살펴보자. 이제 $P_K{}^o$보다 낮은 $P_K{}^2$에서 r이 r_o에서 r_1으로 상승하면, $d_K{}^o$곡선은 좌측으로 이동한다.[57] 이에 대해서는 각주에 설명해 놓은 사항을 토대로 독자 여러분들이 심도 있게 따져보며 그 이유를 정확하게 이해해 주기 바란다.

앞에서 학습한 내용을 종합하면 다음과 같다. 즉 'K의 판매가격이 $P_K{}^o$보다 높은 수준에서 r이 상승하면, d_K곡선은 처음에는 우측으로 이동하다 r이 어느 수준을 넘어서면 다시 좌측으로 이동한다. 또 $P_K{}^o$보다 낮은 가격수준에서 r이 상승하면 항상 좌측으로 이동한다'는 점이다. 이제 임대료 r과 K의 판매시장에서 결정되는 균형거래량 K^*[58]간의 관계에 대해 살펴보자. 〔그림 13-26〕 (b) 그래프에서 기준가격은 PK^o이며 이때 내부수익률은 i_1으로서 $i_1 = r_o/PK^o$의 관계를 갖는다. 따라서 PKo는 ro와 정비례한다. 〔그림 13-27〕의 (a) 그래프는 임대료 r이 높은 경우, K의 임대시장에서의 균

---

[55] K에 대한 d_K곡선의 우측 이동이 끝나는 시점은 K의 임대료 r이 최대 저축인 S^*를 보장하는 내부수익률 $i_1 = r_1/P_K{}^1$의 조건을 충족시키는 r_1에 이를 때까지다. 이것은 K의 판매가격이 $P_K{}^1$인 상황에서 $d_K{}^1$이 S^*를 보장하는 직각쌍곡선 hh곡선과 접하는 점이다. 〔그림 13-27〕의 (b) 그래프에서 b_1점이 거기에 해당된다.

[56] K에 대한 d_K곡선 자체가 이동하는 이유는 당초 일정하다고 가정했던 K의 임대료 r이 변했기 때문이다. 독자 여러분들은 수요와 공급이론에서 수요량의 변화와 수요의 변화에 대해 학습한 바 있다. 여기서 r의 변화는 '수요량의 변화'가 아니라 '수요의 변화'에 해당된다. 따라서 K에 대한 d_K곡선 자체가 이동해야 한다. $d_K{}^o$에서 $d_K{}^1$으로의 이동이 그것을 말해준다.

[57] K의 임대료 r이 r_o인 상황에서 P_K가 $P_K{}^2$로 하락하면 개별 소비자는 K를 K_3만큼 수요하고, 이때 개별 소비자의 저축은 $P_K{}^2 \cdot K_3$이다. 또 내부수익률 i는 $r_o/P_K{}^2$으로서 $i_1(= r_o/P_K{}^o)$보다 크다. 이때 r이 r_o에서 r_1으로 상승해서 내부수익률 i가 현재의 $r_o/P_K{}^2$보다 커지면 개별 소비자의 저축은 감소한다. 왜냐하면 저축이 최대가 되는 내부수익률 i는 $i_1(= r_o/P_K{}^o)$일 때이기 때문이다. i_1보다 크거나 작으면 저축은 감소하게 된다. 이는 (a) 그래프를 참조하면 금방 알 수 있다. 저축이 감소하면 K에 대한 수요도 줄어들게 마련이다. 그 결과 K에 대한 d_K곡선은 $d_K{}^o d_K{}^o$에서 $d_K{}^1 d_K{}^1$으로 좌측 이동을 할 수밖에 없다.

[58] 참고로 K의 임대 시장에서 자본 서비스의 공급은 전적으로 K^*의 크기에 의해 결정된다.

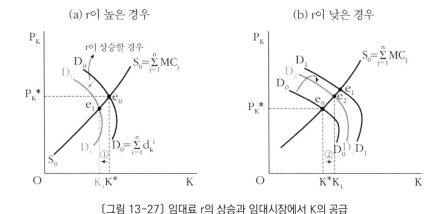

〔그림 13-27〕 임대료 r의 상승과 임대시장에서 K의 공급

형을 나타낸다. $D_0 D_0$는 현재의 r수준에서 결정된 시장수요곡선이고, $S_0 S_0$곡선은 시장공급곡선이다. 따라서 K에 대한 균형은 이들 곡선이 교차하는 e_0점에서 이루어진다. 이때 K의 가격과 균형거래량은 P_K^*, K^*이다. (a) 그래프는 임대료 r이 높은 경우를 나타낸다. r이 높은 수준이면 기준가격도 높다. r과 기준가격은 정비례하기 때문이다. 따라서 P_K^*는 기준가격보다 낮게 된다. 그러면 앞에서 살펴보았듯이 P_K가 기준가격보다 낮은 상황에서 r이 상승하면 K에 대한 수요는 좌측 방향으로 이동한다. 따라서 K에 대한 시장수요곡선은 $D_1 D_1$으로 이동하고 K의 균형거래량은 K^*에서 K_1으로 감소①한다.

반면, (b) 그래프는 임대료 r이 낮은 경우를 보여준다. r이 낮으면 기준가격 P_K도 낮다. 따라서 P_K^*는 기준가격보다 높다. P_K가 기준가격보다 높은 상황에서 r이 상승하면 K에 대한 수요는 $D_0 D_0$에서 $D_1 D_1$으로 우측으로 이동하다가 r이 특정 수준을 초과하면 다시 좌측 방향으로 이동한다. 그래서 최종적으로 K의 판매시장에서의 균형은 $D_2 D_2$곡선과 $S_0 S_0$곡선이 교차하는 e_2점에서 이루어진다. 또 K의 균형거래량은 K_1이다. 이때 K는 $K^* K_1$만큼 증가②한다.

지금까지의 논의를 토대로 K의 임대시장에서 K에 대한 시장공급곡선을 도출하면 〔그림 13-28〕과 같다. 임대료 r이 r_0보다 높은 영역에서 r이 상승①하면, K에 대한 수요는 감소한다. 이는 K의 임대시장에서 K의 공급 감소①로 나타난다. 하지만 K의 임대료 r이 r_0보다 낮은 수준에서 r이 상승②하면, K의 임대시장에서 K에 대한 공급은 증가②한다. 이로써 K의 임대시장에서 K에 대한 시장공급곡선이 〔그림 13-28〕

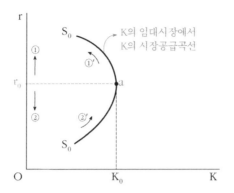

〔그림 13-28〕임대시장에서 K에 대한 공급곡선

과 같은 형태로 도출됨이 증명된다.

이제 K의 임대시장에서의 균형과 그 변화에 대해 살펴보자. K에 대해서는 여러 개념이 존재한다. 흔히 K(capital)하면 돈이나 사업 밑천을 떠올린다. 하지만 경제학에서 말하는 K는 돈이 아니라 기계나 공장설비 등과 같은 실물자본을 의미한다.

K와 관련해서 또 한 가지 유념해야 할 것은 자본재를 일정 기간 생산과정에 투입함으로써 얻게 되는 자본 서비스(capital service)도 광의의 K로 간주할 수 있다는 점이다. K는 저량(stock)변수이지만 자본 서비스는 유량(flow)변수에 해당된다. 지금 우리가 다루고자 하는 것은 후자의 내용에 관한 사항이다. 〔그림 13-29〕는 임대료 r과 K의 균형거래량이 어떻게 결정되는지, 또 K의 임대 서비스에 대한 수요의 변화가 나타날 때 r과 K가 어떻게 변하는지를 잘 보여준다. K에 대한 임대시장의 균형은 시장수

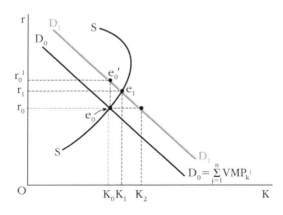

〔그림 13-29〕임대시장에서 균형 K의 도출

요곡선 $D_0 D_0$와 시장공급곡선 $S_0 S_0$가 만나는 e_0점에서 결정된다. 이때 균형 임대료와 K의 균형거래량은 r_0, K_0이다. 이제 생산물(예; X재)시장에서 X재에 대한 수요 증가로 X재 가격이 상승했다고 가정하자. 그러면 X재를 생산할 목적에서 K를 임대하는 개별 기업 j의 한계생산물가치인 VMP_K^j가 증가하게 되고 이들의 횡적 합으로 정의되는 시장수요곡선($= \sum_{j=1}^{n} VMP_K^j$)도 $D_0 D_0$에서 $D_1 D_1$으로 이동한다. K에 대한 임대시장에서의 균형은 장·단기로 구분해서 살펴볼 필요가 있다. 단기의 경우, K는 고정투입요소로서, 고용량의 변경이 불가능하다. 따라서 이때는 비록 시장수요곡선이 $D_0 D_0$에서 $D_1 D_1$으로 이동한다 해도 K의 임대료 r은 r_0 수준으로 유지된다. 다만 K의 한계생산물가치만 $r_0 r_0'$만큼만 상승할 따름이다. 그러나 장기에 접어들면 r_0 수준에서 K의 임대에 대한 초과수요($= K_0 K_2$)가 발생한다. 그 결과 장기균형점은 e_1점에서 이루어지며, 균형 임대료와 K의 균형거래량은 r_1, K_1으로 결정된다.

요약 및 복습

생산요소에 대한 수요는 독립수요가 아니다. 생산요소에 대한 수요는 생산물 수요로부터 비롯된다는 의미에서 파생수요 또는 2차 수요라고 부른다. 그런 이유로 생산요소에 대한 분석을 하려면 반드시 생산물시장을 함께 고려해야 한다. 또 생산요소를 제공한 대가로 받는 여러 종류의 소득은 다음 장에서 학습할 기능별 소득분배이론의 주요 내용이 된다.

생산물시장에서 이윤극대화 1차 조건은 $MR = MC$이다. 또 MR과 MC는 각각 $MR = \triangle TR/\triangle X$, $MC = \triangle TR/\triangle X$로 정의된다. 생산요소시장에서 이윤극대화 1차조건은 $MRP_L = MFC$이다. MRP_L은 노동의 한계수입생산물로서 $MRP_L = \triangle TR/\triangle L$, MFC는 노동의 한계요소비용으로서 $MFC = \triangle TC/\triangle L$이다. 그 밖에도 $VMP_L = P \cdot MP_L$, $AFC = TC/L$ 등이 존재한다. 여기서 VMP_L은 노동의 한계생산물가치, AFC는 노동의 평균요소비용이다.

생산요소시장에서 요소의 균형가격과 균형 거래량을 도출하기 위해서는 생산물시장과 결부된 8개 시장, 일명 A 타입에서부터 H 타입에 이르기까지 분석해야 한다. A 타입은 생산물시장과 생산요소시장이 모두 완전경쟁인 경우이고, B 타입은 생산물시장이 불완전경쟁(예: 독점)이고 생산요소시장이 완전경쟁인 경우다. C 타입은 생산물시장이 완전경쟁이고 생산요소시장은 수요독점(수요측면은 독점, 공급측면은 완전경쟁), D 타입은 생산물시장은 불완전경쟁(예: 독점) 생산요소시장은 수요독점인 경우다. E 타입은 생산물시장은 완전경쟁, 생산요소시장은 공급독점(수요측면은 완전경쟁, 공급측면은 독점), F 타입은 생산물시장은 불완전경쟁, 생산요소시장은 공급독점인 경우다. G 타입은 생산물시장은 완전경쟁, 생산요소시장은 쌍방독점(수요측면 독점, 공급측면 독점), H 타입은 생산물시장은 불완전경쟁, 생산요소시장은 쌍방독점인 경우다. 이 내용을 학습하면서 이해없이 무조건 암기하려는 태도는 최악의 공부 방법이다. 내용 자체가 헷갈리고 복잡하기 때문에 대충 공부하고 하루만 지나도 그에 대한 기억이 가물가물할 것이다. 하지만 제가 설명하는 기초 수학의 개념에 입각해서 해당 원리를 하나하나 이해해 나가면 단 몇 시간 만에 이 내용을 마스터할 수 있을 것이다. 특히 본서(本書)는 국내의 어떤 미시경제학 책보다도 이 부분을 잘 설명해 놓았다고 자부한다. 그러니 저자의 말을 믿고 과감하게 도전해주기 바란다.

완전경쟁의 특성을 갖는 생산요소시장에서 어느 기업의 단기 노동수요곡선은 해당 기업의 이윤극대화 1차 조건($\partial\pi/\partial L=0$)과 2차 조건($\partial\pi^2/\partial L^2\langle 0$)으로부터 도출된다. 즉 단기 노동수요곡선의 궤적은 이윤극대화 1차 조건인 $VMP_L = P \cdot MP_L = MRP_L = MR \cdot MP_L = w$이다. 단기 노동수요곡선이 우하향하는 것은 이윤극대화 2차 조건이 시사해 준다.

노동에 대한 단기 시장수요곡선은 생산물시장에서 시장수요곡선을 도출하는 방식(= 횡적 합)으로 도출하면 곤란하다. 그 이유는 노동에 대한 단기 시장수요곡선을 도출할 때는 반드시 고정자본에 대한 가변자본의 변화에 따른 한계생산물의 변화를 고려해야 하기 때문이다. 이렇게 해서 도출한 노동의 단기 시장수요곡선은 단순한 횡적 합으로 도출된 단기 시장수요곡선보다 가파른 기울기를 갖는다.

노동수요의 임금 탄력도에 영향을 미치는 요인들로는 다른 생산요소들과의 대체 가능성, 노동을 투입해서 만든 상품에 대한 수요의 가격탄력도, 다른 생산요소(예; 자본)에 대한 공급탄력도, 기간(장기), 총생산비용에서 노동비용이 차지하는 비중 등을 들 수 있다.

완전경쟁의 특성을 갖는 생산요소시장에서 어느 한 개별 소비자의 노동공급곡선은 한계효용체감의 법칙과 한계효용균등의 법칙으로부터 도출된다. 이때 노동공급곡선은 우상향한다. 또 노동의 단기 시장공급곡선은 개별 소비자 노동공급곡선의 횡적 합으로 정의된다. 이때 노동의 시장공급곡선은 개별 소비자의 노동공급곡선보다 완만한 기울기를 갖는다.

하지만 경우에 따라서는 노동공급곡선이 후방으로 굴절되는 형태를 보일 수도 있다. 물론 그런 형태가 현실에서 자주 발견되는 것은 아니다. 후방굴절형 노동공급곡선은 굴절점을 중심으로 두 개의 영역으로 나눠진다. 하나는 임금(w)이 낮은 경우다. 이때 임금이 상승하면 일반적으로 노동공급이 증가한다. 그것은 임금 상승에 따른 대체효과가 소득효과보다 크기 때문이다. 다른 하나는 임금(w)이 굴절점에 도달할 만큼 꽤 높은 경우이다. 이때 임금이 상승하면 오히려 노동공급이 감소할 수 있다. 그것은 임금 상승에 따른 소득효과가 대체효과보다 크게 나타나기 때문이다.

노동의 장기수요곡선은 단기수요곡선에 비해 기울기가 완만해진다. 이것은 임금(w)의 변동에 따른 대체효과와 산출효과가 함께 작용한 결과다. 가령, 임금(w)이 하락하면 자본보다 노동이 상대적으로 싸졌기 때문에 노동을 더 고용하고 자본을 덜 고용한다. 이것이 대체효과다. 하지만 임금(w)의 하락으로 AC와 MC가 하락한다. 그로 인해 X재 생산이 증가하고 이를 위해서는 노동과 자본의 수요가 증가한다. 이것이 산출 효과다. 만약 산출효과가 대체효과보다 크면 자본의 고용이 늘고 이는 결국 MP_L의 증가로 이어진다. 그 결과 노동의 장기수요곡선의 기울기가 완만해지게 된다.

경제적 지대는 생산요소의 기회비용을 초과해서 추가로 지불되는 보수, 또는 생산요소의 공급탄력도가 비탄력적인 특성에 기인해서 추가로 발생하는 소득으로 정의된다. 반면, 준지대(quasi-rent)는 단기에 공장시설이나 기계설비 등과 같은 고정투입요소에게 귀속되는 보수를 지칭한다. 단기에 생산활동을 하는 기업의 경우, 준지대는 결코 마이너스(−)가 될 수 없다. 또 완전경쟁기업의 경우, 장기에는 고정요소가 존재하지 않는데다 진입과 퇴거의 보장으로 장기 초과이윤이 0이다. 따라서 장기균형점에서 준지대는 0이라는 사실에 유의해야 한다. 또 독자 여러분들은 경제적 지대와 준지대의 차이점에 대해서도 철저하게 학습해 놓아야 한다. 그것 역시 시험문제로 출제될 가능성이 있기 때문이다. 이는 본문의 각주 내용을 참조하기 바란다.

본서는 자본의 공급에 대해서 매우 자세하게 설명했다. 특히 자본시장은 실물자본의 판매시장과 임대시장으로 구분해서 학습하는 게 좋다. 물론 이것은 대학원 진학이나 5급 고시급 시험을 준비하는 분들을 위해 만든 내용이다. 그 밖의 다른 시험을 준비하는 분들은 이 단원을 건너뛰어도 무방하다.

제14장

소득분배이론

1   소득분배이론에 대한 개요

(1) 배분과 분배의 차이

독자 여러분들은 그동안 경제학을 공부하면서 '배분'과 '분배'라는 용어를 많이 접했을 것이다. 배분(allocation)의 한자표기는 配分이고, 분배(distribution)의 한자표기는 分配다. 한자도 똑같다. 다만 앞뒤 순서만 바뀌었을 뿐이다. 그러면 배분과 분배는 같은 개념인가, 아니면 다른 개념인가? 평소 이들 용어의 차이점에 대해 고민해 본 독자 여러분들이 있는지 모르겠다. 단언컨대 그리 많지 않을 것이다. 나는 오랫동안 대학 현장에서 미래의 교사를 꿈꾸는 학생들과 일선 중등교사들의 일정 연수를 지도하는 과정에서 이에 관한 질문을 여러 사람들에게 던졌던 기억이 있다. 하지만 지금까지 그들로부터 속시원한 답변을 듣지 못했다. 그런 의미에서 우리는 소득분배이론을 배우기 전에, 왜 소득(income)은 소득배분이라고 하지 않고 반드시 소득분배라고 해야 하는지부터 정확하게 이해할 필요가 있다. 즉 배분과 분배의 차이[59]를 자세하게 설명하고자 한다.

① 배분에 대한 개념

자원배분(resource allocation)이란 용어에서 보듯이 배분은 항상 자원이라는 단어와 동행한다. 반면, 분배는 늘 소득이라는 단어와 친구처럼 따라다닌다. 이쯤에서 감(感)을 잡은 독자 여러분들이 있을 것이다. 즉 배분은 효율과 관련된 용어이고, 분배는 공평,

---

59   김덕수, 『마셜이 들려주는 시장과 가격 이야기』, 자음과 모음, 2011, 71-78쪽 참조.

형평, 공정과 밀접하게 연관되어 있다.

또 배분은 소비와 생산과정에 모두 적용되지만 분배는 생산이 이루어진 이후에만 적용될 수 있는 개념임에 유의해야 한다. 독자 여러분들의 이해를 돕기 위해 하나의 사례를 제시하고자 한다. 철수는 하루 24시간 가운데 10시간은 공부하고, 6시간은 자유시간, 나머지 8시간은 취침 시간으로 정했다고 가정하자. 이때 시간은 철수에게도 매우 중요한 자원이다. 왜냐하면 철수가 자유시간에 놀지 않고 아르바이트를 한다면 일정 액수의 돈을 벌 수 있기 때문이다. 여기서는 철수가 6시간의 자유시간을 어떻게 보내는 것이 가장 바람직한가?를 놓고 고민해 보자. 철수가 시간이란 자원을 낭비하지 않으려면 6시간으로 책정해 놓은 자유시간에 본인이 원하는 활동과 세부 사항(활동별 시간 및 만족도 등)에 대한 진지한 사전검토가 있어야 한다. 그런 다음, 시간이란 소중한 자원이 낭비되지 않도록 합리적인 의사결정을 해야 한다.

〔표 14-1〕 철수의 활동별 만족도와 소요 시간

활동의 종류	만족도	소요시간
친구와의 만남	400	2
영화감상	250	2
동호회원들과의 등산	300	2
아빠와의 낚시	80	4
아르바이트	100	3

〔표 14-1〕은 철수가 자유시간에 할 수 있는 여러 활동 사항, 그에 따른 만족도(또는 효용), 소요 시간을 정리해놓은 것이다. 이것은 소비 측면에서의 배분에 해당된다. 철수가 자유시간 때 하고 싶은 활동은 크게 5가지다. 각(各)활동별로 1시간당 만족도를 보면 친구와의 만남은 200, 영화감상은 125, 동호회원들과의 등산은 150, 아빠와의 낚시는 20, 아르바이트는 33.3이다. 따라서 6시간을 1시간당 만족도가 큰 순서대로 할당하면, 즉 친구와의 만남에 2시간, 동호회원들과의 등산에 2시간, 영화감상에 2시간을 할당하면 총 950만큼의 만족도를 얻을 수 있다. 이런 경우에 우리는 시간이라는 희소한 자원을 효율적으로 배분했다[60]고 말할 수 있다.

다음으로 생산 측면에서의 배분 문제를 살펴보자. 여성 CEO인 영희에게 노동

100단위와 자본 200단위가 주어졌다고 가정하자. 또 영희가 이들 자원을 갖고 만들 수 있는 생산물의 종류, 생산량, 1개당 판매가격(P)과 TR(총수입)이 [표 14-2]와 같다고 가정하자.

[표 14-2] 영희의 생산 품목, 생산량, 판매가격과 총수입

생산물의 종류	생산량(개)	1개당 가격(원)	총수입(원)
가방	20	3만원	60만원
인형	5	2만원	10만원
핸드폰	1	80만원	80만원
만년필	6	7만원	42만원
노트	50	3천원	15만원

위의 [표 14-2]와 같은 조건하에서 여성 CEO인 영희가 핸드폰을 생산했다면 그는 생산과정에서 자원을 낭비하지 않은 합리적인 경제주체로 평가 받기에 충분하다. 왜냐하면 주어진 자원(노동 100단위, 자본 200단위)을 이용해서 핸드폰을 생산하면 가장 많은 총수입(= 80만원)을 얻을 수 있기 때문이다. 하지만 주어진 자원으로 핸드폰 이외의 품목을 생산한다면 자원의 낭비가 필연적으로 발생할 수밖에 없다. 최악의 경우는 주어진 자원으로 인형 5개를 생산해서 10만원의 총수입을 거두는 경우다. 이때 발생하는 자원의 낭비를 돈으로 나타내면 70만원(= 80만원 - 10만원)이다. 만약 이와 같은 CEO가 있다면 그가 이끄는 기업은 멀지 않은 장래에 시장에서 퇴출당할 위기에 놓일 가능성이 매우 크다.

② 분배에 대한 개념

이제 분배에 대해 살펴보자. 분배는 생산과정에서만 나타난다. 즉 분배는 생산이 이루어지고, 생산과정에 기여한 대가로 소득이 발생할 때 비로소 의미를 갖게 된다는 점에 유의해야 한다. 일례로 여성 CEO 영희가 휴대폰을 생산해서 자원의 낭비가 없

---

60 만약에 철수가 6시간을 친구와의 만남에 2시간, 아빠와의 낚시하기에 4시간을 할당했을 경우 얻을 수 있는 총만족도는 480에 불과하다. 시간이라는 자원을 이렇게 소비할 경우에는 효율적인 자원배분에 실패하게 된다. 이때 자원의 낭비는 470만큼의 만족도가 감소한 것으로 나타낼 수 있다.

는 효율적인 생산활동이 이루어졌고, 그로 인해 가장 많은 총수입(= 80만원)을 얻을 수 있었다. 이제 영희는 휴대폰을 생산하는 과정에서 기여한 사람들에게 소득이란 명목으로 대가를 지급해야 한다. 가령, 노동을 제공한 근로자에게는 임금, 자본을 제공한 사람에게는 이자, 토지를 제공한 사람에게는 지대, 기업주에게는 이윤이 지급된다. 또 이렇게 분배된 소득은 근로자의 임금소득과 마찬가지로 해당 경제주체들이 경제생활을 영위할 수 있는 원천이 된다.

분배(distribution)란 총수입이 생산과정에 기여한 사람들의 몫으로 나눠지는 것을 의미한다. 따라서 분배 앞에는 항상 소득이란 용어가 함께 따라다닌다. 일례로 앞서 언급한 휴대폰의 총수입 80만원은 임금소득 25만원, 이자소득 25만원, 지대 소득 15만원, 이윤 소득 15만원으로 나눠질 수 있다. 그래서 각 생산요소의 기여분으로 정의되는 분배소득의 극대화를 위해서는 무엇보다도 기업의 총수입 극대화가 선행되어야 한다.

그렇다면 노사(勞使)를 비롯한 경제주체들간에 시끄러운 고성과 삿대질이 오가는 영역이 분배인 이유는 무엇일까? 일단 모든 경제주체들이 합심해서 파이를 키우자는 배분의 영역에선 고성과 삿대질이 등장할 이유가 없다. 거기서는 서로 "잘해 보자!"는 격려와 파이팅을 주문하는 의기투합이 쉽게 행해진다. 그렇지만 키운 파이를 나누는 과정에선 자신이 좀 더 가져야 한다고 주장하는 사람들이 나타나고 그들 간에 충돌이 벌어지기 마련이다. 그것이 바로 분배의 영역이다. 대동단결이라는 머리띠와 극한(極限)투쟁이 벌어지는 가장 큰 이유는 각 생산요소의 제공자가 생산과정에 기여한 정도를 객관적으로 측정하기가 매우 어렵기 때문이다. 따라서 대부분의 경우, 이와 같은 문제를 해결하기 위해 나름대로의 분배규범(예; 법, 제도, 관행 등)을 적용한다. 대표적인 분배규범으로는 완전 균등 분배, 고통의 크기에 따른 분배, 필요에 따른 분배, 능력의 차이를 반영하는 분배 등이 있다.

첫째로, 완전 균등 분배는 생산에 참여한 모든 사람이 각자 똑같은 몫을 분배받는 것이 공평한 분배라고 간주하는 것을 말한다. 이런 경우에는 어느 누구도 열심히 일하지 않는다. 그 이유는 열심히 일하는 사람들에게 아무런 특혜나 이익을 보장해주지 않기 때문이다. 따라서 완전 균등 분배가 만연되면 생산성 저하와 비효율 문제가 필연적으로 발생한다.

둘째로, 고통의 크기에 따른 분배는 3D(dangerous, difficult, dirty)업종에 종사하는 블

루칼라들의 보수가 화이트칼라들의 보수보다 더 많아야 한다는 논리다. 이와 같은 분배규범은 노동생산성이 높은 그룹의 사람들에게 더 많은 보수를 주어야 한다고 주장하는 사람들의 거센 비판을 받을 수밖에 없다.

셋째로, 필요에 따른 분배는 돈을 더 필요로 하는 사람들에게 더 많은 보수를 주어야 한다는 논리를 말한다. 이는 젊은 사람보다는 상대적으로 나이가 많은 사람에게 더 많은 보수가 돌아가도록 하는 규범을 뜻한다. 왜냐하면 나이가 많은 사람일수록 자녀들의 교육 및 결혼 비용, 가족 부양 비용, 노후 준비 비용 등으로 젊은 사람들보다 훨씬 더 많은 돈이 필요하기 때문이다. 근로자의 근무경력을 산정해서 기본급을 달리 책정하거나 같은 직급에서 동질, 동량의 노동 서비스를 제공하더라도 부양가족 수에 따라 가족 수당을 차등 지급하는 현행 보수체계가 이러한 논리를 부분적으로 반영시킨 것이다. 이런 분배규범 역시 "노동생산성이 보수 결정의 핵심 요인이어야 한다"고 주장하는 젊은 세대들로부터 시대착오적이라는 비판을 받을 수밖에 없다.

넷째로, 능력의 차이를 반영하는 분배규범은 각 개인의 근무 능력을 기초로 그에 부합되는 보수를 지급해야 한다고 주장한다. 즉 업무능력이 뛰어난 사람에게는 그렇지 못한 사람보다 더 많은 보수를 주어야 한다는 것이다. 요즘 대부분의 기업들이 이런 기준에 입각해서 성과연봉제를 실시하고 있지만 그렇다고 이러한 분배규범이 완전한 것은 아니다. 왜냐하면 능력을 평가하는 기준에 대한 사회적 합의가 완전하게 이루어지기가 그리 쉽지 않기 때문이다.

앞서 살펴본 바와 같이 분배의 영역은 본질적으로 어떤 상황에서 임의의 어떤 특정인을 다른 사람들보다 사회적으로 더 우대해줄 것인가를 결정하는 영역이다. 그런데 이 과정에서 상대적으로 소외된 사람들은 사회에서 통용되는 분배규범에 대해 강한 거부반응을 보일 것이 분명하다. 따라서 우리는 국민 모두가 웃으면서 화해하고 합심 단결하는 그날을 위해 서로 배려하고 양보하는 마음으로 절대 다수가 공감할 수 있는 분배규범을 정립하기 위해 많은 노력을 해나가야 한다. 하지만 그것은 지난(至難)한 과제일 수밖에 없다.

(2) 기능별 소득분배와 계층별 소득분배

소득분배이론을 구성하는 2개의 하부구조는 기능별 소득분배이론과 계층별 소득분배이론이다. 특히 제13장에서 학습한 생산요소시장이론은 기능별 소득분배이론의 이론적 토대가 된다. 한편 계층별 소득분배이론은 소득 발생의 원천과는 무관하게 계층별(저소득계층, 고소득계층)소득이 어떻게 분포되어 있는가에 대해서만 관심을 갖는다. 또 기능별 소득분배이론과 계층별 소득분배이론은 각기 다른 장단점을 갖고 있다. 기능별 소득분배이론의 장점은 경제주체를 근로자, 기업가, 지주 등 생산요소의 소유를 기준으로 구분된 집단의 소득분배 상황을 분석할 수 있다는 장점이 있다. 하지만 소유와 경영이 분리되고 근로자들이 주식 매입을 통해 자본을 갖게 되는 현대 자본주의 사회에서 계급(근로자, 자본가, 지주 등)간 소득분배 상황을 두부모 짜르듯이 정확하게 분석한다는 것은 그리 쉬운 문제가 아니다.

한편, 계층별 소득분배이론은 사회갈등의 핵심 요인 가운데 하나인 개인별 소득격차 문제를 객관적으로 분석해서 사회통합을 위한 정책대안을 제시하는 데 공헌할 수 있다는 장점이 있다. 하지만 각 계급에 내재된 경제·사회적 특수성이나 계급간 역학관계를 제대로 고려하지 못한다는 단점도 존재한다. 이처럼 기능별 소득분배이론과 계층별 소득분배이론은 서로의 단점을 보완해주는 성격을 갖기 때문에 경제학에서는 이들 소득분배이론을 함께 배우는 것이다. 본서(本書)도 그런 입장에 충실해서 이들 이론을 심도있게 분석하고자 한다. 특히 이 영역은 각종 경제시험에서 최소 1문제 이상 출제되기 때문에 독자 여러분들은 이들 소득분배이론에 대해 철저하게 학습해야 한다.

2 　 기능별 소득분배이론

(1) 임금소득과 자본소득의 상대적 비율

① 논의 전개를 위한 기본가정

기업이 생산과정에 투입하는 생산요소로는 L, K만 존재한다. 또 단기에는 K가 고정요소이지만, 장기에는 L, K 모두 가변요소이다.

이윤극대화를 추구하는 완전경쟁기업은 생산과정에 기여한 L, K에게 각각 $VMP_L (= P \cdot MP_L)$, $VMP_K (= P \cdot MP_K)$에 해당하는 보수를 지급한다. 이는 이윤극대화 1차 조건에서 도출된 것임에 유의해야 한다.

이때 완전경쟁 기업이 채택하는 생산기술은 1차 동차 생산함수이며, 규모에 대한 보수 불변이 존재한다고 가정한다.

② 임금소득과 자본소득의 상대적 비율

완전경쟁기업의 비용최소화 조건은 〔그림 14-1〕에서 보는 것처럼 등량곡선의 기울기인 한계기술대체율($MRTS_{LK}$)과 등비선의 기울기가 일치하는 E점에서 충족된다. 이때 한계기술대체율은 $MRTS_{LK} = MP_L/MP_K$, 등비선의 기울기는 w/r로 정의된다. 따라서 완전경쟁기업의 비용최소화 조건은 다음의 ㉠식으로 정의된다.

$$\frac{w}{r} = \frac{MP_L}{MP_K} \quad \cdots\cdots\cdots\cdots\cdots\cdots\cdots\cdots\cdots\cdots\cdots\cdots ㉠$$

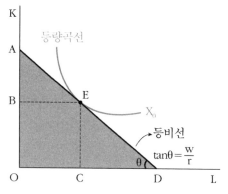

〔그림 14-1〕 생산자균형점과 소득의 상대적 비율

㉠식의 양변에다 L/K를 곱해주면 ㉡식이 도출되는데, 이것이 바로 임금소득과 자본소득의 상대적 비율이다.

$$\frac{w}{r} \cdot \frac{L}{K} = \frac{MP_L}{MP_K} \cdot \frac{L}{K} = \frac{임금소득}{자본소득} \quad \cdots\cdots\cdots\cdots\cdots\cdots\cdots\cdots\cdots \text{㉡}$$

참고로 임금소득은 노동 서비스 1단위당 가격인 임금 w에다 노동의 고용량인 L을 곱한 값이며, 자본소득은 이자율 r에다 자본의 고용량인 K를 곱한 값으로 정의된다.

비용최소화 조건이 충족되는 생산자균형점에서도 임금소득과 자본소득의 상대적 비율은 아래의 ㉢식과 같이 요약할 수 있다.[61] 이것 역시 시험문제로 종종 출제되기 때문에 독자 여러분들의 철저한 학습을 주문한다.

$$\frac{임금소득}{자본소득} = \frac{w}{r} \cdot \frac{L}{K} = \frac{MP_L}{MP_K} \cdot \frac{L}{K} = \frac{EC}{CD} \cdot \frac{OC}{EC} = \frac{OC}{CD} = \frac{AB}{OB} \quad \cdots\cdots \text{㉢}$$

---

61 ㉢식의 도출과정은 아래와 같다. (w/r) = EC/CD, 생산자균형점인 E점에서 L은 OC, K는 OB = EC 이다. 이것을 ㉡식에 대입하면 OC/CD가 도출된다. 그런데 △ ABE와 △ECD는 닮은꼴이다. 따라서 AB : BE = EC(=OB) : CD의 관계가 성립한다. 즉 BE·OB = AB·CD이다. 이것은 OC/CD로 정리하면 OC/CD = AB/OB의 관계가 도출된다.

(2) 오일러 정리와 완전 분배의 정리

① 오일러 정리(Euler's theorem)

오일러 정리는 이미 7장에서 증명한 바 있다. 이에 대해 궁금하다면 〔보론 7-2〕를 복습하기 바란다. 규모에 대한 보수 불변과 1차 동차 생산함수로 정의되는 생산기술을 사용할 경우, 오일러 정리는 다음과 같이 요약된다.

$$X = MP_L \cdot L + MP_K \cdot K$$

오일러 정리는 생산요소 L, K에 MP_L과 MP_K를 곱한 금액을 생산요소의 제공자에게 지불하면, 총생산량 X는 과부족 없이 완전분배된다는 것을 의미한다.

② 임금소득분배율과 자본소득분배율

1차 동차 생산함수인 Cobb-Douglas 생산함수를 $X = AL^\alpha K^{1-\alpha}$로 상정할 경우, 임금소득분배율은 α, 자본소득분배율은 $1-\alpha$가 된다. 참고로 임금소득분배율은 임금소득을 총소득으로 나눈 비율이고, 자본소득분배율은 자본소득을 총소득으로 나눈 비율을 말한다.

임금소득분배율이 α임을 증명하면 아래와 같다.

$$임금소득분배율 = \frac{임금소득}{총소득} = \frac{MP_L \cdot L}{X} = \frac{\alpha AL^{\alpha-1}K^{1-\alpha} \cdot L}{AL^\alpha K^{1-\alpha}} = \frac{\alpha AL^\alpha K^{1-\alpha}}{AL^\alpha K^{1-\alpha}} = \alpha$$

자본소득분배율이 $1-\alpha$로 정의된다는 것을 입증하면 아래와 같다.

$$자본소득분배율 = \frac{자본소득}{총소득} = \frac{MP_K \cdot K}{X} = \frac{(1-\alpha)AL^\alpha K^{-\alpha} \cdot K}{AL^\alpha K^{1-\alpha}} = \frac{(1-\alpha)AL^\alpha K^{1-\alpha}}{AL^\alpha K^{1-\alpha}}$$
$$= 1-\alpha$$

(3) 생산요소의 대체탄력도와 소득분배

① 생산요소의 대체탄력도에 대한 정의

생산요소의 대체탄력도(σ)는 생산량이 일정한 상태에서 생산요소의 상대가격인 w/r
이 1% 변할 때, 생산요소의 결합비율(요소집약도)이 몇 % 변하는가를 나타내는 척도이
다. 이를 수식으로 나타내면 다음과 같다.

$$\sigma = \frac{\triangle(K/L)/(K/L)}{\triangle MRTS_{LK}/MRTS_{LK}} = \frac{\triangle(K/L)/(K/L)}{\triangle(MP_L/MP_K)/(MP_L/MP_K)} = \frac{\triangle(K/L)/(K/L)}{\triangle(w/r)/(w/r)}$$

생산요소의 상대가격(w/r)은 등비선의 기울기이다. 그런데 생산요소의 대체탄력
도는 등비선 기울기(w/r)의 절대값이 1% 변할 때, 요소집약도(K/L)가 몇 % 변하는가를
나타내는 척도라고 말할 수 있다.

② 생산요소의 대체탄력도 크기와 소득분배

생산요소의 대체탄력도가 시험문제로 출제되면 다소 까다로운 문제가 될 가능성이
크다. 따라서 본 내용은 무조건 암기하려고 하지 말고 경제원리를 철저하게 이해한
후, 자주 학습하는 것이 최선의 전략이다. 여기서는 생산요소의 대체탄력도 크기에
따라 임금소득분배율과 자본소득분배율이 어떻게 변하는지? 분석해보자.

우선 σ가 0인 경우부터 생각해보자. $\sigma = 0$이라는 것은 생산요소의 상대가격(w/r)
이 1% 증가했는데도 요소집약도(K/L)가 일정불변임을 의미한다. 즉 임금이 상대적으
로 올랐는데도 노동고용량은 불변이라는 뜻이다. 그러면 임금소득이 증가하고 결국
임금소득분배율도 덩달아 커진다.

σ가 1보다 작은 경우를 생각해보자. $\sigma < 1$은 생산요소의 상대가격(w/r)이 1% 증
가하면, 요소집약도(K/L)는 1% 이하로 증가한다는 것을 시사한다. 즉 $\sigma < 1$인 경우는
임금이 증가할 때, 임금증가율이 노동 고용량의 감소율보다 크기 때문에 임금소득이
증가하고 결국 임금소득분배율도 커진다.

σ가 1인 경우를 생각해보자. $\sigma = 1$은 생산요소의 상대가격(w/r)이 1% 증가할 때,
요소집약도(K/L)가 정확하게 1%만큼 증가한다는 것을 말한다. 즉 $\sigma = 1$인 경우는 임

금이 증가할 때, 임금증가율이 노동고용량의 감소율과 동일하기 때문에 임금소득분배율은 일정불변이다.

σ가 1보다 큰 경우를 생각해보자. $\sigma > 1$은 생산요소의 상대가격(w/r)이 1% 증가할 때, 요소집약도(K/L)가 1%보다 더 크게 증가한다는 뜻이다. 즉 $\sigma > 1$인 경우는 임금이 증가할 때, 임금증가율이 노동고용량의 감소율보다 작기 때문에 임금소득이 감소하고 결국 임금소득분배율도 감소한다.

σ가 무한대(∞)경우를 생각해보자. 생산요소의 대체탄력도가 무한대인 경우는 등량곡선이 우하향하는 직선의 형태를 띤다. 이때는 임금이 조금만 변해도 노동을 자본으로 완전 대체시키기 때문에 노동고용량이 0이 된다. 따라서 임금소득도 0이고, 임금소득분배율도 0이 된다.

3 계층별 소득분배이론

(1) 계층별 소득분배이론을 학습해야 하는 이유

① 기능별 소득분배이론의 한계

기능별 소득분배이론은 생산과정에 투입된 각 생산요소들의 한계생산물가치에 근거한 분배이론으로서 자유시장경제에서의 소득분배를 잘 설명해준다는 장점이 있다.

하지만 현실경제에서 임금소득이나 자본소득처럼 소득을 명쾌하게 구분짓는 것이 말처럼 쉽지 않다. 가령 의사, 변호사, 세무사, 변리사, 건축사, 공인중개사, 슈퍼마켓 주인 등과 같은 자영업자들의 소득을 임금소득이나 자본소득으로 정확하게 구분한다는 것은 거의 불가능에 가깝다. 더욱이 기능별 소득분배이론의 결론만 갖고서는 그 결과가 우리 사회가 지향해야 할 바람직한 소득분배인지?를 판단하기도 어렵다.

부의 재분배를 통해 지나친 빈익빈 부익부의 사회를 폐단을 치유하기 위해서는 빈곤층과 부유층의 계층별 소득분배 현황을 정직하게 진단할 필요가 있다. 그래야만 바람직한 정부의 소득재분배 정책을 수립하고 집행할 수 있기 때문이다.

② 계층별 소득분배이론에 대한 개관

계층별 소득분배이론을 본격적으로 학습하기 전에 그에 대한 정의 및 주요 학습내용에 대해 간략하게 소개하고자 한다.

계층별 소득분배는 각 생산요소들의 생산과정에 대한 기여도와는 무관하게 모든 가계(household)를 소득의 크기에 따라 배열하고 전체 가계를 일정 비율로 구분해서 소득계층을 도출한다. 그런 다음 그 소득계층의 소득이 전체 소득에서 차지하는 비율을 살펴보면서 상이한 소득계층 간의 소득분배가 얼마나 불평등(불균등)하게 이루어졌는지? 검토한다. 또 계층별 소득분배에서는 소득의 원천이나 형태에 대해서는 관심을 갖지 않고 단지 소득의 크기만을 중시한다.

계층별 소득분배는 가계(household) 단위로 파악한다. 이는 경제주체의 기본적인 생활 단위가 가계이기 때문이다. 우리나라의 가계소득은 도시가계와 농촌가계로 구분해서 파악한다. 가계소득의 계층별 소득분배 상태를 측정하는 대표적인 방법으로는 소득5분위배율(5분위분배율), 10분위분배율, 로렌츠곡선, 지니계수, 앳킨슨 지수 등이 존재한다.

(2) 계층별 소득분배의 측정 방법

① 소득5분위배율(income quintile share ratio)[62]

소득5분위배율은 일명 '5분위분배율'이라고도 부른다. 소득5분위배율이란 5분위계층(= 최상위 20%)의 평균소득을 1분위계층(= 최하위 20%)의 평균소득으로 나눈 값을 말한다. 소득5분위배율은 지니계수와 함께 국민소득의 분배상태를 나타내는 대표지표로 평가받고 있다. 특히 소득5분위배율은 5분위와 1분위의 소득만을 이용해서 간편하게 소득불평등의 정도를 측정할 수 있다는 장점이 있다. 하지만 중간계층에 대한 정보가 부족하다는 단점도 있다. 소득5분위배율을 구하는 공식은 다음과 같다.

$$\text{소득5분위배율} = \frac{\text{소득 최상위 20\%(5분위) 계층의 평균 소득}}{\text{소득 최하위 20\%(1분위) 계층의 평균 소득}}$$

소득5분위배율의 크기는 1 ~ 무한대(∞)의 값을 갖는다. 만약 소득분배가 완전하게 균등 분배되었을 경우, 소득5분위배율 값은 1이다. 하지만 모든 소득이 상위 20%에만 집중되고 하위 20%의 평균 소득이 0인 경우, 소득5분위배율은 무한대(∞)의 값을 갖는다. 따라서 소득5분위배율 값이 클수록 소득분배는 불균등하다고 말할 수

---

[62] 네이버 지식백과, 통계청의 '통계용어·지표의 이해' 참조

있다.

통계청은 매월 실시하는 가계 동향 조사에서 수집된 표본 가구의 가계부 작성 결과를 통해 가구별 연간소득을 기초로 매년마다 소득5분위배율과 아래에서 설명할 지니계수를 작성한 후 발표하고 있다.

② 10분위분배율(deciles distribution ratio)

10분위분배율은 소득분배의 불균등 정도를 측정하는 불평등지수(inequality index)로서 일국(一國)의 모든 가구를 소득의 크기에 따라 10등분을 한 후, 최하위 40% 계층이 차지하는 소득 점유율을 최상위 20% 계층이 차지하는 소득점유율로 나눈 값으로 정의된다. 10분위분배율의 값이 클수록 소득이 균등 분배되고 있음을 뜻한다. 10분위분배율을 구하는 공식은 다음과 같다.

$$10분위분배율 = \frac{최하위\ 40\%\ 소득계층의\ 소득점유율}{최상위\ 20\%\ 소득계층의\ 소득점유율}$$

10분위분배율의 값은 0 ~ 2 사이의 값을 갖는다. 10분위분배율이 0인 경우는 최하위40% 소득계층의 소득점유율이 0인 경우로서 소득분배가 가장 불균등한 상태다. 또 10분위분배율이 2인 경우는 소득분배가 완전하게 균등 분배되었을 때에 해당된다. 10분위분배율도 기수적인 비교 평가가 가능한 불평등도지수다.

10분위분배율은 측정이 용이하고 저소득층과 고소득층의 소득분배 상태를 직접 비교할 수 있기 때문에 많은 나라들이 그것을 활용하고 있다. 10분위분배율은 1973년 미 스탠포드 대학의 아델만 교수와 모리수 교수가 처음 제시한 것으로 전해진다.[63] 아델만은 10분위분배율이 45% 이상이면 분배가 잘된 국가, 35 ~ 45%이면 중간 수준의 국가, 35% 이하는 불평등 국가로 분류한 바 있다.

③ 로렌츠곡선(Lorenz curve)

로렌츠곡선은 [그림 14-2]에서 보는 것처럼 인구의 누적(累積) 비율(횡축)과 소득의 누

---

63 네이버 지식백과, 두산백과의 '10분위분배율' 내용 참조

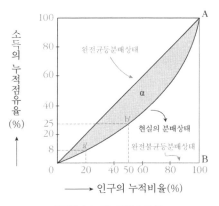

〔그림 14-2〕로렌츠곡선

적 점유율(종축)을 짝지은 곡선을 말한다. 〔그림 14-2〕의 로렌츠곡선은 하위 20%의 인구가 전체 소득의 8%를 차지하고, 하위 50%의 인구가 전체 소득의 25%를 차지하고 있음을 보여준다. 만약 소득이 완전하게 균등 분배가 되었다면 로렌츠곡선은 OA를 잇는 대각선이 될 것이다.[64] 또 최상위 1%의 인구가 전체 소득을 독점적으로 소유한 경우의 로렌츠곡선은 OBA이다.[65] 이때 로렌츠곡선 OBA는 소득분배가 완전 불균등 분배상태임을 나타낸다. 그런데 현실의 로렌츠곡선은 Oa′b′A와 유사한 형태를 띨 것으로 짐작된다.

이를 통해 우리가 알 수 있는 것은 현실의 로렌츠곡선이 대각선 OA에서 OBA쪽으로 접근할수록 소득분배가 불균등해진다는 사실이다. 즉 음영 처리된 α의 크기가 커질수록 소득분배는 불균등해진다는 얘기다. 로렌츠곡선은 장점은 그것의 형태만 보고도 소득분배상태를 서수적(ordinal)으로 손쉽게 비교 평가할 수 있다는 점이다. 즉 평등한 정도에 대해 순서만 매길 수 있다는 의미다. 하지만 2개 이상의 로렌츠곡선이

---

[64] 로렌츠곡선이 대각선 OA인 경우는 완전하게 균등한 소득배분이라고 말할 수 있는 이유는 그 기울기가 1이라는데서 찾아야 한다. 즉 누적 가구의 비율이 10%일 때 소득의 누적 점유율도 10%이고, 누적 가구의 비율이 20%이면 소득의 누적 점유율도 20%이고, … 누적 가구의 비율이 90%이면 소득의 누적 점유율도 90%이고, 누적 가구의 비율이 100%이면 소득의 누적 점유율도 100%가 되기 때문이다.

[65] 로렌츠곡선이 OBA인 경우는 누적 가구의 99%가 전체 소득에서 차지하는 비율이 0%이고, 나머지 1%의 가구가 전체 소득을 독점적으로 차지하는 상태이기 때문에 완전하게 불균등한 소득분배라고 평가할 수 있는 것이다.

서로 교차하는 경우에는 여러 소득분배상태를 서수적으로 비교 평가할 수 없다는 한계가 있다. 그런 문제를 해결하기 위해 등장한 것이 바로 지니계수이다.

④ 지니계수(Gini coefficient)

로렌츠곡선에 내재된 치명적인 한계점을 수정 보완한 것이 지니계수이다. 〔그림 14-3〕에서 보는 것처럼 두 개의 로렌츠곡선이 서로 교차하는 경우에는 소득분배상태 ❶(로렌츠곡선 1)과 소득분배상태 ❷(로렌츠곡선 2)의 상호비교가 불가능하다. 하지만 지니계수의 개념을 활용하면 이런 경우에도 소득분배상태에 대한 기수적 비교와 평가가 가능하다. 즉 각 소득분배상태에 대한 결과로, 하나의 수치를 제시함으로써 상호 비교가 가능하다. 그것이 지니계수의 장점이자 매력 포인트이다. 〔그림 14-3〕에서 로렌츠곡선 1은 Ob′ab″A이고 로렌츠곡선 2는 Oa′aa″A이다. 또 로렌츠곡선 1과 2는 소득분배상태 ❶과 ❷를 규정한다. 그런데 이들 두 곡선이 a점에서 교차하고 있다.

현실의 로렌츠곡선 1이 Ob′ab″A라고 상정하자. 이때 완전 균등 분배를 의미하는 대각선 OA과 로렌츠곡선 1 사이에 음영 처리된 면적을 α라고 가정하자. 그러면 지니계수(G)는 다음과 같이 정의된다.

$$지니계수의\ 크기 = \frac{\alpha의\ 면적}{\triangle OBA의\ 면적} = \frac{\alpha}{\alpha + \beta}$$

이때 지니계수(G)가 취할 수 있는 값의 영역은 $0 \leq G \leq 1$이다. 지니계수가 0이

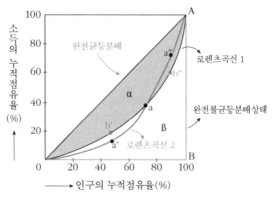

〔그림 14-3〕 로렌츠곡선 1, 2와 지니계수

면 완전균등 분배이고, 1이면 완전 불균등분배를 의미한다. 우리는 이를 통해 지니계수의 값이 커질수록 소득분배가 불균등해진다는 것을 알 수 있다.

[그림 14-3]에는 표시하지 않았지만 로렌츠곡선 2와 완전 균등 분배를 나타내는 대각선 OA 사이의 면적을 $α'$라고 상정하자. 이때 로렌츠곡선 1에 의한 면적 $α$와 비교해서 만약 $α$가 $α'$보다 크다면 로렌츠곡선 1에 의해 제시된 소득분배상태 ❶이 로렌츠곡선 2에 의해 제시된 소득분배상태 ❷보다 불균등한 소득분배라고 평가할 수 있다. 이처럼 지니계수는 로렌츠곡선이 서로 교차하는 경우에도 소득분배 상태를 기수적(cadinal)으로 측정·평가할 수 있는 것은 특정한 가치판단에 의해 다양하게 평가할 수 있는 여지를 없애버렸기 때문이다. 하지만 이러한 지니계수에 대해서도 비판하는 사람이 있다. 가장 대표적인 인물이 영국의 경제학자 앳킨슨(A. Atkinson)이다.

보론 1 ┃ 앳킨슨 지수[66]

앳킨슨 지수는 사회구성원들의 주관적인 가치판단을 반영해서 소득분배의 불평등도를 측정하는 지수다. 앳킨슨은 지니계수를 비롯한 기존의 불평등도(不平等度)지수가 암묵적으로 도입한 가치판단에 문제가 있다고 보고, 처음부터 명백한 가치판단을 전제로 하는 불평등도지수를 만들어 사용할 것을 제안했다.

그의 불평등도지수에서는 균등분배대등소득(Y^{EDE}; equally distributed equivalent income)이 핵심적인 역할을 한다. Y^{EDE}의 개념에 대해 좀 더 알기 쉽게 설명해보자.[67] 가령, 소득분배가 이루어진 현재 시점에서 1인당 평균 소득($μ$)이 월 150만원이라고 가정하자. 이때의 사회적 후생 수준은 평균 소득($μ$)과 소득분배상태에 의해 결정될 것이다. 그런데 모든 사회구성원들에게 월 100만원의 소득이 균등 분배되었을 경우, 현재 시점과 동일한 수준의 사회적 후생수준을 유지할 수 있다면 월 100만원의 소득이 균등분배대등소득이라는 얘기다. 현실의 불평등한 소득분배가 사회적 후생수순을 감소시키는 요인임을 감안(勘案)할 때, 균등분배대등소득의 크기는 현실의 평균소득($μ$)보다

---

66   박은태 편저, 『경제학사전』, 경연사, 2011.

67   이준구, 『미시경제학』(제2판), 법문사, 1996, 540-542쪽 참조.

작을 수밖에 없다. 특히 현실의 소득분배가 불평등해질수록 이들 간의 격차는 더 크게 벌어질 것이다. 앳킨슨은 이와 같은 사실에 입각해서 다음과 같은 불평등도지수를 제안했다.

$$A = 1 - \frac{Y^{EDE}}{\mu}$$

일례로 현실의 소득분배상태가 완전 균등해서 평균소득 μ가 균등분배대등소득 Y^{EDE}와 같다면 앳킨슨 지수 A의 크기는 0이다. 그러나 현실의 소득분배상태가 매우 불평등해서 균등분배대등소득이 0에 가깝다면 A는 1에 근접할 것이다. 또 앞의 사례에서처럼 평균소득 μ가 150만원이고 균등분배대등소득이 120만원일 경우, A는 0.2이다. 이처럼 앳킨슨 지수는 균등분배대등소득의 개념을 통해 다양한 가치판단이 반영될 수 있는 통로를 열어 두었다. 앳킨슨 지수를 구하는 공식을 만들 때, 평등성을 얼마나 중시하느냐에 따라 균등분배대등소득의 크기가 달라질 수 있도록 설계했기 때문이다. 이와 같은 신축성은 지니계수를 비롯한 다른 불평등도지수에서는 찾아보기 힘든 장점이 아닐 수 없다. 이런 이유 때문인지는 몰라도 앳킨슨 지수는 소개되자마자 많은 사람들의 관심을 받게 되었고 지니계수와 필적할 정도로 인정받기에 이르렀다.

(3) 불균등한 소득분배의 경제·사회적 요인 분석

① 계층별 소득분배의 불균등을 초래하는 요인들
우선 개인별 능력과 노력 수준의 차이에 따른 소득격차의 발생을 지적할 수 있다. 세계적인 축구 스타 손흥민과 국내 아마추어 축구선수와는 엄청난 소득격차가 발생할 수밖에 없다. 이는 2가지 요소가 복합적으로 작용한 결과다. 즉 손흥민 선수의 타고난 자질과 개인기가 탁월한데다 그런 능력을 더욱 더 향상시키기 위해 피나는 훈련과 노력이 상승작용을 했기 때문이다.

개인별로 교육·훈련의 기회가 달랐기 때문에 소득격차가 발생할 수도 있다. 남들보다 좋은 교육을 받거나 훌륭한 교습가를 통해 탁월한 기능을 전수받은 사람들은 그렇지 못한 사람들보다 큰돈을 벌거나 성공할 가능성이 크다. 우리 사회가 오래 전부터 의무교육제도를 정착시키기 위해 노력해온 것도 이와 같은 구조적 문제를 조금이나마 극복하기 위함이다.

윗대 조상이나 부모로부터 물려받은 유산의 크기에 따라서도 소득격차가 발생할 수 있다. 요즘 젊은이들이 즐겨 말하는 금수저, 흙수저 논쟁이 이를 반영한다. 유산 상속을 많이 받은 사람은 그렇지 못한 사람들에 비해 앞서갈 수 있다. 이와 같은 유형에서 비롯된 소득격차는 다른 요인들보다 사회적 위화감과 불신의 벽을 높이는데 크게 작용한다.

경제체제, 경제정책, 사회제도 등에 따른 소득격차도 무시할 수 없다. 계획경제체제에서는 출신성분이 좋거나 핵심 당원일수록 능력과 무관하게 많은 이권과 권력을 챙길 수 있다. 자본주의 경제체제에서는 희소한 생산자원을 가진 사람일수록 큰돈을 벌 수 있다. 경제정책도 소득격차를 부추길 수 있다. 정부 정책의 초점이 어디를 향하는가에 따라 소득격차가 발생할 수 있다. 중소기업보다는 대기업에, 농촌보다는 도시 우선의 정책이 실행된다면 대기업과 중소기업 간, 도시와 농촌 간 소득격차가 크게 벌어질 수 있다. 사회제도도 소득격차의 발생에 한몫할 수 있다. 남녀 차별, 지역 차별, 인종 차별 등에 의해 소득격차가 발생할 수 있다. 특히 조선 시대와 같은 사농공상(士農工商)체제가 현 시점에서도 존속한다면 엄청난 소득격차, 특히 빈부 격차로 많은 국민들이 고통을 느끼며 결국 국가가 망할 가능성이 매우 크다.

② 그렇다면 소득분배의 불평등이 항상 나쁜 것인가?

많은 사람들은 소득분배의 불평등을 아주 나쁜 사회적 현상으로 치부한다. 거기에는 '사촌이 땅을 사면 배가 아프다'는 한국인 특유의 고약한 심리가 숨어있다. 물론 저자도 무조건 소득분배의 불평등이 좋다고 말하는 사람은 아니다. 하지만 다음과 같은 경우에는 소득분배의 불평등에 대한 평가가 달라져야 한다.

개인별 능력이나 노력 수준과 무관하게 동일한 소득을 얻는다면 그 사회는 한동안 침체 상태를 보이다가 결국에는 파탄지경에 이를 것이다. 무조건적인 균등분배는 어느 누구도 열심히 노력할 동기부여를 잠식시키기 때문이다. 동일한 조건에서 남들보다 열심히 일하고 노력해서 큰돈을 번다면, 그것은 비난의 대상이 아니라 칭찬과 격려의 대상이 되어야 한다. 그것이 사회적 정의다. 이때 국가가 해야 할 일은 그런 사람을 비난할 것이 아니라 건전한 조세제도를 통해 소득재분배 정책을 시도하는 선에서 정부의 역할을 끝내야 한다. 열심히 노력해서 국가에 많은 세금을 내는 사람들, 특히 기업인들이야말로 우리 사회의 진정한 영웅이자 애국자라고 생각한다. 지금 우리 사회가 그런 사회를 향해 나아가는지? 독자 여러분들에게 냉정하게 되묻고 싶다.

개인적 선호에 따른 직업이나 사업대상의 선택, 업무에 대한 개인적 노동생산성의 차이, 결과의 평등이 아닌 기회의 평등이 주어졌음에도 불구하고 나타나는 소득격차는 결코 비난의 대상이 될 수 없다. 이런 경우에는 자신의 선택에 대해 자기 스스로 무한책임을 질 수 있는 시민의식을 함양해 나가야 한다.

그럼에도 불구하고 불공정한 기회와 불공정한 경쟁의 결과로 발생한 소득격차의 사례가 비일비재하기 때문에 가난한 사람, 소위 말해서 빽을 갖지 못한 사람, 경쟁에서 낙오하거나 탈락한 사람들은 헬조선(Hell Chosun!)을 부르짖는다. 이것은 결코 바람직한 현상이 아니다. 따라서 우리는 이런 상황이 계층간의 불신과 갈등으로 심화되기 전에 소득분배의 불균형 문제를 해결하기 위해 노력해야 한다. 이를 위해서는 우리 국민들의 성숙한 시민의식이 무엇보다 절실하게 요구된다.

(4) 쿠즈네츠의 U자 가설과 소득분배

① 쿠즈네츠의 U자 가설에 대한 개요

쿠즈네츠의 U자 가설은 러시아에서 태어나 미국으로 귀화한 경제학자인 사이몬 쿠즈네츠(S. Kuzuets)가 주장한 것으로 경제발전단계와 소득분배균등도 간의 상관관계를

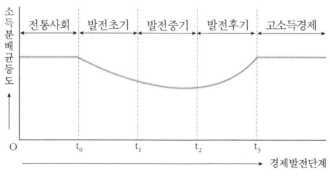

〔그림 14-4〕 쿠즈네츠의 U자 가설

설명한 가설이다. 'U자 가설'이란 명칭은 종축(Y축)에 소득분배균등도, 횡축(X축)에 경제발전단계를 표기하고 이들 간에 존재하는 상관관계를 나타내면 〔그림 14-4〕에서 보는 것처럼 U자 형태를 띤다는 데서 유래된 것이다.

② 쿠즈네츠의 U자 가설에 대한 이론적 검토

$0 \sim t_0$는 전통사회를 의미한다. 이때는 소득분배균등도가 높은 것으로 나타나는데 이는 모두가 가난하기 때문이다. 이때는 모든 사람들이 절대적 빈곤의 문제로 고통받는 시기이다. 한편, $t_0 \sim t_1$기에 이르는 기간은 경제발전의 초기에 해당되는 시기로서 이때는 소득분배가 악화되는 양상을 보인다. 이때 경제개발을 도모하는 국가들의 공통된 문제는 자본축적의 결여이다. 따라서 대부분의 개발도상국가들은 그 문제를 극복하기 위한 전략의 일환으로 선택과 집중이라는 불균형성장 전략을 채택하는데, 여기서 많은 경제 사회적 문제가 발생한다. 즉 이 시기는 경제발전의 진행으로 경제주체들의 소득은 전통사회에 비해서는 크게 증가한다. 그러나 불균형성장전략의 여파로 저소득층과 고소득층의 소득격차는 크게 벌어지고, 저소득층의 경제적 박탈감이 전통사회보다도 훨씬 더 커진다. 우리는 이러한 문제를 상대적 빈곤이라고 말한다. 하지만 t_1기를 벗어나 경제발전 중기에 접어들면, 소득분배불균등도가 가장 크게 나타난다. 따라서 $t_1 \sim t_2$시기에는 소득분배의 불균등도를 해소하기 위한 사회적 대전환이 모색되기 시작한다. 그 이유는 지속적인 경제발전을 위해서는 사회적 불만을 잠재우고 저소득층의 협조와 지지를 계속해서 받아야만 하기 때문이다. 따라서 $t_2 \sim t_3$기에 이르는 기간에는 다시 소득분배균등도가 개선되기 시작한다. 이때는 정부와 기업이 균형잡힌 경제발전을 모색하면서 소득분배구조의 개선을 위해 함께 노력하는 시기이다. 특히 이 시기에는 최저임금제의 실행, 의료보험제도의 도입, 실업보험제도의 추진, 국민연금제도의 도입 등과 같은 다양한 사회보장제도들이 출현해서 기존의 소득분배구조를 획기적으로 개선시켜 나가는 경향을 보인다.

쿠즈네츠의 U자 가설은 소득분배균등도와 경제발전단계 간의 상관관계로 정의된다. 그런데 소득분배균등도를 소득분배불균등도와 경제발전단계 간의 상관관계로 나타내면, '역(逆)U자 가설'이 성립할 수 있다는 점에 대해서도 유의해야 한다.

현실의 소득분배는 여러 가지 이유로 불균등할 수밖에 없다. 그런데 소득분배의 불균등은 사회적 갈등을 심화시키고 범죄와 자살을 비롯한 사회적 병리 현상을 부채질하며 사회적 통합을 어렵게 한다. 따라서 많은 나라들은 이러한 문제를 치유하기 위해 다양한 소득재분배정책을 광범위하게 실시하고 있다. 소득재분배는 한마디로 정부가 법과 제도적 틀 안에서 고소득층이 얻은 소득의 일부를 저소득층에게 이전시켜 주는 것을 말한다. 그동안 경제학자를 비롯한 사회과학자들은 소득재분배에 대해 많은 관심을 갖고 다양한 견해를 피력한 바 있다. 여기서는 그들 가운데 의미가 있다고 판단되는 세 그룹의 견해를 요약정리해 보고자 한다.[68]

공리주의(功利主義; utilitarianism)의 견해

공리주의는 19세기 중반에 영국에서 나타난 사회사상으로서 가치판단의 기준은 효용과 행복의 증진이며 '최대 다수의 최대 행복 실현'을 윤리적 행위의 목적으로 보았다. 영국의 철학자 제러미 벤담(J. Bendam), 제임스 밀(J. Mill), 존 스튜어트 밀(J. S. Mill)이 대표적인 학자들이다. 이들은 소득재분배 정책을 지지했다. 공리주의자들은 소득에도 한계효용체감의 법칙이 작동한다고 보았다. 그런데 저소득층은 소득이 적기 때문에 한계효용이 크고, 고소득층은 소득이 많기 때문에 한계효용이 작을 수밖에 없다는 것이다. 따라서 고소득층으로부터 일정한 금액을 저소득층에게 이전해주면, 고소득층의 감소하는 한계효용보다 저소득층의 증가하는 한계효용이 크기 때문에 소득재분배는 사회 전체의 효용증가를 불러온다는 것이다. 이런 논리라면 모든 사회구성원의 소득이 완전하게 균등해질 때까지 소득재분배를 도모하는 것이 바람직스럽다. 왜냐하면 그때 사회 전체의 총효용이 가장 커지기 때문이다. 하지만 정부가 개입해서 열심히 노력하는 사람이나 게으르고 능력 없는 사람들의 소득이 똑같게 한다면 전자(前者)에 속하는 사람들의 동기부여가 사라져서 사회 전체의 소득이 줄어들고 그에 따라 당초 계획했던 사회 전체의 효용극대화도 실현할 수 없게 된다. 따라서 소득재분배에 대한 공리주의의 정책적 함의는 '정부의 소득재분배 정책은 소득재분배로 인한 사회

---

68 김대식·노영기·안국신·이종철, 『현대 경제학원론』(제7판), 박영사, 2018, 450-452쪽 참조.

전체의 총효용의 증가분이 소득재분배 과정에서 열심히 일하고자 하는 의욕의 약화에 따른 사회 전체의 총효용 감소분과 일치하는 수준까지로 한정시키는 것이 바람직스럽다'는 점이다.

중도적 자유주의(自由主義) 견해

하버드대 교수이자『정의론』의 저자인 미국의 정치철학자 존 롤즈(J.Rawls)가 주창한 견해로서 그는 최하위 소득 계층에게 가장 큰 혜택이 돌아가도록 하는 것이 분배적 정의라고 주장했다. 앞에서 언급한 공리주의가 사회구성원 전체의 총효용을 극대화시키는 극대화원칙(maximum principle)을 설파했다면, 롤즈는 최하위 소득계층의 소득을 극대화시키는 최소극대화원칙(maximin principle)에 충실해야 한다는 입장이다. 롤즈 역시 열심히 일하는 사람들의 동기부여를 약화시키는 소득의 완전균등분배에 대해서는 비판적 입장을 견지했다. 그런 점에서는 롤즈와 공리주의 견해가 비슷하다. 하지만 롤즈는 최하위 소득계층의 효용증대를 분배적 정의라고 생각했기 때문에 고소득층의 소득을 저소득층, 그중에서도 최하위 소득 계층의 사람들에게 이전해주는 소득재분배에 대해서는 공리주의자들보다 강한 지지를 보냈다고 볼 수 있다.

급진적 자유주의(自由主義)의 견해

급진적 자유주의는 30세의 나이에 하버드대 철학과의 정교수가 되었고 명저『아나키, 국가, 그리고 유토피아(1974)』를 통해 자유지상주의를 견지했던 로버트 노직(R. Nozick)이 주창한 것이다. 그는 '소득은 사회가 아닌 사회구성원들이 창출한 것이다. 따라서 사회가 그 구성원의 소득을 강제로 재분배할 이유나 권리가 있을 수 없다'는 입장을 강력하게 견지했다. 또 그는 자유지상주의자답게 소득을 창출하는 과정이 공정했다면, 비록 소득격차가 크게 발생했더라도 사회는 이것을 공정한 소득분배로 인정해야 한다고 주장했다. 특히 정부나 사회는 소득재분배를 통한 결과의 평등을 도모할 것이 아니라 소득 창출의 기회 평등을 위해 노력하는 것이 바람직하다는 입장을 밝혔다. 그런 점에서 노직은 롤즈나 공리주의자들과 뚜렷하게 차별된다.

요약 및 복습

배분(allocation)과 분배(distribution)는 엄연히 다른 개념이다. 배분은 효율과 관련된 경제용어로서 늘 자원과 동행(同行)한다. 자원배분이란 용어가 그것이다. 반면 분배는 공평, 형평, 공정과 관련 있는 경제용어로서 소득과 항상 동행한다. 소득분배가 그것이다.

소득분배이론은 크게 기능별 소득분배이론과 계층별 소득분배이론으로 구분된다. 제13장에서 학습한 생산요소시장이론은 기능별 소득분배이론의 이론적 토대가 된다. 즉 생산요소가 생산과정에 기여한 대가로 받는 소득의 결정 과정을 다루는 이론이다. 반면 계층별 소득분배이론은 소득 발생의 원천에 대해서는 고려하지 않고 단지 계층별(저소득층, 고소득층) 소득이 어떻게 분포되어 있는가에 대해서만 관심을 갖는다.

오일러 정리는 $X = MP_L \cdot L + MP_K \cdot K$로 요약된다. 즉 오일러 정리는 각 생산요소(L, K)에다 해당 생산요소의 한계생산물인 MP_L과 MP_K를 곱한 금액을 생산요소의 제공자에게 지불하면 총생산량(X)이 과부족 없이 완전분배된다는 것을 의미한다.

1차 동차함수인 콥-더글라스 생산함수를 $X = AL^\alpha K^{1-\alpha}$로 상정할 경우, α는 임금소득분배율, $1-\alpha$는 자본소득분배율이다.

생산요소의 대체탄력도(σ)는 동일한 생산량 하에서 생산요소의 상대가격(w/r)이 1% 변할 때, 생산요소의 결합비율(= 요소집약도)이 몇 % 변하는가를 나타내는 척도이다. 또는 등비선 기울기의 절대값이 1% 변할 때, 요소집약도(= K/L)가 몇 % 변하는가를 나타내는 척도이다. 그런데 임금소득분배율과 자본소득분배율의 크기는 생산요소의 대체탄력도(σ)의 크기에 따라 변할 수 있다. 이것은 시험문제로 출제될 가능성이 크기에 독자 여러분들의 치열한 학습을 주문한다.

① $\sigma = 0$은 생산요소의 상대가격(= w/r)이 1% 증가해도 요소집약도가 일정불변하다는 얘기다. 이때 임금이 상승하면 임금소득이 증가한다. 따라서 임금소득분배율도 더불어 커진다.

② $\sigma < 1$은 생산요소의 상대가격(= w/r)이 1% 증가하면, 요소집약도는 1% 이하로 증

가한다는 뜻이다. 이때도 임금이 상승하면 임금소득이 증가한다. 따라서 임금소득분배율도 자연히 커지게 된다.

③ $\sigma = 1$은 생산요소의 상대가격(= w/r)이 1% 증가하면, 요소집약도도 1% 증가한다는 것을 시사해준다. 이때도 임금이 상승하면 임금소득은 불변이다. 따라서 임금소득분배율도 변하지 않는다.

④ $\sigma \rangle 1$은 생산요소의 상대가격(= w/r)이 1% 증가하면, 요소집약도도 1% 보다 더 크게 증가한다는 것을 시사해준다. 이때도 임금이 상승하면 임금소득은 감소하고, 그에 따라 임금소득분배율도 감소한다.

⑤ $\sigma = \infty$는 생산요소의 대체탄력도가 무한대인 경우는 등량곡선이 우하향하는 직선일 때다. 이때는 임금이 조금만 변해도 노동을 자본으로 전부 대체시켜 버리기 때문에 노동 고용량이 0이다. 따라서 임금소득과 임금소득분배율이 모두 0이 된다.

계층별 소득분배의 측정 방법으로는 크게 소득5분위배율(일명, 5분위분배율), 십분위분배율, 로렌츠곡선, 지니계수, 앳킨슨 지수 등이 존재한다.

① 소득5분위배율은 '소득 최상위 20%(5분위) 계층의 평균 소득/소득 최하위 20%(1분위) 계층의 평균 소득'으로서 그 크기는 1 ~ ∞의 값을 갖는다.

② 10분위분배율은 '최하위 40% 소득 계층의 소득점유율/최상위 20% 소득 계층의 소득 점유율'으로서 그 크기는 0 ~ 2의 값을 갖는다.

③ 로렌츠곡선은 횡축에는 인구의 누적 비율, 종축에는 소득의 누적 점유율로 나타내고 그것을 짝지은 곡선을 의미한다. 로렌츠곡선의 장점은 형태만 보고도 소득분배 상태를 서수적으로 손쉽게 비교 평가할 수 있다는 점이다. 하지만 로렌츠곡선이 서로 교차하는 경우에는 그런 평가가 불가능해지는 치명적인 단점도 갖고 있다.

④ 그런 로렌츠곡선의 한계를 극복하기 위해 등장한 개념이 지니계수(G)다. 지니계수가 취할 수 있는 값의 영역은 $0 \leq G \leq 1$임에 주의해야 한다.

⑤ 앳킨슨 지수(A)는 사회구성원들의 주관적인 가치판단을 반영해서 소득분배의 불평등도를 측정하는 지수이다. 여기서 중요한 개념이 균등분배대등소득(Y^{EDE})이다. 앳킨스지수 A는 $A = 1 - (Y^{EDE}/\mu)$ (여기서 μ는 평균소득임)로 정의되며, 그 크기

는 $0 \leq A \leq 1$로 정의된다.

쿠즈네츠의 U자 가설은 사이먼 쿠즈네츠가 주장한 것으로 경제발전단계와 소득분배균등도 간의 상관관계를 설명한 가설을 의미한다. 즉 전통사회에서는 소득분배가 균등하다가 경제발전 초기에는 소득분배가 불균등하기 시작해서 경제발전 중기 때에 소득분배가 가장 불균등하고 경제발전 후기에 접어들면서부터 소득분배가 균등해지기 시작해서 고소득경제 때에는 다시 소득분배가 균등해진다는 가설이다.

소득재분배에 대해서는 공리주의, 중도적 자유주의, 급진적 자유주의에 따라서 견해를 달리한다.

① 제러미 벤담, 제임스 밀, 존 스튜어트 밀과 같은 공리주의자들은 정부의 소득재분배 정책은 소득재분배로 인한 사회 전체의 총효용 증가분이 소득재분배 과정에서 열심히 일하고자 하는 유인의 약화에 따른 사회 전체 총효용의 감소분과 일치하는 수준까지로 한정하는 게 바람직하다고 보았다.
② 존 롤즈와 같은 중도적 자유주의자들은 최하위 소득계층의 소득을 극대화시키는 최소극대화원칙에 충실해야 한다는 입장을 견지했다.
③ 로버트 노직과 같은 급진적 자유주의자들은 '소득은 사회구성원들이 창출한 것이지 사회가 만든 게 아니다. 따라서 사회가 그 구성원의 소득을 강제로 재배분할 이유나 권리가 있을 수 없다'는 입장을 갖고 있다.

제15장

일반균형이론과
후생경제학

1   일반균형이론

(1) 부분균형분석과 일반균형분석의 차이

① 부분균형분석에 대한 개요

지금까지 우리가 학습한 사항들은 모두 부분균형분석이었다. 가령, 아이스크림 시장을 분석한다고 가정하자. 아이스크림 시장에서 아이스크림의 수요와 공급을 분석하기 위해서는 아이스크림 가격에 영향을 미칠 수 있는 모든 요인들을 동시에 고려해야한다. 하지만 부분균형분석(partial equilibrium analysis)은 아이스크림의 가격을 제외한 다른 요인들은 일정불변이라고 가정하고, 아이스크림의 수요와 공급을 분석하는 연구방법론이다.

부분균형분석의 연구방법론을 제시한 경제학자는 알프레도 마셜(A. Marshall)이며, 그것은 마치 외과의사(外科醫師)가 자신의 전문분야(예; 간, 직장, 대장, 위 등)에 국한시켜 수술이나 치료행위를 하는 것과 크게 다르지 않다. 따라서 부분균형분석은 어떤 특정 시장이나 특정 부문의 경제 현상을 간단명료하게 분석할 수 있다는 장점이 있다. 하지만 그것은 다른 부분과의 상호연관관계를 차단시키기 때문에 잘못된 결론에 도달할 개연성이 있다. 가령 직장(直腸)분야의 전문의(專門醫)가 직장암 수술을 집도하면서 처음 발병한 곳이 폐(胸部)라는 것을 알았다고 하자. 그러나 폐는 자신의 전문분야가 아니라는 이유로 직장암 수술만 강행했다면, 그 환자의 운명은 어떻게 될 것인가?를 생각해보기 바란다. 그러면 부분균형분석의 한계가 좀 더 분명해질 것이다.

② 일반균형분석에 대한 개요

일반균형분석(general equilibrium analysis)의 연구방법론을 제시한 학자는 프랑스의 경제학자 레옹 왈라스(L. Walras), 1972년에 존 리처드 힉스(J. R. Hicks)와 함께 노벨경제학상을 수상한 케네스 조셉 애로우(K.J. Arrow), 1983년에 노벨경제학상을 수상한 제라드 드브뢰(G. Debreu)이다.[69]

일반균형분석은 앞서 언급한 것처럼 특정 시장(예; 아이스크림 시장)만을 떼어내서 그 시장의 수요·공급만 분석하는 것이 아니고 다른 부문(생산물시장, 생산요소시장, 화폐시장 등)과의 상호연관관계를 감안하면서 시장의 균형상태를 분석하는 연구방법론을 말한다. 이는 마치 한의사가 이느 환자의 병명을 밝히는 과정에서 오상육부의 모든 기능이 제대로 작동하는지를 기(氣)의 관점에서 체크하는 것과 비슷한 이치라고 보면 좋을 것 같다.

그런 의미에서 일반균형분석은 경제 전체의 사회 후생 수준과 자원배분의 효율성 여부를 진단하거나 분석하는 데 매우 유용하다. 하지만 분석 방법이나 균형으로의 조정(調整)과정이 복잡한데다 고급수학이 활용되기 때문에 경제학 초심자나 일반인들이 이해하기 어렵다는 문제가 있다. 더욱이 일반균형이 항상 보장되는 것도 아니라는 점에 유의해야 한다.

일반균형분석과 관련해서 독자 여러분들이 유념해야 할 사항이 하나 있다. 앞의 소비자이론에서 학습한 부분균형분석에서는 모든 상품이 대체재, 보완재, 독립재로 구분된다고 배웠다. 그런데 일반균형분석에서는 독립재가 더 이상 존재하지 않는다는 사실이다. 일례로 부분균형분석에서는 신발과 커피가 독립재였다. 그러나 일반균형분석에서는 신발과 커피를 비롯한 모든 상품이 연관재(대체재, 보완재)가 된다. 즉 국내 신발업계가 장기불황으로 매출액이 급감하고, 직장을 잃는 신발공장의 근로자가 속출해서 그들의 소득수준이 급락했다고 가정하자. 그러면 그들의 커피 수요도 줄어들 것이 분명하기 때문이다.

---

[69] 참고로 왈라스는 일반균형의 존재를 증명하지 않고 일반균형을 가정하면서 부분균형분석의 한계를 극복하고자 노력했던 인물이다. 반면 미국의 경제학자인 애로우와 드브뢰는 모든 시장이 완전경쟁이고 시장실패 요인이 없다면 일반균형이 존재할 수 있음을 입증한 인물이다. 그들의 연구 결과를 토대로 일반균형분석에 대한 이론적 발전이 급물살을 타게 되었다고 해도 과언이 아니다.

③ 일반균형분석에 대한 그래프적 이해

앞으로 독자 여러분들이 학습할 일반균형분석의 기본구조를 그래프로 요약하면 〔그림 15-1〕과 같다.

앞서 학습한 생산물시장과 생산요소시장을 활용해서 일반균형분석의 기본구조에 대해 언급하고자 한다. 부분균형분석이 특정 시장만을 떼어내서 분석하는 것이라면, 일반균형분석은 〔그림 15-1〕과 같이 생산물시장과 생산요소시장을 동시에 분석하면서 시장 간의 상호연관관계를 종합적으로 고려하는 것을 의미한다. 또 어느 한 경제가 일반균형상태에 있다는 것은 그 경제 내의 모든 시장에서 동시에 균형을 이루고 있다는 얘기다.

〔그림 15-1〕에서 일반균형이 성립되기 위해서는 다음의 3가지 조건이 동시에 충족되어야 한다. 첫째, 모든 소비자가 효용극대화조건이 충족되는 수준에서 그가 원하는 만큼의 생산요소를 공급하고 생산물을 수요해야 한다. 둘째, 기업은 이윤극대화조건이 충족되는 수준에서 생산요소를 수요하고 생산물을 공급해야 한다. 셋째, 주어진 가격체계하에서 모든 생산물시장과 생산요소시장에서 수요량과 공급량이 일치해서 과부족(過不足)이 발생하지 않아야 한다. 참고로 시장을 구성하는 모든 경제주체가 가격수취자(price-taker)로 행동할 정도로 자유로운 경쟁이 보장되는 상황에서 일반균형이 달성되면, 각 경제주체들의 상충(相衝)되는 욕구가 사회적으로 조화를 이룬다. 또 이기적 관점에서의 사익(私益) 추구가 공익(公益)과도 잘 부합되는 공동선(共同善)의 결과를 가져올 수 있다.

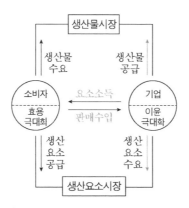

〔그림 15-1〕 일반균형분석의 기본구조

(2) 단순교환경제에서의 왈라스 균형

일반균형은 어느 한 경제 내의 모든 시장이 동시에 균형을 이루는 것을 의미한다. 따라서 일반균형의 존재 여부, 일반균형에 대한 모색 과정 등을 연구하는 일반균형분석은 기존의 부분균형분석보다 매우 어렵다. 그렇다고 해서 일반균형분석을 도외시(度外視)하면 곤란하다. 오히려 깊이 있는 경제 지식을 구비하기 위해서는 일반균형분석을 잘 이해하고 응용할 수 있는 능력을 길러야 한다. 본항에서는 n명의 경제주체와 n개의 시장이 동시에 균형을 이루는 일반균형을 분석하기 전에 사전준비작업으로 2인(A, B) 2상품(X재, Y재)이 존재하는 단순교환경제로 축소시켜 일반균형분석을 시도한다. 이 과정에서 터득한 지식은 고급수준의 일반균형이론을 이해하는 데 중요한 지적(知的) 자산이 될 것이다.

① 에지워스상자, 교환의 발생, 계약곡선 간의 상호관계

한 경제에 2명의 소비자(A, B)와 2개의 재화(X재; 가방, Y재; 신발)가 존재한다고 가정하자. 가방과 신발에 대한 A, B의 선호체계가 주어져 있으며 교환이 발생하기 이전에 X_A, Y_A, X_B, Y_B를 보유하고 있다고 가정한다. 이를 초기부존자원(initial endowment)이라고 정의한다. 〔그림 15-2〕에서 i점이 초기부존자원점을 나타낸다. 여기서 X_A와 X_B는 A, B가 보유한 가방의 양, Y_A와 Y_B는 A, B가 보유한 신발의 양을 말한다. $X = X_A + X_B$, $Y = Y_A + Y_B$라고 상정하면, 〔그림 15-2〕와 같은 에지워스상자(edgeworth box)[70]가 도출된다.

에지워스상자 내의 모든 점들은 A, B의 자원배분이며, 이때의 자원배분을 '실현가능한 자원배분'이라고 말한다. 에지워스상자 밖의 자원배분은 당연히 실현 불가능한 자원배분이다. 이제 A, B가 초기부존자원점인 i점에서 다른 자원배분점으로의 이동 여부에 대해 살펴보자. 그것을 분석하려면 A, B의 선호체계인 무차별지도부터 따져봐야 한다. i점을 지나는 A, B의 무차별곡선은 각각 I_A^1과 I_B^1이다. 따라서 A, B가 i

---

70 경제학에서는 〔그림 15-2〕를 에지워스 상자라고 한다. O_A는 소비자 A의 원점이고, O_B는 소비자 B의 원점이다. 또한 에지워스상자에서 횡축의 길이는 X이며, 이때 $X = X_A + X_B$이다. 또 종축의 길이는 Y이며 $Y = Y_A + Y_B$와 같다. 또 A의 선호체계는 무차별곡선 I_A로 나타내며 그 크기는 $I_A^1 > I_A^0$이다. 마찬가지로 B의 선호체계도 무차별곡선 I_B로 나타내며, 그 크기는 $I_B^1 > I_B^0$이다.

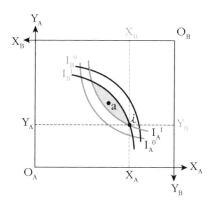

〔그림 15-2〕 에지워스 상자

점에서 음영 처리된 볼록렌즈 형태 내의 한 점(예; a점)으로 이동한다면 i점에서 보다 높은 효용수준이 보장된다. 왜냐하면 볼록렌즈 형태 내의 어떤 점(예; a점)도 $I_A{}^1$이나 $I_B{}^1$보다 효용 수준이 크기 때문이다. 이와 같은 이유로 i점에서는 볼록렌즈 형태 내의 점으로 이동할만한 경제적 유인이 존재한다. 즉 교환 발생의 유인이 존재한다고 말할 수 있다.

   A, B에게 있어 교환 발생의 유인이 사라질 때는 두 사람 모두에게 효용증가의 기회가 더 이상 보장되지 않는 자원배분 상태에 도달하는 경우다. 이것은 파레토 효율성(pareto efficiency)[71] 또는 파레토 최적(pareto optimality)의 개념과 직결된다. 파레토 최적(파레토 효율성)은 사회구성원 중 어느 누구의 효용을 줄이지 않고는 다른 사람의 효용을 늘릴 수 없는 상태를 말한다. 여기서 계약곡선(contract curve)이 도출된다. 계약곡선은 2인 2상품의 교환경제에서 파레토 최적 조건을 충족시키는 자원배분점들을 연결한 곡선이다. 〔그림 15-3〕에서 $O_A$feabcdO_B가 계약곡선이다. 이러한 계약곡선상에서는 A, B의 무차별곡선이 서로 접하기 때문에 X재(가방)와 Y재(신발)에 대한 A, B의 한계대체율(MRS_{XY})이 같다.

   만약 이 계약곡선 상의 점이 아닌 다른 점(예; i점)에서 자원배분이 이루어졌다면

---

[71]   파레토 효율성은 어떤 경제주체가 새로운 거래를 통해 예전보다 유리해지기 위해서는 반드시 다른 경제주체가 예전보다 불리해져야만 하는 자원배분 상태를 의미하기도 한다. 파레토 효율성은 이탈리아 출신 경제학자 빌프레드 파레토(V. Pareto)가 창안한 개념으로서 '파레토 최적(pareto optimality)'과 동의어다.

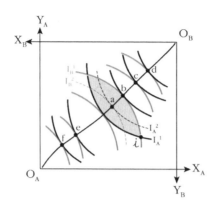

〔그림 15-3〕 계약곡선에 대한 그래프적 이해

A, B는 X재와 Y재의 상호 교환을 통해 두 사람 모두에게 효용증가를 보장하는 다른 자원배분점(예; a점)으로 이동할 가능성이 크다. 따라서 A, B는 i점에서 최종적인 계약을 하지 않을 것이 분명하다. 참고로 i점에서 a점으로 자원배분 상태를 변경하면 A, B 모두 효용 수준의 증가를 경험할 수 있다. 우리는 이런 경우를 파레토 개선(pareto improvement)이라고 한다.

② 모색 과정과 왈라스 균형

우리는 수요·공급이론을 학습하면서 모색 과정의 개념을 살펴본 바 있다. 모색 과정은 '보이지 않는 손(invisible hand)'이 수요와 공급에 대한 교통신호등 역할을 하면서 초과수요가 발생하면 가격을 올리고 초과공급이 발생하면 가격을 내림으로써 시장균형을 유도하는 역할을 말한다. 또 왈라스 균형은 각 상품에 대한 초과수요가 0되는 균형상태를 말한다. 그러면 A, B가 초기부존자원점인 i점에서 파레토 효율성이 충족되는 계약곡선 상의 한 점으로 어떻게, 어떤 과정을 거쳐서 이동해 가는지 살펴보자.

〔그림 15-4〕는 초기부존자원점인 i점에서 일련의 모색 과정을 거쳐 왈라스 균형에 도달하는 과정을 잘 보여준다. '보이지 않는 손'이 i점에서 X재(가방)과 Y재(신발)의 상대가격체계(= P_X/P_Y)를 제시하고 A, B의 반응을 살핀다. 이때 A, B는 i점보다 효용 수준이 더 큰 상품묶음 a와 b를 선택한다. 그 이유는 〔그림 15-4〕에는 나타내지 않았지만 i점을 지나는 무차별곡선은 I_A'와 I_B'보다 효용이 작기 때문이다. 이때 가방과 신발의 상대가격이 3이라고 가정하자.[72]

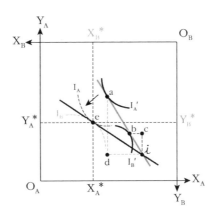

〔그림 15-4〕 모색 과정과 왈라스 균형

　A는 i점에서 a점의 상품묶음으로 이동하려면, di만큼의 가방을 내놓고(공급) ad
만큼의 신발을 필요로(수요)한다. 반면 B는 상품묶음 b로 이동하려면 ci만큼의 신발
을 내놓고(공급), bc만큼의 가방을 필요로(수요)한다. 이제 가방과 신발의 초과수요와
초과공급의 여부를 판단해 보자. 이때 가방은 초과공급, 신발은 초과수요의 상태가
된다. '보이지 않는 손'은 이 현상을 관찰한 후, 가방 가격은 낮추고 신발 가격은 올림
으로써 가방과 신발의 상대가격은 하락한다. 이러한 과정은 가방과 신발의 초과수요
나 초과공급이 사라지는 e점에 도달할 때까지 계속될 것이다. e점에서는 가방과 신
발의 상대가격으로 정의되는 예산선이 초기부존자원점인 i점을 통과하고 A, B간에
서로 교환하고자 하는 상품의 양이 동일하기 때문에 초과수요나 초과공급이 발생하
지 않는다. e점에서 얻는 효용 수준 또한 i점보다 높은 수준인 I_A, I_B이기 때문에 더 이
상 다른 상품묶음을 선택할 경제적 유인이 사라지게 된다. 경제학에서는 e점에서와
같은 배분 상태와 상대가격체계를 왈라스 균형이라고 말한다.

72　X재와 Y재의 상대가격비는 예산선의 기울기, 즉 $-\triangle Y/\triangle X = P_X/P_Y$를 의미한다. 상대가격이 3이
라는 의미는 가방 1단위와 신발 3단위가 맞교환할 수 있음을 의미한다. 이는 가방과 신발 가격을 봐
서도 금방 알 수 있다.

(3) 일반경쟁균형의 존재

① 일반경쟁균형의 존재가 갖는 경제적 의미

앞서 논의한 일반경쟁균형의 사례는 단순한 교환경제를 가정한데다 일반경쟁균형이 성립하도록 내용을 설계했기 때문에 가능했다. 하지만 일반경쟁균형이 항상 존재하는 것은 아니다. 왜냐하면 일반경쟁균형이 존재하려면 그에 필요한 일련의 전제조건들이 충족되어야만 하기 때문이다. 여기서는 그 문제에 대해 살펴보고자 한다. 일반경쟁균형은 모든 경제주체가 가격수취자인 동시에 모든 상품에 대한 초과수요와 초과공급이 존재하지 않는 상태 또는 왈라스 균형을 보장해주는 상대가격체계에 의해 실현된 자원배분 상태를 의미한다.

이제 상대가격체계에 대해 알아보자. 상품 수요는 소득(I)과 가격(P_X, P_Y)에 대해 0차 동차함수이다. 이는 소득과 가격이 각각 α배씩 상승하면 상품 수요는 불변이라는 얘기다. 그 이유는 소득과 가격이 각각 α배씩 상승하면 예산선이 변하지 않기 때문이다. 상품 공급의 경우도 마찬가지다. 생산비용과 생산요소가격이 각각 α배씩 상승하면 등비선이 변하지 않는다. 따라서 기업의 이윤극대화생산량도 일정 불변이다. 상품 수요와 상품 공급이 0차 동차함수이면, 그것의 차이인 상품의 초과수요(Z_i)도 0차 동차함수이다. 따라서 다음의 ㉠식이 성립한다.

$$Z_i(\alpha P) = Z_i(P) \ 단, I = 1, 2, 3, \ldots, n-1, n \ \cdots\cdots\cdots\cdots ㉠$$

이제 상대가격체계의 집합 S[73]에 대해 살펴보자. S는 ㉡식과 같이 나타낼 수 있다.

$$S = \{(P_1, P_2, P_3, \ldots, P_{n-1}, P_n \mid \sum_{i=1}^{n} P_i = 1, P_i \rangle 0, I = 1, 2, 3, \ldots, n-1, n\} \ \cdots ㉡$$

임의의 가격체계 $(P_1{}^\circ, P_2{}^\circ, P_3{}^\circ, \ldots, P_{n-1}{}^\circ, P_n{}^\circ)$와 $(\alpha P_1{}^\circ, \alpha P_2{}^\circ, \alpha P_3{}^\circ, \ldots, \alpha P_{n-1}{}^\circ, \alpha P_n{}^\circ)$는 절대적 크기는 다르지만 상대가격구조로는 동일한 가격체계이다. 이제 $\alpha = 1/\sum_{i=1}^{n} P_i{}^\circ$ (단, $i = 1, 2, 3, \ldots, n-1, n$)이라고 하면, 상대가격체계 $(\alpha P_1{}^\circ, \alpha P_2{}^\circ, \alpha P_3{}^\circ, \ldots,$

---

73   이승훈, 앞의 책, 351-353쪽 참조.

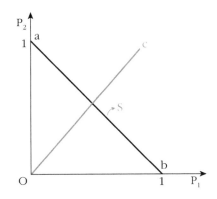

〔그림 15-5〕 단체(單體; simplex); n = 2인 경우

αP_{n-1}°, αP_n°)도 항상 집합 S에 속한다. 따라서 집합 S는 모든 상대가격체계를 포괄한다. 이와 같은 집합 S를 단체(單體; simplex)라고 정의한다. 〔그림 15-5〕는 n = 2인 경우, 단체 S를 나타낸다. 〔그림 15-5〕에서 선분 ab는 n = 2인 경우의 단체 S를 의미하고, 원점으로부터 뻗어나가는 직선 Oc는 상대가격구조가 동일한 가격체계를 나타낸다. 상품의 초과수요는 상대가격체계에만 의존하기 때문에 각 상품별 초과수요가 0이 되도록 하는 일반경쟁균형의 가격체계가 존재한다면, 그것은 반드시 단체 S인 선분 ab와 교차하게 됨을 알 수 있다. 끝으로 단위가격재화(numeraire)에 대해 알아보자. 임의의 가격체계 $(P_1, P_2, P_3, \ldots, P_{n-1}, P_n)$에 대해 그 상대가격체계를 어느 한 상품(예; X_n)의 가격인 P_n을 나눠준 값으로 상정할 수 있다. 즉 $(P_1/P_n, P_2/P_n, P_3/P_n, \ldots, P_{n-1}/P_n, 1)$로 나타낼 수 있다는 얘기다. 여기서 가격이 1로 정해지는 상품이 바로 단위가격재화이다.

가격체계를 P라고 하자. 그러면 $P = (P_1, P_2, P_3, \ldots, P_{n-1}, P_n)$에서 결정된 개별 경제주체들의 의사결정으로부터 각 상품별 초과수요를 Z_i(단, $i = 1, 2, 3, \ldots, n-1, n$)라고 한다면 $Z_1, Z_2, Z_3, \ldots, Z_{n-1}, Z_n$은 가격체계인 $P_1, P_2, P_3, \ldots, P_{n-1}, P_n$의 함수로 결정된다. 따라서 모든 상품에 대해 그 수요와 공급을 일치시킴으로써 왈라스 균형을 가능하게 해주는 균형가격체계(P^*)는 다음과 같은 연립방정식의 해(解)로 정의된다. 그런데 왈라스 법칙[74]에 따르면 (n − 1)개의 시장에서 균형을 이룰 경우 나머지 n번째 시

---

74 왈라스 법칙(Walras law)은 어떤 가격체계 $P=(P_1, P_2, P_3, \ldots, P_{n-1}, P_n)$가 주어졌을 때, 경제 전체의 총(總)초과수요의 가치(= 총수요 가치 – 총공급 가치)가 항상 0이 된다는 것을 말한다. 즉 개별 상품

장에서도 항상 균형을 이루기 때문에 위의 연립방정식에서 n번째 방정식은 필요없게 된다. 또 위의 ㉠식에 따르면 각 상품별 초과수요함수는 가격체계 P에 대해 0차 동차함수의 특성을 갖는다. 따라서 다음의 연립방정식을 충족시키는 가격체계 P*는 반드시 단체 S에 포함된다. 즉 왈라스 균형, 즉 일반경쟁균형은 아래와 같은 n개의 미지수와 n개의 식을 갖는 연립방정식의 해가 된다.

$$Z_1(P_1^*, P_2^*, P_3^*, \ldots, P_{n-1}^*, P_n^*) = 0$$
$$Z_2(P_1^*, P_2^*, P_3^*, \ldots, P_{n-1}^*, P_n^*) = 0$$
$$Z_3(P_1^*, P_2^*, P_3^*, \ldots, P_{n-1}^*, P_n^*) = 0$$
$$\vdots$$
$$Z_{n-1}(P_1^*, P_2^*, P_3^*, \ldots, P_{n-1}^*, P_n^*) = 0$$
$$P_1^* + P_2^* + P_3^* \ldots\ldots\ldots\ldots, + P_{n-1}^* + P_n^* = 1$$

결론적으로 일반경쟁균형이 존재하는가?에 대한 본질적인 해답은 위에서 언급한 연립방정식의 해가 존재하는가에 달려있다. 하지만 그것의 해가 모든 $P_i^* > 0$의 조건을 충족한다는 보장이 없다. 즉 연립방정식의 해가 P*로 결정된다고 하더라도 그 크기가 0보다 작다면, 그것은 상대가격체계로 수용하기 어렵다.

② 일반경쟁균형의 존재를 보장하는 충분조건

일반경쟁균형의 존재를 보장하는 충분조건으로는 앞서 언급한 왈라스 법칙과 초과수요의 0차 동차함수 이외에도 다른 2개의 조건이 더 요구된다. 그중 첫 번째 조건은

---

i의 초과수요를 $Z_i(P)$라고 할 때, $\sum_{i=1}^{n} P_i \cdot Z_i(P) = 0$이 왈라스 법칙이다. n번째 상품에 대한 초과수요 $Z_n(P)$가 0이면 n상품의 시장이 균형상태임을 의미한다. 이제 1, 2, 3, …., n-1번째 상품이 거래되는 시장에서도 균형이 이루어졌다고 하자. 그러면 왈라스 법칙인 $\sum_{i=1}^{n} P_i \cdot Z_i(P) = P_1 \cdot Z_1(P) + P_2 \cdot Z_2(P) + P_3 \cdot Z_3(P) + \ldots, + P_{n-1} \cdot Z_{n-1}(P) + P_n \cdot Z_n(P) = 0$에서 '$P_1 \cdot Z_1(P) + P_2 \cdot Z_2(P) + P_3 \cdot Z_3(P) + \ldots, + P_{n-1} \cdot Z_{n-1}(P) = 0$'이라는 얘기다. 따라서 $P_n \cdot Z_n(P) = 0$이 자동적으로 성립한다. 이를 통해 우리는 다음과 같은 결론을 내릴 수 있다. 왈라스 법칙은 '한 경제 내의 상품시장이 n개 존재할 때, 그 중에서 n − 1개의 상품시장이 균형상태에 놓인다면 나머지 n상품 시장에서도 자동적으로 균형이 달성된다'는 것을 의미한다.

'각 상품별 초과수요함수는 모든 가격체계에 대해 연속적이어야 한다'는 점이다. 이는 '가격 변화가 작게 일어났을 경우, 초과수요의 양에도 작은 변화가 일어나야 한다'는 것을 시사한다. 이것은 크라우드 베르즈(C. Berge)의 최대정리(maximum theorem)에 의해 증명할 수 있다. 두 번째 조건은 '어떤 상품의 가격이 0으로 수렴하면, 그 상품에 대한 초과수요는 무한대로 증가해야 한다'는 점이다. 우리는 이것을 욕구조건(慾求條件, desirability condition)이라고도 한다.

이제 한 경제 내에 2개의 상품만 존재하는 경우, 즉 $n = 2$일 때 왈라스 균형 $P^* = (P_1^*, P_2^*)$가 이론적으로 존재함을 증명해보자. 왈라스 법칙에 따르면 $n = 2$인 경우 1 상품의 초과수요함수 Z_1이 $Z_1(P_1^*, 1 - P_1^*) = 0$의 조건을 충족하면 2 상품의 초과수요함수 Z_2도 반드시 $Z_2(P_1^*, 1 - P_1^*) = 0$의 조건이 충족된다. 따라서 왈라스 법칙이 성립할 때는 $Z_1(P_1^*, 1 - P_1^*) = 0$의 조건을 충족하는 P_1^*가 폐구간인 $[0, 1]$ 사이에 존재함을 입증하면 된다. 〔그림 15-6〕은 1 상품의 가격 P_1이 폐구간인 0에서 1로 이동함에 따라 1 상품의 초과수요함수인 $Z_1(P_1, 1 - P_1)$이 어떻게 변하는가를 나타낸다. 일반경쟁균형이 존재하기 위한 두 번째 충분조건은 '1 상품의 가격인 P_1이 0에 근접하면(①) 1 상품의 초과수요는 무한대로 증가해야한다'는 것이다. 즉 P_1이 0에 가까운 P_1^o로 접근하면, 1 상품의 초과수요는 Z_1^o에 해당되는 양(+)의 값을 갖는다. 또 P_1이 1에 접근하면 단체(simplex) $S(P_2 = 1 - P_1)$를 통해 알 수 있듯이 P_2는 0에 가깝게 된다. 따라서 P_1이 1에 접근할수록 P_2값은 0에 가깝게 되고 결국 2 상품의 초과수요 Z_2는 무한대로 큰 양(+)의 값을 갖는다. 한편, Z_2가 무한대로 큰 양(+)의 값을 갖게 되면, 왈라스 법칙 $P_1 \cdot$

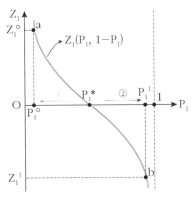

〔그림 15-6〕 왈라스 균형의 존재

$Z_1 + P_2 \cdot Z_2 = 0$에 의해 1 상품의 초과수요 Z_1은 무한대로 큰 음$(-)$의 값을 가질 수밖에 없다. 즉 P_1이 1에 가까운 $P_1{}^1$으로 접근하면(②) 1 상품의 초과수요는 $Z_1{}^1$으로서 무한대로 큰 음$(-)$의 값을 갖게 된다는 얘기다. 따라서 〔그림 15-6〕에서 보는 것처럼 1 상품의 초과수요함수 $Z_1(P_1, 1 - P_1)$은 반드시 a점과 b점을 통과해야 한다. 일반경쟁균형이 존재하기 위한 첫 번째 조건은 초과수요함수는 가격체계에 대해 연속적이어야 한다는 점이다. 초과수요함수 $Z_1(P_1, 1 - P_1)$이 연속성의 조건을 충족시키려면 반드시 〔그림 15-6〕의 횡축인 OP_1과 교차해야 한다. 그때의 교차점을 $P_1{}^*$라고 하면 가격체계 $(P_1{}^*, 1 - P_1{}^*)$에서 $Z_1(P_1{}^*, 1 - P_1{}^*) = 0$의 조건이 충족되는 동시에 왈라스 법칙에 의해 $Z_2(P_1{}^*, 1 - P_1{}^*) = 0$의 조건도 성립하게 된다. 따라서 $(P_1{}^*, 1 - P_1{}^*)$는 왈라스 균형이라고 볼 수 있다.

(4) 일반경쟁균형과 효율적인 자원배분

앞서 언급한 2인(A, B) 2상품(X, Y)의 단순교환경제의 사례에서 살펴봤듯이 일반경쟁균형, 즉 왈라스 균형은 반드시 효율적인 자원배분을 의미하는 계약곡선 상에서 이루어진다. 본 항에서는 이것을 좀 더 일반화시켜보고자 한다. 이와 관련해서 우리가 공부할 사항은 후생경제학의 제1 정리와 후생경제학의 제2 정리이다.[75]

① 후생경제학의 제1 정리에 대한 개관

후생경제학의 제1 정리(the first theorem of welfare economics)는 '모든 개별 소비자의 선호체계가 강단조성(强單調性, strong monotonicity)을 충족하고 소비나 생산 부문에서 외부효과나 공공재가 존재하지 않을 경우, 일반경쟁균형은 자원배분의 파레토 최적을 보장한다'는 것을 의미한다. 강단조성을 한마디로 요약하면 많을수록 좋다는 뜻이며, 이는 무차별곡선이 원점에 대해 볼록해야 한다는 것을 시사한다. 가령, 어떤 상품묶음 a와 b가 있다고 하자. 만약 모든 상품에 대해 상품묶음 a가 상품묶음 b와 같거나 그보다 하나라도 더 많은 양의 상품을 포함하고 있다면, 개별 소비자는 상품묶음 a를 b보

---

75   이준구, 앞의 책, 548-573쪽 참조.

다 더 선호한다는 뜻이다.

후생경제학의 제1 정리에 대한 증명은 일반경쟁균형에서의 자원배분보다 더 효율적인 자원배분이 존재할 수 없다는 것을 보이기만 하면 된다. 이에 대해서는 다음 절에서 자세하게 학습할 것이다. 다만 여기서는 그것이 갖는 경제적 의미에 대해 간략하게 정리하는 것으로 마무리하고자 한다. 후생경제학의 제1 정리는 애덤 스미스가 역설한 '보이지 않는 손(invisible hand)'의 기능과 역할을 강조한다. 즉 외부효과나 공공재의 존재처럼 가격기구의 정상적인 작동을 방해하는 요인이 존재하지 않는다면, 개인의 사적 이익(효용극대화, 이윤극대화)을 추구하는 행위가 공익(公益)증진과 조화를 이룰 수 있다는 것이다. 이처럼 가격기구의 조정능력에 대한 무한신뢰를 경제 이론적으로 정당화시켜 주는 논리가 후생경제학의 제1 정리다.

하지만 후생경제학의 제1 정리에도 한계가 있다. 하나는 시장구조 측면에서 완전경쟁시장이 아닌 경우(예; 불완전경쟁, 불완전한 정보 등), 완전경쟁시장의 조건을 구비[76] 했더라도 외부효과나 공공재 등으로 시장실패가 발생할 경우, 후생경제학의 제1 정리는 자원배분의 파레토 최적을 보장하지 못한다는 사실이다. 다른 하나는 후생경제학의 제1 정리가 설령 자원배분의 파레토 최적을 보장한다고 해도, 그것이 소득분배의 공평성까지 충족시켜주는 것은 아니다라는 점이다. 따라서 공평성에 대한 평가는 일반경쟁균형에 따른 자원배분의 효율성과는 별개로 따져봐야 한다.

② 후생경제학의 제2 정리에 대한 개관

후생경제학의 제1 정리가 일반경쟁균형 하에서의 자원배분이 파레토 최적을 보장하는 경제적 논리라면, 그 역(逆)도 성립하는가?라는 질문에 해답을 제공하는 것이 후생경제학의 제2 정리(the second theorem of welfare economics)이다. 즉 후생경제학의 제2 정리는 '초기부존자원이 적절하게 배분된 상황에서 모든 경제주체들의 선호체계가 볼록성(convexity)을 충족할 경우, 파레토 최적인 자원배분은 일반경쟁균형이다'라는 얘기다. 볼록성의 의미와 시사점에 대해서는 [그림 15-7]을 참조하기 바란다.

[그림 15-7]의 (a) 그래프는 선호체계의 볼록성을 충족하는 무차별곡선 I_A^0와

---

[76] 자원배분의 파레토 최적을 위해서 중요한 가격은 절대가격이 아니라 상대가격임에 유념해주기 바란다. 교환의 파레토 최적 조건, 생산의 파레토 최적 조건, 생산물구성의 파레토 최적 조건이 모든 상대가격(예; P_X/P_Y, w/r)이었음을 잊지 말기 바란다.

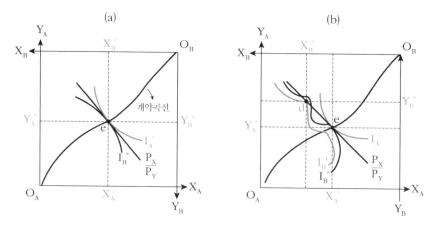

〔그림 15-7〕 선호체계의 볼록성과 후생경제학의 제2 정리

I_B°를 보여준다. 하지만 (b) 그래프에서는 B의 무차별곡선 I_B°와 $I_B{}'$가 선호체계의 볼록성을 충족하지 않는 겨우다. (a) 그래프에서는 계약곡선상의 e점이 일반경쟁균형의 배분점이며, e점에서는 자원배분의 파레토 최적이 달성된다. A, B의 무차별곡선인 I_A°와 I_B°의 기울기와 예산선의 기울기(= P_X/P_Y)가 서로 일치하기 때문이다. 또한 e점에서는 초기부존자원의 양과 A, B의 효용극대화를 충족시켜주는 X재와 Y재의 합이 똑같기 때문에 균형에 도달하게 된다.[77] 그러나 (b) 그래프에서는 B의 선호체계가 볼록성의 조건을 충족시키지 못하기 때문에 e점은 일반경쟁균형점이 아니다. 왜냐하면 A는 e점을 선택하겠지만 B는 d점을 선택할 것이기 때문이다. 이 경우에는 초기부존자원의 양과 A, B의 효용극대화를 충족시켜주는 X재와 Y재의 합이 일치하지 않기 때문에 일반균형에 이르지 못한다.[78] 따라서 (b) 그래프에서는 후생경제학의 제2 정리가 성립하지 않는다.

---

[77]   초기부존자원의 크기는 에지워스 상자의 크기(X°, Y°)로 정의된다. 그런데 (a) 그래프의 e점에서는 일반경쟁균형이 달성된다. 그 이유는 계약곡선 상의 점인 동시에 $X^\circ = X_A^\circ + X_B^\circ$, $Y^\circ = Y_A^\circ + Y_B^\circ$의 조건이 충족되기 때문이다.

[78]   초기부존자원의 크기는 에지워스 상자의 크기(X°, Y°)로 정의된다. 그런데 (b) 그래프에서 A는 e점의 상품묶음(X_A°, Y_A°)를 선택하지만 B는 d점의 상품묶음(X_B°, Y_B°)을 선택한다. 이 두 개의 상품묶음과 초기부존자원인 에지워스 상자의 크기와 비교하면 다음과 같은 관계가 성립한다. 즉 $X^\circ < X_A^\circ + X_B^\circ$, $Y^\circ > Y_A^\circ + Y_B^\circ$의 관계가 성립한다. 따라서 일반경쟁균형이 성립될 수 없다.

2 후생경제학의 기본 이론

(1) 자원배분과 파레토 최적

① 분석을 위한 사전지식 점검

1절에서는 일반경쟁균형의 개념, 일반경쟁균형의 존재를 위한 전제조건, 일반경쟁균형과 효율적인 자원배분 간의 관계에 대해 학습했다. 본 절에서는 자원배분의 파레토 최적을 달성하기 위한 3가지 조건, 완전경쟁과 효율적인 자원배분, 사회후생함수, 차선이론 등에 대해 설명하고자 한다.

분석의 효율적인 진행을 위해서는 사전적으로 몇 가지 경제 개념에 대한 선행학습이 필요하다. 첫째는 후생경제학(welfare economics)에 대한 개념 정립이다. 후생경제학은[79] '어떤 경제의 자원배분 상태를 비교·평가하기 위한 판단기준을 정립하고, 그를 토대로 여러 자원배분 상태에서의 사회 후생을 상호 비교하는 규범적인 연구분야'를 지칭한다. 여기서 사회 후생(social welfare)은 어느 한 경제를 구성하는 사람들이 누

---

[79] 후생경제학은 인간의 경제 활동에 대한 최우선 목표가 행복 추구라는 전제하에 사회구성원의 후생 수준 증가를 목표로 경제문제를 분석하는 학문이다. 후생경제학은 경제학의 탄생과 더불어 오래전부터 논의되어 왔다. 근대경제학의 본류라고 자부해온 여러 경제학자들이 이와 같은 문제에 관심을 가졌지만 영국의 경제학자 아서 세실 피구(A. C. Pigou)가 1920년에 『후생경제학(The Economics of Welfare)』이란 책을 출간함으로써 후생경제학이란 말이 처음으로 등장했다. 그는 후생경제학을 다음과 같이 정의했다. '후생경제학은 사회구성원들의 경제적 후생을 증가시키기 위한 방법을 연구하는 경제정책 분야를 말한다' 그 이후 후생경제학을 미시경제의 이론적 기초로 정밀화시킨 사람은 노벨경제학상을 수상한 존 리처드 힉스(J. R. Hicks)였다. 그는 후생경제학을 '경제정책의 원리를 규정하고 어떠한 정책이 사회 후생에 도움이 되며 어떠한 정책이 낭비와 궁핍을 가져오게 할 것인가를 밝히는 연구'라고 정의한 바 있다.(출처; 네이버 지식백과 참조)

리는 효용 수준을 말한다. 둘째는 파레토 최적(pareto optimality)[80]에 대한 사전적 이해다. 그것은 이탈리아의 귀족 출신 경제학자 빌프레도 파레토(V. Pareto)가 제시한 것으로서 자원배분의 효율성과 사회 후생을 비교·평가하는 판단기준으로 널리 사용되고 있다. 우리는 파레토 최적과 관련해서 실현가능성(feasibility)과 파레토 우위(pareto superior)의 개념을 살펴봐야 한다. 실현가능성은 어떤 상품이나 자원의 배분 상태가 초기부존 자원의 규모를 초과해서는 안된다는 것이다. 일례로 어느 경제에 노트북 PC가 100대 있다고 하자. 이때 사회구성원이 갑, 을, 병 3인이라면 이들에게 배분된 노트북 PC의 총량이 100대를 초과해서는 안된다는 얘기다. 즉 갑 20대, 을 30대, 병 50대는 실현 가능한 자원배분이지만, 갑 50대, 을 40대, 병 30대는 실현 불가능한 자원배분이다. 그 이유는 그들의 합계가 120대로서 20대만큼 초과했기 때문이다. 다음으로 파레토 우위에 대해 알아보자. 어떤 2개의 자원배분 상태를 비교한다고 하자. 만약 어느 한 자원배분이 다른 자원배분보다 사회구성원 모두의 후생이 감소되지 않으면서 최소한 어느 한 사람의 후생이 증가했다면, 우리는 그 자원배분을 다른 자원배분 상태보다 파레토 우위에 있다고 말한다. 일례로 어느 한 경제 내에 축구공과 농구공이 각각 10 개씩 있고 사회구성원으로는 동녘이와 기찬이 2명만 존재한다고 가정하자. 이때 동녘이는 농구공 3개와 축구공 8개, 기찬이는 농구공 7개와 축구공 2개를 갖고 있다면 축구공과 농구공의 배분 상태는 실현가능한 배분 상태다. 그런데 농구광인 동녘이는 농구공을 축구공보다 무척 좋아하는 데 반해, 만능 스포츠맨인 기찬이는 농구공이나 축구공을 차별하지 않고 둘 다 같은 비중으로 좋아한다고 가정하자. 이제 동녘이와 기찬이가 서로 협의해서 농구공 2개와 축구공 2개를 맞교환했다고 하자. 그러면 최초의 자원배분 상태(a)보다 나중의 자원배분 상태(b)[81]에서 더 큰 사회 후생 수준을 경험할 것이다. 왜냐하면 기찬이의 후생 수준은 불변이지만 농구공을 무척 좋아하는 동녘이의 후생 수준이 증가했기 때문이다. 경제학에서는 자원배분 상태(b)를 파레토 우위, 자원배분 상태(a)를 파레토 열위(pareto inferior)라고 정의한다.

또 자원배분의 파레토 최적을 달성하기 위해서는 생산의 파레토 최적, 소비(교환)

---

[80] 파레토 최적과 파레토 효율성(pareto efficiency)은 같은 개념이다. 따라서 독자 여러분들은 이들 용어를 혼용해서 사용해도 무방하다.

[81] 최초의 자원배분 상태(a)를 상품묶음(농구공, 축구공)으로 나타내면 동녘(3, 8), 기찬(7, 2)이고, 농구공 2개와 축구공 2개가 맞교환된 이후의 자원배분 상태(b)는 동녘(5, 6), 기찬(5, 4)이다.

의 파레토 최적, 생산물구성의 파레토 최적조건이 충족되어야 한다.

② 생산의 파레토 최적

2상품(X재, Y재) – 2생산요소(L, K)의 모형을 통해 생산의 파레토 최적 문제를 살펴보자. 생산의 파레토 최적은 주어진 생산요소(L, K)를 상품 생산에 어떻게 배분하는 것이 가장 바람직한 것인가?를 규명하는 과정에서 도출된다.

생산의 파레토 최적은 '기업들간에 생산요소(L, K)를 재배분하여도 어느 한 상품의 생산량을 감소시키지 않고서는 다른 상품의 생산량을 증가시킬 수 없는 배분 상태'를 말한다. 생산의 파레토 최적은 X재와 Y재의 등량곡선이 접하는 점들에서 달성된다. [그림 15-8]을 통해 이 문제를 좀 더 살펴보자. 생산요소(L, K)의 총부존량이 주어져 있다고 가정하면, [그림 15-8]과 같은 에지워스상자가 도출된다. O_X는 X재의 원점이고, O_Y는 Y재의 원점이다. [그림 15-8]에서 생산의 파레토 최적을 충족시키는 것은 $O_X aa'bcdO_Y$로 정의되는 계약곡선 상의 점들이다. 계약곡선상의 점들은 X재와 Y재의 등량곡선이 서로 접하는 점들의 궤적이다. 따라서 ㉠식이 성립한다.

X재의 한계기술대체율 = $MRTS_{LK}^X$ = $MRTS_{LK}^Y$ = Y재의 한계기술대체율 ······ ㉠

㉠식은 생산의 파레토 최적을 달성하기 위한 조건이다. 초기부존자원점에서 이러한 조건이 충족되지 못할 경우, 생산요소(L, K)의 자발적인 교환을 통해 계약곡선상으로 이동시킴으로써 X재와 Y재를 더 많이 생산할 수 있다. [그림 15-8]에서 초기부

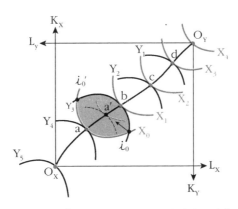

[그림 15-8] 에지워스상자와 생산의 파레토 최적

존자원점인 i_0(or i_1)점에서는 생산의 파레토 최적이 달성되지 못한다. X재의 등량곡선 X_0와 Y재의 등량곡선 Y_3가 서로 접하지 않고 교차하기 때문이다. 이때 생산요소 L, K의 자발적 교환을 통해 음영 처리된 볼록렌즈 영역의 계약곡선상인 a'점으로 이동시킨다면, i_0점에서 보다 더 많은 X재, Y재를 생산할 수 있다. 그런 의미에서 i_0점은 파레토 최적 상태가 아니다. 또 X재, Y재의 극단적인 생산량을 나타내는 O_X점과 O_Y점도 생산의 파레토 최적을 달성한 점들이다. 왜냐하면 이들 생산점에서 계약곡선상의 다른 점으로 이동할 경우, 반드시 다른 재화의 생산량이 감소하기 때문이다.

생산가능곡선(production possibility curve)은 생산의 파레토 최적 조건으로부터 도출된다. 〔그림 15-8〕의 에지워스 상자 속의 계약곡선상에서 결정되는 X재, Y재의 생산량 수준을 횡축과 종축에 나타내면, 〔그림 15-9〕와 같은 생산가능곡선(일명, PPC곡선)을 얻게 된다. 생산가능곡선의 형태는 〔그림 15-9〕와 같이 원점에 대해 오목(concave)한 것이 일반적이지만 경우에 따라서는 직선이거나 원점에 대해 볼록한(convex) 형태를 띨 수도 있다. 생산가능곡선의 형태를 결정하는 핵심 요소는 기회비용(opportunity cost)이다. 즉 X재를 1단위 더 생산하기 위해 포기해야 하는 Y재의 수량이 커지는가, 일정한가, 감소하는가에 따라 생산가능곡선의 형태가 달라진다는 얘기다. 〔그림 15-9〕의 생산가능곡선상의 점들은 〔그림 15-8〕의 계약곡선상의 점들과 1대 1 대응 관계가 성립된다. 즉 계약곡선 상의 O_X점에서 X재의 생산량은 0, Y재의 생산량은 Y_5이다. 이것을 〔그림 15-9〕에 나타낸 것이 O_X'이다. 이와 같은 논리로 〔그림 15-8〕에서 계약곡선 상의 a, b, c, d, O_Y점이 의미하는 X재, Y재의 생산량을 〔그림 15-9〕에다

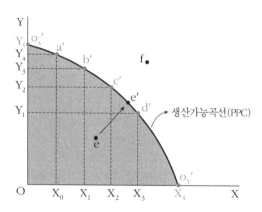

〔그림 15-9〕 생산의 파레토 최적과 생산가능곡선

나타내면, a' b', c', d', O_Y'와 같다. 참고로 생산가능곡선상의 O_X', a' b', c', d', O_Y'점들에서는 생산의 기술적 효율성이 충족된다. 여기서 생산의 기술적 효율성이 바로 생산의 파레토 최적을 의미한다. 가령 f점은 생산가능곡선의 밖에 위치하기 때문에 초기부존자원을 갖고서는 생산할 수 없다. 반면, e점은 생산가능곡선 안에 위치해 있기 때문에 생산은 가능하지만 생산의 기술적 효율성은 충족되지 못한다. 왜냐하면 e점에서의 생산요소를 적절하게 재배분해서 계약곡선상의 e'점으로 이동시킨다면 X재, Y재를 모두 더 생산할 수 있기 때문이다. 합리적인 기업이라면 당연히 e점과 같은 곳에서는 생산하지 않을 것이다.

이제 생산가능곡선의 형태와 기회비용간의 관계에 대해 살펴보자. 〔그림 15-9〕의 생산가능곡선은 원점에 대해 오목한(concave) 형태를 띤다. 이는 기회비용체증의 법칙을 시사해준다. 〔그림 15-9〕의 그래프에서 X재의 변화추이를 살펴보자. X재 생산량이 0인 수준에서 OX_0만큼 생산하려면 Y재 생산에 투입하던 L, K를 X재 생산으로 돌려야 한다. 그러면 Y재 생산량은 감소할 수밖에 없다. 즉 OX_0만큼의 X재를 생산하기 위한 기회비용을 Y재로 나타내면 Y_5Y_4이다. 동일한 크기의 X재(예; $OX_0 = X_0X_1$ $= X_1X_2 = X_2X_3$)를 추가적으로 더 생산하려면 Y재 생산량을 계속 줄여야 한다. 그런데 〔그림 15-9〕를 보면 그 감소 폭이 점점 더 커지고 있다. 즉 $Y_5Y_4 < Y_4Y_3 < Y_3Y_2 <$ Y_2Y_1이다. 기회비용체증은 바로 이런 현상을 일컫는 말이다. 기회비용이 불변인 경우와 기회비용이 체감하는 경우, 생산가능곡선이 어떤 형태를 띨 것인가에 대해서는 제1장의 〔보론 1〕을 복습하기 바란다.

③ 소비(교환)의 파레토 최적

앞서 살펴본 바와 같이 생산의 파레토 최적이 달성되었다면, 다음 과제는 이렇게 생산된 상품을 소비자들에게 효율적으로 배분하는 것이다. 여기서는 2인(A, B) - 2상품(X재, Y재)의 모형을 통해 소비의 파레토 최적 문제를 살펴보고자 한다. 소비의 파레토 최적은 어느 한 경제가 생산해낸 상품을 소비자들에게 어떻게 배분하는 것이 가장 바람직한 것인가를 규명하는 과정에서 도출된다. 따라서 소비의 파레토 최적은 생산가능곡선상의 한 점이 결정된 이후에야 논의가 가능한 주제이다. 〔그림 15-10〕에서는 생산가능곡선상의 Z점이 결정되었다는 전제하에 논의를 진행한다.

소비의 파레토 최적이란, '경제주체들간에 한 경제가 생산해낸 상품을 배분할 때, 사회구성원 어느 누구의 후생 수준을 감소시키지 않고서는 다른 경제주체의 후생 수준을 증가시킬 수 없도록 배분된 상태'를 의미한다. 이때 소비의 파레토 최적은 A, B의 무차별곡선이 접하는 점들에서 달성된다. 〔그림 15-10〕을 통해 그 의미를 좀 더 살펴보자. 〔그림 15-10〕에서 생산가능곡선상의 Z점이 결정되었다고 하자. 그러면 □ $O_A ezf$로 정의되는 에지워스상자가 도출된다. Z점이 어떻게 결정되는가?에 대해서는 후술할 사회후생함수 편에서 배울 것이다. 여기서는 일단 Z점이 결정되었다고 가정하자. 이런 상황에서 소비의 파레토 최적을 보장해주는 것은 $O_A abcd O_B$로 나타낸 계약곡선상의 점들이다. 그런데 계약곡선상의 점들에서는 A, B의 무차별곡선이 서로 접하고 있다. A, B의 무차별곡선이 교차하는 w_0점이나 w'점은 소비의 파레토 최적점이 아니다. 만약 w_0점이나 w'점에서 A, B가 자발적인 상품 교환을 통해 음영처리된 볼록렌즈 형태의 영역 내의 b ~ c 구간에 있는 계약곡선상의 한 점으로 이동할 경우 A, B는 모두 효용 수준의 증가를 경험할 수 있기 때문이다.[82] 따라서 음영 처리된 볼록렌즈 안의 모든 점들은 w'점이나 w_0점보다 파레토 우위에 있다고 말할 수 있다.

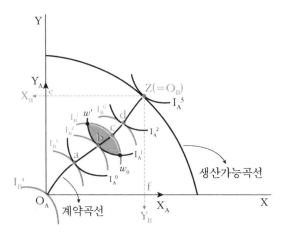

〔그림 15-10〕 에지워스 상자와 소비의 파레토 최적

---

82 물론 w_0에서 b점으로 이동할 경우 A의 효용 수준은 불변이지만 B의 효용 수준은 증가한다. 또 w_0에서 c점으로 이동할 경우 B의 효용 수준은 불변이지만 A의 효용 수준은 증가한다. 파레토 최적은 어떤 사람의 후생을 감소시키지 않고서는 다른 사람의 후생을 증가시킬 수 없는 상태를 의미한다. 그렇지만 w_0에서 b점, c점, b~c점 사이의 계약곡선상으로의 이동은 어떤 사람의 후생 수준을 감소시키지 않고서도 다른 사람의 후생 수준을 증가시킬 수 있기 때문에 파레토 최적이 아니다.

참고로 [그림 15-10]의 a, b, c, d점에서 보는 바와 같이 파레토 최적을 보장해주는 계약곡선상의 점들에서는 A, B의 무차별곡선이 서로 접하는데 이는 X재, Y재에 대한 A, B의 한계대체율(MRS_{XY})이 일치한다는 것을 의미한다. 따라서 계약곡선상의 모든 점에서는 다음의 관계가 성립한다.

소비자 A의 한계대체율 = MRS_{XY}^A = MRS_{XY}^B = 소비자 B의 한계대체율 ······ ⓛ

ⓛ식은 소비의 파레토 최적이 충족되기 위한 조건이다. w_0점이나 w'점에서는 이와 같은 조건이 충족되지 못한다. 이때 A, B가 자발적 교환을 통해 ⓛ식이 충족되는 계약곡선상으로 이동시킨다면 두 사람 모두의 후생 수준이 증가한다.

계약곡선은 A, B의 원점까지 포함한다. 즉 A의 원점인 O_A와 B의 원점인 O_B에서도 파레토 최적이 달성된다. B의 원점인 O_B는 한 경제가 생산해낸 X재, Y재를 A가 모두 소비하는 극한의 상황이다. 이런 경우 B의 효용 수준은 0이고 A가 누리는 효용 수준은 I_A^3이다. 그런데 O_B에서 남서쪽 방향의 계약곡선상으로 이동하면 B의 효용 수준은 커지는 반면, A의 효용 수준은 감소한다. 그래서 극단적인 자원배분의 불평등을 나타내는 O_B도 파레토 최적점이라고 말할 수 있다. 마찬가지 논리로 A의 원점인 O_A도 파레토 최적점이다. 여기서 우리는 '소비의 파레토 최적을 충족시켜주는 자원배분이 공평성(equity)까지 보장해주는 것은 아니다'는 점에 유의해야 한다. 이는 '파레토 최적과 공평성은 서로 무관하다'는 것을 시사한다.

효용가능곡선(utility possibility curve)은 소비의 파레토 최적 조건으로부터 도출된다. [그림 15-10]의 에지워스상자 속의 계약곡선상에서 A, B가 얻는 효용 수준을 UA, UB라고 정의하고, 이를 X축과 Y축에 나타내면 [그림 15-11]과 같은 효용가능곡선이 도출된다.

효용가능곡선은 한 경제에서 생산된 상품을 A, B에게 배분할 경우, 두 사람이 얻을 수 있는 효용 수준의 조합을 나타내는 점을 연결한 곡선이다. 일반적으로 효용가능곡선은 우하향한다. 하지만 독자 여러분들은 효용가능곡선이 [그림 15-11]에서 보는 것처럼 항상 원점에 대해 오목하게(concave) 그려지는 것은 아니라는 점에 유의해야 한다. [그림 15-11]에 나타낸 효용가능곡선상의 점들과 [그림 15-10]의 계약곡선상의 점들 사이에는 1대 1 대응관계가 성립한다. 즉 계약곡선상의 O_A점에서 A의

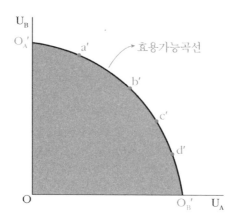

〔그림 15-11〕 소비의 파레토 최적과 효용가능곡선

효용 수준은 0이고 B의 효용 수준은 $O_A{}'$이다. 마찬가지 논리로 〔그림 15-10〕의 계약 곡선상의 a, b, c, d, O_B점에서 A, B가 누리는 효용 수준을 〔그림 15-11〕에 나타내면 각각 a′, b′, c′, d′, $O_B{}'$와 같다. 효용가능곡선과 관련해서 한 가지 유의해야 할 점이 있다. 그것은 효용가능곡선이 〔그림 15-11〕에서처럼 1개만 존재하는 것이 아니라 무수히 많이 존재한다는 사실이다. 위의 효용가능곡선은 생산가능곡선상에서 Z점이 결정된 것을 전제로 도출한 것이다. 결국 효용가능곡선은 생산가능곡선상의 어느 점이 선택되느냐에 따라 그것과 1대 1 대응관계를 갖는 수많은 효용가능곡선이 존재한다는 것을 잊지 말아야 한다.

④ 생산물구성의 파레토 최적

생산물구성의 파레토 최적은 생산가능곡선이 주어졌을 때, 생산가능곡선상에서 어떤 생산물 조합을 선택하는 것이 가장 바람직한 것인가?와 관련된 문제다. 즉 '생산물구성의 파레토 최적은 소비의 파레토 최적과 생산의 파레토 최적이 동시에 충족될 수 있도록 생산물구성이 이루어져야 한다'는 것을 의미한다.

생산물구성의 파레토 최적은 생산가능곡선과 사회적 무차별곡선(social indifference curve)의 접점에서 달성된다. 〔그림 15-12〕를 이용해서 그 내용을 좀 더 살펴보자. 〔그림 15-12〕에서 생산물구성의 파레토 최적은 e_0점에서 달성된다. e_0점에서는 생산가능곡선의 기울기(MRT_{XY})와 사회적 무차별곡선의 기울기(MRS_{XY})가 서로 같다. 따라서 생산물구성의 파레토 최적이 성립하기 위한 조건은 ㉢식[83]으로 정의된다.

$$\text{X재와 Y재의 한계전환율} = \text{MRT}_{XY} = \text{MRS}_{XY} = \text{X재와 Y재의 한계대체율} \quad \cdots\cdots ©$$

©과 연관된 한계전환율(MRT_{XY})과 사회적 무차별곡선 I_o에 대해 알아보자. X재와 Y재의 한계전환율(marginal rate of transformation; MRT_{XY})은 동일한 생산가능곡선상에서 X재를 1단위 더 생산하기 위해서 희생시켜야 하는 Y재의 수량을 말한다. 한계전환율을 수식으로 표현하면 다음의 ②식과 같다.

$$\text{X재와 Y재의 한계전환율} = \text{MRT}_{XY} = -\frac{\triangle Y}{\triangle X} \quad \cdots\cdots\cdots\cdots\cdots\cdots ②$$

또 사회적 무차별곡선이 갖는 경제적 의미에 대해 살펴보자. 어느 경제 내에 존재하는 모든 소비자들의 효용함수가 똑같다고 가정하자. 그러면 어느 한 대표 소비자의 효용 수준이 그 사회구성원 전체의 주관적인 선호를 대변한다고 볼 수 있다. 이때 사회적 무차별곡선은 어느 한 대표 소비자의 효용 수준을 나타낸다.

이제 〔그림 15-12〕의 e_1점이나 e_2점에서는 생산물구성의 파레토 최적이 달성되지 않는다. 그 이유를 살펴보자. e_1점에서는 $\text{MRT}_{XY} < \text{MRS}_{XY}$의 관계가 성립한다. 비근한 예로 $\text{MRT}_{XY} = 1$이고, $\text{MRS}_{XY} = 2$라고 가정하자. 이것이 갖는 경제적 의미에 대해 생각해보자. MRT_{XY}가 1이라는 것은 X재 1단위를 더 생산하기 위해서는 Y재를 1단위 덜 생산해야 한다는 뜻이다. 반면 MRS_{XY}가 2라는 의미는 소비자가 X재 1단위를 더 소비하기 위해서 Y재를 2단위까지 포기할 의사가 있음을 시사해준다. 이 경우는 X재를 더 생산하고 Y재를 덜 생산하는 게 효율적이다. 그 이유는 생산과정에서 L, K의 재배분을 통해 Y재 2단위를 덜 생산하면 X재를 2단위 더 생산할 수 있다. 그러면 2단위의 Y재를 포기하고 X재를 1단위만 더 소비해도 종전의 효용수준인 I_1을 누리던 소비자에게는 추가적인 X재의 1단위가 효용 수준을 증가시키기 때문이다. 이러한 조정 과정은 e_o점에 도달할 때까지, 즉 $\text{MRT}_{XY} = \text{MRS}_{XY}$의 조건이 충족될 때까지 계속된다. 그 결과 대표 소비자의 효용 수준은 I_1에서 I_o로 증가한다. 반대로 e_2점을 보자. e_2

---

83   ©식의 시사점은 소비 측면에서의 주관적인 선호(= 사회적 무차별곡선)과 생산 측면에서의 객관적인 기술(= 한계전환율) 간의 적절한 조화를 통해 균형에 도달하면 사회적으로 최적인 생산물 조합 (X재, Y재)이 생산되고 소비될 수 있다는 것을 말해준다.

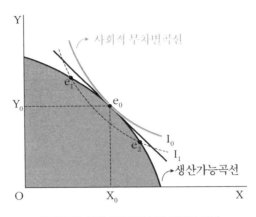

〔그림 15-12〕 생산물구성의 파레토 최적

점에서는 $MRT_{XY} \rangle MRS_{XY}$의 조건이 성립한다. 여기서는 $MRT_{XY} = 3$이고, $MRS_{XY} = 1$이라고 가정하자. MRT_{XY}가 3이라는 것은 X재 1단위를 더 생산하기 위해서는 Y재를 3단위 포기해야 한다는 의미다. 반면 MRS_{XY} 가 1이라는 것은 소비자가 X재 1단위를 더 소비하기 위해서 Y재를 1단위까지 포기할 의사가 있음을 시사해준다. 이 경우는 X재를 덜 생산하고 Y재를 더 생산하는 게 효율적이다. 그 이유는 생산과정에서 L, K 의 재배분을 통해 X재를 1단위 덜 생산하고 Y재를 3단위 더 생산할 수 있다. 그러면 X재를 1단위 포기하고 X재를 1단위만 더 소비해도 종전의 효용 수준인 I_1을 누리던 소비자에게는 추가적인 Y재 2단위가 효용 수준을 증가시키기 때문이다. 이러한 조정 과정은 e_0점에 도달할 때까지, 즉 $MRT_{XY} = MRS_{XY}$의 조건이 충족될 때까지 계속된다. 그 결과 대표 소비자의 효용수준은 I_1에서 I_0로 증가한다.

(2) 완전경쟁과 파레토 최적

앞서 논의한 자원배분의 파레토 최적은 명시적으로 시장이나 가격을 도입하지 않고 정의한 것임에 유의해야 한다. 자원배분의 파레토 최적 문제는 어떤 특정한 경제체제 와 결부해서 정의되는 게 아니다. 자원배분의 파레토 최적은 시장경제체제는 물론 사 회주의 경제체제에서도 성립할 수 있다. 그러면 시장경제체제에서 자원배분의 파레 토 최적이 어떻게 이루어지는지, 살펴볼 필요가 있다. 완전경쟁과 파레토 최적에 대한 논의가 그와 같은 질문에 좋은 해답을 제시해준다.

① 완전경쟁과 소비의 파레토 최적

앞의 ㉡식에서 언급했듯이 소비의 파레토 최적이 성립하기 위한 조건은 $MRS_{XY}^A =$ MRS_{XY}^B이다. 완전경쟁시장에서는 소비자 A, B가 가격수취자로 행동하는 데다 일물일가(一物一價)의 법칙이 성립한다. 따라서 A가 직면하는 X재와 Y재의 상대가격 비율과 B가 직면하는 X재와 Y재의 상대가격 비율이 똑같다. 즉 $(P_X/P_Y)^A = (P_X/P_Y) =$ $(P_X/P_Y)^B$의 관계가 성립한다.

그런데 A, B는 자신들의 효용극대화를 달성하기 위해 예산선의 기울기인 상대가격 비율과 한계대체율이 일치되는 수준에서 X재와 Y재의 소비량을 결정한다. 따라서 다음의 ㉢식과 같은 관계가 성립한다.

$$MRS_{XY}^A = P_X/P_Y = MRS_{XY}^B \quad \cdots\cdots\cdots\cdots\cdots\cdots\cdots\cdots\cdots\cdots\cdots\cdots\cdots \text{㉢}$$

② 완전경쟁과 생산의 파레토 최적

앞의 ㉠식에서 언급했듯이 생산의 파레토 최적이 성립하기 위한 조건은 $MRTS_{LK}^X =$ $MRTS_{LK}^Y$이다. 생산요소시장이 완전경쟁일 경우에는 X재를 생산하는 기업이든, Y재를 생산하는 기업이든 동일한 가격으로 L, K를 구입할 수 있다. 이것을 '1 생산요소 1 생산요소가격의 법칙'이라고 부른다. 즉 X재 생산에 투입되는 L, K의 상대가격 비율과 Y재 생산에 투입되는 L, K의 상대가격 비율이 똑같다. 따라서 $(w/r)^X = w/r =$ $(w/r)^Y$의 관계가 성립한다. 여기서 w는 임금, r은 이자율(임대료)이다.

그런데 X재와 Y재를 생산하는 기업은 이윤극대화조건을 달성하기 위해 등비선의 기울기와 등량곡선의 기울기가 일치하는 수준에서 L, K의 투입량을 결정한다. 이때 등비선의 기울기는 L, K의 상대가격 비율(= w/r)이고, 등량곡선의 기울기는 한계기술대체율이다. 따라서 ㉣식의 관계가 성립한다.

$$MRTS_{LK}^X = w/r = MRTS_{LK}^Y \quad \cdots\cdots\cdots\cdots\cdots\cdots\cdots\cdots\cdots\cdots\cdots\cdots \text{㉣}$$

③ 완전경쟁과 생산물구성의 파레토 최적

완전경쟁이 생산물구성의 파레토 최적 조건을 충족시키는 것을 증명해보자. 생산물구성의 파레토 최적 조건은 $MRT_{XY} = MRS_{XY}$이다. 또 완전경쟁이면 $MRS_{XY} = P_X/P_Y$가 성립한다. 따라서 $MRT_{XY} = MRS_{XY}$임을 입증하기 위해서는 $MRT_{XY} = P_X/P_Y$임을 보이면 된다. 여기서는 가변요소가 L 하나만 존재하는 경우를 상정해서 그것을 증명하고자 한다. 생산가능곡선의 기울기인 한계전환율(MRT_{XY})은 $MRT_{XY} = -\triangle Y/\triangle X$로 정의된다. 생산가능곡선에서 X재를 $\triangle X$만큼 증가시키기 위해 필요한 추가 노동량을 $\triangle L$이라고 하자. 또 Y재를 $\triangle Y$만큼 감소시킴으로써 Y재 생산에서 자유로워지는 노동량은 $-\triangle L$이다. 따라서 다음과 같은 ㉠식이 도출된다.

$$MRT_{XY} = -\frac{\triangle Y}{\triangle X} = -\frac{\triangle Y \cdot (-\triangle L)}{\triangle X \cdot \triangle L} = \frac{\triangle L/\triangle X}{\triangle L/\triangle Y} = \frac{(\triangle L/\triangle X) \cdot w}{(\triangle L/\triangle Y) \cdot w} = \frac{w \cdot \triangle L/\triangle X}{w \cdot \triangle L/\triangle Y}$$

$$= \frac{\triangle TVC/\triangle X}{\triangle TVC/\triangle Y} = \frac{MC_X}{MC_Y} = \frac{P_X}{P_Y} \quad\cdots\cdots\cdots\cdots\cdots\cdots\cdots ㉠$$

㉠식의 도출과정에 대해서는 부연 설명이 필요할 것 같다. 임금 w에다 노동의 변화분($\triangle L$)을 곱한 $w \cdot \triangle L$은 TVC(총가변비용)의 변화분인 $\triangle TVC$이다.[84] 그런데 $\triangle TVC/\triangle X$는 X재의 한계비용($MC_X$)이다. 마찬가지로 $w \cdot \triangle L/Y$는 Y재의 한계비용(MC_Y)이다. 또 완전경쟁시장에서는 한계비용가격설정원리(P = MC)에 의해 자원배분이 이루어진다. 따라서 $P_X = MC_X$, $P_Y = MC_Y$이다. 이것을 종합하면 $MRT_{XY} = P_X/P_Y = MRS_{XY}$라는 ㉠식이 성립함을 알 수 있다.

---

[84] $MRT_{XY} = -\triangle Y/\triangle X$의 양변에다 $\triangle L$을 곱해주는 이유는 생산가능곡선에서 X를 $\triangle X$만큼 증가시키기 위해 추가적으로 필요한 노동량이 $\triangle L$이고, Y재를 $\triangle Y$만큼 감소시킴으로써 Y재 생산에서 해방되는 노동량이 $-\triangle L$이기 때문이다.

효용가능곡선은 생산가능곡선상의 한 점인 Z점을 선택해서 만들어진 에지워스상자에서 소비의 파레토 최적 조건을 충족하는 계약곡선상의 점들에서 소비자 A, B가 얻을 수 있는 효용 수준의 조합을 나타낸 곡선이다. 그런데 [그림 15-13]의 (b) 그래프에서 확인할 수 있듯이 효용가능곡선은 1개만 존재하는 게 아니다. 생산가능곡선상의 어떤 점(예; S점, T점, Z점 등)을 선택하느냐에 따라 여러 개의 효용가능곡선이 도출된다. 그럼에도 불구하고 한 가지 분명한 것은 효용가능곡선은 생산의 파레토 최적과 소비의 파레토 최적 조건을 충족시킨다는 점이다. 하지만 독자 여러분들이 유의해야 할 것은 '효용가능곡선이 생산물구성의 파레토 최적까지 보장하는 것은 아니다'라는 점이다. 그것은 오로지 효용가능경계(UPF; utility possibility frontier)에서만 가능하다. [그림 15-13]의 (a) 그래프는 생산가능곡선상의 S점, T점, Z점에서 선택이 이루어짐을 나타낸다. 또 S점, T점, Z점별로 3개의 에지워스상자가 도출되고, 그것으로부터 3개의 효용가능곡선이 도출된다.

　[그림 15-13]의 (b) 그래프의 효용가능경계는 효용가능곡선을 감싸주는 포락선(包絡線)이다. 또 효용가능경계는 한마디로 '생산의 파레토 최적, 소비의 파레토 최적, 생산물구성의 파레토 최적을 모두 충족시키는 소비자 효용 수준의 조합을 연결한 곡선'이다. 효용가능경계와 효용가능곡선의 본질적인 차이는 생산물구성의 파레토 최적이 보장되는가?의 여부다. 효용가능경계상의 모든 점에서는 생산물구성의 파레토

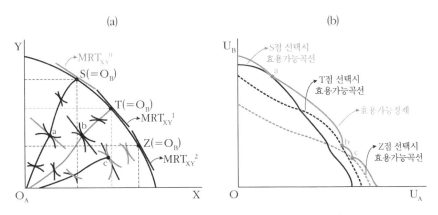

〔그림 15-13〕 효용가능곡선과 효용가능경계 간의 관계

최적이 반드시 충족된다. 그러나 효용가능곡선의 경우에는 그 곡선상의 한점(예; a, b, c점)에서만 생산물구성의 파레토 최적이 달성된다는 사실이다. 〔그림 15-13〕의 (a) 그래프의 계약곡선상에서는 소비의 파레토 최적이 달성된다. A, B의 무차별곡선이 서로 접하기 때문이다. 또 S점에서는 생산의 파레토 최적이 달성된다. 하지만 생산물구성의 파레토 최적이 달성되는 것은 MRT_{XY}^O와 $MRS_{XY}^A = MRS_{XY}^B$의 기울기가 동일한 a점에서만 성립된다. 이는 T점이나 Z점에서도 마찬가지다. T점이 선택될 경우 생산물구성의 파레토 최적이 충족되는 점은 b점이고, Z점이 선택될 경우 생산물구성의 파레토 최적이 충족되는 점은 c점이다. 효용가능경계는 〔그림 15-13〕의 (b) 그래프에서 확인할 수 있듯이 생산의 파레토 최적, 소비의 파레토 최적, 생산물구성의 파레토 최적을 동시에 만족시키는 a점, b점, c점과 같은 점들을 연결한 곡선이다.

(3) 사회후생함수와 사회적 무차별곡선

① 사회후생함수에 대한 개관(槪觀)

사회후생함수(SWF; social welfare function)는 '사회구성원들의 선호체계를 종합해서 사회 전체의 선호를 나타내는 함수' 또는 '한 경제의 여러 상태(소득분배의 공정성까지 포함)에 대해 좋고 나쁜 차례를 매기는 사회적 평가체계'를 말한다.

만약 어느 한 경제의 사회구성원이 소비자 A, B만 존재한다고 가정할 경우, 사회후생함수는 다음의 ㉠식과 같이 나타낼 수 있다.

$$SW = F(U_A, U_B) \quad \cdots\cdots\cdots\cdots\cdots\cdots\cdots\cdots\cdots\cdots\cdots\cdots\cdots\cdots\cdots ㉠$$

단, ㉠식에서 SW는 사회 후생, U_A는 소비자 A의 효용 수준, U_B는 소비자 B의 효용수준을 의미한다.

위의 ①, ②와 관련해서 후생경제학에 대한 정의를 내리면 다음과 같다. 즉 후생경제학은 '자원을 어떻게 배분하고 소득을 어떻게 분배해야 경제적 후생 수준을 극대화할 수 있는가를 분석하는 규범경제학'이다.

② 사회적 무차별곡선에 대한 개관(槪觀)

사회적 무차별곡선(SIC; social indifference curve)은 소비자이론에서 학습한 무차별곡선과 유사한 개념이다. 소비자이론에서 무차별곡선은 소비자의 선호체계를 나타낸다. 사회적 무차별곡선도 마찬가지다. 즉 사회적 무차별곡선은 사회후생함수에서 동일한 사회 후생 수준을 보장하는 U_A와 U_B의 조합으로 정의된다. 사회적 무차별곡선은 사회후생함수에 내재된 가치판단의 특성을 대변해준다. 여기서 가치판단은 크게 3부류로 구분된다. 이하에서는 그들 각각에 대해 살펴보자.

첫째는 영국의 사상가인 제러미 벤담(J. Bentham)과 같은 사람들이 주장한 공리주의를 들 수 있다. 이들은 개인의 효용 수준을 단순하게 합계한 것이 사회 후생 수준이라고 정의한다. 이는 사회적 무차별곡선이 'SW = U_A + U_B'라는 얘기다. 이것을 그래프로 나타내면 〔그림 15-14〕와 같다. 우리는 공리주의자들의 사회적 무차별곡선으로부터 2가지를 유추할 수 있다. 하나는 사회적 무차별곡선이 우하향하는 직선으로서 기울기가 – 1이고, 절편이 SW라는 점이다. 이는 사회적 무차별곡선의 궤적인 U_B = SW – U_A로부터 비롯된 것이다. 다른 하나는 공리주의자들은 가난한 사람들을 배려하는 소득재분배 정책을 지지한다는 사실이다. 둘째는 평등주의적 가치판단을 중시하는 사회적 무차별곡선을 들 수 있다. 평등주의적 가치판단을 중시하는 사람들은 소득재분배 정책을 광범위하게 지지한다. 따라서 이들의 사회후생함수는 부자들의 효용 수준에는 낮은 가중치를 부여하고 가난한 자들의 효용에는 높은 가중치를 부여한 후, 그것을 하나의 통합된 숫자로 나타낸다. 따라서 평등주의적 가치판단을 중시

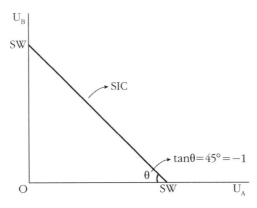

〔그림 15-14〕 공리주의자들의 사회적 무차별곡선

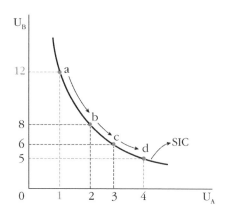

〔그림 15-15〕 평등주의자들의 사회적 무차별곡선

하는 사회적 무차별곡선은 〔그림 15-15〕에서 보는 것과 같이 원점에 대해 볼록 (convex)하며 우하향(右下向)한다. 또 소득재분배 정책에 대한 지지도가 높으면 높을수록 사회적 무차별곡선은 원점에 대해 더욱 볼록한 형태를 띤다.

〔그림 15-15〕는 사회적 무차별곡선이 원점에 대해 볼록한 모습을 나타내는데 이를 위한 전제조건은 a점, b점, c점, d점에서 절대값으로 표시된 접선의 기울기가 체감해야 한다. 이를 달리 표현하면 소비자 A의 효용을 1단위 증가시키기 위해 포기해야 하는 소비자 B의 효용이 점점 더 작아져야 한다는 것을 의미한다. a점에서는 B가 부자이고, A가 가난한 사람이다. 따라서 가난한 사람의 효용을 1단위 증가시키기 위해서 부자인 소비자 B의 효용이 4단위 감소해야 한다. 이는 A의 한계효용 1단위가 B의 한계효용 1단위보다 4배만큼 사회적으로 중요하다는 것을 시사해준다. 하지만 A의 효용이 a점 → b점 → c점 → d점으로 증가한다는 것은 그만큼 A의 부(富)가 커지는 것을 의미한다. 그렇게 되면 이제는 상대적으로 가난해지는 B의 한계효용이 더욱 중시하기 때문에 A의 한계효용을 1단위 더 증가시키기 위해 포기해야 하는 B의 한계효용이 4 → 2 → 1로 감소할 수밖에 없다. 셋째는 미국의 철학자 존 롤즈(J. Rawls)의 정의론에 입각한 사회후생함수를 들 수 있다. 롤즈는 어느 한 경제의 어떤 분배상태가 바람직한 것인가?와 관련해서 가장 가난한 계층의 생활 수준을 크게 개선시키는 것을 최우선의 정책과제라고 주장했다. 이것을 롤즈의 '최소극대화원칙(maximin principle)'이라고 말한다. 즉 '어느 한 경제의 사회 후생은 사회구성원 가운데 극빈층의 후생 수준에 의해서 결정된다'는 얘기다. 롤즈의 시각에 입각한 사회후생함수는 SW = min(U_A,

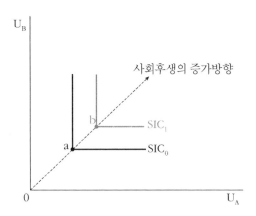

〔그림 15-16〕 롤즈의 시각에 입각한 사회적 무차별곡선

U_B)로 나타낼 수 있다. 이를 그래프로 나타내면 다음의 〔그림 15-16〕과 같다.

　롤즈의 시각에 입각한 사회적 무차별곡선의 형태는 레온티에프의 생산함수와 같은 L자 형태를 띠며, 사회 후생의 증가는 점선으로 표시된 화살표 방향으로 이루어진다. 사회적 무차별곡선의 형태가 L자라는 것은 〔그림 15-16〕의 a점과 b점에서 보는 것처럼 해당 경제에서 극빈층의 사회 후생을 개선시키지 않고서는 그 경제의 사회 후생 수준이 증가하지 않는다는 것을 시사해준다.

(4) 사회 후생 수준의 극대화 문제

① 사회 후생 수준의 극대화

우리가 이들 이론을 통해 최종적으로 얻고자 하는 결론은 사회 후생 수준의 극대화이다. 그런데 사회 후생 수준의 극대화는 생산·소비·생산물구성의 파레토 최적을 보장하는 효용가능경계(UPF)와 사회적 무차별곡선(SIC)이 접하는 e점에서 이루어진다. 이것을 그래프로 나타내면 다음과 같이 요약된다. 〔그림 15-17〕은 A, B에게 U_A^*, U_B^*의 효용이 할당될 때, 사회 후생수준이 극대화됨을 보여준다. 그런 의미에서 e점은 해당 경제에서 사회 후생 수준이 극대화될 수 있도록 자원이 가장 효율적으로 배분된 상태임을 말해준다.

　이상의 설명을 통해 우리는 사회 후생 수준의 극대화 문제에 대한 하나의 결론을

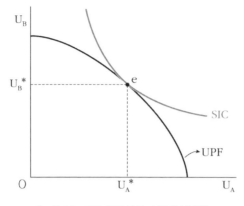

〔그림 15-17〕 사회 후생 수준의 극대화

도출할 수 있다. 생산·소비·생산물구성의 파레토 최적은 사회 후생의 극대화를 위한 필요조건이다. 사회 후생 수준의 극대화를 위한 충분조건은 분배에 대한 사회구성원의 가치판단을 내재한 사회후생함수의 도입이다. 이것은 효율성이라는 하나의 기준만으로는 사회 후생 수준의 극대화 문제를 해결할 수 없음을 의미한다.

② 애로우(K. J. Arrow)의 불가능성정리

우리는 앞에서 사회적 무차별곡선과 관련된 사회적 선호체계에 대해 학습했다. 하지만 그중에서 과연 어느 것이 가장 바람직한 사회적 선호체계인지에 대해서는 논란이 분분하다. 이와 관련해서 1972년에 노벨경제학상을 수상한 케네스 조셉 애로우(K. J. Arrow)는 사회적 선호체계가 합리성을 충족시키기 위한 조건들이 무엇인가?에 대해 분석했다. 그리고 이들 제(諸)조건을 완벽하게 구비(具備)한 사회적 선호체계, 즉 사회적 무차별곡선이 존재하지 않는다는 것을 증명했다. 경제학에서는 이것을 '애로우의 불가능성정리(impossibility theorem)'라고 부른다.

1950년대 초, 애로우는 사회적 선호체계가 합리성을 갖기 위해서는 다음의 4가지 조건이 필요하다고 주장했다. 첫째는 사회적 선호체계($\gtrsim_s$)가 완비성과 이행성을 충족해야 한다는 것이다. 사회적 선호체계가 완비성(completeness)을 충족하지 못하면, 2개의 사회 상태에 대한 바람직한 정도를 비교·평가할 수 없다. 또 이행성(transitivity)을 충족시키지 못할 경우에는 여러 사회 상태에 대한 선호 순위를 일관성 있게 매길 수 없다. 하지만 사회적 선호체계가 완비성과 이행성을 충족하면 언제나 바람직한 사회 상태를 선별해 낼 수 있다. 참고로 과반수 의결[85]은 이행성의 조건, 만장일치[86]는 완비성의 조건을 위배(違背)할 가능성이 있다. 둘째는 파레토 원칙(pareto principle)이 준수되어야 한다. 파레토 원칙의 의미는 다음과 같다. '임의의 두 사회 상태를 S_1, S_2라고 가정하자. 이때 모든 사회구성원들이 S_1을 S_2보다 선호한다면 사회 전체적으로도 S_1을 S_2보다 선호해야 한다'는 논리다. 즉 $S_1 \succsim_s S_2$라는 얘기다. 사회적 의사결정과정 가운데 강제(imposition)[87]에 내재된 사회적 선호체계는 파레토 원칙을 충족시키기 어렵다. 강제는 사회적 선호체계가 사회구성원인 개인의 선호체계를 존중해야 한다는 파레토 원칙을 위반할 가능성이 매우 크기 때문이다. 셋째는 무관한 대안으로부터의 독립(independence of irrelevant alternative) 조건이 충족되어야 한다. 이는 임의의 두 사회 상태를 S_1, S_2라고 가정하자. 이때 사회 상태 S_1과 S_2에 대한 사회적 선호순서는 단지 사회구성원들의 S_1과 S_2간의 선호순서에만 의존해야 하고 그것과는 무관한 다른 대안 Υ에 의해 선호순서가 뒤바뀌는 일이 없어야 한다는 것을 말한다.[88] 넷째는 사회적 선호체계는 독재[89]와도 거리가 멀어야 한다. 경제학에서는 이것을 비독재성(非獨裁性,

---

85 과반수 의결(majority voting)은 사회구성원의 1/2보다 많은 사람들이 사회 상태 S_1을 S_2보다 더 바람직한 것으로 평가할 경우, 사회적으로도 S_1이 S_2보다 더 바람직한 것으로 평가하는 사회적 의사결정과정을 말한다. 과반수 의결의 최대 약점은 그것이 이행성을 충족시키지 못하는 경우가 존재한다는 점이다. 가령 어느 경제에서 소비자 A, B, C가 있고 사회 상태 S_1, S_2, S_3에 대해 다음과 같이 개별적인 선호를 나타냈다고 가정하자. 소비자 A; $S_3 > S_1 > S_2$, 소비자 B; $S_1 > S_2 > S_3$, 소비자 C; $S_2 > S_3 > S_1$. 이때 과반수 의결의 방법으로 S_1과 S_2의 사회적 선호관계를 평가하면 3인 중 2인이 S_1을 S_2보다 선호하기 때문에 $S_1 > S_2$의 관계가 성립한다. 이와 같은 논리로 S_2와 S_3, S_1와 S_3의 사회적 선호관계를 도출하면 각각 $S_2 > S_3$, $S_3 > S_1$의 관계가 도출된다. 이행성이 성립한다면 $S_1 > S_2$이고, $S_2 > S_3$라면 당연히 $S_1 > S_3$의 관계가 성립해야 하지만 위의 경우는 그 반대의 관계가 도출되기 때문에 이행성을 충족하지 못한다.

86 만장일치(unanimity)의 대표적 사례는 신라의 화백제도이다. 즉 모든 사회구성원이 사회 상태 S_1을 S_2보다 바람직한 것으로 평가할 경우, 사회적으로도 사회 상태 S_1이 S_2보다 더 바람직한 것으로 평가하는 사회적 의사결정과정이다. 만장일치는 사회구성원 가운데 1인이라도 다른 개별 선호를 나타낼 경우, 어떤 사회 상태가 더 바람직스러운지 평가할 수 없다. 이는 어떤 상태에서도 사회적 선호관계를 평가할 수 있다는 완비성의 조건을 위반하게 된다.

87 강제(imposition)란, 사회구성원의 개별 선호를 전혀 반영하지 않는 사회적 의사결정과정을 말한다. 우리나라가 일제(日帝)의 식민지 치하에 놓여 있을 때가 대표적 사례다. 이 시기에 사회적 의사결정은 일제(日帝)의 선호체계에 의존했을 뿐, 우리 국민들의 의사는 거의 무시되었다. 그런 것이 바로 강제의 본질이다.

88 다수결이나 만장일치의 원칙은 무관한 대안으로부터의 독립이란 조건을 충족시키지만 효용의 개인간 비교를 전제로 하는 공리주의적 선호체계는 그 조건을 충족시키지 못할 가능성이 크다.

non-dictatorship)의 조건이라고 말한다. 이를 달리 표현하면 어느 한 사람의 선호가 사회 구성원 전체의 선호를 좌우해서는 곤란하다는 뜻이다.

애로우는 이들 4가지 조건 가운데 첫째, 둘째, 셋째 조건을 충족시키는 사회적 선호체계는 반드시 넷째 조건을 위반한다는 것을 증명했다. 즉 '사회구성원들의 숫자가 유한하고, 선택 가능한 대안이 3개 이상이면 완비성 및 이행성, 파레토 원칙, 무관한 대안으로부터의 독립 조건을 충족시키는 사회적 선호체계는 독재뿐이다'라는 얘기다. 그것이 바로 애로우의 불가능성 정리다.[90]

(5) 차선의 이론

① 정의 및 개요

차선의 이론(theory of second best)은 후생경제학의 한 이론으로서 어느 한 경제가 파레토 최적에 도달하는데 필요한 조건이 하나라도 충족되지 못한다면, 나머지 다른 조건들이 많이 충족된다 할지라도 사회적 후생 수준은 더 나아지지 않을 수 있다는 것을 말한다. 어떤 외부적인 돌발사태나 정부 당국의 규제 조치로 인해 파레토 최적을 달성하기 위한 필요조건들 가운데 하나의 조건(예; 소비의 파레토 최적)이 충족되지 못했다고 가정하자. 대부분의 사람들은 직관적으로 판단할 것이다. 소비의 파레토 최적 조건이 충족되지 않은 상황에서는 생산의 파레토 최적과 생산물구성의 파레토 최적 조건을 충족하는 자원배분 상태가 생산물구성의 파레토 최적 조건 하나만을 충족시키는 자원배분 상태보다 훨씬 나을 것이라고 말이다. 이는 파레토 최적 조건을 하나라

---

89 독재(dictatorship)란 사회적 선호체계가 최고 권력자인 어느 독재자의 개인 선호에 의해서 결정되는 사회적 의사결정과정을 말한다. 독재가 존재할 경우, 사회적 선호체계는 독재자의 선호체계와 정확하게 일치한다.

90 비록 사견(私見)이지만 저자는 과거 경제학 석사과정 때에 이승훈 교수님의 명저인 『미시경제학』(영지문화사)에서 애로우의 불가능성 정리에 대한 증명 부분을 탐독했던 기억이 있다. 이승훈 교수님께서 정년퇴임을 하신 후, 오랜만인 지난해(2020년)에 생능출판사에서 3인 공저(이승훈·장지상·전병헌)로 개정판인 『미시경제학』이 출간되었다. 그 책 374-376쪽에는 과거 복잡했던 애로우의 불가능성 정리가 한결 깔끔하고 명쾌하게 다듬어져 있는 것을 발견하고 기쁜 마음으로 그것을 독자 여러분들에게 소개해 드린다. 내용을 읽어 보니 저자의 박사과정 시절에 은사였던 전병헌 교수님의 수업내용과 비슷해서 무척 반가웠다. 그 아름다운 기억을 독자 여러분들과 공유하고자 한다.

도 더 충족되는 것이 차선책이라고 생각하기 때문이다.

하지만 1956년에 캐나다 출신의 경제학자 리차드 립시(R. Lipsey)와 호주 출신의 경제학자 켈빈 랭카스터(K. Lancaster)는 학술지『Review of Economic Studies』에 '차선에 대한 일반이론; The General Theory of Second Best'란 논문을 통해 차선책에 대한 일반인들의 직관적 판단에 커다란 오류가 있을 수 있음을 증명했다. 즉 단 하나라도 최적의 조건을 충족시키지 못한다면 그 이후부터는 충족되는 조건의 수(數)와 사회 후생 수준간에는 별다른 관계가 없다는 것을 수학적으로 증명했다. 립시와 랭카스터의 지적은 자국의 경제개혁 방향을 놓고 고민하는 각국의 경제관료와 경제전문가들에게 큰 시사점을 제공했다. 그들 역시 경제 제도나 경제정책 분야에서 비합리적인 측면의 부분적인 제거나 보완조치를 통한 점진적 개혁을 차선책으로 여겼는데 그것이 근본적으로 잘못된 것임을 깨닫게 해주었기 때문이다.

② 차선의 이론에 대한 그래프적 설명

차선의 이론을 증명하기 위해서는 학부 수준을 뛰어넘는 수학적 지식이 요구된다. 따라서 여기서는 수험서의 특성에 부합하도록 차선의 이론이 갖는 본질적인 측면만 독자 여러분들에게 이해시키는 선에서 마무리하고자 한다. 지금까지 우리가 학습한 생산가능곡선(PPC)과 사회적 무차별곡선(SIC)을 활용해서 차선의 이론에 대한 본질을 설명하고자 한다.

〔그림 15-18〕에서 fecg는 어느 한 경제에서 생산의 파레토 최적 조건을 충족시

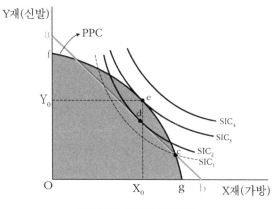

〔그림 15-18〕 차선의 이론

키는 가방과 신발에 대한 생산가능곡선(PPC)이고 $SIC_{1,2,3,4}$는 가방과 신발에 대한 사회적 무차별곡선을 의미한다. 이 경제에서 아무런 제약이나 정부의 규제조건이 없는 경우, 사회적으로 바람직한 자원배분은 생산가능곡선과 사회적 무차별곡선이 접하는 e점에서 결정될 것이다. 이때 가방과 신발의 최적 생산량과 소비량은 각각 OX_0, OY_0이다. 그런데 어떤 경제적 이유로 생산량과 소비량에 대한 정부 당국의 규제 조치가 내려졌는데 그 한도는 직선 ab 이하로 정해졌다고 가정하자. 〔그림 15-18〕을 보면 정부 당국의 규제 조치가 내려진 이후에도 c점, d점은 생산과 소비가 가능하다. 직관에 따르면 생산가능곡선상의 c점이 생산가능곡선 내부의 d점보다 훨씬 더 바람직한 자원배분 상태라고 판단할 가능성이 크다. 왜냐하면 c점에서는 생산의 파레토 최적 조건이 충족되지만 d점에서는 그것조차 충족하지 못하기 때문이다. 하지만 사회 후생 수준은 〔그림 15-18〕에서 보는 것처럼 d점이 c점보다 더 크게 나타난다. 즉 SIC_2 〉 SIC_1이다. 이것이 바로 차선의 이론이 갖는 본질이다. 즉 파레토 최적 조건이 완전하게 충족되지 못하는 상황에서 사회 후생 수준의 크기는 나머지 파레토 최적 조건의 추가적인 충족과 무관하게 결정될 수 있다는 점이다.

요약 및 복습

부분균형분석과 일반균형분석은 양의(洋醫)와 한의사의 차이와 비슷하다. 부분균형
분석은 양의(洋醫)처럼 전문분야별로 특정 부위(예; 폐, 간, 직장, 대장 등)를 다루듯이 특정
시장만 별도로 떼어내서 그를 둘러싼 여러 문제들을 규명하는 연구방법론이다. 반면
일반균형분석은 한의사가 인간의 오장육부를 종합적으로 진단하면서 질병을 찾아내
는 것처럼 여러 시장을 동시에 고려하면서 그를 둘러싼 문제들을 규명하려는 연구방
법론이다.

어느 한 경제에 대한 일반균형분석에서 일반경쟁균형은 그 경제 내의 모든 시장
에서 동시에 균형이 성립되고 있다는 뜻이다. 일반경쟁균형의 존재를 보장하는 충분
조건으로는 2가지다. 하나는 상품별 초과수요함수는 모든 가격체계에 대해 연속적
이어야 한다. 다른 하나는 어떤 상품의 가격이 0으로 접근하면 그 상품에 대한 초과수
요는 무한대로 증가한다는 것이다.

효율적인 자원배분은 파레토 최적의 개념에 입각해서 분석된다. 크게 3 가지가
존재한다. 생산의 파레토 최적, 소비(교환)의 파레토 최적, 생산물구성의 파레토 최적
이 그것이다.

생산의 파레토 최적은 기업들간에 생산요소(L, K)를 재배분하더라도 어느 한 상
품의 생산량을 감소시키지 않고서는 다른 상품의 생산량을 증가시킬 수 없는 상태를
말한다. 'X재의 한계기술대체율 $= MRTS_{LK}^X = MRTS_{LK}^Y =$ Y재의 한계기술대체율'의
조건이 성립될 때, 생산의 파레토 최적이 달성된다. 참고로 생산가능곡선은 생산의
파레토 최적 조건으로부터 도출된다.

소비의 파레토 최적은 소비자 A, B간에 어느 한 경제가 생산해낸 상품을 배분할
때, 사회구성원 어느 누구의 후생을 감소시키지 않고서는 다른 경제주체의 후생을 증
가시킬 수 없도록 배분하는 것을 말한다. 소비의 파레토 최적을 달성하기 위한 조건
은 '소비자 A의 한계내체율 $= MRS_{XY}^A = MRS_{XY}^B =$ 소비자 B의 한계대체율'이다. 참고
로 효용가능곡선은 소비의 파레토 최적 조건으로부터 도출된다.

생산물구성의 파레토 최적은 소비의 파레토 최적과 생산의 파레토 최적이 동시

에 충족될 수 있도록 생산물구성이 이루어져야 한다는 것을 의미한다. 생산물구성의 파레토 최적 조건이 충족될 수 있는 조건은 'X재와 Y재의 한계전환율 = MRT_{XY} = MRS_{XY} = X재와 Y재의 한계대체율'이다.

완전경쟁이 보장되면 생산의 파레토 최적, 소비의 파레토 최적, 생산물구성의 파레토 최적이 자연적으로 충족된다. 그것을 가능하게 만드는 것은 기업과 소비자들이 생산물시장과 생산요소시장에서 가격수취자로 참여하기 때문이다.

① 생산의 파레토 최적; $MRTS_{LK}^{X}$ = w/r = $MRTS_{LK}^{Y}$
② 소비의 파레토 최적; MRS_{XY}^{A} = P_X/P_Y = MRS_{XY}^{B}
③ 생산물구성의 파레토 최적; MRT_{XY} = MC_X/MC_Y = P_X/P_Y = MRS_{XY}

사회후생함수(SWF)는 사회구성원들의 선호체계를 종합해서 사회 전체의 선호로 나타내는 함수를 의미하며 사회적 무차별곡선으로 구체화된다. 2인 경제를 가정할 경우 사회후생함수의 대표적인 형태는 SW = $F(U_A, U_B)$로 정의된다. 여기서 U_A와 U_B는 소비자 A, B의 효용 수준을 의미한다. 사회적 무차별곡선의 형태는 공리주의, 평등주의, 최소극대화 원칙의 관점에 따라 달라질 수 있다.

① 제러미 벤담 류의 공리주의자들은 사회후생을 '사회후생 = $\sum_{i=1}^{n}$ 개인 후생'이라고 간주한다. 즉 SW = $U_A + U_B$라는 얘기다. 이런 경우 사회적 무차별곡선의 형태는 우하향하는 직선이다.
② 평등주의적 가치관을 갖고 있는 사람들의 선호체계인 사회적 무차별곡선은 원점에 대해 볼록(convex)한 형태를 띤다. 그 이유는 부자들의 효용 수준에 대해서는 가중치를 낮게 부여하고, 가난한 자들의 효용 수준에 대해서는 가중치를 높게 부여하기 때문이다.
③ 존 롤즈처럼 가난한 계층의 생활 수준을 개선시키는 것을 최우선의 정책과제로 생각할 경우의 사회적 무차별곡선은 레온티에프 생산함수처럼 L자의 형태를 띤다.

케네스 조셉 애로우는 위에서 언급한 사회적 무차별곡선이 합리적 선호체계가 되기 위한 전제조건으로서 4가지를 제시한 바 있다. 완비성과 이행성의 충족, 파레토 원칙의 충족, 무관한 대상으로부터의 독립, 비독재성이 그것이다. 하지만 이들 네 가지 조건을 모두 충족시키는 사회적 선호체계는 존재하지 않는다는 것을 밝혔는데 그것이 바로 애로우의 불가능성 정리이다. 그것은 다음과 같이 요약된다. 사회구성원들의 숫자가 유한하고, 선택 가능한 대안이 3개 이상일 경우, 완비성 및 이행성, 파레토 원칙, 무관한 대안으로부터의 독립 조건을 충족시키는 사회적 선호 체계는 독재뿐이다.

차선의 이론이란 파레토 최적 조건이 완전하게 충족되지 못하는 상황에서 사회후생 수준은 나머지 파레토 최적 조건의 추가적인 충족과는 무관하게 결정된다는 점이다. 이는 정부 정책을 입안하고 실행하는 정치가나 관료들에게 시사하는 바가 매우 크다.

제16장

시장실패의 원인과
해결방안

1 시장실패의 개념과 형태

(1) 시장실패에 대한 개요

① 정의

시장실패(market failure)는 자유방임 상태의 시장이 자원을 효율적으로 배분하지 못하는 현상을 말한다. 일부 경제학자들은 공평한 소득분배를 이루지 못하는 경제 상황까지 시장실패에 포함시키기도 한다.

② 시장실패와 정부실패의 관계

시장실패 현상이 대두되면, 정부는 그것의 치유를 목적으로 시장에 개입한다. 비록 시장실패가 시장에 대한 정부개입의 정당성을 제공하지만 그것 역시 완벽하지 않기 때문에 발생하는 것이 정부실패(government failure)다. 정부실패 문제에 대해서는 후술한다.

(2) 시장실패의 형태와 범위

① 시장실패의 형태와 범위

시장실패의 형태와 범위를 요약하면 [표 16-1]과 같다.[91]

---

91 홍승기, 『미시경제학』(7급 경제학, 2판), 박영사, 2009, 457쪽 참조.

〔표 16-1〕시장실패의 형태와 범위

② 시장실패의 형태와 범위

시장실패는 크게 미시적 시장실패와 거시적 시장실패로 구분된다. 거시적 시장실패는 거시경제학의 주된 관심 대상이기 때문에 본서(本書)에서는 취급하지 않는다. 또 미시적 시장실패는 3가지로 세분된다.

첫째는 시장구조(market structure)상의 문제에 따른 시장실패다. 독점, 과점, 독점적 경쟁은 물론 시장구조를 불완전하게 만드는 정보의 불완전성, 불확실성(uncertainty),[92] 등에 따른 시장실패가 이 부류에 속한다. 둘째는 시장의 내재적 한계로서 시장구조가 완전경쟁이더라도 외부효과, 공공재, 규모의 경제[93]가 존재하면 가격기구는 자원의 효율적 배분에 실패한다. 셋째는 시장의 외재적 한계로서 소득분배의 불균등을 지적할 수 있다. 균등한 소득분배는 가격기구가 보장할 수 있는 사항이 아니다. 물론 가격기구가 기능별 소득분배이론을 통해 임금소득, 이자소득, 지대소득 등을 결정하지만 그렇다고 해서 소득의 공평 분배까지 해결해주는 것은 아니다. 오히려 가격기구에 일임할 경우, 소득분배는 시간이 흐름에 따라 빈익빈(貧益貧) 부익부(富益富) 현상이 나타날 가능성이 크다.

---

92 독자 여러분들은 '파레토 최적을 보장하는 일반경쟁균형은 모든 것이 확실하다'는 암묵적 가정하에 성립하는 것임을 학습한 바 있다. 만약 불확실성이 개입되면 일반경쟁균형이 파레토 최적을 보장한다는 것은 그 의미를 상실하게 된다. 물론 불확실성의 존재가 항상 시장실패를 야기하는 것은 아니다. 케네스 조셉 애로우(K. J. Arrow)는 완벽한 조건부 거래시장이 존재한다면 설령 불확실성이 존재해도 시장실패가 일어나지 않는다는 사실을 입증했다. 하지만 현실적으로 완벽한 조건부 거래시장의 존재가 거의 불가능하기 때문에 불확실성을 시장실패의 원인으로 간주한다.

93 규모의 경제가 발생하면 LAC(장기평균비용)가 체감하기 때문에 한 기업이 시장 전체의 수요를 커버하는 것이 훨씬 더 유리해진다. 따라서 이런 현상이 지속되면 자연독점이 되기 때문에 시장은 효율적인 자원배분에 실패한다.

2   외부효과와 시장실패

(1) 외부효과에 대한 기초 개념

① 외부효과에 대한 정의

완전경쟁시장이 효율적인 자원배분에 성공하기 위해서는 외부효과(external effect)가 존재하지 않아야 한다. 비록 시장구조가 완전경쟁시장일지라도 외부효과가 존재하면 시장실패 현상이 나타난다.

외부효과는 '어떤 행위와 관련해서 제3자에게 의도하지 않은 이익을 제공하거나 피해를 입혔음에도 불구하고 그에 대한 대가를 받거나 보상을 해주지 않는 것'을 말한다. 전자는 외부경제(external economy), 후자는 외부불경제(external diseconomy)라고 정의한다. 또 외부효과는 다른 말로 외부성(externality)이라고도 부른다.

② 외부효과의 발생 영역

외부효과는 소비와 생산 측면에서 나타날 수 있다.[94] 특히 이 내용은 각종 경제시험에서 자주 출제되기 때문에 독자 여러분들의 세심한 주의와 치밀한 학습이 요구된다.

---

[94] 경우에 따라서는 외부효과를 실질적인 외부효과와 금전적인 외부효과, 사적재(私的財)적 외부효과와 공공재적 외부효과로 구분하기도 한다. 이에 대해 궁금한 독자 여러분들은 이준구·조명환, 『재정학』, 문우사, 2021, 164-165쪽을 참조하기 바란다.

(2) 소비 측면에서의 외부효과 분석

① 사적 한계편익과 사회적 한계편익 간의 괴리 발생

소비 측면에서 외부효과가 발생하면 사적 한계편익(PMB; private marginal benefit)과 사회적 한계편익(SMB; social marginal benefit)간에 괴리가 발생한다. 그 이유는 소비와 직결된 개념은 한계편익(MB; marginal benefit)이지 한계비용(MC; marginal cost)이 아니기 때문이다.

소비 측면에서의 외부경제가 발생하면 SMB 〉 PMB이고, 외부불경제가 발생하면 SMB 〈 PMB 현상이 야기된다. 그 이유는 외부경제일 때는 한계외부편익(MEB; marginal external benefit)이 0보다 크고, 외부불경제일 경우에는 한계외부편익이 0보다 작기 때문이다. 또 소비 측면에서의 외부경제로는 전염병에 대한 예방 접종, 집 앞 화단 가꾸기, 사유지에 조성한 공원 등을 들 수 있다. 외부불경제로는 밀폐된 장소에서의 흡연, 차례를 지키는 행렬 속의 새치기 등을 들 수 있다. 이하에서는 이들 개념에 대한 그래프적 분석을 통해 소비 측면의 외부경제와 외부불경제의 본질을 분석해보자.

② 과소소비와 과잉소비, 보조금과 과태료

〔그림 16-1〕의 (a) 그래프는 소비 측면에서의 외부경제를 보여준다. (a) 그래프에서 외부경제를 배제시켰을 때의 시장균형점은 e점이다. 왜냐하면 e점에서 PMB곡선과 공급곡선 S가 교차하기 때문이다. 그러나 외부경제가 발생한 경우, 사회적으로 바람직한 시장균형점은 d점이다. 그 이유는 d점에서 SMB(= PMB + MEB)곡선과 공급곡선 S

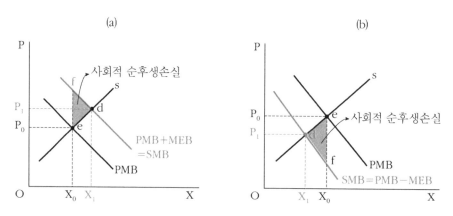

〔그림 16-1〕 소비 측면에서의 외부효과 분석

가 교차하기 때문이다. 따라서 소비 측면에서 외부경제가 발생했음에도 불구하고 자원배분을 가격기구에 일임하면 X_0X_1만큼 과소소비 현상이 일어나고 △ fde만큼의 사회적 후생 손실이 발생한다. 이때 정부가 시장실패를 해결하려면 X_0 수준에서 발생하는 양(+)의 MEB(= fe)만큼 보조금을 지급해서 PMB곡선을 SMB곡선으로 이동시켜야 한다. 그러면 소비자들이 X재를 사회적으로 바람직한 수준(= OX_1)까지 소비할 수 있다.

한편, (b) 그래프는 소비 측면에서의 외부불경제를 보여준다. (b) 그래프에서 외부불경제를 배제시켰을 때의 시장균형점은 e점이다. 그 이유는 e점에서 PMB곡선과 공급곡선 S가 교차하기 때문이다. 하지만 사회적으로 바람직한 시장균형점은 d점이다. 그것은 d점에서 SMB(= PMB − MEB)곡선과 공급곡선 S가 교차하기 때문이다. 따라서 소비 측면에서 외부불경제가 발생했음에도 불구하고 자원배분을 가격기구에 일임하면 X_1X_0만큼의 과잉소비 현상이 나타나고 △ efd만큼의 사회적 후생 손실이 발생한다. 이때 정부가 시장실패를 해결하려면 X_0수준에서 발생하는 음(−)의 MEB(= fe)만큼 과태료를 부과해서 PMB곡선을 SMB곡선으로 이동시켜야 한다. 그러면 소비자들이 X재를 사회적으로 바람직한 수준(= OX_1)까지 소비할 수 있다.

(3) 생산 측면에서의 외부효과 분석

① 사적 한계비용과 사회적 한계비용 간의 괴리 발생

생산 측면에서 외부효과가 발생하면 사적 한계비용(PMC; private marginal cost)과 사회적 한계비용(SMC; social marginal cost) 간에 괴리가 발생한다. 그 이유는 생산 측면과 직결된 개념은 한계비용(MC; marginal cost)이지 한계편익(MB; marginal benefit)이 아니기 때문이다.

생산 측면에서의 외부경제가 발생하면 PMC 〉 SMC이고, 외부불경제가 발생하면 PMC 〈 SMC 현상이 야기된다. 그 이유를 설명하면 외부경제일 때는 한계외부비용(MEC; marginal external cost)이 0보다 작고, 외부불경제일 경우는 한계외부비용이 0보다 크기 때문이다. 또 생산 측면에서의 외부경제는 과수원 인근에서의 양봉업, 꽃가게에서 발산하는 국화꽃 향기 등을 들 수 있고 외부불경제는 세탁소 주변의 연탄공장, 공장에서 내뿜는 이산화탄소(CO_2), 인근 공사장에서 날아오는 미세먼지와 소음 등을 들 수 있다. 이하에서는 그래프적 분석을 통해 생산 측면에서의 외부경제와 외부불경제의 문제를 분석해보자.

② 과소생산과 과잉생산, 생산보조금과 조세

〔그림 16-2〕의 (a) 그래프는 생산 측면에서의 외부경제를 보여준다. (a) 그래프에서 외부경제를 배제했을 경우의 시장균형점은 e점이다. 왜냐하면 e점에서 PMC와 수요곡선 D가 교차하기 때문이다. 하지만 사회적으로 바람직한 시장균형점은 d점이다. 그 이유는 d점에서 SMC(= PMC - MEC)와 수요곡선 D가 교차하기 때문이다. 따라서 생산 측면에서의 외부경제가 발생했음에도 불구하고 자원배분을 가격기구에 일임하면 $X_0 X_1$만큼 과소생산 현상이 나타나고 △ edf만큼의 사회적 후생 손실이 발생한다. 이때 정부가 시장실패를 해결하려면 X_0수준에서 발생하는 음(−)의 MEC(= fe)만큼의 생산보조금을 지급해서 PMC곡선을 SMC곡선으로 이동시켜야 한다. 그러면 생산자가 X재를 사회적으로 바람직한 수준(= OX_1)까지 생산할 수 있다.

이제 (b) 그래프를 살펴보자. (b) 그래프는 생산 측면에서의 외부불경제를 나타낸다. (b) 그래프에서 외부불경제를 배제했을 경우의 시장균형점은 e점이다. 그것은 e점에서 PMC곡선과 수요곡선 D가 교차하기 때문이다. 하지만 사회적으로 바람직한 시장균형점은 d점이다. 그것은 d점에서 SMC(= PMC + MEC)곡선과 수요곡선 D가 교차하기 때문이다. 따라서 생산 측면에서 외부불경제가 발생했음에도 불구하고 자원배분을 가격기구에 일임하면 $X_1 X_0$만큼 과잉생산 현상이 나타나고 △ def만큼의 사회적

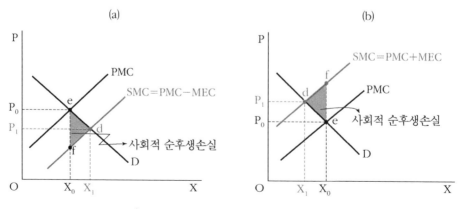

〔그림 16-2〕 생산 측면에서의 외부효과 분석

후생 손실이 발생한다. 이때 정부가 시장실패를 해결하려면 X_0 수준에서 발생하는 양(+)의 MEC(= fe)만큼의 조세를 부과해서 PMC곡선을 SMC곡선으로 이동시켜야 한다. 그러면 생산자들이 X재를 사회적으로 바람직한 수준(= OX_1)까지 생산할 수 있다.

(4) 외부효과의 사적(私的) 해결방안 탐구

외부효과가 발생하면 자원배분은 비효율적일 수밖에 없다. 그 이유는 외부효과를 반영해주는 시장의 부재(不在)로 가격기구가 외부효과에 의한 편익이나 손실을 제대로 반영해주지 못하기 때문이다. 따라서 외부효과에 기인한 자원배분의 비효율을 해결하기 위해서는 외부효과의 내부화 작업이 필요하다. 외부효과는 정부 당국의 규제만이 전부는 아니다. 경우에 따라서는 사적(私的) 해결도 가능하다. 여기서는 그것을 먼저 살펴보고, 뒤이어 정부가 개입하는 공적(公的) 해결방안을 검토해보자.

① 외부효과에 대한 홍보 및 경고 활동 강화
학교 교육, 시민 활동, 언론 및 방송 등을 활용해서 외부경제(예; 전염병에 대한 예방 접종, 운전석 안전띠 매기, 코로나 관련 안전 수칙 발표)에 대한 홍보활동을 강화하면, 소기의 성과를 거둘 수 있다. 이때 성패를 결정하는 핵심요인은 시민들의 적극적인 참여 여부다.

또 외부불경제(예: 음주 운전, 고성 방가, 폐수 방류, 흡연, 마약 등)에 대해서는 경고성 캠페인을 전개해서 그와 같은 일련의 행위들이 사회적 범죄가 될 수 있다는 것을 주지시키는 동시에 건전한 시민의식과 투철한 고발정신을 함양해 나가면 큰 성과를 거둘 수 있다.

② 기업 합병을 통한 외부효과의 내부화 추진
가령, 섬진강 하구에 위치한 귀금속 액세서리 전문기업에서 방류한 폐수로 인해 피해를 보는 남해 바다 굴 양식장을 가정하고 이 문제를 살펴보자. 폐수 방류와 같은 생산의 외부불경제는 앞서 살펴본 것처럼 정부가 관련기업에게 조세를 부과함으로써 해결할 수 있다. 하지만 이런 유형의 외부불경제는 기업합병(merger)을 통해서도 해결이 가능하다. 즉 굴 양식업자나 귀금속 액세서리 전문기업 가운데 어느 한쪽이 다른 업체를 합병하면 외부불경제는 정부의 개입 없이도 해결할 수 있다는 얘기다.

귀금속 액세서리 전문기업이 굴 양식장을 합병했다고 가정하자. 그러면 귀금속 액세서리 전문기업의 생산비용에는 폐수로 인한 굴 양식의 피해 비용도 포함되기 때문에 그 기업의 PMC와 SMC는 똑같게 된다. 기업 합병으로 외부효과가 내부화되었다는 것은 이런 경우를 두고 하는 말이다.

③ 코즈 정리; 소유권의 설정을 통한 외부효과의 해결

코즈 정리(Coase theorem)는 영국 출신의 경제학자로서 미국 시카고대 로스쿨 교수였던 로널드 해리 코즈(R.H. Coase)가 제시한 이론이다. 코즈 정리란 '소유권을 분명하게 설정할 수 있고, 협상에 따른 거래비용이 크지 않다면 정부의 개입이 없더라도 가격기구가 외부효과를 해결할 수 있다'[95]는 것을 말한다. 코즈 교수가 1991년 노벨경제학상을 수상할 수 있었던 결정적 이유도 코즈 정리에 기인한다.

코즈 정리는 그래프나 수식을 통한 증명이 모두 가능하다. 여기서는 그래프를 통한 증명[96]을 시도한다. 코즈 정리에 대한 수리적(數理的) 분석은 〔보론 1〕을 참조하기 바란다. 대학원 진학을 희망하거나 수학에 자신 있는 독자 여러분들은 그 부분을 정독해서 좀 더 깊이 있는 지식을 습득하기 바란다. 그밖에 다른 경제시험을 준비하는 독자 여러분들은 〔보론 1〕을 건너뛰어도 무방하다. 참고로 코즈 정리는 외부효과와 직접적으로 연관된 자원에 대한 소유권을 설정할 수 있다면, 굳이 정부가 개입하지 않더라도 이해당사자들의 자발적인 협상을 통해 자원배분의 효율성을 달성할 수 있다는 것을 의미한다.

앞에서 언급한 귀금속 액세서리 전문기업과 굴 양식업자의 사례를 통해 코즈 정리의 본질을 분석해보자. 귀금속 액세서리 전문기업을 1기업이라 하고, 그가 생산하

---

95 코즈 정리가 전제하고 있는 가정을 좀 더 자세히 언급하면 다음과 같다. 첫째는 외부효과와 관련된 기업의 수(數)가 많지 않아야 하고, 외부효과에 대한 상호관계가 분명해야 한다. 만약 관련 기업수가 많고 외부효과에 대한 원인 제공자를 명확하게 찾아낼 수 없다면, 코즈 정리는 성사되기 힘들다. 둘째는 본문에서 언급한 것처럼 거래를 성사시키기 위한 협상 비용이 무시할 정도로 작아야 한다. 셋째는 외부효과에 대한 대가를 결정하는 과정에서 서로 더 많은 몫을 차지하겠다고 싸우지 말아야 한다. 왜냐하면 관련 기업들이 서로 더 많은 몫을 고집할 경우에는 거래가 성립되기 어렵기 때문이다.

96 성백남 · 정갑영, 『미시경제학(개정판)』, 박영사, 2011, 599쪽의 그래프 참조.

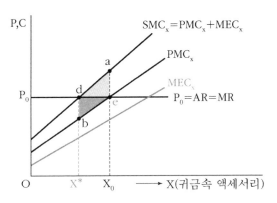

〔그림 16-3〕코즈 정리에 대한 그래프적 분석

는 귀금속 액세서리를 X재라고 하자. 또 X재 시장은 완전경쟁이고, 1기업은 X재 시장에서 결정된 시장가격을 그대로 받아들이는 가격수취자(price-taker)라고 가정하자. 또 굴은 Y재, 굴을 생산하는 양식업자를 2기업이라고 하자. 〔그림 16-3〕에서 보는 바와 같이 P_0에서 수평선은 1기업이 귀금속 액세서리 시장에서 결정된 가격을 그대로 받아들이는 것을 의미하며, 이때는 P_0 = AR = MR조건이 성립한다. 또 우상향하는 PMC_X곡선은 귀금속 액세서리의 생산에 따른 1기업의 사적 한계비용곡선, 마찬가지로 우상향하는 MEC_X곡선은 1기업의 귀금속 액세서리 생산에 따른 한계외부비용 곡선, SMC_X곡선은 PMC_X곡선과 MEC_X곡선의 종적(수평적) 합이다. 특히 MEC_X곡선은 1기업의 귀금속 액세서리 생산에 따른 2기업의 피해 비용이다. 만약 2기업이 하천이나 하천 이용에 대한 소유권을 갖고 있다면, 그는 1기업의 무단 폐수 방류를 허용하지 않을 것이다. 그러나 하천이나 하천 이용에 대한 소유권 부재(不在)로 1기업은 자신의 이윤극대화조건인 P_0 = AR = MR = PMC_X가 충족되는 e점에서 X_0만큼의 귀금속 액세서리를 생산한다. 하지만 사회적으로 바람직한 수준의 귀금속 액세서리의 생산량은 P_0 = AR = MR = SMC_X가 충족되는 X^*이다. 즉 하천 또는 하천 이용에 대한 소유권의 부재가 귀금속 액세서리의 과잉생산(= X^*X_0)을 야기한 것이다.

　이런 상황에서 정부가 하천 이용에 대한 소유권을 1기업에게 부여해주었다고 하자. 그러면 1기업은 양심의 가책을 조금도 느끼지 않고 자신의 이윤극대화조건을 충족시키는 X_0를 생산할 것이다. 이때 1기업은 X^*에서 생산할 때보다 △deb만큼의 생산자잉여를 더 얻을 수 있다.[97] 2기업이 1기업으로 하여금 X^*수준에서 귀금속 액세서리를 생산하도록 유도하려면 최소 △ deb보다 더 큰 대가를 지불해야 한다. 그것이 과연 가능한가를 살펴보는 것이 코즈 정리의 본질이다. 1기업이 사회적으로 바람직한 생산수준 X^*에서 X^o로 생산을 늘릴 경우, 2기업의 피해 비용은 daeb($= △deb + △dae$)로서 △ deb보다 훨씬 더 크다. 따라서 2기업이 1기업을 상대로 협상에 나설 여지가 존재한다. 이런 상황에서 2기업이 1기업에게 귀금속 액세서리의 생산규모를 X_o에서 X^*로 줄이는 조건으로 '△ deb+(△ dae/2)'를 제의하면, 1기업도 그것을 수용할 가능성이 높다. △dae/2만큼 추가적인 이익(생산자잉여)이 보장되기 때문이다. 당연히 2기업에게도 △dae/2만큼 피해를 줄일 수 있는 이점이 존재한다. 따라서 1기업과 2기업의 자발적인 협상에 의해 사회적으로 바람직한 수준의 X^*에서 귀금속 액세서리 생산이 이루어질 수 있다. 참고로 사회적으로 바람직한 수준에서 생산이 이루어졌다는 것은 곧 자원배분의 효율성이 충족된다는 얘기다. 한편, 정부가 하천 이용에 대한 소유권을 2기업에게 부여해주었다고 가정하고, 1기업과 자발적 협상을 통해 자원배분의 효율성이 이루어지는지?도 분석할 수 있다. 그것은 독자 여러분들의 자율적인 학습에 맡긴다.

보론 1 ┃ 코즈 정리에 대한 수리적(數理的) 분석[98]

앞에서 언급한 귀금속 액세서리 전문업체를 1기업, 굴 양식업자를 2기업이라고 가정하자. 생산 측면에서 1기업이 2기업에 대해 외부불경제를 초래한다고 가정하면, 1기업의 생산량 X_1은 2기업의 비용함수에 영향을 미친다. 이때 2기업의 총비용을 C_2라고 하면, C_2는 $C_2(X_1, X_2)$로 정의된다. 여기서 X_2는 2기업의 생산량이다. 그러면 기

---

97 일부 경제학 책에서는 △ deb를 이윤이라고 기술하는데, 그것은 잘못된 표현이라고 생각한다. 왜냐하면 이윤은 MC(한계비용)로 정의되지 않기 때문이다. 제7장의 '생산과 비용'편에서 설명했지만 이윤이 정의되기 위해서는 MC가 아닌 AC(평균비용)에 대한 정보를 필요로 한다. X재 1단위당 이윤은 P − MC가 아니라 P − AC이고, 총이윤은 X재 1단위당 이윤에다 X재의 생산량을 곱해주어야 한다. 따라서 [그림 16-3]에서 △ deb는 이윤보다 생산자잉여라는 용어를 사용하는 게 옳다는 생각에서 그렇게 표현했음을 밝힌다.

98 이승훈, 앞의 책, 397-405쪽을 참조한 후, 독자 여러분들이 좀더 쉽게 이해할 수 있도록 재정리한 것임을 밝힌다.

업별 이윤은 다음과 같다.

$$\pi_1(X_1) = P_1 \cdot X_1 - C_1(X_1) \quad \cdots\cdots\cdots\cdots\cdots\cdots\cdots\cdots\cdots\cdots\cdots\cdots\cdots\cdots\cdots \text{㉠}$$

$$\pi_2(X_1, X_2) = P_2 \cdot X_2 - C_2(X_1, X_2) \quad \cdots\cdots\cdots\cdots\cdots\cdots\cdots\cdots\cdots\cdots \text{㉡}$$

1기업의 생산량이 X_1이면, 2기업은 $P_2 = MC_2(X_1, X_2')$를 충족시키는 생산량 X_2'를 생산함으로써 이윤극대화를 달성한다. 이때 2기업의 $MC_2(X_1, X_2')$가 1기업의 생산량인 X_1의 영향을 받기 때문에 2기업의 생산량인 X_2'는 $X_2' = \varPhi(X_1)$으로 정의된다. 이제 2기업이 X_2'를 생산할 때, 그의 최대 이윤은 $\pi_2'[X_1, X_2' = \varPhi(X_1)] = \pi_2'(X_1)$으로서 1기업의 생산량인 X_1의 함수임을 알 수 있다.

$$\pi_2'(X_1) \equiv \pi_2[X_1, \varPhi(X_1)] = P_2 \cdot \varPhi(X_1) - C_2[X_1, \varPhi(X_1)] \quad \cdots\cdots\cdots\cdots \text{㉢}$$

㉢식에서 $d\pi_2'(X_1)/dX_1 > 0$이면, 1기업의 생산량 X_1이 증가함에 따라 2기업의 이윤이 커지기 때문에 1기업은 2기업에게 외부경제를 유발한다. 이런 사례는 양봉업자와 과수원의 관계에서 찾아볼 수 있다. 반면 $d\pi_2'(X_1)/dX_1 < 0$이면, 1기업의 생산량 X_1이 증가함에 따라 2기업의 이윤은 감소하기 때문에 1기업은 2기업에게 외부불경제를 유발한다. 이것은 귀금속 액세서리 전문업체와 굴 양식장의 관계에 해당된다. 만약 의사결정권이 분산된 시장경제[99]일 경우, 이윤극대화를 추구하는 1기업은 $P_1 = MC_1(X_1^\circ)$의 관계를 충족하는 생산량 X_1°를 공급할 것이다. 그 관계식의 도출과정은 ㉣식으로 요약된다. 이때, 1기업이 귀금속 액세서리를 X_1°만큼 생산하면, 2기업은 $X_2^\circ = \varPhi(X_1^\circ)$에 따라 굴을 X_2°만큼 생산한다.

$$\partial\pi_1(X_1^\circ)/\partial X_1 = P_1 - \partial C_1(X_1^\circ)/\partial X_1 = 0$$
$$= P_1 - MC_1(X_1^\circ) = 0 \quad \cdots\cdots\cdots\cdots\cdots\cdots\cdots\cdots\cdots\cdots \text{㉣}$$

---

[99] 의사결정권이 분산된 시장경제에서는 외부불경제를 유발하는 1기업이 사회적 한계비용(SMC)은 전혀 고려하지 않고, 오로지 자신의 사적 한계비용(PMC)에 의거해서 이윤극대화를 추구함에 유의하기 바란다.

한편, 시장 전체의 이윤극대화를 도모하기 위해서는 1기업의 생산량 수준이 다음의 ⑩식을 충족하는 X_1^*이어야 한다.

$$\frac{\partial[\pi_1(X_1) + \pi_2{}'(X_1^*)]}{\partial X_1} = P_1 - [\frac{\partial C_2(X_1^*, X_2^*)}{\partial X_1} + \frac{\partial C_1(X_1^*)}{\partial X_1}] +$$

$$[P_2 - \frac{\partial C_2(X_1^*, X_2^*)}{\partial X_2}] \frac{\partial \Phi(X_1^*)}{\partial X_1} = 0 \quad \cdots\cdots\cdots\cdots\cdots\cdots \text{⑩}$$

⑩식에서 $P_2 = MC_2(X_1^*, X_2^*)$이다. 따라서 ⑩식은 ⑭식으로 전환된다.

$$P_1 - [\frac{\partial C_2(X_{1^*}, X_{2^*})}{\partial X_1} + \frac{\partial C_1(X_{1^*})}{\partial X_1}] = 0 \quad \cdots\cdots\cdots\cdots\cdots\cdots \text{⑭}$$

그런데 현재 1기업은 2기업에 대해 외부불경제를 유발하고 있다. 따라서 위의 ⑭식에서 $\partial C_2(X_1^*, X_2^*)/\partial X_1 \neq 0$의 관계가 성립한다. 우리는 ㉣식과 ⑭식을 통해 1기업의 사적 이윤의 극대화를 보장하는 X_1^o와 시장 전체의 이윤극대화를 보장하는 X_1^* 간에는 $X_1^o \neq X_1^*$의 관계가 성립함을 알 수 있다. 즉 분권화된 의사결정의 결과로 1, 2기업이 얻는 개별 이윤의 합은 시장 전체가 얻을 수 있는 최대 이윤에 미치지 못한다는 것을 확인할 수 있다. 따라서 다음의 ㉛식이 도출된다.

$$\pi_1(X_1^o) + \pi_2(X_1^o, X_2^o) \langle \pi_1(X_1^*) + \pi_2(X_1^*, X_2^*) \quad \cdots\cdots\cdots\cdots\cdots \text{㉛}$$

코즈 정리에 대한 분석(1); 2기업이 1기업에게 협상 제안을 하는 경우

이제 코즈 정리에 대해 살펴보자. 현재 1기업이 생산하고 있는 이윤극대화 생산량 X_1^o을 다른 생산량 수준으로 바꾸는 조건으로 1, 2기업이 일정한 대가를 주고 받는 상황을 상정해 보자. 이는 1기업과 2기업이 외부불경제를 내부화시키는 과정으로 볼 수 있다. 여기서 코즈 정리가 통용되려면 1기업과 2기업의 이윤이 그들간의 자발적인 협상에 의해 이윤 $\pi_1(X_1^o)$와 $\pi_2(X_1^o, X_2^o)$보다 더 커야 한다. 그렇지 않으면 1기업과 2기업이 자발적인 협상에 나설 경제적 유인이 없기 때문이다. 우리는 ㉛식으로부터 ㉧식과 ㉨식의 관계를 도출할 수 있다.

$$\triangle\pi = \pi_1(X_1^*) + \pi_2(X_1^*, X_2^*) - \pi_1(X_1^\circ) - \pi_2(X_1^\circ, X_2^\circ) \rangle 0 \quad \cdots\cdots\cdots\cdots\cdots ⓥ$$

$$\pi_2(X_1^*, X_2^*) - \pi_2(X_1^\circ, X_2^\circ) \rangle \pi_1(X_1^\circ) - \pi_1(X_1^*) \quad \cdots\cdots\cdots\cdots\cdots ⓧ$$

ⓧ식은 1기업이 자신의 현재 생산량 X_1°를 X_1^*로 변경할 때, 2기업이 얻는 이윤의 증가분($=\triangle\pi$)은 1기업의 이윤감소분보다 크다는 것을 보여준다. 이로 인해 2기업이 1기업을 상대로 협상에 나설 수 있는 경제적 유인이 존재한다. 이제 2기업이 δ만큼의 대가, 즉 $\delta = \pi_1(X_1^\circ) - \pi_1(X_1^*) + (\triangle\pi/2)$를 1기업에 제공하고 그로 하여금 생산량을 X_1°에서 X_1^*로 바꾸도록 제안한다고 하자. 2기업이 지불할 의사가 있는 대가 δ는 생산량을 X_1°에서 X_1^*로 변경함에 따른 1기업의 이윤감소분보다 크기 때문에 1기업은 2기업의 협상 제안을 적극 수용한다. 이때 1기업은 현재 이윤 $\pi_1(X_1^\circ)$보다 $\triangle\pi/2$만큼 더 많은 이윤을 얻게 된다. 2기업 역시 1기업에게 δ만큼을 지불해야 하기 때문에 협상 완료 시, 그가 얻을 수 있는 이윤은 $\pi_2(X_1^*, X_2^*) - \delta$이다. 이것으로부터 우리는 ⓧ식의 관계를 도출할 수 있다.

$$\begin{aligned}
\pi_2(X_1^*, X_2^*) - \delta &= \pi_2(X_1^*, X_2^*) - \pi_2(X_1^\circ, X_2^\circ) - \delta + \pi_2(X_1^\circ, X_2^\circ) \\
&= \pi_2(X_1^*, X_2^*) - \pi_2(X_1^\circ, X_2^\circ) - [\pi_1(X_1^\circ) - \pi_1(X_1^*) + (\triangle\pi/2)] + \pi_2(X_1^\circ, X_2^\circ) \\
&= \pi_2(X_1^*, X_2^*) - \pi_2(X_1^\circ, X_2^\circ) - \pi_1(X_1^\circ) + \pi_1(X_1^*) - (\triangle\pi/2) + \pi_2(X_1^\circ, X_2^\circ) \\
&= \triangle\pi - (\triangle\pi/2) + \pi_2(X_1^\circ, X_2^\circ) \\
&= (\triangle\pi/2) + \pi_2(X_1^\circ, X_2^\circ) \quad \cdots\cdots\cdots\cdots\cdots ⓩ
\end{aligned}$$

ⓩ식은 2기업이 1기업에게 일정한 대가 δ를 지급하더라도 현재 이윤인 $\pi_2(X_1^\circ, X_2^\circ)$보다도 $(\triangle\pi/2)$만큼의 이윤을 더 얻을 수 있기 때문에 1기업을 상대로 협상 제안에 나설 수 있는 경제적 유인이 존재한다. 1기업 역시 현재 생산량 X_1°에서 X_1^*로 바꾸면 현재 이윤 $\pi_1(X_1^\circ)$보다 $(\triangle\pi/2)$만큼의 이윤을 더 얻을 수 있기 때문에[100] 1, 2기업은 자발적인 협상을 통해 시장 전체의 이윤극대화 생산량인 X_1^*와 X_2^*를 생산하게 된다.

---

[100] 1기업이 X_1^*만큼 생산할 경우의 이윤은 $\pi_1(X_1^*)$이다. 이때 2기업이 $\delta = \pi_1(X_1^\circ) - \pi_1(X_1^*) + (\triangle\pi/2)$을 1기업에게 보상해주기 때문에, 1기업이 얻는 최종 이윤은 $\pi_1(X_1^*) + \delta = \pi_1(X_1^*) + \pi_1(X_1^\circ) - \pi_1(X_1^*) + (\triangle\pi/2) = \pi_1(X_1^\circ) + (\triangle\pi/2)$가 된다.

코즈 정리에 대한 분석(2); 1기업이 2기업에게 협상 제안을 하는 경우

앞의 설명은 1기업의 외부불경제로 인해 피해를 보는 2기업이 그에게 일정한 대가를 지불함으로써 외부불경제를 내부화시키는 경우였다. 하지만 그 반대의 경우도 상정할 수 있다. 즉 외부불경제를 야기하는 1기업이 생산활동을 할 때, 반드시 2기업의 동의나 협조를 구해야 하는 경우가 발생할 수 있다. 현재 1기업이 생산활동을 하지 않는 상태에서, 2기업이 얻고 있는 최대 이윤이 π_2°라고 하자. 그런데 1기업이 X_1^*만큼 생산하면, 2기업의 최대 이윤은 π_2°로부터 $\pi_2(X_1^*, X_2^*)$로 줄어든다. 하지만 시장 전체의 이윤은 $\pi_1(X_1^*) + \pi_2(X_1^*, X_2^*)$로 증가[101]하고, 그 증가분인 $\triangle\pi$는 다음의 ㉠식으로 정의된다.

$$\triangle\pi = \pi_1(X_1^*) + \pi_2(X_1^*, X_2^*) - \pi_2^{\circ} > 0 \quad \cdots\cdots \text{㉠}$$

㉠식으로부터 다음과 같은 관계가 도출된다.

$$\pi_1(X_1^*) > \pi_2^{\circ} - \pi_2(X_1^*, X_2^*) \quad \cdots\cdots \text{㉡}$$

㉡식은 1기업이 X_1^*를 생산함으로써 얻는 이윤 $\pi_1(X_1^*)$이 그로 인한 2기업의 이윤감소분 $\pi_2^{\circ} - \pi_2(X_1^*, X_2^*)$보다 크다는 것을 보여준다. 이제 1기업은 자신이 X_1^*를 생산하는 것에 대해 2기업이 동의를 해주는 조건으로 대가 μ의 지급을 제안했다고 하자.

$$\mu = \pi_2^{\circ} - \pi_2(X_1^*, X_2^*) + (\triangle\pi/2) \quad \cdots\cdots \text{㉢}$$

이때 2기업이 1기업의 제안을 수용하면, 현재 이윤 π_2°보다 $\triangle\pi/2$만큼 더 많은 이윤을 얻게 된다. 그 근거는 1기업이 생산활동을 하지 않을 때, 2기업이 얻는 이윤은 π_2°이다. 그런데 1기업이 X_1^*만큼 생산하면 2기업의 이윤은 $\pi_2(X_1^*, X_2^*)$이다. 이때 1기업이 2기업에게 μ만큼을 보상해주면 최종적으로 2기업의 이윤은 $\pi_2^{\circ}+(\triangle\pi/2)$가 된다. 즉 $\pi_2(X_1^*, X_2^*) + \pi_2^{\circ} - \pi_2(X_1^*, X_2^*) + \triangle\pi/2 = \pi_2^{\circ} + \triangle\pi/2$이다. 따라서 2기업은 1

---

[101] 1기업이 생산활동을 하지 않는 상태에서 2기업이 얻고 있는 최대 이윤의 크기를 π_2°라고 했기 때문에 이때 1기업의 이윤은 0이 될 수밖에 없다.

기업과 자발적인 협상에 나설 경제적 유인이 있다. 1기업 역시 2기업과의 거래를 통해 X_1^*를 생산함으로써 생산하지 않았을 때와 비교해서 $\triangle\pi/2$만큼의 이윤을 얻게 된다. 그 근거는 $\pi_1(X_1^*) - \mu = \pi_1(X_1^*) + \pi_2(X_1^*, X_2^*) - \pi_2^o - \triangle\pi/2 = \triangle\pi/2$이기 때문이다. 따라서 시장 전체의 최대 이윤을 가능하게 하는 X_1^*와 X_2^*의 생산이 이루어진다. 이것으로 코즈 정리에 대한 수리적 분석을 모두 갈무리하고자 한다.

(5) 외부효과의 공적(公的) 해결방안 탐구; 환경오염 문제를 중심으로!

① 환경오염의 적정수준 결정

환경오염의 문제는 오염물질이 여러 종류이기 때문에 오염 원인에 대한 책임소재를 규명한다는 것이 그리 쉽지 않다. 그 때문에 소유권 설정이나 협상 자체가 어려울 경우에는 코즈 정리에 의한 해결도 불가능하다. 이때는 정부개입이 불가피하다. 환경오염 문제를 공적으로 해결하려면, 사회적으로 용인될 수 있는 환경오염의 적정수준을 도출하고, 그에 부합하는 정책 수단을 강구해야 한다.

사회적으로 용인될 수 있는 환경오염의 적정수준을 도출하기 위해서는 앞서 학습한 수요곡선과 공급곡선을 활용할 필요가 있다. 즉 사회적으로 용인될 수 있는 환경오염의 적정수준은 환경정화에 대한 시장수요곡선과 시장공급곡선이 교차하는 균형점에서 도출된다. 〔그림 16-4〕를 통해 이 문제를 좀 더 살펴보자.

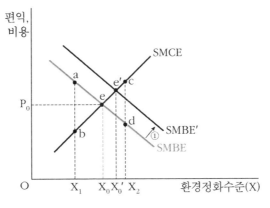

〔그림 16-4〕 환경정화의 적정수준

〔그림 16-4〕에서 SMBE(social marginal benefits from environmental purification)곡선은 환경정화에 대한 시장수요곡선으로서 개별 소비자들의 수요곡선에 대한 횡적 합으로 정의된다. 또 SMBE는 소비자들이 환경 개선을 위해 기꺼이 지불할 용의가 있는 대가의 크기를 나타낸다. 또 SMCE(social marginal cost from environmental purification)곡선은 환경정화에 수반되는 개별 기업들의 한계비용을 횡적으로 합계한 것이다. 따라서 사회적으로 용인할 수 있는 환경오염의 적정수준은 SMBE곡선과 SMCE곡선이 만나는 e점에서 X_0수준으로 결정된다. 독자 여러분들 가운데 SMBE곡선의 기울기에 대해 의아해하는 사람이 있을지 모른다. "환경정화수준이 높아지면 그에 따른 한계편익도 당연히 커질 것 같은데, 왜 여기서는 감소하지?" 분명한 것은 그런 생각이 틀렸다는 점이다. 환경오염이 극심한 경우에 환경정화 활동이 일어나면 처음에는 엄청나게 한계편익이 증가한다. 하지만 환경 개선이 어느 정도 이루어져서 쾌적한 정도가 되면 그때부터는 한계효용체감의 법칙이 작동하기 마련이다. 그러면 환경 개선을 위해 소비자들이 기꺼이 지불하고자 하는 대가의 크기도 줄어든다. 그 결과 SMBE곡선은 우하향한다. 이에 대해 오해하지 않기를 바란다.

또 X_0가 사회적으로 용인되는 환경오염의 적정수준인 이유에 대해 살펴보자. 환경정화 수준이 X_1인 경우에는 소비자들이 환경정화를 위해 기꺼이 지불하고자 하는 대가의 크기가 환경정화를 위한 사회적 한계비용보다 크다. 즉 SMBE 〉 SMCE이기 때문에 사회적으로는 환경오염 물질을 더 많이 제거해서 환경정화 수준을 높이는 것이 바람직스럽다. 하지만 환경정화 수준이 X_2인 경우에는 소비자들이 환경정화를 위해 기꺼이 지불하고자 하는 대가의 크기가 환경정화를 위한 사회적 한계비용보다 작다. 즉 SMBE 〈 SMCE이다. 따라서 이때는 환경정화 수준을 낮추는 것이 사회적으로 바람직스럽다. 결국 사회적으로 최적인 환경정화 수준은 X_0로 결정된다.

한편, 수질이나 대기오염의 정도가 심각해서 환경오염에 대한 국민들의 인식 수준이 높아지면 기존의 SMBE곡선은 SMBE′곡선으로 이동(①)한다. 왜냐하면 그런 상황에서는 소비자들이 환경정화를 위해 기꺼이 지불하고자 하는 대가의 크기가 커지기 때문이다. 당연히 사회적으로 용인될 수 있는 환경정화의 적정수준도 기존의 X_0에서 $X_0′$로 증가한다.

② 환경오염 방지를 위한 정부의 규제 수단

환경오염 방지를 위한 정부의 규제 수단으로는 크게 3가지가 존재한다. 정부의 직접규제, 시장의 유인(incentive)을 통한 간접규제, 정부의 직접 투자가 그것이다.[102] 이하에서는 이들에 대해 살펴보자.

정부의 직접규제는 환경오염행위 자체를 원천적으로 금지하는 방법과 일정한 환경오염 기준을 제시한 후, 그것이 잘 지켜지는지? 감시하는 방법이 있다. 하지만 우리나라를 비롯한 세계 각국의 정부는 전자보다 후자를 더 많이 활용한다. 그 이유는 금지(禁止)조치를 실행하는 데 따른 사회적 비용이 사회적 편익보다 훨씬 더 크기 때문이다.

첫째로 금지조치에 대한 사례로는 오염물질(예: 중금속, 독극물, 해양 쓰레기 등)에 대한 배출금지와 용도지역의 지정 제도를 들 수 있다. 특히 용도지역의 지정 제도는 '국토의 계획 및 이용에 관한 법률 제6조'에 기초한다. 정부는 이에 근거해서 전국의 토지를 도시지역, 관리지역, 농림지역, 자연환경보전지역으로 구분해서 용도를 지정하고, 그것을 다른 목적으로 용도 변경을 할 수 없도록 엄격하게 통제하고 있다.

둘째로 환경기준(environment quality standards)을 들 수 있다. 우리나라의 환경기준은 환경정책기본법에 그 토대를 두고 있다. 거기서는 환경기준을 '국민의 건강을 보호하고 쾌적한 환경을 조성하기 위해 국가가 달성하고 유지하는 것이 바람직한 환경상의 조건 또는 질적 수준'이라고 정의한다. 우리나라의 환경기준은 대기, 소음, 수질 및 수생태계 등 3대 영역으로 구분된다.[103] 대기의 경우 아황산가스는 연간 평균치 0.02ppm 이하, 일산화탄소 8시간 평균치 9ppm 이하, 이산화질소 연간 평균치 0.03ppm 이하, 미세먼지 24시간 평균치 $50\mu g/m^3$ 이하로 되어 있다. 또 수질 및 수생태계에 있어 하천은 카드뮴 0.005 mg/㎖ 이하, 비소 0.05 mg/㎖ 이하, 6가 크롬 0.05 mg/㎖ 이하 등으로 제한한다. 환경기준과 관련해서 정부가 주로 활용하는 규제 수단으로는 처방적 규제와 오염물질 배출허용기준이 있다. 전자는 오염행위를 하는 경제주체들에게 특정한 오염물질이 포함되지 않는 것만을 사용하도록 강제하거나 오염

102　김대식·노영기·안국신·이종철,『현대 경제학원론』(제7판), 박영사, 2018, 496-502쪽 내용 일부 참조.

103　이는 2013년 7월에 개정된 환경정책기본법에서 제시된 환경기준 제2조에 근거한 내용임을 밝힌다.

방지장치의 설치를 의무화하는 것을 지칭한다. 중금속인 납 성분이 함유되지 않은 무연휘발유를 사용하도록 조치하는 것과 대기오염 방지를 위해 새로 출고되는 신규 자동차에 대해 배기가스정화장치를 의무적으로 장착하도록 한 것이 대표적 사례다. 또 후자인 오염물질 배출허용기준은 오염행위를 하는 경제주체들에게 오염물질의 배출량이 법으로 정한 수준 이하가 되도록 규제하고 그것을 초과했을 때는 과태료를 부과함으로써 오염행위를 통제하는 규제 수단이다.[104]

시장유인을 통해 환경오염을 규제하는 것은 마치 쥐를 잡을 때 몽둥이나 빗자루를 사용하는 게 아니라 이해당사자인 고양이를 이용하는 방식과 똑같다. 즉 환경오염에 대한 이해당사자들 간의 자발적인 협상이나 교환을 통해 환경오염 문제를 해결하는 방식으로서 크게 소유권의 설정, 오염배출부과금, 오염정화보조금, 오염배출권 거래 등이 있다. 최근 이들 영역에 대한 시험문제가 빈번하게 출제되고 있다. 따라서 독자 여러분들은 이들 사항에 대해 철저하게 학습해주기 바란다. 소유권의 설정을 통한 환경오염의 해결은 코즈 정리 편에서 자세히 설명했기 때문에 여기서는 생략하고, 나머지 3개의 규제수단에 대해서만 간략하게 설명하고자 한다.

〔그림 16-5〕에서 보는 바와 같이 환경정화에 따른 j기업의 한계비용곡선(MCE_j; marginal cost from environmental purification of j company)이 〔그림 16-4〕와 달리

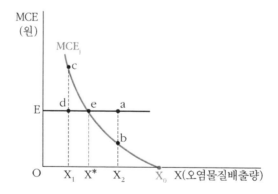

〔그림 16-5〕 오염배출부과금과 오염정화보조금의 경제적 효과

---

[104] 규제 주체인 정부로서는 처방적 규제가 오염물질 배출허용기준보다 오염행위자에 대한 규제가 용이하고 비용도 적게 소요되는 장점이 있다. 그 이유는 오염물질의 특성상 배출허용기준을 초과하는 것을 일일이 감시한다는 것이 그리 쉽지 않을 뿐만 아니라 감시 인원을 늘릴 경우에는 그에 따른 인건비가 엄청나게 소요되기 때문이다.

우하향한다. 우리는 그 이유부터 정확히 이해해야 한다. 만약 〔그림 16-5〕의 횡축이 환경정화수준(x)이라면 MCE_j곡선은 〔그림 16-4〕에서와 같이 우상향할 것이다. 그런데 〔그림 16-5〕의 X축은 오염물질배출량을 나타낸다. 이때 X_0는 정부가 오염물질에 대한 규제를 하지 않을 경우, j기업이 배출할 수 있는 오염물질의 최대수량이다. 그런데 j기업이 X_0에서 X_2로 오염물질을 감소시키려면 bX_2만큼의 정화비용을 지불해야 한다. 또 X_0에서 X_1수준으로 오염물질을 줄이기 위해서는 bX_2보다 훨씬 더 큰 cX_1만큼의 정화비용을 지출해야 한다. 따라서 MCE_j곡선은 우하향하는 게 옳다.

첫째로, 정부가 오염물질을 배출하는 j기업에게 OE만큼의 오염배출부과금을 조세[105]처럼 부과한다고 가정하자. 그러면 j기업은 자신의 오염물질배출량을 X_0에서 X^* 수준으로 줄일 것이다.[106] 이처럼 정부의 오염배출부과금은 j기업으로 하여금 오염물질의 배출을 자발적으로 줄이게 하는 긍정적 효과가 있다. 이때 정부는 j기업으로부터 거둬들인 오염배출부과금으로 환경 개선을 위한 연구개발(R&D)자금이나 환경정화시설의 구축 등에 활용할 수 있다. 그러나 오염배출부과금의 시행은 오염물질을 배출하는 j기업이 생산 공급하는 상품가격의 인상을 유발함으로써 오염물질과는 무관한 다수의 소비자에게 그 비용의 일부를 전가(轉嫁)시키는 문제가 발생한다.

둘째로, 정부가 오염물질을 배출하는 j기업에게 OE만큼의 오염정화보조금을 지원해주는 경우를 살펴보자. 이때도 j기업은 자신의 오염물질배출량을 X_0에서 X^*수준으로 줄일 것이다. 오염물질배출량이 X_2인 경우는 보조금(= aX_2)이 정화비용(= bX_2)보다 크기 때문에 j기업은 오염물질을 덜 배출하기 위해 노력한다. 왜냐하면 그렇게 하는 것이 보다 더 유리하기 때문이다. 하지만 오염물질배출량이 X_1인 경우는 보조금(= dX_1)이 정화비용(= cX_1)보다 적기 때문에 j기업은 오염물질을 더 배출하는 쪽을 선택한다. 한편 오염정화보조금 정책은 오염배출부과금 정책보다 사회적으로 더 큰 문제가 내재된 정책수단이다. 무엇보다 오염 유발 행위에 대해 사회적 책임을 저야할

---

105 외부효과에 대한 공적(公的) 해결방안으로 오염배출부과금이나 오염징화보조금의 활용을 최초로 주장한 학자는 아더 세실 피구(A. C. Pigou)이다. 따라서 이러한 오염배출부과금이나 오염정화보조금을 '피구세(Pigouvian taxes)'라고도 부른다.

106 오염물질배출량이 OX_2인 경우에는 과태료(= aX_2)의 크기가 오염정화비용(= bX_2)보다 크다. 이때는 j 기업이 과태료를 내는 것보다 오염물질을 덜 배출하는 쪽을 선택하는 게 훨씬 유리하다. 한편, 오염물질배출량이 OX_1인 경우에는 과태료(= dX_1)의 크기가 오염정화비용(= cX_1)보다 작다. 이때는 j 기업이 과태료를 내고 오염물질 더 배출한다.

j기업에게 국민 혈세를 지원한다는 자체가 사회적 정의에 부합되지 않는다. 또 이는 수익자부담의 기본정신에도 어긋날 뿐만 아니라 소득분배의 형평성과 클린(clean)기업간의 역차별 문제까지 유발할 수 있다. 그런데도 정부가 오염정화보조금 카드를 꺼내는 것은 오염정화비용이 매우 큰 관계로 j기업이 그것을 홀로 감당하기 힘들다는 현실적 한계를 인식하기 때문이다.

셋째로, 최근 세계 각국의 정부가 채택하고 있는 오염배출권 거래 정책을 들 수 있다.[107] 오염배출권은 정부가 사회적으로 용인되는 적정오염수준으로서 오염배출 총량을 결정한 후, 그것을 오염행위를 하는 기업들에게 할당해주는 것을 의미한다. 이때 기업들은 자신이 할당받은 한도 내에서 오염물질을 배출할 권리를 갖는다. 지금 오염물질을 배출하는 2개의 기업 A, B가 존재하고 그들의 MCE_A와 MCE_B곡선이 〔그림 16-6〕과 같다고 하자.

앞서 언급한 〔그림 16-5〕에서 오염물질배출총량은 X_o, 사회적으로 용인될 수 있는 적정오염수준은 X^*였음을 기억하기 바란다. 이제 이것을 A, B에게 각각 $X_o/2$, $X^*/2$ 수준으로 할당해준 것으로 가정하고, 작성한 그래프가 〔그림 16-6〕이다. 위 그림에

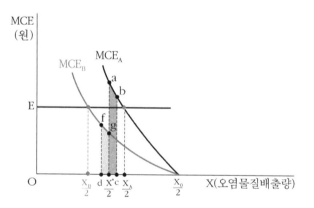

〔그림 16-6〕 오염배출권의 거래와 오염 수준의 제어

---

[107] 오염물질의 배출권거래제도는 1992년의 리우환경회의에서 채택된 유엔기후변화협약(UNFCCC; United Nations Framework Convention on Climate Change)과 1997년에 합의되고 2005년부터 발효된 교토의정서에 따른 것이다. 오염물질의 배출권거래제도를 앞장서서 실행한 나라는 유럽연합(EU) 회원국들이다. 참고로 우리나라도 이들 대열에 합류해서 2015년부터 오염물질 배출권거래제도를 도입해서 운영하고 있는 실정이다.

서 확인할 수 있듯이 오염물질 1단위를 정화하는 데 소요되는 한계비용 MCE는 A가 B보다 크다. 이런 상황에서 정부가 적정오염수준을 유지하기 위해 A, B에게 $X^*/2$에 해당되는 허가증을 여러 장 발급해 주었고, A, B는 1장의 허가증으로 1단위의 오염물질을 배출할 수 있다고 가정하자. 이때 오염배출권의 구입자는 A이고, 판매자는 B이다. 이제 A가 B로부터 오염배출권을 추가적으로 1장 더 구입하는 경우를 상정해 보자. 그때 A가 B에게 기꺼이 지불하고자 하는 최대 금액은 사다리꼴 abc ($X^*/2$)인데 반해 B가 오염배출권을 1장을 판매하는 조건으로 최소한 받아야겠다고 생각하는 금액은 사다리꼴 fg($X^*/2$)d이다. 그런데 사다리꼴 abc($X^*/2$)가 사다리꼴 fg($X^*/2$)d보다 더 크다. 따라서 A, B간에 오염배출권의 거래가 발생할 가능성이 크다. 물론 이것을 가능하게 하는 것은 오염배출권의 거래로 A, B 모두 순편익의 증가를 경험할 수 있기 때문이다. 이들 간의 오염배출권 거래는 A, B 기업의 MCE가 일치할 때까지 계속된다. 그 결과 A, B 기업은 각각 $X_A/2$, $X_B/2$만큼의 오염물질을 배출하게 됨으로써 최소의 MCE로 사회적으로 용인될 수 있는 적정오염수준 X^*를 유지할 수 있게 된다. 결론적으로 오염배출권 거래는 오염 수준을 양적으로 통제하는 직접규제의 장점과 오염배출부과금이 지니고 있는 장점을 혼합한 제도라고 평가할 수 있다.

환경 개선이나 환경오염방지를 위한 정부의 직접 투자를 들 수 있다. 대표적인 사례로는 하수종말처리장의 건설과 운영, 쓰레기 매립지의 운영, 빈민가의 재개발 및 도시 환경정화 사업, 쓰레기 소각장의 확대 운영, 상하수도의 수질 개선 사업 등을 들 수 있다. 그 밖에도 대기환경·수질 환경·핵 폐기물 등과 관련된 환경문제에 대한 조사연구나 환경 관련 기술개발을 위한 R&D 투자의 확대도 광의의 직접 투자 개념에 포함시킬 수 있다. 최근 환경문제에 대한 정부의 직접 투자가 점점 더 중시되고 있는데 이는 공공재의 성격을 내재한 환경문제, 환경오염 요인의 복잡다기화와 그에 따른 오염원(汚染源) 추적의 어려움, 개별 기업이 감당하기에는 너무나도 큰 환경 개선 비용 등에 기인한 것으로 생각된다.

환경 관련 책이나 글을 읽다 보면 님비, 핌피, 바나나현상 같은 용어들을 종종 접할 것이다. 님비는 독자 여러분들이 방송이나 언론 매체를 통해 직·간접적으로 접했기 때문에 대략 그 의미를 잘 알고 있을 것이다. 하지만 핌피나 바나나현상은 낯선 용어로 다가올 가능성이 크다. 여기서는 이들 개념에 대해 살펴보자.

님비(NIMBY)

님비는 'Not In My BackYard'의 줄인 말로서 '내 뒷마당은 절대로 안 돼!'라는 뜻이다. 예를 들면 화장장, 교도소, 공동묘지, 송전탑, 유류저장소, 방사능 폐기장, 분뇨처리장, 쓰레기 매립지, 쓰레기 소각장, 기타 환경오염 유발기업이나 시설, 장애인 시설, 소형 임대아파트 등 지역 주민들이 싫어하거나 혐오하는 시설, 집값이나 땅값을 하락시킬 우려가 있는 시설, 자녀교육에 악영향을 줄 수 있는 시설 등이 자신의 주거지역으로 입주하는 것을 반대하는 사회적 병리 현상이다. 참고로 님비 현상은 1987년 3월 초 미국 뉴욕 근교의 아이슬립이라는 항구에서 처음 생겨났다. 즉 아이슬립 항(港)의 지역 주민들이 배출한 쓰레기 1,168톤을 화물선 '모브로'호에 싣고 플로리다와 텍사스 등 남부지역 6개 주와 남미의 멕시코, 바하마까지 6개월 동안 3개국 6,000마일을 돌아 다녔지만 어느 곳에서도 쓰레기를 받아주지 않자, 그것을 싣고 아이슬립 항으로 되돌아온 사건에서 유래된 것으로 전해진다.

핌피(PIMFY)

핌피는 'Please In My Front Yard'를 줄인 말로 '제발, 내 앞마당에 ~를 만들어 주세요!'라는 뜻이다. 핌피는 주로 자신의 거주 지역에 정부와 지방자치단체의 행정기관이나 교육기관, 사회기반시설(신공항, 공원, 정수장, 쇼핑센터, 지하철이나 KTX 역 등), 지역 주민에 대한 고용효과가 큰 대기업이나 공기업, 기타 지역 주민들이 선호하는 시설 등을 유치하고자 노력하는 사회적 현상을 지칭한다. 과거 호남고속철도 건설을 둘러싸고 충북 오송, 충남 천안, 대전 주민들이 갈등을 벌였고, 부산 가덕도의 신공항 건설을 둘러싸고 부산 지역 주민들간에 논란이 불거졌던 것이 대표적인 핌피 현상이다.

바나나현상(banana syndrome)

각종 환경오염시설의 설치 자체를 반대하는 사회적 현상을 말한다. 바나나는 'Build Absolutely Nothing Anywhere Near Anybody'의 줄임말로서 '어디에든 아무것도 짓지 마라'는 의미다. 즉 주민들의 삶에 악영향을 끼치는 유해 시설의 설립 자체를 거부하는 극도의 이기주의적 현상을 말한다. 환경문제에 대한 국민들의 인식이 변하면서 지역 주민들은 지역 이미지를 훼손시키는 사업 또는 오염산업의 유치를 집단적으로 거부한다. 이로서 국가 차원의 공단 설립이나 원자력발전소, 댐 건설은 물론이고 핵폐기물 처리장, 광역쓰레기장 같은 혐오시설의 설치가 중단되는 등 많은 사회적 문제를 낳고 있다. 바나나현상은 님비와 유사한 개념이지만 차이점도 존재한다. 님비가 자기 지역에 유해시설이 들어오는 것을 반대하는 것이라면, 바나나현상은 그런 시설의 설립 자체를 거부하는 것임에 유의해야 한다.

3 공공재와 시장실패

(1) 공공재에 대한 개요

① 공공재에 대한 정의

지금까지 우리가 취급했던 X재나 Y재는 모두 사적재(私的財, private goods)였다. 사적재는 사용재(私用財) 또는 민간재라고도 부른다. 여기서는 사적재와 차별되는 공공재(公共財, public goods)에 대해 설명하고자 한다. 공공재라고 하면, 흔히 '정부나 지방자치단체와 같은 공공기관이 생산 공급하는 재화나 서비스'라고 생각한다. 하지만 그것은 공공재에 대한 명확한 정의가 아니다. 그 이유는 공공기관이 생산 공급하는 재화나 서비스 가운데 공공재가 아닌 것도 있고, 민간부문이 생산 공급하지만 공공재의 성격을 갖는 재화나 서비스도 존재하기 때문이다.

진정한 의미에서의 공공재는 '그것을 생산 공급하는 주체와 관계없이 소비의 비경합성(non-rivalry in consumption)과 소비의 비배제성(non-excludability)을 갖는 상품'을 말한다. 소비의 비경합성이란 '소비에 참여하는 사람들이 제 아무리 많더라도 한 사람이 소비하는 양에는 조금도 변함이 없다'는 뜻이다. 일례로 빵 1개를 혼자서 먹으면 1개 전체를 먹을 수 있지만 네 사람이 균등하게 나눠 먹으면 1/4개만 먹어야 한다. 이런 것이 경합성이다. 하지만 망망대해의 거대한 암초 위에 설치된 등대는 1척의 배가 등대 불빛의 도움을 받든, 10척의 배가 등대 불빛의 도움을 받든 각 배들이 소비한 등대의 불빛 서비스의 양은 똑같다. 그것이 소비의 비경합성이다. 어떤 상품이 공공재로 인정받기 위해서는 반드시 소비의 비경합성이란 조건을 충족해야 한다. 소비의 비경합성과 관련해서 독자 여러분들이 유의해야 할 사항은 크게 3가지다. 혼잡비용

(congestion cost)비용이 발생하지 않는다는 점, 추가 소비에 따른 MC(한계비용)이 0이라는 점, 사회적 관점에서 바라볼 때 그것을 소비하는 사람들이 많을수록 좋다는 것이다. 또 소비의 비배제성은 '아무런 대가도 지불하지 않은 채, 상품을 소비하려는 사람에 대해 그것을 소비하지 못하도록 강제할 수 없다'는 것을 뜻한다. 경찰의 치안 서비스는 방범료나 조세를 납부하지 않은 사람들도 소비할 수 있지만, 고속버스의 운행 서비스는 티켓을 끊은 소비자에게만 탑승을 허용한다. 이때 치안 서비스는 비배제성을 충족하고 고속버스의 운행 서비스는 배제성의 특성을 갖는다. 따라서 공공재가 되려면 치안 서비스처럼 비배제성의 조건을 반드시 충족해야 한다.

② 공공재에 대한 유형

공공재는 상품의 특성에 따라 순수공공재(pure public goods)[108]와 비순수공공재(impure public goods)로 구분된다. 순수공공재는 비경합성과 비배제성의 특성을 모두 충족시키는 상품을 지칭한다. 순수공공재는 비경합성의 특성 때문에 일단 그것이 생산 공급되면 1명의 추가 소비에 따른 한계비용은 0이다. 또 비배제성의 특성 때문에 공공재 사용에 대한 요금 징수도 불가능하다. 이와 같은 순수공공재에 대한 대표적 사례로는 국방·안보 서비스, 치안 서비스, 119 소방 및 응급 서비스, 한산한 국도 및 지방도로 등을 들 수 있다. 하지만 이들 순수공공재도 인구 증가나 공공재 수요의 급증(急增) 현상이 발생하면 순수공공재에 대한 서비스의 강도가 약화될 수 있다. 그런 경우에는 비경합성의 조건을 완벽하게 충족시키기 어렵다. 한편, 비순수공공재는 비경합성과 배제성, 비배제성과 경합성의 특성을 갖는 준(準)공공재를 의미한다. 비경합성과 배제성의 특성을 갖는 준공공재에 대한 대표적 사례로는 케이블 TV, 컴퓨터 소프트웨어, 디지털 음원, 한산한 유료도로 등이 있다. 또 비배제성과 경합성의 특성을 갖는 준공공재의 대표적 사례로는 공유자원[109]을 들 수 있다.

---

108 순수공공재는 국민경제 내의 전(全) 지역에 걸쳐 공공재의 특성을 갖는 재화와 서비스를 의미한다. 하지만 도로, 사회복지센터, 다리, 공원 등과 같이 특정지역에서만 공공재의 특성을 갖는 재화와 서비스도 존재한다. 경제학에서는 이런 재화와 서비스를 국지적 공공재(local public goods)라고 지칭한다.

109 공유자원(公有資源, common resource)이란, '소유권이 어느 특정 개인에게 있지 않고, 사회 전체에 속하는 자원, 또는 소유권이 설정되지 않은 관계로 누구든지 공짜로 사용할 수 있는 자원'을 말한다. 그에 대한 대표적 사례로는 공해상의 물고기, 마을 주변의 공유지, 혼잡한 무료 도로, 생수의 취

앞서 언급한 사항을 일목요연하게 정리하면 〔표 16-2〕와 같다. 특히 이 부분은 각종 경제시험에서 자주 출제되는 경향이 있다. 따라서 독자 여러분들의 치밀한 학습과 세심한 주의가 요구된다.

〔표 16-2〕 공공재의 제(諸)유형과 특성, 대표적 사례

구분	배제성	비배제성
경합성	민간재 or 사적재 예: 빵, 노트북, 자동차	비순수공공재 or 준공공재 예: 혼잡한 무료도로, 공유자원
비경합성	비순수공공재 or 준공공재 예: 케이블TV, 컴퓨터소프트웨어, 디지털음원, 한산한 유료도로	순수공공재 예: 국방, 치안, 119 응급 및 소방서비스, 한산한 국도 및 지방도로

공공재와 관련해서 종종 거론되는 것이 가치재(merit goods)다. 가치재는 '특정 상품(예; 의료서비스, 공용주택서비스, 의무교육, 문화체육시설 등)의 경우 모든 국민이 최소한 일정 수준 이상의 혜택을 누려야 한다는 관점에서 정부를 비롯한 공공기관이 생산 공급하는 상품'을 뜻한다. 즉 가치재는 사회가 요구하는 바람직한 수준보다 적게 생산되기 때문에 정부가 직접 시장에 개입해서 그것의 생산과 소비를 장려한다. 이는 가치재의 소비에 따른 사회적 가치가 개인적 가치보다 더 크다고 판단하기 때문이다. 그런 의미에서 가치재는 정부의 온정적 간섭주의가 내재되어 있으며 소비자주권의 원칙과도 충돌할 개연성이 있다. 또 의무교육이나 문화체육시설 같은 가치재의 경우는 공공재적 특성이 내재되어 있는 것도 사실이다. 그렇다면 공공재와 가치재는 어떤 것이 같고 또 어떤 것이 다른지 엄밀하게 구분할 필요가 있다. 공공재와 가치재의 공통점은 정부가 그것의 생산을 위해 직접 개입한다는 점이다. 하지만 가치재는 소비의 경합성과 배제성이 존재한다는 점에서 공공재와 분명하게 차별된다.

수원이 되는 지하수 등이 있다. 공유자원은 경합성을 갖기 때문에 특정인이 그것을 많이 사용하면 할수록 다른 사람들이 소비할 몫이 감소함으로써 외부불경제를 야기한다. 그런데 특정인은 그런 문제를 고려하지 않기 때문에 사회적으로 바람직한 수준보다 과잉소비를 하게 된다. 경제학에서는 그와 같은 사회적 문제를 '공유지(共有地)의 비극'이라고 부른다.

미시경제학 II

원칙적으로 임진강은 주인이 없는 강이다. 따라서 어느 누구도 임진강에 대한 소유권을 행사할 수 없기 때문에 낚시꾼이라면 누구든지 그곳에 와서 공짜로 토종 물고기들을 잡아갈 수 있다.[110] 또 소비자들도 자연산 토종 물고기(예; 쏘가리, 참게, 민물장어, 동자개, 붕어 등)를 고급 어종으로 선호하기 때문에 이들 공유자원은 남획의 대상이 된다. 그러다 보니 그곳의 토종 물고기들은 씨가 마를 수밖에 없다. 이것이 바로 공유자원의 비극 (The Tragedy of the Commons)[111]이다.

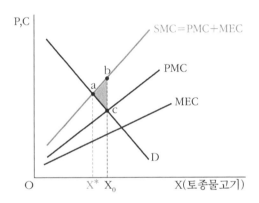

〔그림 16-7〕 공유자원의 비극에 대한 그래프적 설명

110 하지만 현실은 이와 다를 수 있다. 지방자치단체가 임진강의 수질 보호를 위해 임진강의 일정 지역에 대해서는 낚시를 금지시키기도 한다. 또 임진강의 특정 영역에 대해서는 오랫동안 어부 생활을 해온 특정인에게는 어로행위를 할 수 있는 면허권을 주기도 한다. 다만 여기서는 그런 측면을 배제하고 논의를 하고 있음을 이해해 주기 바란다.

111 공유자원의 비극은 영국의 산업혁명 시기에 실제로 일어났던 사건이다. 주인이 없는, 즉 무주지(無主地)인 공동 방목장에서는 소를 키우는 농부나 목축업자들이 경쟁적으로 많은 소를 끌고 나와 풀을 뜯게 함으로써 공동 방목장이 곧 황폐화되고 말았던 것이다. 이와 같은 공유자원의 비극을 해결하기 위해 등장한 것이 인클로저 운동(enclosure movement)이다. 인클로저 운동은 목초지를 분할 소유하고, 각자의 목초지에 울타리를 쳐서 타인 소유의 소나 양들이 넘어오지 못하도록 조치한 것을 말한다. 또 공유자원의 비극과 유사한 우화도 소개하고자 한다. 일명 '구명선에서의 생존'이 그것이다. 10명분의 식량밖에 준비되어 있지 않은 구명선에 열 명이 타고 있는데 어떤 한 사람이 해상구원을 요청해 왔을 때, 그 사람을 구조하는 것은 구명선에 타고 있는 10인의 생명을 위협하는 무책임하고 비합리적인 행동이라는 것이다(출처; 박준건, 『문화와 철학; 생태사회의 사회철학』, 한국철학사상연구회, 동녘, 1999, 269쪽).

공유자원의 비극은 일명 '공유지의 비극'이라고도 부른다. 참고로 1968년도 3월, 『사이언스』지에다 공유자원의 비극이란 용어를 최초로 언급한 사람은 미국 UCSB대 생물학과 교수인 가렛 하딘(G. Hardin)이다. 그가 제시한 공유자원의 비극은 그래프를 활용해서 간단명료하게 분석할 수 있다. 자세한 것은 〔그림 16-7〕을 참조하기 바란다.

그래프에 대한 이해와 분석

〔그림 16-7〕에서 MEC곡선은 어떤 낚시꾼이 무주지(無主地)인 임진강에 와서 토종물고기를 남획함으로써 타인에게 미치는 한계외부비용(marginal external cost)을 나타낸다. 또 PMC곡선은 특정 낚시꾼의 사적 한계비용곡선이고, SMC곡선은 사회적 한계비용곡선으로서 이들 두 곡선의 종적 합으로 정의된다. 그리고 D는 수요곡선으로서 D = P(X) = PMB = SMB로 정의된다. 단, 여기서 PMC곡선이 공급곡선으로 인정받기 위해서는 토종 물고기 시장이 완전경쟁임을 전제로 해야 한다. 이때 만약 정부가 토종 물고기에 대한 자원배분을 '보이지 않는 손'에 일임하면 시장균형은 c점에서 결정되고, 토종 물고기의 어획량은 X_0이다. 개인적인 차원에서는 이것이 합리적 선택일 수 있다. 하지만 사회적 관점에서 c점의 자원배분은 효율적인 자원배분이 아니다. 왜냐하면 외부불경제에 대한 고려가 전혀 없기 때문이다. 즉 D ≠ SMC이기 때문이다. 따라서 사회적으로 바람직한 토종 물고기의 어획량은 외부불경제의 효과(MEC)까지 반영한 SMC(= PMC + MEC)곡선과 수요곡선 D가 만나는 a점에서 이루어져야 한다. 그때 토종 물고기 어획량은 X^*로 결정된다. 〔그림 16-7〕에서 △abc는 어떤 낚시꾼이 주인이 없는 임진강에서 무분별하게 토종 물고기를 남획함으로써 발생한 사회적 후생 손실이다.

공유자원의 비극을 막기 위한 정책 대안

임진강의 토종 물고기들이 남획당하는 가장 큰 원인은 그곳이 주인 없는 강이기 때문이다. 정부는 다음과 같은 2가지 채널을 통해 그곳 토종 물고기의 남획을 막을 수 있다. 첫째는 정부의 직접규제이다. 가장 좋은 방법은 임진강의 전 영역에서 낚시 행위를 금지시키고, 그것을 어긴 사람에 대해서는 과태료를 부과하는 방식이다. 둘째는 충남 예당저수지의 내수면 관리사업처럼 임진강의 전 영역을 몇 개의 영역으로 세분한 후, 그곳을 관리하며 낚시 영업을 할 수 있는 업자를 선발해서 소유권 부재의 문제를 해결해주는 방안이다. 그러면 무료낚시가 불가능해서 토종 물고기의 남획이 근절되고, 강가 주변의 환경도 잘 보존될 수 있다. 정부 또한 허가권 제공에 따른 수수료 수입을 거둬들일 수 있기 때문에 이런 정책은 일석이조(一石二鳥)의 꽤 좋은 전략이라고 생각된다.

(2) 공공재의 효율적 배분과 시장실패

① 공공재의 효율적 배분을 위한 조건

공공재가 존재하는 국민경제에서 자원배분의 효율성(파레토 최적)을 충족시키기 위한 조건이 무엇인지 살펴보자. 여기서는 1 기업(甲), 2 소비자(A, B), 2 재화(X; 공공재, Y; 사적재)가 존재하는 경제를 상정하자. 그러면 갑은 공공재(X재)와 사적재(Y재)를 생산하고, A, B는 이들 X재와 Y재를 소비한다.

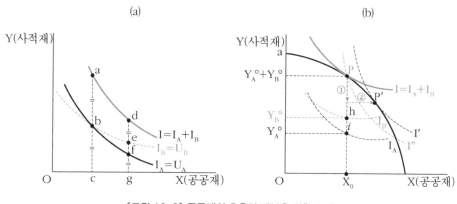

〔그림 16-8〕 공공재의 효율적 배분을 위한 조건

〔그림 16-8〕의 (a) 그래프에서 $I_A = U_A$와 $I_B = U_B$는 A, B의 무차별곡선이자 효용수준을 나타낸다. 또 무차별곡선 $I = I_A + I_B$는 X축을 기준으로 A, B의 무차별곡선을 종적으로 합한 것이다. 따라서 ab와 bc간에는 ab = bc, de와 fg간에는 de = fg의 관계가 성립한다.[112] 만약 d점에서 사적재와 공공재의 상품 조합이 생산되었다면 A, B는 동일한 양(= Og)의 공공재(X재)를 소비한다. 하지만 사적재의 사용량은 다르다. 즉 사

적재는 dg만큼 생산되고 그중에서 A는 fg(= de)만큼, B는 eg만큼 소비함으로써 dg = fg + eg의 조건이 충족된다. 또 I의 효용 크기는 u = U_A + U_B로 정의된다.

한편, 〔그림 16-8〕의 (b) 그래프에서 P점은 생산가능곡선과 사회적 무차별곡선의 접점이다. 따라서 P점에서는 생산가능곡선의 기울기인 한계전환율(MRT_{XY})과 사회적 무차별곡선의 기울기인 한계대체율(MRS_{XY})이 같다. 만약 X재, Y재가 모두 사적재였다면 $MRT_{XY} = MRS_{XY}^A = MRS_{XY}^B$의 조건이 성립했을 것이다. 하지만 위 그래프에서는 X재가 공공재이고 Y재가 사적재이기 때문에 $MRT_{XY} = MRS_{XY}^A = MRS_{XY}^B$의 조건은 성립되지 않는다. 우리는 (a) 그래프에서 I = I_A + I_B임을 확인했다. 이때 사회적 무차별곡선의 기울기(MRS_{XY})는 A의 사적재와 공공재에 대한 한계대체율(MRS_{XY}^A)과 B의 사적재와 공공재에 대한 한계대체율(MRS_{XY}^B)의 합으로 정의된다. 즉 MRS_{XY} = MRS_{XY}^A + MRS_{XY}^B이다. 참고로 〔그림 16-8〕의 (b) 그래프에서 MRS_{XY}^A는 i점에서 무차별곡선 I_A에 대한 접선의 기울기이고, MRS_{XY}^B는 h점에서 무차별곡선 I_B에 대한 접선의 기울기이다. 따라서 공공재의 효율적 배분을 위한 조건은 $MRTXY = MRS_{XY}^A$ + MRS_{XY}^B으로 정의된다. 이때 A, B 두 사람만 존재하지 않고 n명이 존재한다면, 그때 공공재의 효율적 배분을 위한 조건은 $MRT_{XY} = \sum_{i=1}^{n} MRS_{XY}^i$이다. (b) 그래프의 P점에서는 공공재(X재)와 사적재(Y재)가 각각 X_o, $Y_A^o + Y_B^o$만큼 생산된다. 또 A, B는 (X_o, Y_A^o), (X_o, Y_B^o)를 소비함으로써 MRT_{XY} = MRS_{XY}^A + MRS_{XY}^B의 조건을 충족한다. 여기서 MRS_{XY}^A는 소비자 A가 공공재(X재)를 1단위 더 소비하기 위해서 기꺼이 포기하려고 하는 사적재(Y재)의 양이다. MRS_{XY}^B도 마찬가지다. 반면 MRT_{XY}는 공공재(X재)를 1단위 더 생산하는데 소요되는 기회비용으로서 공공재를 1단위 더 생산하기 위해 포기해야 하는 사적재의 양이다.

만약 X재, Y재가 P점에서 생산되고 사회적 무차별곡선이 I′로 주어질 경우에는 공공재 배분의 효율성(파레토 최적)이 충족되지 않는다. 왜냐하면 그럴 경우에는 MRT_{XY}

---

112 여기서 2개의 궁금증이 생긴다. 하나는 I가 횡적 합이 아닌 종적 합으로 정의되는 이유는 무엇인가, 다른 하나는 종적 합을 구하는데 X축을 기준으로 하는 이유가 무엇인가?라는 점이다. 사적재의 경우 시장수요는 개별 소비자수요의 횡적 합이다. 하지만 공공재는 종적 합으로 정의된다. 사적재는 동일한 가격에서 수요량이 다르기 때문이다. 하지만 공공재는 일단 생산 공급되면 수요량이 동일한 데 반해 그것으로부터 개별 소비자가 얻는 편익이 다르기 때문이다. 또 〔그림 16-8〕의 (a) 그래프에서 g점을 기준으로 I_A와 I_B를 종적으로 합해 I를 도출한 이유는 X재가 공공재이고, 소비자 A, B의 공공재 소비가 동일하기 때문이다.

$<$ $\text{MRS}_{XY}{}^{A}$ + $\text{MRS}_{XY}{}^{B}$가 되기 때문이다. 이때는 사적재 생산을 줄이고 ① 공공재를 더 생산함으로써② A, B의 효용 수준을 I″에서 I′으로 증대시킬 수 있다. 따라서 MRT_{XY} = $\text{MRS}_{XY}{}^{A}$ + $\text{MRS}_{XY}{}^{B}$의 조건이 충족되지 않는 자원배분은 파레토 최적이 될 수 없다.

② 공공재와 시장실패

순수공공재가 존재할 경우, 시장실패 현상이 발생하는 이유는 소비의 비경합성과 비배제성 때문이다. 우선 소비의 비경합성과 시장실패 간의 관계에 대해 알아보자. 소비의 비경합성은 소비에 따른 혼잡(混雜)비용이 발생하지 않는다는 것을 의미한다. 이때 한 사람을 더 소비에 참여시키는데 소요되는 MC는 0이다. 소비의 파레토 최적 조건이 성립하기 위해서는 P = MC조건이 충족되어야 하는데, MC가 0이기 때문에 P도 0이 된다. 따라서 이윤극대화를 추구하는 민간기업은 어느 누구도 가격이 0인 상품을 생산하지 않는다. 즉 공공재의 생산을 시장에다 일임하면, 생산량은 0이 될 수밖에 없다는 얘기다.

소비의 비배제성도 시장실패를 야기하는 요인 가운데 하나다. 소비의 비배제성은 상품 소비에 대한 대가를 지불하지 않는 사람도 소비로부터 배제시키지 못하는 것을 말한다. 이런 이유에서 상품을 공짜로 소비하려는 무임승차자(free rider)들이 대거 등장하게 된다. 또한 어떤 경우에는 공공재의 소비로부터 얻는 편익의 크기를 진실되게 드러내지 않고 축소하려는 움직임도 비일비재하게 일어날 수 있다. 그 결과 공공재는 사회적으로 바람직한 수준까지 생산 공급되기가 매우 어렵다. 〔그림 16-9〕를 통해 이 문제를 좀 더 살펴보자. 〔그림 16-9〕는 공공재(X재)만 생산하는 경우를 나타낸다. MC곡선은 공공재의 생산에 따른 한계비용곡선으로서 공공재의 시장공급곡선을 의미한다. 또 공공재의 시장수요곡선은 사적재와 달리 개별 소비자 수요곡선의 종적 합으로 정의된다. 따라서 공공재의 시장수요곡선은 사회적 한계편익(SMB; social marginal benefit)으로 정의되며, 이는 A, B의 사적 한계편익(PMB; private marginal benefit)인 PMB_A와 PMB_B의 종적 합으로 정의된다. 공공재가 시장에서 X_0만큼 공급되기 위해서는 A, B가 공공재를 X_0만큼 소비할 때 얻는 PMB(PMB_A, PMB_B)의 크기를 정직하게 밝히고, 그 대가인 P_A, P_B를 확실하게 지불해야 한다. 그런데 A, B는 공공재가 비배제성의 특성을 갖는다는 것을 잘 알고 있기 때문에 자신들의 PMB(PMB_A, PMB_B)가 0이라고 주장하면서 무임승차를 도모할 가능성이 크다. A, B가 PMB_A, PMB_B를 0이라고 주장하

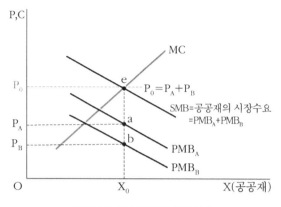

〔그림 16-9〕 공공재와 시장실패

면, SMB도 0이 되기 때문에 공공재는 생산되지 못한다. 또 A, B가 자신들의 PMB_A와 PMB_B가 0은 아니지만 aX_0(A의 PMB)나 bX_0(B의 PMB)보다 현저하게 작은 수준으로 축소시킨다면, SMB곡선과 MC곡선이 만나는 점은 사회적으로 바람직한 X_0수준에 크게 못 미침으로써 시장실패가 일어날 수밖에 없다.

보론 4 │ 린달 균형과 공공재의 공급[113]

린달 균형(Lindahl equilibrium)은 스웨덴의 경제학자 에릭 린달(E. Lindahl)이 제시한 것으로서 '의사결정권이 분산된 시장경제에서 공공재의 효율적 배분이 이루어진 경우'를 의미한다. 앞서 학습한 것처럼 사적재(private goods)의 시장수요곡선은 개별 소비자수요의 횡적 합이지만 공공재의 시장수요곡선은 개별 소비자수요의 종적 합으로 정의된다. 그 이유는 간단하다. 사적재는 개별 소비자가 지불하는 가격은 동일하고 소비량만 다르다. 하지만 공공재는 그 반대로 개별 소비자의 소비량은 동일하고, 그들이 지불하는 가격만 다르기 때문이다.

---

113 이승훈, 앞의 책, 390-397쪽 참조.

미시경제학 II

린달 균형의 도출과 함축적 의미

린달 균형은 [그림 16-9]를 이용해서 설명할 수 있다. [그림 16-9]는 공공재의 시장균형상태를 나타낸다. 공공재의 시장수요곡선인 SMB와 시장공급곡선인 MC곡선이 교차하는 e점에서 시장균형이 달성되며 공공재의 균형가격과 균형거래량은 P_o, X_o로 결정된다. 이때 A, B가 지불해야 할 공공재의 가격은 P_A, P_B이다. 사적재(Y재)와 공공재(X재)의 가격체계(P_Y, P_A, P_B) 하에서 A, B가 모두 가격수취자로 행동한다고 가정하자. 이때 린달 균형이 성립하기 위해서는 다음의 5가지 조건이 충족되어야 한다. 즉 ㉠ A, B는 자신의 예산제약조건하에서 최대의 효용 수준을 얻어야 하고, ㉡ 기업은 최대 이윤을 얻고 있어야 한다. ㉢ 또 A, B의 공공재에 대한 개별 수요량은 모두 동일하고, ㉣ $P_o = P_A + P_B$의 조건이 반드시 충족되어야 하며, ㉤ 상품별 수요량과 공급량이 서로 일치함으로써 과부족 현상이 발생하지 않아야 한다. 이와 같은 린달 균형이 성립되면 공공재의 효율적 배분이 가능하다. 린달 균형은 우리에게 중요한 시사점을 제공한다. 그것은 정부의 개입이 없더라도 소비자들간의 자발적인 협상, 즉 공공재의 소비에 따른 자신들의 한계편익과 그에 따른 대가를 정직하게 지불하면, 가격기구에 의한 공공재의 생산 및 소비가 효율적으로 이루어질 수 있다는 얘기다. 하지만 린달 균형을 평가한다면, 그것이야말로 실현 가능성이 매우 낮은 순진한 발상이라고 판단된다. 왜냐하면 공공재는 비배제성이라는 특성을 지니기 때문이다.

공공재와 유인의 문제

공공재가 존재하는 경우, 가격기구에 의한 린달 균형은 매우 심각한 유인의 문제를 내재하고 있다. [그림 16-9]에서 공공재에 대한 A, B의 수요곡선인 PMB_A와 PMB_B는 타인의 구입하고자 하는 공공재의 수량을 전혀 고려하지 않고 독자적으로 도출한 수요곡선이다. 즉 A, B가 공공재를 얼마만큼 구입할 것인지에 대한 고려 없이 아래의 ㉠식과 같은 자신의 효용극대화 원칙에 입각해서 공공재를 독자적으로 구입한다는 얘기다. A의 효용극대화 원칙은 다음과 같다.

Max. u = U(X, Y_A)

s.t. $P_A \cdot X + P_Y \cdot Y_A = I_o$ ··· ㉠

단, 여기서 X; 공공재, Y_A; A가 구입하는 사적재 수량, P_A; A가 지불하고자 하는 공공재 가격, P_Y; 사적재 가격, I_o; A의 소득이다.

〔그림 16-10〕의 e점은 ㉠의 조건을 충족시켜주는 A의 균형점이다. A의 예산선은 선분 ab로 정의되고, 효용극대화를 실현하는 무차별곡선은 u_o이다. 이때 A는 공공재의 단위당 가격인 P_A를 지불하고 X_o만큼의 공공재를 구입해서 최대 효용 수준 u_o를 얻고 있다. 이런 상황에서 B가 '급한 사람이 우물을 먼저 판다'는 심정으로 X_1만큼의 공공재를 구입했고, 그것을 A가 알게 되었다고 가정하자. 그러면 A의 예산선은 선분 ab로부터 꺾어진 선분 adc로 변한다. 왜냐하면 공공재의 특성인 비배제성의 원칙에 의해 A도 X_1만큼의 공공재는 공짜로 소비할 수 있기 때문이다. 그러면 A의 효용극대화 문제는 기존의 ㉠식으로부터 다음의 ㉡식으로 변하게 된다.

Max. $u = U(X, Y_A)$

s.t. $P_A \cdot (X - X_1) + P_Y \cdot Y_A = I_o$ ··· ㉡

〔그림 16-10〕에서 ㉡식에 입각한 A의 소비자균형점은 d점이 되고 A가 얻을 수 있는 최대 효용 수준도 u_o에서 u_1으로 증가한다. 결국 A는 X_1만큼의 공공재를 소비함으로써 자신의 효용 수준을 증가시켰음에도 불구하고, 그에 대한 대가를 지불하지 않게 된다. 경제학에서는 이와 같은 공공재에 대한 유인의 문제를 무임승차문제(free-rider problem)라고 정의한다.

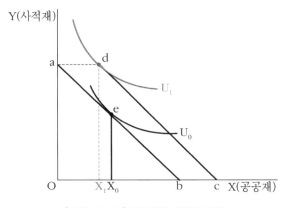

〔그림 16-10〕 공공재와 유인의 문제

4   불확실성과 비대칭 정보

(1) 불확실성과 시장실패

① 불확실성에 대한 정의

불확실성(不確實性, uncertainty)은 미래에 대한 불완전한 정보 또는 현재의 일이라도 부정확한 정보를 수반하는 상황을 지칭하는 용어다. 즉 미래에 일어날 수 있는 사건에 대한 예측, 이미 수행된 물리적 측정, 기타 알 수 없는 사항 등에 적용되는 개념이다. 또 불확실성은 부분적으로 관찰 가능한 또는 추계적 환경에서 발생하며, 관찰자의 무지함이나 나태함에도 기인한다. 최근 들어 불확실성은 경제학을 비롯해서 금융공학, 통계학, 사회학, 심리학, 물리학, 공학, 생태학, 정보 과학 등 여러 학문 분야에서 매우 중시되고 있다.

경제학에서 불확실성이란 용어를 처음 사용한 사람은 미국의 경제학자이자 시카고학파의 창시자 중 한 명이었던 프랭크 하이너먼 나이트(F. H. Knight)이다. 그는 자유주의와 시장경제체제의 장점과 한계를 객관적으로 분석함으로써 합리적 사고를 촉진한 인물로 평가받고 있다. 또 그는 불확정적인 미래 상황과 관련해서 측정할 수 있는 '위험'과 측정할 수 없는 '불확실성'을 명확하게 구별[114]함으로써 금융시장에 관한 현대경제이론의 토대를 구축했다.

---

114   미래의 언젠가 발생할지도 모르는 불투명한 사건(accident)들 가운데 확률분포에 의해 그것의 발생 빈도나 크기를 측정할 수 있는 것은 위험(Risk)이다. 반면 어떤 사건이 발생할 가능성은 있어도 그것은 통계로 측정하기 어렵거나 예측 불가능한 것을 불확실성(Uncertainty)이라고 부른다. 독자 여러분들도 위험과 불확실성의 본질적 차이점에 대해 숙고하기 바란다.

② 불확실성과 시장실패

불확실성하에서의 의사결정은 앞의 제6장에서 상세하게 학습한 바 있다. 현실 경제는 확실성보다는 불확실성이 지배한다. 이번 주에 구입한 복권의 당첨 가능성, 오늘 아침 출근길에서 큰돈을 주울 가능성, 그동안 소식이 감감했던 초등학교 동창생을 퇴근길 지하철에서 우연히 만날 수 있는 가능성에 대해서는 그 누구도 정확하게 알 수 없다. 케네스 조셉 애로우(K. J. Arrow)는 비록 불확실성이 존재한다 해도 미래에 발생할 수 있는 모든 가능성을 커버해줄 수 있는 완벽한 보험이 제공된다면, 자원의 효율적 배분이 가능하다고 주장했다. 하지만 현실 세계는 애로우의 그런 주장을 순진한 발상으로 치부해버린다.

그렇다면 불확실성이 시장실패를 초래한다고 주장하는 경제적 근거는 무엇인가? 그것은 불확실성이 시장구조의 완전경쟁을 불가능하게 만들기 때문이다. '보이지 않는 손'이 제 기능을 완벽하게 발휘하기 위해서는 시장구조가 완전경쟁이어야 한다. 그런데 완전경쟁이 되기 위한 4대 조건은 시장지배력의 행사가 불가능할 정도로 파는 사람과 사는 사람이 많아야 하고, 상품이 동질적이어야 한다. 또 기업의 진입과 퇴거가 보장되어야 하며 시장에서 완전한 정보가 유통되어야 한다는 사실이다. 그 이외에도 자원의 효율적 배분(파레토 최적)이 보장되려면 한계비용가격설정(P = MC)조건이 충족되어야 한다. 그런데 불확실성이 존재하면 '완전한 정보'라는 조건이 성립되기 힘들다. 불확실성으로 인해 시장가격이 1물1가(一物一價)의 법칙을 따르지 않고 널뛰기를 계속한다면, 한계비용가격설정은 불가능해지기 때문이다.

(2) 비대칭 정보와 시장실패

① 비대칭 정보에 대한 개념

비대칭 정보(asymmetric information)는 '시장 거래를 하는 데 있어서 거래 당사자들이 보유한 정보의 양에 차이가 존재하는 현상'을 말한다. 이때 정보를 상대적으로 많이 가진 사람은 정보우위자(情報優位者), 그 반대는 정보열위자(情報劣位者)라고 부른다. 특히 비대칭 정보는 최근 들어 각광을 받고 있는 정보경제학에서 매우 중시되는 개념이다. 정보우위자와 정보열위자의 개념을 요약하면 〔그림 16-11〕과 같다.

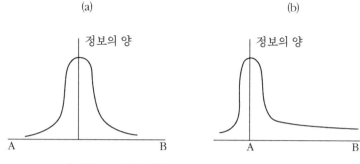

〔그림 16-11〕 비대칭 정보; 정보우위자와 정보열위자

　〔그림 16-11〕의 (a) 그래프는 대칭 정보, (b) 그래프는 비대칭 정보를 나타낸다. (a), (b) 그래프에서 횡축의 A, B는 거래 당사자, 종축은 정보의 양을 나타낸다. (a) 그 래프에서는 거래 당사자인 A, B 사이에 정보가 대등하게 분포된 반면, (b) 그래프에 서는 A가 B보다 상대적으로 많은 정보를 보유하고 있음을 보여 준다. 따라서 (b) 그 래프에서 A는 정보우위자, B는 정보열위자이다.

　거래 당사자 간에 비대칭 정보가 존재하면 필연적으로 정보의 완전성이 충족되 지 못하기 때문에 비효율적인 자원배분이 일어날 수밖에 없다. 미국의 콜럼비아대 교 수로서 2001년도에 노벨경제학상을 수상한 조셉 유진 스티글리츠(J. E. Stiglitz)는 비대 칭 정보하에서 '보이지 않는 손'이 시장실패를 야기하는 것을 '중풍에 걸린 손(palsied hand)'이라고 명명한 바 있다. 이런 시장실패의 사례가 모럴 해저드(moral hazard)와 역 선택(adverse selection)이다. 이들 문제는 매우 중요한 경제 개념이기 때문에 다음 장에 서 별도로 다루고자 한다. 여기서는 간단한 비대칭 정보의 개념을 활용해서 비대칭 정보와 시장실패의 문제를 살펴보고자 한다.

② 비대칭 정보와 시장실패; 사례분석을 중심으로!

㉠ 담배시장에서의 비대칭 정보와 시장실패

담배를 생산 공급하는 KT&G와 흡연자 사이에는 비대칭 정보의 문제가 존재한다. 즉 KT&G는 흡연이 인체에 미치는 여러 부작용(예; 폐암)과 각종 유해 물질(예; 타르)에 대한 상세한 지식과 정보를 갖고 있는 반면, 흡연자들은 그렇지 못하다. 따라서 비대칭 정 보의 문제가 발생한다. 이런 경우 시장실패가 어떻게 일어나는지 〔그림 16-12〕를 통

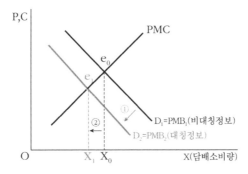

〔그림 16-12〕 상품시장에서의 비대칭 정보와 시장실패

해 살펴보자.

　〔그림 16-12〕에서 PMC곡선은 사적 한계비용곡선, PMB곡선은 사적 한계편익 곡선이다. KT&G와 흡연자 간에 비대칭 정보가 존재하는 경우, 흡연자의 담배 수요 곡선을 $D_1 = PMB_1$이라고 하자. 그때 흡연자는 $PMB_1 = PMC$ 조건이 충족하는 균형점 e_0에서 X_0만큼의 담배를 소비한다. 하지만 주변의 애연가(愛煙家)들이 각종 암으로 사망하는 것을 지켜보며, 흡연자들이 담배의 유해 물질에 대한 각종 지식과 정보의 획득을 통해 비대칭 정보의 문제가 어느 정도 해소되었다고 하자. 그러면 흡연자들의 PMB_1은 PMB_2로 하락①한다. 그러면 흡연자들의 새로운 균형점은 $PMB_2 = PMC$ 조건이 충족되는 e_1점으로 이동하고, 담배 소비량도 X_0에서 X_1으로 감소②한다. 결국 담배 시장에서 비대칭 정보는 사회적으로 바람직한 수준[115]보다 과잉소비를 유발한다. 시장실패가 일어나는 것도 그 때문이다. 정부가 KT&G로 하여금 담배갑에다 각종 경고문구와 유해 물질에 대한 구체적 정보[116]를 제공하도록 규제하는 것도 비대칭 정보로 인한 시장실패를 극복하기 위한 노력의 일환으로 볼 수 있다.

---

[115] 여기서는 흡연자 개인 차원에서 언급했지만 이들 개인 흡연자들의 횡적 합을 구하면 시장수요량이 도출된다. 또 담배 시장이 완전경쟁시장이라고 가정할 경우, PMC곡선의 횡적 합은 담배에 대한 시장공급곡선으로 정의된다. 이들 두 곡선의 균형점을 조사해봐도 비대칭 정보는 대칭 정보에 비해 담배의 과잉소비를 부추긴다는 것을 확인할 수 있다.

[116] '흡연은 폐암 등 각종 질병의 원인! 그래도 피우시겠습니까?'가 경고문구에 대한 하나의 사례이다. 또 '담배 연기에는 나프틸아민, 니켈, 벤젠, 비닐 크롤라이드, 비소 카드뮴이 들어 있습니다'는 담배에 함유된 유해물질에 대한 정보를 흡연자들에게 제공해주는 문구이다. 이런 것들은 담배제조업체와 흡연자 사이에 존재하는 비대칭 정보문제를 해소하는 데 일조한다.

ⓛ 노동시장에서의 비대칭 정보와 시장실패

생산공정에서 유독성 화학물질을 배출하는 A기업이 있다고 가정하자. 또 A기업에 취업하기를 희망하는 취준생 B를 상정해 보자. B는 A기업보다 생산공정에 대한 이해, 지식 및 정보 수준이 뒤처질 수밖에 없다. 즉 A기업에 취업해서 일할 경우, 자신이 어떤 유해 화학물질에 노출되고 어떤 질병에 걸릴 확률이 높은지? 잘 알지 못한다는 얘기다. 따라서 A기업과 B 사이에는 비대칭 정보 문제가 발생한다. 이때 시장실패가 어떻게 발생하는지 〔그림 16-13〕을 통해 살펴보자.

〔그림 16-13〕은 A기업의 노동수요곡선과 B의 노동공급곡선을 나타낸다. 생산물시장과 노동시장이 완전경쟁일 경우, A기업의 노동수요곡선 L^d는 $L^d = VMP_L^A$로 정의된다. 여기서 VMP_L^A는 $VMP_L^A = P \cdot MP_L$으로서 노동에 대한 A기업의 한계생산물가치이다. 한편 $L_0^s = PMC_0$는 A기업과 B 사이에 비대칭 정보가 존재하는 상황에서 정보열위자 B의 노동공급곡선이다. 이때 노동시장의 균형은 e_0점에서 이루어지고 A기업의 고용수준은 L_0이다. 한편, B가 A기업의 생산공정에서 발생하는 유해 화학물질이 자신의 인체에 미치는 악영향(예; 백혈병, 암 유발 등)에 대한 지식과 정보를 인식한 경우의 노동공급곡선은 $L_1^s = PMC_1$이다. 이는 비대칭 정보가 존재할 때의 노동공급곡선($L_0^s = PMC_0$)보다 좌측 상방으로 이동①한 형태다. 그 결과 노동시장의 균형은 e_1점에서 이루어지고 A기업의 고용수준은 L_1으로 감소②한다. 즉 노동시장에서 비대칭 정보가 존재하면 대칭 정보의 경우보다 과잉고용의 문제가 발생함으로써 시장실패 현상이 나타난다. 즉 사회적으로 바람직한 A기업의 고용수준은 L_0가 아니라 L_1이다.

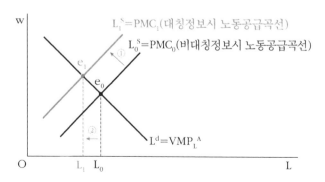

〔그림 16-13〕 생산요소시장에서의 비대칭 정보와 시장실패

우리는 지금까지 시장실패의 주요 원인들에 대해 살펴보았다. 이제 마지막으로 소득분배의 불균등 현상도 시장실패로 보아야 하는지에 대해 고민해보고자 한다. 사실, 시장에서 '보이지 않는 손'의 역할은 희소한 자원을 효율적으로 배분(allocation)하는 데 있다. 그것은 시장이 공정한 분배(distribution)까지 보장하는 것은 아니라는 것을 시사한다. 그런데도 시장과 소득분배가 밀접하게 연관되어 있는 것은 생산요소시장에서 노동, 자본, 토지, 기술, 경영 능력의 대가인 임금, 이자(임대료), 지대, 로열티(특허료), 이윤이 결정되고 그것이 소득의 원천이 되기 때문이다. 이와 같은 생산요소 공급자들의 소득 수준은 그들이 어떠한 생산요소를 얼마만큼 보유하고 있는가에 전적으로 의존한다. 희소한 생산요소를 많이 보유한 사람일수록 높은 소득을 얻을 것이고 그렇지 못한 사람들은 낮은 소득 수준에서 허덕일 것이다. 문제는 시장이 그런 측면에 대해 별다른 역할을 하지 못한다는 점이다. 단지 시장은 생산요소가 사람들에게 일단 주어졌다는 가정하에 그들이 소유한 생산요소의 가격과 고용수준만을 결정할 따름이다. 따라서 시장이 완전경쟁시장이더라도 공평한 소득분배를 달성한다는 보장이 없다. 세계의 여러 나라들이 다양한 소득재분배 정책(예: 각종 사회보험, 공적 부조, 누진세 등)을 실시하는 것도 시장에 내재된 한계를 보정하기 위한 일련의 조치라고 판단된다.

정부가 시장에 개입하는 근거는 시장실패를 치유함으로써 자원배분의 비효율을 개선하는 데 있다. 그런데 정부가 그와 같은 미션 수행에 실패하는 경우가 다반사(茶飯事)다. 우리는 그것을 정부실패(government failure)라고 말한다. 즉 정부실패란, '정부의 잘못된 개입으로 인해 시장실패가 치유되기는커녕 오히려 자원배분의 비효율이 악화되는 현상'을 의미한다. 정부실패의 원인과 대책을 살펴보기 전에 시장기구에 대한 규제 주체로서 정부의 기본적인 역할에 대해 알아보자.

정부의 역할

첫째, 정부는 시장기구에 대한 심판자(refree)의 역할을 수행한다. 즉 정부는 경제 활동에 필요한 각종 준칙을 법령으로 제정하고, 그것을 위반하는 경제주체들에 대해 응분의 제재와 징벌을 가하는 심판자의 역할을 수행한다. 둘째, 정부는 자연독점을 비롯한 독과점의 발생, 공공재, 외부효과, 비대칭적 정보 등의 원인으로 가격기구가 제대로 작동하지 않는 경우, 각종 규제 수단을 가동(稼動)시켜 자원배분이 효율적으로 이루어질 수 있도록 지도·감독한다. 셋째, 정부는 소득재분배의 기능을 수행함으로써 시장기구에 내재된 본질적인 한계를 극복하고자 노력한다. 특히 정부는 누진세제와 각종 사회보장제도를 적절하게 운용함으로써 빈곤계층의 사람들도 다양한 복지혜택을 누리면서 인간다운 삶을 영위할 수 있도록 배려한다. 넷째, 정부는 거시적인 측면에서 경제안정화 정책의 추진 주체로서 활동한다. 국민경제와 경제주체들을 곤혹스럽게 하는 것 가운데 하나가 경기변동이다. 경기변동은 호경기와 불경기가 주기적으로 되풀이되는 현상을 지칭한다. 이는 실업과 인플레이션, 어떤 경우에는 그것이 믹스(mixed)된 스태그플레이션이 주기적으로 반복되는 것으로서 국민경제와 경제주체들의 삶을 힘들게 하는 요소다. 정부는 재정정책과 통화정책을 비롯한 다양한 정책 수단을 통해 그런 문제를 해소하는 데 앞장선다.

정부실패의 원인 분석

정부실패는 수요 측면과 공급 측면으로 구분해서 살펴볼 필요가 있다. 그 이유는 수요 측면에서 정부의 부적절한 개입과 공급 측면에서 정부의 부적절한 개입 간에 상당한 차이가 존재하기 때문이다. 우선 수요 측면에서 정부의 부적절한 개입에 따른 정부실패 문제를 살펴보자. 수요 측면에서 제기되는 문제로는 규제 주체의 단기적 시각, 편익과 부담 원칙 간의 괴리, 파생적 외부효과, 초과수요의 일상화 등을 들 수 있다. 대통령을 비롯한 정치인과 고급 행정관료들은 재임 기간이 비교적 짧다. 따라서 그들은 단기간의 업적을 도출하기 위해 근시안적 정책에 집착하는 경향이 강하다. 또 정부 정책은 그것의 실행으로 이득을 보는 사람과 비용(예: 세금)만 부담하는 사람이 다른 경우가 많다. 특히 정부 정책에 따른 이익이 특정의 소수집단에 집중될 경우, 그들은 정치적 조직화와 로비 등을 통해 정부의 정책 결정에 지속적인 영향력을 행사함으로써 시장실패의 치유를 위한 정부의 자원이 자신들에게 사용되도록 원격 조정한다.

파생적 외부효과도 무시하기 힘든 정부실패의 원인이다. 파생적 외부효과에 대한 대표적 사례는 정치적 경기순환론(PBC; political business cycle)이다. 정치인들은 득표(得票) 극대화를 위해 선거기간 동안 선심성 정책을 남발하고 당선되자마자 그것을 밀어붙이는 포퓰리즘 성향이 강하다. 고급 행정관료들 역시 코로나의 창궐과 같은 위기 상황이 발생하면, 그에 따른 책임에서 벗어날 목적에서 거대 예산이 소요되는 정책을 예비 타당성 조사조차 거치지 않고 밀어붙이는 경우가 많다. 이는 모두 예산 낭비 또는 국고 손실로 이어질 개연성이 매우 크다. 초과수요의 일상화(또는 관료제의 내부성) 역시 '규제는 관료제의 속성대로 그 자체를 유지 내지 강화하려는 속성을 갖는다'는 의미다. 즉 규제 주체인 행정관료들은 규제의 한계비용은 낮게 설정하고 한계편익은 높게 잡는 속성이 있다. 그래야만 규제의 필요성이 커지기 때문이다. 또 그들은 규제의 목적이 달성된 후에도 그것을 지속해야 할 이유와 명분을 제시하며 자신들의 파워를 강화시키려고 노력한다. 그 결과 불필요한 조직 확대와 팽창 예산이 되풀이된다. 참고로 윌리엄 아더 니스카넨(W. A. Niscanen)의 예산극대화 모형은 행정관료들이 사회적으로 바람직한 수준보다 2배 가까운 예산을 확보할 유인이 존재함을 밝힌 바 있다.

다음으로 공급 측면에 대한 정부의 부적절한 개입에 따른 정부실패의 문제를 조명해보자. 공급 측면에서 제기되는 정부실패는 경쟁의 부재(不在)에서 비롯된 X-비효율성, 책임을 묻는 종결 메커니즘의 부재, 정부가 생산한 성과의 측정 곤란성과 생산기술의 불확실성 등을 들 수 있다. 정부나 공기업에 의해 생산 공급되는 상품은 대부분 독점 형태로 이루어진다. 그러다 보니 경쟁의 부재와 그에 따른 상품의 품질 저하가 필연적으로 대두된다. 경제학에서는 이것을 X-비효율성이라고 부른다. 또 정부나 공기업은 민간기업처럼 잘못된 정책집행이나 부실한 정책결과에 대해 혹독한 책임을 묻거나 심지어 강력한 구조조정을 시도하는 종결 메커니즘을 갖고 있지 않다. 거기서 비롯된 문제가 바로 정책 실패에 대한 경각심의 부족과 책임 의식의 결여라고 본다. 게다가 정부나 공기업이 생산 공급하는 상품의 경우는 성과 측정이 어려운 경우가 많은데다 생산성의 제고를 위한 노력도 잘 이루어지지 않기 때문에 대내외 경쟁력을 갖기 힘들다.

마지막으로 정부실패의 극복방안에 대해 살펴보자. 자원배분의 효율성을 제고시키기 위해서는 시장실패의 문제를 치유할 뿐만 아니라 정부실패 문제도 슬기롭게 극복해 나가야 한다. 우리가 정부실패의 극복 방안으로 제시할 수 있는 것을 요약하면 다음과 같다.

첫째, 규제 주체인 행정관료들에 대해 민간부문에서 널리 통용되는 경쟁 원리를 도입할 필요가 크다. 특히 승진과 보수체계에 경쟁 원리를 제대로 도입할 경우, 정부와 공공부문의 혁신능력이 크게 신장될 수 있다. 둘째, 제도개혁을 통한 규제 완화 및 철폐[117], 정책 집행의 투명성 제고, 행정정보의 완전 공개, 주요 국책사업의 추진과정을 샅샅이 밝히는 국정연감의 발행, 관료조직 상호간의 견제와 감시 기능 강화 등이 필요하다. 또한 조직의 비대화와 관료적 경영으로 많은 문제를 안고 있는 공기업을 민영화시키는 방안도 적극 검토해볼 필요가 있다. 셋째, 건전한 시민단체의 감시 기능 강화도 필요하다. 시민단체를 통해 국민의 다양한 견해를 반영하고, 정부와 공기업 활동에 대한 비판과 감시활동이 요구된다. 넷째, 시장경제의 활성화와 복지정책의 대대적인 혁신도 적극 강구해야 한다. 즉 공기업의 민영화는 물론 각종 사회보장제도의 축소 및 내실화, 국가 재정지출의 규모 축소와 함께 국가 예산의 효율적 운영 등이 뒤따라야 한다.

---

[117] 규제 완화가 부조건 옳은 것은 아니다. 규제 완화가 대세라고는 하지만 공익과 관련된 규제(예; 소비자 보호, 산업재해 방지, 환경보호 등)는 오히려 지금보다 강화해 나갈 필요가 있다. 또 규제 완화와 관련해서 거론되고 있는 규제일몰제는 적극적으로 실시되는 것이 바람직하다고 생각한다. 참고로 규제일몰제란, 규제 세조를 마련할 때에, 사전에 일정 기간만 존속 기간을 설정해 놓고 그 기간이 종료되면 자동적으로 규제의 효력을 정지시키는 제도를 일컫는다.

요약 및 복습

시장실패는 경제 활동을 시장기구에 일임할 경우, 효율적인 자원배분이나 공평한 소득분배를 실현시키지 못하는 것을 지칭한다.

시장실패의 원인으로는 시장구조상의 한계(예; 불완전경쟁, 불확실성에 따른 정보의 불완전성), 시장의 내재적 한계(예; 외부효과, 공공재, 규모의 경제), 시장의 외재적 한계(예; 소득분배의 불균등), 거시적 시장실패(예; 인플레이션, 실업, 국제수지 불균형) 등이 있다.

외부효과는 소비와 생산으로 구분해서 살펴봐야 한다. 또 외부효과는 외부경제와 외부불경제로 구분된다. 외부경제란 어떤 경제 활동과 관련해서 제 3자에게 이익이나 혜택을 제공했음에도 불구하고 그에 대한 보상을 받지 못하는 것을 지칭한다. 반면, 외부불경제란 어떤 경제 활동과 관련해서 제 3자에게 손실이나 피해를 입혔음에도 불구하고 그에 대한 대가(배상)를 지불하지 않는 것을 말한다. 외부경제의 특성을 갖는 상품을 시장기구에 일임할 경우에는 과소 생산(소비)되고, 외부불경제인 경우는 과대 생산(소비)된다.

외부효과는 정부의 개입 없이 사적(私的)으로도 해결할 수 있다. 주요 해결 방안으로는 ① 외부효과에 대한 홍보·경고 활동의 강화, ② 기업의 합병을 통한 외부 효과의 내부화 추진, ③ 코즈 정리(Coase theorem; 소유권 설정을 통한 외부효과의 해결) 등이 존재한다.

정부가 환경오염을 규제하기 위한 정책수단으로는 크게 3가지를 들 수 있다. 정부의 직접규제, 시장의 유인(incentive)을 통한 간접규제, 정부의 직접 투자가 그것이다. 정부의 직접규제로는 중금속, 독극물, 해양 쓰레기 등의 배출금지, 토지에 대한 용도 지정, 환경기준 제시 등을 들 수 있다. 시장유인을 통한 환경오염의 규제 수단은 소유권의 설정을 통한 코즈 정리, 오염배출부과금, 오염정화보조금, 오염배출권 거래제도 등이 있다. 특히 이들 항목은 각종 경제시험에서 자주 출제되기 때문에 독자 여러분들의 각별한 주의와 관심이 필요하다. 자세한 사항은 본문의 내용을 참조하기 바란다. 마지막으로 정부의 직접 투자는 하수종말처리장, 쓰레기 매립지, 환경정화사업, 쓰레기 소각장, 상하수도 수질 개선사업 등에 정부가 직접 나서서 투자를 하는 것을 지칭한다.

공공재는 '그것을 생산 공급하는 경제주체와 무관하게 소비의 비경합성과 소비의 비배제성을 갖는 상품'을 말한다. 공공재의 공급을 시장기구에 일임할 경우, 비배제성에 따른 무임승차가 가능하기 때문에 아예 생산되지 않거나 설령 생산된다 해도 사회적으로 바람직한 수준에는 크게 미치지 못한다. 따라서 순수공공재는 정부가 국민 혈세를 이용해서 그것을 생산한 다음, 모든 경제 주체들에게 무료로 제공한다.

2인(A, B), 2상품(X; 공공재, Y; 사적재)을 가정할 때, 공공재의 효율적 배분을 위한 조건은 $MRT_{XY} = MRS_{XY}^A + MRS_{XY}^B$이다. 공공재와 사적재는 그 성격이 매우 다르다. 사적재의 시장수요곡선은 개별 소비자 수요곡선의 횡적 합으로 정의되지만 공공재의 시장수요곡선은 개별 소비자 수요곡선의 종적 합으로 정의된다. 따라서 공공재가 파레토 최적의 생산수준을 유지하기 위해서는 각 소비자들이 공공재에서 느끼는 사적 한계편익만큼의 선호를 정직하게 나타내고, 그에 따른 공공재 가격을 확실하게 지불해야 한다. 그렇지만 공공재는 무임승차가 가능하기 때문에 어느 누구도 공공재의 소비에 따른 대가를 지불하지 않거나 자신의 사적 한계편익을 축소시켜 자신이 부담해야 할 대가를 줄이려는 시도를 한다. 따라서 공공재는 아예 생산이 되지 않거나 설령 생산이 되더라도 사회적으로 바람직한 수준까지 생산되지 못한다.

린달 균형은 의사결정권이 분산된 시장경제에서 공공재의 효율적인 자원배분이 실현된다는 것을 말한다. 린달 균형이 성립하기 위해서는 다음의 5가지 조건이 충족되어야 한다. 즉 ① 소비자 A와 B는 자신의 예산제약조건하에서 최대의 효용 수준을 얻어야 하고, ② 기업은 최대 이윤을 얻고 있어야 한다. ③ 또 A, B의 공공재에 대한 개별 수요량은 모두 동일하고, ④ $P_0 = P_A + P_B$의 조건이 반드시 충족되어야 하며, ⑤ 상품별 수요와 공급이 서로 일치함으로써 과부족 현상이 발생하지 않아야 한다.

가치재(merit goods)는 특정 상품(예; 의료서비스, 공용주택서비스, 교육서비스 등)의 경우, 모든 국민이 최소한 일정 수준 이상의 혜택을 누려야 한다는 관점에서 정부가 생산 공급하는 상품을 의미한다. 가치재는 공공재와 같은 점과 차이점이 공존한다. 같은 점은 그것의 생산에 정부가 직접 개입한다는 점이다. 다른 것은 가치재는 싱품 소비에 있어서 경합성과 배제성이 존재한다는 점이다.

공유자원이란 경합성과 비배제성의 특성을 갖는 것으로서 비순수공공재 또는 준공공재라고 부른다. 공해상의 물고기, 마을 주변의 공유지, 혼잡한 무료 도로 등이 공유자원의 사례다. 공유자원의 비극(or 공유지의 비극)이란 공유자원의 이용을 개인의 자율에 맡길 경우, 서로의 이익을 극대화함에 따라 자원이 남용되거나 고갈되는 현상을 의미한다.

위험과 불확실성을 이론적으로 규명한 사람은 시카고학파의 창시자 중 한 명인 프랭크 하이너먼 나이트(F. H. Knight)이다. 그는 불확정적인 미래 상황과 관련해서 측정할 수 있는 '위험'과 측정할 수 없는 '불확실성'을 명확하게 구별함으로써 금융시장에 관한 현대경제이론의 토대를 구축한 인물이다. 불확실성은 완전경쟁시장의 4대 조건 가운데 하나인 완전한 정보를 불가능하게 만든다. 불확실성이 존재하면 시장실패가 나타나는 것도 바로 그 때문이다.

불확실성과 관련된 개념 가운데 하나가 비대칭 정보다. 비대칭 정보란 시장에서 행해지는 거래에서 거래 당사자들이 보유한 정보의 양(크기)에 차이가 존재하는 현상을 의미한다. 비대칭 정보가 존재하면 '보이지 않는 손'이 제대로 작동하지 않음으로써 시장실패를 야기하게 된다. 조셉 스티글리츠(J. Stiglitz)는 제대로 작동하지 못하는 '보이지 않는 손'을 '중풍에 걸린 손'이라고 명명한 바 있다.

비대칭 정보와 관련된 핵심 개념은 모럴 해저드와 역선택이다. 그것에 대해서는 제17장에서 자세하게 논의할 예정이다. 본장에서는 상품시장과 생산요소시장에서 비대칭 정보가 존재할 때, 시장실패가 어떻게 일어나는지를 설명한다. 자세한 사항은 본문 내용을 참조하기 바란다.

정부실패는 정부 당국의 부적절한 개입으로 시장실패가 치유되기는커녕 오히려 자원배분의 비효율성이 가중되는 현상을 말한다. 정부실패의 원인과 대책에 대해선 본문 내용을 참조하기 바란다.

제17장

정보경제학과 시장의 효율성

1 정보경제학에 대한 개요

(1) 정보경제학이 중시되는 이유

① 정보(情報)의 의미와 가치

정보는 경제주체들의 합리적인 선택을 도와주는 소중한 경제적 자원이다. 정보가 자원인 이유는 양질의 정보를 얻으려면 적지 않은 탐색비용을 지불해야 하기 때문이다. 그런 의미에서 양질의 정보는 희소하며, 공짜로 소비할 수 없는 특성을 지닌다.

정보의 가치를 확실하게 일깨워준 역사적 인물은 충무공 이순신 장군이다. 그는 1592년에 발발한 조일(朝日)전쟁[118]에서 왜적에게 패한 적이 없는 무패(無敗)의 명장(名

---

[118] 역사를 가르치는 교수나 교사들의 대부분은 조선, 명나라, 일본의 30만 대군이 한반도에서 약 7년 동안 뒤엉켜 싸운 전쟁을 임진왜란이라고 말한다. 하지만 분명하게 말하건대, 그것은 전쟁이지 난(亂)이 아니다. 단지 일본의 침략을 받은 것이 쪽 팔리기 때문에 전쟁을 난(亂)으로 격하시켰다면 그것은 명백한 역사왜곡이다. 역사적 교훈을 얻기 위해서는 과거의 역사를 있는 그대로 직시해야 한다. 또 그들은 수십년간 일제 식민치하의 기간을 34년 11개월을 36년이라고 가르쳤다. 식민치하를 1년 1개월이나 부풀려 온 그들이야말로 진짜 친일파다. 그런 부류의 인간들과 그들을 추종하는 일부 무지몽매한 얼간이들은 '토착왜구'니 'NO! 일본'이니 '친일 척결'을 외치면서 죽창가를 부른다. 내가 그런 얼간이들에게 되묻고 싶은 게 하나 있다. 혹시 충남 공주의 우금치에서 벌어진 동학농민군과 일본군간의 전투 결과를 아느냐?고 말이다. 그 전투에서 기관총을 앞세운 일본군은 1명만 전사했고 동학농민군들은 몰사했다. 그런데도 낫과 쇠스랑을 들고 또 다시 나가 싸우자고? 그 앞의 선봉장은 서울대 교수 조국이었다. 일반인들보다 많이 배우고 국내 최고의 지성이라고 볼 수 있는 서울대 교수로서 해서는 안 될 망언이자 망동이었다. 이제 우리는 역사를 잘못 배운 것을 통감하고 새로운 역사 읽기에 나서야 할 때다. 그래야만 대한민국에 새로운 미래가 싹틀 수 있다. 지금 이 책을 읽고 있는 독자 여러분들은 그동안 학교에서 배운 조선사와 한국 근·현대사가 왜곡 및 조작 투성의 흑(黑)역사임을 통감하고 분노해야 한다. 이것은 30년 가까이 역사 공부에 매진해온 사람으로서 독

將)이었다. 그런데 그가 정보전의 귀재였다는 것을 아는 사람은 그리 많지 않다. 그는 왜적의 동태를 낱낱이 파악해서 보고하는 첩보부대(예; 영등포 정찰부대, 대금산 정찰부대, 벽방산 정찰부대 등)와 첩보원(예; 제만춘, 공태원 등)을 운용했고, 왜적에 대한 정보를 제공하는 조선 백성(예; 김천손 등)들에게는 그 가치에 걸맞은 포상을 해주었다. 그가 백성들에게 정보 제공의 대가로 나눠준 것은 생활필수품인 옷이나 쌀 등이었다. 그동안 국가정보원(NIS)이 운용해온 간첩 신고에 대한 포상금제도 역시 그 효시는 이순신 장군이라고 생각한다. 평생을 이순신 연구에 정진해 온 저자는 2016년에 『이순신의 진실』이란 책을 출간하면서 정보(情報)를 '베풀어준 정(情)에 대한 보답(報答)'이라고 정의한 바 있다.

이순신은 가볍게 수군을 움직이는 장수(將帥)가 아니었다. 그는 왜적에 대한 정보 분석을 치밀하게 마친 후, 조선 수군의 강점으로 왜적의 약점을 선제공격함으로써 모든 해전을 가볍게 끝냈다. 우리는 이순신과 조선 수군의 빛나는 전공(戰功)에서 정보의 가치를 재확인할 수 있다. 최근 들어 정보의 가치는 이순신이 활약했던 1590년대보다 훨씬 더 중요한 의미를 갖는다. 일단 세상이 그때와 비교해서 복잡다기(複雜多岐)해졌고, 최적의 의사결정을 위해서 사전에 고려해야 할 변수들도 무척 많아졌기 때문이다. 따라서 정보의 가치와 중요성은 아무리 강조해도 지나치지 않다.

② 정보의 범위와 가치, 정보경제학의 의미

정보의 사례와 활용 범위는 무궁무진하다. 가령, 정보는 군사용 정보부터 민간용 정보에 이르기까지 그 종류가 셀 수 없이 많다. 군사용 정보도 대적(對敵) 휴민트 정보, 감청 정보, 군사위성 정보 등 매우 다양하다. 민간용 정보 역시 결혼 정보, 날씨 정보, 주식투자 정보, 부동산정보, 각종 취미 관련 정보, 낚시꾼을 위한 물때 정보 등등. 그런데 이들 정보를 활용하기 위해서는 반드시 대가를 지불해야 한다는 공통점이 있다. 국가안보와 직결된 군사정보를 얻기 위해서는 천문학적 숫자의 투자와 정보비용을 지출해야 한다. 민간 부문에서도 관련 정보를 얻기 위해서는 결혼정보회사, 상업용

자 여러분께 드리는 마지막 충언(忠言)이다. 진정한 역사를 망각하고 외면한 국민들은 하루아침에 개돼지 신세로 전락할 수 있다는 게 역사의 냉엄한 교훈이자 진리이다. 우리는 '힘내라 대한민국!'이라는 천박한 선동에 속지 말고 '깨어나라 대한민국!'을 외치며 자유, 진리, 정의를 부르짖는 진정한 민주시민으로 거듭나야 한다. 왜냐하면 거기에 우리의 밝은 미래, 우리 후손들의 빛나는 미래가 걸려있기 때문이다.

날씨 정보 서비스업체, 투자자문회사, 부동산중개인, 낚시 가게나 어촌가 민박집에 그 대가를 지불해야 한다. 물론 어떤 경우에는 이들 정보를 공짜로 제공해주기도 한다. 하지만 그런 정보들은 대부분 고급 정보가 아니라는 점이다.

경제학에서 말하는 정보는 앞에서 언급한 정보들과 궤를 달리한다. 경제학에서 취급하는 정보는 대부분 자원배분의 효율성과 관련된 것들이다. 특히 경제학은 비대칭 정보에 대해 깊은 관심을 갖는다. 비대칭 정보는 앞의 제16장에서 언급했듯이 정보가 경제주체들 간에 불균등하게 배분된 것을 의미한다. 따라서 정보를 상대적으로 많이 가진 정보우위자와 그렇지 못한 정보열위자가 발생할 수밖에 없다. 이때 정보열위자는 정보우위자가 자신을 향해 어떤 행동과 전략적 의사결정을 할 것인지?를 파악하지 못한다. 그때 정보열위자는 가장 바람직하지 않은 상대방과 거래할 가능성이 높아진다. 그것이 바로 역선택(adverse selection)이다. 또 정보우위자는 자신에 대한 정보열위자의 정보 부족을 악용해서 그의 이익에 반하는 사악한 행동을 할 수 있다. 경제학에서는 이것을 모럴 해저드(moral hazard)라고 말한다.

정보경제학(information economics)은 정보가 완전하게 구비(具備)되어 있지 않은 상황에서 발생할 수 있는 역선택과 모럴 해저드의 원인을 규명하고 합리적인 해결 방안을 모색하는 학문이다. 특히 정보경제학과 관련된 이론들은 기존의 다른 경제이론들에 비해 비교적 최신 이론들로서 향후 발전 가능성이 무궁무진하다고 생각된다. 또 이 내용은 향후 각종 경제시험에서 비중 있게 다뤄질 것으로 예상된다. 따라서 독자 여러분들의 세심한 주의와 치열한 학습을 주문한다.

보론 1 | 정보재의 특성과 가격결정의 원리

정보를 얻기 위해서는 많은 시간과 노력을 쏟아부어야 한다. 따라서 정보는 자유재가 아니고 경제재로 보는 게 옳다. [119] 또 정보는 다른 상품들과 확연하게 구분되는 몇 가

---

119 어느 성미 급한 초보 운전사가 주행거리 4만 km, 출고 시점이 5년 된 중고 자동차를 인터넷 거래를 통해 300만원에 구입했다고 하자. 이 초보 운전자는 차량 관련 정보가 부족한 탓에 상대방의 말만 믿고 차를 구입했는데, 나중에 알고 보니 사고 차량인데다 잔 고장이 많아 수리비만 200만원이 추가적으로 발생했다면 이는 정보 부족이 빚은 경제적 손실이다. 이와 같은 사례는 우리의 일상생활

지 특성이 존재한다. 정보재의 사례로는 여러 가지를 들 수 있다. 엑셀 프로그램을 비롯해서 우리 공군이 보유한 최첨단 스텔스 전투기인 F-35A에 이르기까지 다양하다. 1,000억원 대를 호가하는 F-35A 전투기도 엔진, 스텔스 기술, 레이더를 비롯한 고도의 항전(航戰)장비 등의 비용이 전체 판매가격의 70~80%를 차지한다. 그런데 강력한 추력 엔진, 적의 레이더에서 발사하는 전파를 자체 흡수하거나 다른 방향으로 보내는 스텔스 기술, 원거리에서 쥐도 새도 모르게 적 항공기를 초전에 박살낼 수 있는 항전장비는 최고급 기술정보가 응집된 것으로 볼 수 있다. 따라서 이들 항목이 전투기 판매가격의 대부분을 차지하는 것이다. 다음으로 정보재의 주요 특성에 대해 살펴보자.

정보재의 주요 특성

첫째, 잠금효과(lock-in effect)를 들 수 있다. 잠금효과란, 일단 우리 공군이 미국제 전투기를 구입해서 운용하면, 앞으로도 미국제 전투기를 계속해서 구입할 수밖에 없는 것을 말한다. 이는 마치 '미국제 전투기에다 자물쇠를 콱 채운 것과 같다'는 뜻이다. 그러면 향후 다른 나라(예; 러시아, 프랑스 등) 전투기를 구입하기가 매우 힘들어진다. 그 이유는 전환비용 때문이다.

둘째, 전환비용(switching cost)이 크게 소요된다는 점이다. 우리 공군이 미국제 전투기를 운용하는 상황에서 신형 러시아제 전투기를 구입할 경우, 여러 가지 문제가 발생한다. 전투조종사의 훈련체계(예; 시뮬레이터), 전투기의 부품 조달 및 정비체계, 미사일을 비롯한 무기체계, 데이터 링크시스템에 이르기까지 모두 손을 봐야 한다. 왜냐하면 미국제 전투기와 러시아제 전투기 간에는 여러 부문에서 호환(互換)의 문제가 발생하기 때문이다. 그런데 이 문제를 해결하기 위해서는 많은 비용과 노력이 필요하다. 따라서 우리가 전투기를 자체 생산해서 운용하지 않는 한, 우리 공군이 운용하는 전투기는 미국제를 계속해서 구입하는 게 전환비용 측면에서 매우 유리하다.

에서 부지기수로 발생한다. 독자 여러분들 가운데는 싸다고 어떤 상품(예: 옷)을 구입했는데 나중에 똑같은 상품을 더 싸게 파는 가게를 보고 아쉬워했던 분들이 있을 것이다. 이것을 봐도 정보는 자유재가 경제재임을 확인할 수 있다.

우리 공군이 보유한 스텔스 전투기 F-35A의 비행 장면[120]

셋째, 네트워크효과(network effect)가 매우 강하게 나타난다는 점이다. 네트워크효과란 동일한 전투기를 운용하는 국가들이 많을수록 그들 국가 간에 연합작전이 무척 용이해질 수 있다. 또 여러 국가들이 동일한 전투기를 많이 구매하면 제조국의 입장에서는 대량생산이 가능하기 때문에 전투기의 판매가격을 대폭 인하시킬 수도 있다. 또 이런 네트워크효과는 해당 전투기의 성능검증과 홍보 강화를 통해 그것을 구매하려는 국가들이 점점 더 많아지게 된다. 정보경제학에서는 이것을 긍정적인 피드백 효과(positive feedback effect)라고 부른다.

넷째, 경험재(experience good)의 특성을 갖는다는 사실이다. 대부분의 정보재는 직접 사용해봐야 그것의 진가를 알 수 있다는 뜻이다. 전투기도 마찬가지다. 처음 전투기가 출시될 경우, 유저(user) 입장에서는 그것의 성능을 정확히 알 수 없다. 그래서 일부 국가들은 해당 전투기의 성능이 검증될 때까지 구매를 보류하는 경향이 있다.

정보재의 가격결정 원리

정보재의 경우, 생산 초기에는 많은 고정비용이 들지만 일단 생산이 이루어지기 시작하면 추가적인 생산비용, 즉 한계비용은 초기비용과 비교해서 무척 작다는 특징이 있다. 전투기의 경우는 예외적으로 한계비용이 작지 않지만, 대부분의 정보재(예: 책, 영화

---

120   사진 출처; 유용원의 군사세계.

등)는 한계비용이 종이값이나 영상파일의 제작비용처럼 매우 작다. 또 이들 정보재 생산에 투입된 초기비용은 대부분 고정비용으로서 회수가 불가능한 매몰비용(sunk cost)적 성격을 띤다는 점도 특기할 만하다. 또한 정보재가 거래되는 시장은 불완전경쟁시장일 가능성이 높다. 정보재의 생산 자체가 고도의 창의성과 고급 정보가 내재된 기술력을 필요로 하기 때문이다. 여기에는 비용구조도 한몫한다. 초기 고정비용이 크고 한계비용이 낮은 경우, 기업이 정보재의 생산 규모를 늘리면 늘릴수록 LAC(장기평균비용)가 하락한다. 이런 경우는 대부분 자연독점의 특성을 띠게 된다. 그러면 정보재를 생산하는 기업은 가격수취자(price taker)가 아니라 가격설정자(price maker)로서의 위상을 갖는다. 이때 정보재의 판매가격(P)은 $P(X) > MR = MC$ 조건이 충족되는 점에서 결정된다. 즉 정보재의 판매가격은 한계비용보다 높은 수준에서 결정된다는 얘기다. 특히 정보재의 가격결정과 관련해서 주목할만한 사항은 가격차별이 매우 광범위하게 이루어진다는 점이다. 이는 물론 정보재를 생산하는 기업이 이윤극대화전략을 추구하기 때문이다. 또 그들이 가격차별을 할 수 있는 것은 독점력을 행사할 수 있는 경제적 파워를 갖고 있기 때문이다. F-35 스텔스 전투기를 생산하는 미국의 록히드마틴사가 F-35 스텔스 전투기를 공군용 전투기(F-35A), 해병대용 전투기(F-35B), 해군용 함재기(F-35C)로 다양화시키면서 가격차별을 시도하는 경우가 그 대표적인 사례다. 참고로 해군용 함재기(艦載機)란 해군의 항공모함용 전투기를 말한다.

최적 정보 수준의 결정 원리

끝으로 개별 경제주체들이 어느 정도의 정보를 획득하는 것이 바람직한 것인가?에 대해 생각해보자. 이 문제는 기존에 학습한 수요·공급이론을 통해서도 분석이 가능하다. [그림 17-1]은 어느 경제주체가 보유한 정보량이 커질수록 그에 따른 MB(한계편익)는 감소하고 MC(한계비용)는 증가하는 것을 나타낸다. 혹자는 정보량이 증가할수록 MB는 감소하는 게 아니라 오히려 증가하는 것이 옳지 않냐?고 반문할지 모른다. 하지만 그것은 잘못된 생각이다. 정보량이 아주 부족한 상황에서 정보량이 1단위 증가하면 거기서 느끼는 MB는 무척 클 수밖에 없다. 하지만 정보량이 충분하게 많은 상황에서 1단위의 정보를 추가로 확보했을 때의 MB는 감소하는 게 정상이다. 따라서 MB곡선은 우하향해야 옳다. 반면, MC는 체증한다. 이런 상황에서 해당 경제주체의 최적 정보수준은 우하향하는 MB곡선과 우상향하는 MC곡선이 만나는 e점에서 X^*로 결정된다.[121]

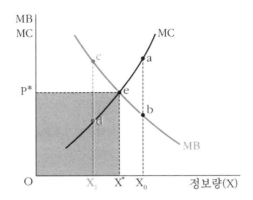

〔그림 17-1〕 수요·공급의 이론과 최적 정보 수준의 결정

그때 정보재의 균형가격은 P*로 결정된다. 그런데 현실 경제에서는 경제주체가 MB나 MC의 크기에 대해 정확히 알지 못하는 경우가 대부분이다. 이런 상황에서 합리적인 경제주체는 정보량에 따른 EMB(기대한계편익, expected marginal benefit)과 EMC(기대한계비용, expected marginal cost)가 교차하는 수준까지 정보량을 보유한다.

(2) 비대칭 정보의 형태와 정보경제학의 관심 대상

① 비대칭 정보의 형태와 정보경제학

정보경제학에서 다루는 비대칭 정보의 형태는 크게 2가지로 구분된다. 하나는 상품에 숨겨진 특성(hidden characteristics)이고 다른 하나는 경제주체들에게 숨겨진 행동(hidden action)이다.

비대칭 정보 중 숨겨진 특성은 역선택과 직결된다. 숨겨진 특성의 대표적 사례는 중고(中古) 자동차다. 중고 자동차에 숨겨진 특성은 사고(事故)여부, 차체 결함 여부, 장마철 비 피해 여부, 주행거리 등 다양하다. 그런데 중고 자동차의 경우에는 차주(車主)와 그것을 구매하려는 사람 간에 비대칭 정보의 문제가 필연적으로 발생한다.

---

121   정보량이 X_0인 경우는 정보보유에 따른 MC가 MB보다 ab만큼 크다. 또 정보량이 X_1인 경우는 정보보유에 따른 MB가 MC보다 cd만큼 크다. 따라서 합리적 경제주체라면 X_0인 경우는 정보보유량을 줄이려고 하고, X_1인 경우는 정보보유량을 늘리려고 할 것이다. 따라서 균형 정보량은 X^*수준에서 결정된다.

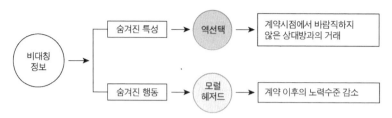

〔그림 17-2〕 비대칭 정보, 숨겨진 특성과 숨겨진 행동 간의 관계

비대칭 정보 중 숨겨진 행동은 모럴 해저드와 연관이 있다. 숨겨진 행동의 대표적 사례는 본인(principal)과 대리인(agent)의 관계다. 본인은 대리인에 대해 정보열위자의 위치에 놓여 있다. 즉 본인은 대리인의 능력(예; 새로운 업무에 대한 도전성, 조직에 대한 헌신, 업무에 대한 전문성, 동료들과의 팀워크 능력 등)에 대해 잘 알지 못한다. 따라서 본인과 대리인 사이에도 비대칭 정보의 문제가 필연적으로 발생한다.

② 정보경제학의 주된 관심 대상

정보경제학의 주된 관심 대상은 현실 경제에서 자주 나타나는 비대칭 정보가 시장의 행태와 자원배분에 어떤 영향을 미치는가에 대한 실증분석이다. 자동차를 비롯한 각종 중고품 시장, 보험시장, 금융시장, 노동시장, 부동산시장 등에서 관련 경제주체들 간에 비대칭 정보가 어떻게 발생하며, 그것이 자원배분의 효율성을 어떻게 저해하는가를 분석한다. 또 정보경제학은 정보우위자와 정보열위자들이 비대칭 정보의 문제를 극복하기 위해 어떠한 노력을 경주하는지에 대해서도 많은 관심을 갖는다.

보론 2 ┃ 비대칭 정보와 승자의 저주

승자의 저주(winner's curse)는 '비록 경쟁에서는 승리했지만 그것을 위해 과도한 대가를 지불한 나머지, 위험한 처지에 놓이거나 커다란 후유증을 겪게 되는 상황'을 말한다. 승자에게 가해진 저주라는 뜻으로 일명 '승자의 재앙'이라고도 불린다. 기업간 인수·합병(M&A)이나 경매 등의 공개입찰에서 수많은 경쟁자들을 물리치고 화려하게 승리했지만 그것을 위해 지나치게 많은 대가를 지불함으로써 파산의 위험이나 심각한 후유증에 직면한 상황을 일컫는 말이다.

'승자의 저주'에 대한 유래

미국의 종합석유회사인 애틀랜틱 리치필드사(ARCO; Atlantic Richfield Company)에서 근무한 카펜(E. C. Carpen), 클랩(R. V. Clapp), 캠벨(W. M. Campbell) 등 3명의 석유기술자들이 1971년 발표한 논문에서 처음으로 언급되었고, 미국 시카고대 경영대학원 교수이자 행동경제학자로 널리 알려진 리처드 탈러(R. Thaler)가 1992년에 발간한 책『승자의 저주; The Winner's Curse』를 통해 널리 알려졌다.

비대칭 정보와 '승자의 저주'에 대한 대표적 사례

1950년대에 미국의 여러 석유회사들이 멕시코만의 석유 시추권 공개입찰에 참여했는데 당시로선 석유매장량을 정확히 측정할 수 있는 기술이 부족했다. 따라서 입찰에 참여한 기업들은 석유매장량을 추정하여 입찰가격을 적을 수밖에 없었다. 그런데 입찰자가 대거 몰리면서 경쟁이 치열하게 벌어졌다. 결국 입찰가격으로 2,000만 달러를 제시한 기업에게 석유시추권이 돌아갔지만, 나중에 밝혀진 석유매장량의 실제 가치는 1,000만 달러에 불과했다. 석유시추권을 낙찰받은 기업은 1,000만 달러의 손해를 보게 되었다. 카펜과 클랩, 캠벨은 이런 비극적인 상황을 '승자의 저주'라고 명명했다. '승자의 저주'에 대한 사례는 비단 석유시추권에만 국한되지 않는다. 주파수 경매[122], 정부 조달, 기업공모(IPOs; Initial Public Offerings) 등의 영역에서도 '승자의 저주' 현상이 종종 발생한다. 또 자동차 경매시장에서 국내의 유명 연예인이 타던 고급 외제 승용차를 고가(高價)에 구입했는 데, 나중에 알고 보니 겉만 번지르르하고 성능은 고물자동차 수준이었다면 그것도 '승자의 저주'에 속한다.

'승자의 저주'에 대한 대응 방안

이에 관해서는 'LG 생활건강' 차용석 부회장의 말이 명언이다. "기업의 인수·합병은 크게 두 가지 측면에서 접근할 수 있습니다. 하나는 인수·합병을 통해 외형적인 성장을 이루는 관점이고 다른 하나는 기업이 생각하는 큰 그림에 부족한 부분을 채우는 것입니다. 내실 없이 몸집만 불리는 인수·합병은 매우 위험합니다. 몸을 조절하고

---

122 주파수 경매란, '통신이나 방송 등 전파를 사용하고자 하는 업체가 많을 경우 가격경쟁을 통해 사용권을 주는 경매'를 의미한다.

움직이는 머리는 그대로인데 몸집만 2배, 3배로 늘리면 건강에 적신호가 옵니다. 따라서 인수·합병을 성공시키기 위해서는 큰 그림에 대한 올바른 이해와 이를 실천할 수 있는 냉철한 전략이 필요합니다."[123] 이를 토대로 3가지 대응 방안을 제시하면 다음과 같이 요약할 수 있다.

첫째, 인수·합병의 주체는 인수 대상 기업에 대한 실사(實査) 작업을 매우 보수적으로 추진해야 한다는 점이다. 이는 비대칭 정보에 따른 거품을 제거하는 최선의 작업이기 때문이다. 이 과정만 제대로 수행하면 '승자의 저주'라는 블랙홀에 빠지지 않을 수 있다. 참고로 미국의 유명한 사업가이자 투자가인 워렌 버핏(W. E. Buffett)은 "승자의 저주를 피하려면 입찰에 참여하지 마라. 만약 입찰을 피할 수 없다면 호가(呼價)를 적을 때 최고 평가액에서 20%를 낮추고, 그 이후에는 단 1센트도 더 추가시키지 마라"고 조언했다. 둘째, 불황기가 최적의 인수·합병 시기가 아니라는 사실을 직시해야 한다는 점이다. 일부 학자들은 불황기가 인수·합병의 적기(適期)라고 주장한다. 아마 싼 가격에 기업을 인수할 수 있다는 생각에서 그럴 것이다. 그러나 인수·합병에는 필연적으로 유동성(현금) 확보가 전제되어야 한다. 만약 이것이 곤란하다면 금융기관으로부터의 차입이나 외부 투자자들의 투자 활동이 뒤따라야 하는데 불황기는 이것을 어렵게 만든다. 또한 불황기에는 민간부문의 소비와 투자 활동이 저조하기 때문에 인수·합병의 효과 창출도 쉽지 않다. 만약 이와 같은 부정적인 효과가 싼가격에 인수할 수 있다는 긍정적인 효과를 압도할 경우, 인수·합병의 주체는 '승자의 저주'에 빠질 가능성이 커지게 된다. 셋째, 기존의 기업과 시너지 효과를 창출할 수 있는 기업을 인수·합병하는 게 바람직하다는 점이다. 그래야만 인수·합병의 진가를 발휘할 수 있기 때문이다. 문어발식 확장을 목적으로 인수·합병을 시도했을 경우, 인수 대상 기업에 감춰진 부실이 건강한 모(母)기업의 경영에까지 악영향을 미쳐 '승자의 저주'에 빠지는 경우가 비일비재하다.

---

123 북스톤(bookstones)의 블로그(blog.naver.com) "LG생활건강이 승자의 저주에서 피할 수 있었던 비결 7가지" 참조.

2 역선택의 문제와 정보경제학

(1) 역선택에 대한 개요

① 역선택에 대한 정의

역선택(adverse selection)은 '정보가 비대칭적으로 분포된 상황에서 정보열위자가 바람직하지 않은 상대방과 거래할 가능성이 높은 현상' 또는 '정보열위자가 불완전한 정보에 기초해서 행동하기 때문에 일어날 수 있는 비정상적인 선택'을 말한다. 역선택에 '반대', '거꾸로'의 뜻을 지닌 adverse가 붙은 이유도 정보우위자가 거래 상대방인 정보열위자에게 비정상적인 손해를 입히기 때문이다.

역선택의 문제를 처음 제시한 사람은 미국의 UC 버클리대 교수이자 2001년도 노벨 경제학상 수상자인 조지 아더 애컬로프(G. A. Akerlof)이다. 또 그는 제15대 미국 연방준비제도이사회(FRB) 의장(2014~2018)을 역임한 재닛 루이스 옐런(J. L. Yellen)의 남편이기도 하다. 그는 1970년 8월에 발표한 논문 '레몬시장이론(Market for Lemons; Quality Uncertainty and The Market Mechanism)'에서 역선택이란 용어를 처음 사용했다.[124] 그가 사

---

[124] 조지 아더 애컬로프가 미국의 MIT대에서 박사학위를 취득한 지 얼마 지나지 않은 시점에서 작성한 그의 논문은 'The Quarterly Journal of Economics; Vol.84, No.3(Aug., 1970), pp. 488-500'에 게재되었다. 하지만 그 논문은 당시 세계적인 경제 저널 3곳에서 퇴짜를 맞았던 것으로 전해진다. 퇴짜를 맞은 것은 그의 주장이 기존 경제학에서 설명하지 못한 주요 이슈를 너무나도 간단하게 설명하고 있다는 이유에서다. 즉 그들 3개의 경제 저널 편집신들은 애컬로프의 논문을 정직한 관찰의 결과이지 획기적인 새 이론의 제시로 평가하지 않았기 때문이다. 실제로 2001년에 노벨경제학상을 수여받는 자리에서 어느 한 기자는 그에게 이런 질문을 던졌다고 한다. "애컬로프 박사님! 레몬 시장의 발견이 노벨경제학상을 수상할 만큼 그렇게 대단한 것입니까?" 이것을 보면 앞서가는 사람에

용한 레몬(lemon)의 사전적 정의에는 하찮은 것, 불량품, 결함 상품 등이 포함되어 있다. 국내에서 출간된 일부 경제학책들은 레몬을 개살구로 번역[125]해서 사용하고 있다. 하지만 본서는 개살구보다 레몬[126]이란 표현이 더 정확하다는 판단에서 레몬으로 사용하고자 한다. 이에 대해 오해 없기를 바란다.

② 사례분석을 통한 역선택의 기초개념 다지기

역선택은 중고(中古) 상품시장, 보험시장, 금융시장, 노동시장 등 다양한 측면에서 살펴볼 수 있다. 역선택에 대한 논의를 본격적으로 시작하기 전에 노동시장에서 일어날 수 있는 한 가지 사례를 통해 역선택에 대한 본질을 학습한 후, 중고 상품시장과 보험시장 등으로 논의를 확대해 나가고자 한다.

노동시장에서는 고용주(이하 A그룹)가 정보열위자이고, 취업준비생(이하 취준생)은 정보우위자이다. 취준생들은 누구보다 자기 자신에 대해 많은 정보를 갖고 있다. 외국어 실력, 전공지식, 신체적 건강, 성실성, 업무 처리 능력, 직장동료들과의 인화(人和)능력, 새로운 과제에 대한 도전정신 등의 구비(具備) 여부에 대해 누구보다 제일 잘 안다. 하지만 A그룹은 취준생들에 대한 개인 정보가 거의 없는 상태다. 따라서 A그룹

대한 저(低)평가는 학문의 세계에서도 비일비재하게 발생하고 있는 것 같다. 참으로 씁쓸한 일이 아닐 수 없다.

125 국내에서 출간된 일부 경제학 책에서는 레몬(lemon)을 개살구라고 번역하는데, 이는 그 근거가 미약하다고 생각한다. 또 그런 유형의 책은 Plum을 참살구라고 말한다. 즉 이는 겉과 속이 똑같은 우량 상품을 의미한다. 저자는 그것 또한 수용하기 어렵다는 생각이다. 왜냐하면 Plum은 살구가 아니고 건포도이기 때문이다. 저자가 이런 문제에 민감한 것은 모럴 해저드(moral hazard)를 도덕적 해이로 번역하는 국내의 경제학계에 경종을 울려주기 위함이다. 이는 뒷부분에서 자세히 밝히겠지만 '모럴(moral)은 위험한 것일 뿐, 결코 해이(解弛)해질 수 있는 대상이 아니다'라는 사실이다. 따라서 모럴 해저드는 '도덕적 해이'가 아니라 '도덕적 위험'이라고 번역하는 게 옳다고 생각한다.

126 레몬의 색깔은 노란색이다. 왜 레몬이 불량 중고 자동차를 상징하는 단어가 되었을까? 전해오는 얘기 가운데 하나는 다음과 같다. 과거 1960년대 미국의 자동차 시장에서 앙증맞은 디자인으로 고객들의 눈길을 사로잡은 자동차가 있었는데, 그것은 폴크스바겐(Volkswagen)사가 제작한 딱정벌레(Beetle)모양의 소형차였다. 그런데 1965년에 생산 판매된 레몬 색깔의 자동차에서 잦은 고장이 발생하는 바람에 그에 실망한 미국의 많은 소비자들이 그 차를 중고 자동차 시장에 매물로 내놓았던 것이다. 미국인들은 이때부터 노란색 레몬을 불량 중고 자동차를 지칭하는 은어로 사용하게 되었다고 한다. 또 다른 하나는 레몬이 겉보기에는 달콤할 것 같지만, 한 입 베어 물었을 때는 신맛이 너무 강하기 때문에 먹기 힘들다는 점에서 '레몬 = 불량 중고차'의 등식이 탄생했다는 것이다. 레몬을 불량 중고차에 비유하는 사람들은 차량의 성능이 쓸만한 중고 자동차를 '복숭아'에 빗대기도 한다.

은 자사에 취업하기를 희망하는 취준생들에게 다양한 입사 관련 서류의 제출을 요구한다. 졸업(예정)증명서, 성적증명서, 외국어능력증명서, 지도교수 추천서, 자기소개서, 주민등록등(초)본, 병역필 증명서, 자격증 사본 등등. 이것은 A그룹이 취준생에 대한 정보 부족을 조금이라도 만회하기 위한 전략이다. 참고로 문재인 정권은 권력을 잡은 이후부터 줄곧 민간기업에도 '블라인드 채용(blind recruitment)'을 강요해왔다. 그런데 정보경제학의 관점에서 바라볼 때, 그것은 민간기업의 자유롭고 효율적인 채용권(採用權)을 침해할 소지가 큰데다 비대칭 정보의 문제까지 심화시키는 사악한 제도임이 분명하다. 저자가 좌익정권이 추진하는 인재선발제도에 대해 강도높게 비판하는 이유도 그들의 시대착오적인 경제관 때문이다.

A그룹에 입사(入社)하기를 희망하는 5명의 취준생이 있다고 하자. 그들은 자신의 능력을 감안한 월평균 희망 보수를 〔그림 17-3〕과 같이 제시했다고 가정하자. 취준생 1은 400만원/월, 취준생 2는 100만원/월, 취준생 3은 300만원/월, 취준생 4는 40만원/월, 취준생 5는 80만원/월이다. 그에 반해 A그룹은 이들 취준생의 개인별 능력에 대한 정보가 절대적으로 부족한 실정이다. 그래서 A그룹은 이들 취준생의 월평균 희망 보수를 단순 평균한 금액인 184만원/월을 신입직원의 월평균 보수로 제시했다고 하자. 그러면 5명의 취준생 가운데 능력이 출중한 취준생 1과 3은 A그룹이 제시하는 신입직원의 월평균 보수가 자신이 기대했던 것보다 낮기 때문에 A그룹에 대한 입사를 포기한다. 대신 개인적 능력이 한참 떨어지는 취준생 2, 4, 5가 "이게 웬 떡이냐!"를 외치면서 A그룹에 입사할 가능성이 높다. 즉 A그룹은 비대칭 정보로 인해 우수한 인

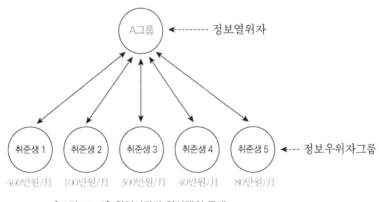

〔그림 17-3〕 취업시장과 역선택의 문제

재들은 놓치고 둔재(鈍才)들만 신입직원으로 채용할 수밖에 없게 된다. 이것이 바로 역선택의 본질이다. 언제부터인가 우리나라 취업시장에서도 인턴십 제도가 활성화되기 시작했다. 그런 제도가 도입된 배경에는 이와 같은 역선택의 문제가 있다는 사실을 직시했으면 좋겠다. 여기서 언급한 인턴십 제도는 역선택 문제를 극복하기 위한 기업들의 고육지책(苦肉之策)이다. 위 사례에다 인턴십을 도입하면 취준생 2, 4, 5는 A그룹의 입사를 포기할 것이다. 왜냐하면 조건부 채용인 인턴십을 도입할 경우, 그들이 우선 당장은 조건부 취업에 성공한다 해도 불과 3~4개월 뒤엔 자신들의 능력 부족이 밝혀지면서 곧바로 퇴출당할 것을 잘 알기 때문이다. 또 취준생 1, 3은 인턴십에 적극 참여해서 자신의 숨은 능력을 인정받을 수 있다면 3~4개월 뒤엔 정식 직원이 됨은 물론 많은 성과급까지 챙길 수 있기 때문에 인턴십 동안의 낮은 보수는 기꺼이 감내할 것이다. 독자 여러분들은 인턴십에 숨겨진 이런 측면을 잘 이해하고, '인턴십 = 근로자에 대한 노동착취'라는 잘못된 인식에서 벗어나기 바란다. 비대칭 정보가 난무하는 현실의 노동시장에서 인턴십은 고용주나 취준생 모두에게 매우 유익한 제도임이 분명하기 때문이다.

정보경제학은 역선택의 문제를 해결하기 위한 대응 방안으로 신호 발송(sinaling)과 선별(screening), 자기 선택 장치(self selection mechanism)[127], 평판[128], 신용할당, 표준화[129], 정부의 강제[130] 또는 기타 정보 관련 정책[131] 등을 제시한다. 여기서는 취업시장

---

[127] 자기 선택 장치는 정보열위자가 역선택의 피해를 줄이기 위해 고안해낸 장치를 말한다. 일례로 보험회사가 다양하게 차별화된 보험상품을 시장에 출시함으로써 보험가입자들이 자기 특성에 가장 부합되는 보험에 가입하도록 유도하는 것을 의미한다.

[128] 평판의 대표적 사례는 SNS를 통한 구매 후기이다. 특정 상품이나 서비스를 구입한 소비자들이 자신들의 평가를 올림으로써 그와 유사한 상품이나 서비스를 구입하려는 잠재 구매자들에게 관련 정보를 알려주는 것을 말한다. 이는 분명 비대칭 정보의 문제를 해결하는데 큰 도움을 줄 수 있다. 하지만 나쁜 목적에서의 의도적인 비하나 실수로 잘못된 정보를 알려줄 경우에는 시장을 왜곡하는 역기능도 존재할 수 있다는 점에 유의해야 한다.

[129] 정부가 기업들에게 강제로 표준을 확립시키거나 기업 스스로 표준화를 추진할 경우, 비대칭 정보의 문제가 상당부분 해소될 수 있다. 표준화에 대한 대표적 사례는 체인점이다. 일례로 음식점의 경우, 맛·가격·서비스·분위기는 사전에 경험해보지 않고서는 제대로 알 수 없다. 하지만 체인점의 형태로 운영되는 음식점은 굳이 사전에 가보지 않았더라도 표준화된 정보를 믿고 음식점을 선택할 수 있도록 한다.

[130] 정부의 강제는 여러 부문에서 시행되고 있다. 가령 자동차보험이나 건강보험을 시장의 자율에만 맡겨둘 경우, 사고확률이 높거나 심각한 질병이 예상되는 사람들만 가입하게 되는 역선택의 문제가

에서 논의될 수 있는 신호 발송과 선별에 대해 간략하게 살펴보고자 한다. 그들에 대한 사례분석(case study)에 대해서는 후술한다.

정보경제학에서 신호는 '숨겨진 특성에 대해 관찰이 가능한 객관적 지표'를 의미한다. 즉 노동시장에서 신호 발송은 정보우위자인 취준생들이 A그룹에게 다른 취준생들과 차별되는 자신만의 특성(예: 학벌, 각종 자격증, 해외연수 경험, 기타 개인별 장점이나 특별한 능력 등)을 알림으로써 정보열위자의 정보 부족을 메워주려는 시도를 말한다. 물론 이러한 취준생의 신호 발송은 자신의 취업 가능성을 높이기 위한 또 하나의 전략이다. 참고로 1974년도에 이와 같은 신호 이론을 구직(求職)시장에다 최초로 적용시킨 사람은 미국의 뉴욕대 스턴경영대학원 교수인 앤드류 마이클 스펜스(A.M Spence)이며, 그는 이 공로를 인정받아 2001년도에 노벨경제학상을 수상했다. 또 선별은 '정보열위자가 정보우위자로 하여금 자신에 관한 정보를 드러내도록 유인하는 행동', '정보열위자가 정보우위자의 숨겨진 특성을 파악하려는 일련의 노력'을 말한다. 가령, 정보열위자인 A그룹이 취준생들에게 면접 현장에서 자기소개서를 직접 쓰도록 유도한 후, 그룹 내외의 관계 전문가들을 투입해서 그에 관한 심층 면접을 통해 A그룹의 경영이념과 업무수행에 적합한 인재를 선발하는 것이 선별의 사례다. 그 밖에도 국내의 상당수 공기업들이 채택하고 있는 국가직무능력표준(NCS; national competence standard)시험도 선별의 사례로 볼 수 있다. NCS시험은 공기업의 신입직원으로서 갖추어야 할 기본 소양과 지식(언어능력, 수리능력, 의사결정능력)을 객관화한 점수로 측정한다. 만약 A그룹이 취준생들을 상대로 NCS 시험성적의 제출을 요구하는 것으로도 취준생들을 어느 정도 선별할 수 있을 것으로 판단된다.

발생한다. 이때 정부는 모든 운전자와 국민들이 보험가입(예: 자동차책임보험, 국민건강보험)을 강제적으로 의무화시킴으로써 역선택의 문제를 미연에 방지할 수 있도록 노력한다. 또한 정부는 국민들의 노후대비용 보험제도로 일컬어지는 국민연금제도도 이와 같은 역선택의 문제를 해결하기 위해 국민 모두가 가입하도록 강제한다.

131 많은 사람들은 인터넷이 정보의 홍수를 이루게 함으로써 비대칭 정보의 문제를 해소시켜 줄 것으로 생각한다. 하지만 인터넷이 거짓(허위)정보와 불량한 경제주체들의 비양심과 부도덕을 실어나르는 플랫폼이라면, 또 그로인해 수많은 국민들의 불신이 팽배해진다면 정부는 그에 대한 필터링 작업에 적극 나서야 할 책임이 있다. 일례로 정부는 과장·허위·불법 광고의 금지 및 차단, 마약·술·담배에 대한 유해(有害) 경고문 게재, 각종 약품에 대한 주의사항 부착 등을 강제하는 조치 등이 여기에 해당된다. 또한 정부는 품질기준(예: KS 마크, KC 인증, '품'마크, HACCP 인증 등)을 마련해서 상품의 질에 대한 신뢰성을 강화시켜 나가는 것에도 많은 관심을 기울인다.

(2) 중고 자동차 시장과 역선택의 문제

① 중고 자동차 시장에서 역선택이 발생하는 이유

앞서 언급한 것처럼 레몬은 중고 자동차 중에서 불량품인 중고 자동차(이하 레몬차량)를 말한다. 중고 자동차 시장에서는 차량에 관한 정보가 구매자보다는 판매자(차량 소유자, 전문중개기관)에게 지나치게 편중되어 있다. 또 중고 자동차 시장에서 판매자가 제일 신경 쓰는 것은 차량의 외관이지 내부 성능이 아니다. 차량의 내부 성능은 구매자가 잘 알지 못하는 데다 눈에도 잘 띄지 않기 때문이다. 이런 상황에서 구매자들은 중고 자동차 시장에 매물로 나온 여러 자동차들 가운데 어떤 것이 레몬인지 정확하게 파악하기 어렵다. 심지어 신차(新車) 같은 외관에다 한동안은 무난하게 운행할 수 있을 정도로 기초 정비를 마친 중고 자동차에 대해 판매자가 높은 가격을 요구할 경우, 구매자는 그 자동차를 우량품으로 착각할 위험성마저 있다.

중고 자동차 시장에는 우량품인 자동차와 불량품인 레몬 차량이 혼재되어 있다. 또 레몬 차량으로 분류된 이유도 제각기 다르다. 차체 결함으로 잦은 정비를 필요로 하는 차, 차량 사고의 이력이 있는 차, 장마철에 물에 잠겼던 차, 범죄에 사용된 대포 차량 등등. 만약 구매자들이 이런 유형의 레몬 차량에 대한 정보를 입수했다면, 그들은 구매를 포기하거나 매우 낮은 가격을 지불할 가능성이 크다. 일례로 구매자는 양질의 중고 자동차에 대해서는 700만원, 레몬 차량에 대해서는 300만원을 지불할 의사가 있다고 하자. 반면, 판매자는 양질의 중고 자동차는 800만원, 레몬 차량은 400만원에 공급할 의사가 있다고 하자. 그러면 양질의 중고 자동차는 700만원~800만원에서, 레몬 차량은 300만원~400만원에서 거래될 것이다. 그렇지만 구매자는 차량의 내부 성능이 숨겨진 상황에서 외관만을 보고 양질의 중고 자동차인지, 레몬 차량인지 판단하기가 여간 어려운 게 아니다.

이때 구매자가 우량품인 중고 자동차와 레몬 차량을 만날 확률이 각각 50%라고 가정하자. 그러면 구매자는 중고 자동차 가격으로 500만원을 제시할 것이다. 500만원의 산출 근거는 '500만원 = (700만원 + 300만원)/2'이다. 그러면 정보우위자인 판매자는 우량품인 중고 자동차는 빼돌리고 레몬 차량만 팔려고 할 것이다. 우량품인 중고 자동차를 팔면 자신이 받고 싶은 금액보다 300만원을 덜 받지만, 레몬 차량을 팔면 자신이 받고 싶은 금액보다 100만원을 더 챙길 수 있기 때문이다. 결국 구매자는 저질의 레몬 차량을 100만원이나 더 비싸게 구입하고, 그 자동차의 잦은 고장이나 추가 정비 비용 등으로 선의의 피해를 입게 된다. 많은 구매자들이 이런 문제로 고통을 받게 되면, 중고 자동차의 거래는 중·장기적으로 급격하게 감소할 것이다. 즉 비대칭 정보에 따른 역선택의 문제가 제대로 해결되지 못할 경우, 중고 자동차 시장의 축소와 쇠락(衰落)의 운명을 맞게 될 것이다.

② 중고 자동차 시장에서 역선택의 해결방안

앞서 언급한 것처럼 비대칭 정보는 정보의 완전성을 불가능하게 함으로써 시장구조를 불완전하게 만든다. 그 때문에 시장실패가 발생하고 자원배분의 파레토 최적이 실현되지 못한다. 정보경제학은 역선택의 문제를 해결할 수 있는 다양한 방안들을 제시한다. 중고 자동차의 판매는 개인과 개인 간의 사적 거래로 이루어질 수 있고, 또 개인과 전문 중개기관의 거래로 이루어질 수도 있다. 역선택의 문제를 해결하기 위해서는 전자보다 후자의 거래방식을 택하는 것이 구매자 보호에 훨씬 더 바람직스럽다. 왜냐하면 개인 대 개인의 사적 거래를 할 경우에는 사후 책임을 묻기가 그리 쉽지 않기 때문이다. 여기서는 후자의 거래방식에 대한 역선택의 문제를 살펴보기로 한다.

중고 자동차 시장에서 제기되는 역선택의 문제를 해결하기 위해서는 한국소비자보호원을 비롯한 정부의 행정지도가 필요하다. 첫째, 중고 자동차의 판매자인 전문중개기관으로 하여금 자신들이 판매한 모든 차량에 대해 구입 후 일정 기간 동안 무상(無償) 수리 서비스의 제공, 판매 차량에 대한 품질보증(warranty)제 실시, 중고 자동차 매매사원의 전문성 강화를 위한 판매 사원의 자격증 제도 도입이 필요하다. 둘째는 중고 자동차의 구매자들에게 올바른 정보를 실시간으로 제공함으로써 비대칭 정보의 문제를 극복해주는 방안이다. 즉 정부는 전문중개기관들로 하여금 중고 자동차에 대한 매물정보(차종, 연식, 상·중·하로 표현된 자동차 성능, 판매가격, 차량 사고 유무 등)을 정확하게 제시하도록 함으로써 중고 자동차의 구매자들이 전문중개기관 별로 상호 비교가 가능하도록 도와주어야 한다. 특히 기존의 중고 자동차 시세정보 사이트의 내용을 대대적으로 확대해서 좀 더 많은 중고 자동차의 다양한 매물정보가 구매자들에게 신속 정확하게 제공될 수 있도록 해야 한다. 셋째, 중고 자동차의 거래시장에 대기업이 좀 더 진출할 수 있도록 문호를 확대할 필요가 있다. 대기업들은 기업 이미지를 중시하기 때문에 누구보다 고객에 대한 신뢰 확보를 위해 많은 관심과 노력을 기울일 것이다. 중고 자동차 시장에서 레몬 차량이 실제 가치보다 비싸게 거래되는 것은 그만큼 우리 사회가 저(低)신뢰사회임을 시사해 준다. 이런 상황에서 대기업이 중고 자동차를 직접 매입하고 수리·보증·판매에 나선다면, 구매자들은 확실하게 '검증'된 중고 자동차를 구입할 수 있을 것이다. 넷째, 정부는 '차량의 주행거리 및 이력 정보 관리제'를 강화해서 구매자가 구입하고자 하는 차량의 모든 이력 정보를 실시간으로 검색할 수 있도록 도와줄 필요가 있다. 다섯째, 중고 자동차의 성능검사장에 대한 관리 강화도 빼놓을 수 없다. 중고 자동차를 구매한 사람들의 민원이 많은 분야가 바로 차량의 성능이기 때문이다. 정부는 중고 자동차에 대한 거짓 성능점검으로 구매자들에게 피해를 끼친 성능검사장은 그 즉시 영업을 취소시킴으로써 중고 자동차 시장의 대(對)고객 신뢰도를 제고시켜 나가는 데 앞장서야 한다.

보론 3 ㅣ 읽기 자료; 뷔페식당과 혈액 시장에서의 역선택

판매자와 구매자 사이에 비대칭 정보의 문제가 존재할 때, 발생할 수 있는 역선택의 또 다른 사례에 대해 살펴보자.[132]

뷔페식당의 역선택

뷔페식당에서 발견되는 역선택은 식당주인이 고객보다 정보가 부족한 경우다. 이는 중고 자동차 시장과 정반대다. 뷔페식당은 일정 금액만 지불하면 누구든지 자신이 원하는 만큼의 음식을 배불리 먹을 수 있다. 그런데 식당 주인은 소식(小食)하는 고객들을 더 선호한다. 그런 고객이 많을수록 뷔페식당의 이익이 커지기 때문이다. 하지만 뷔페식당을 즐겨 찾는 고객들은 식당 주인의 생각과는 달리 대식가일 가능성이 크다. 그들이 뷔페식당을 선호하는 이유는 간단하다. 일반 음식점에 가서 배부르게 먹으려면 추가 요금을 내야 하지만 뷔페식당은 일정 금액만 내면 더 이상의 추가 비용을 지불하지 않고 다양한 음식을 마음껏 즐길 수 있기 때문이다. 만일 식당주인이 식사량에 대한 고객정보를 충분히 갖고 있다면 대식가들에게는 식당 이용료를 차등 적용하

---

132 박정호(KDI 전문연구원), "역선택", 한국경제신문(생글생글 264호; 2010. 10. 11.) 참조.

거나 뷔페 식당의 출입을 거절할 것이다. 하지만 식당주인은 그런 정보를 갖고 있지 못하기 때문에 역선택의 상황에 직면할 수밖에 없다.

혈액 시장에서의 역선택

혈액 시장에서의 역선택은 구매자가 판매자에 대한 정보가 부족한 경우다. 1950년대 만 하더라도 혈액이 시장에서 거래되었다. 그러나 오늘날 대다수 국가는 매혈(賣血; 돈을 받고 피를 파는 것)을 법으로 엄격하게 금지한다. 혈액 공급은 오로지 헌혈을 통해서 만 조달하도록 법규화했다. 이러한 법적 제재 역시 역선택의 문제를 방지하기 위한 기본 조치라고 판단된다. 헌혈에 의한 혈액 공급은 헌혈자에 대한 추적이 가능하기 때문에 사후관리가 쉽고, 또 헌혈자들 역시 나눔과 희생의 숭고한 정신을 가진 선량 한 시민들이기 때문에 피의 질(quality)도 양질(良質)일 가능성이 높다. 하지만 매혈의 경우, 혈액의 구매자는 병원이었다. 그런데 병원은 매혈자에 대한 정보를 충분히 갖 고 있지 않았다. 매혈자의 건강 상태는 누구보다 그 자신이 제일 잘 안다. 그런 의미 에서 혈액 시장에서는 구매자가 매혈자보다 정보 부족의 상황에 놓일 수밖에 없었다. 그런 환경하에서 혈액 시장을 통해 공급된 혈액은 나쁜 혈액일 가능성이 높았다. 당 시 자료에 따르면 매혈자들은 정상인에 비해 건강하지 못한 사람들이 많았다고 한다. 건강이나 질병 등의 이유로 직장을 구하지 못했기 때문에 피를 판 돈으로 근근이 생 활했던 것이다. 미국의 경우 매혈이 허용되었던 시기에, 심장 수술을 받은 환자의 30%가 수혈받은 혈액으로부터 간염에 감염되었다는 보고가 있다. 이 역시 혈액의 구 매자인 병원이 매혈자에 대한 충분한 정보를 갖지 못했기 때문에 발생한 역선택의 결 과라고 생각된다.

(3) 신용할당과 역선택 문제

① 신용할당에 대한 정의

신용할당(credit rationing)은 '주어진 이자율 수준에서 금융기관이 차입자(借入者)들을 상 대로 그들이 필요로 하는 자금을 다 빌려가지 못하도록 신용을 제한하는 것'을 말한다.

일반적으로 자금에 대한 대출수요가 대출 공급보다 큰 경우, 이윤극대화를 추구하는 금융기관들은 대출이자율을 인상함으로써 대출에 대한 초과수요를 조정할 것으로 생각한다. 하지만 현실에서는 대출이자율의 인상보다는 신용할당을 통해 대출에 대한 초과수요를 조정하는 것이 자주 관찰된다. 2001년도 노벨경제학상의 수상자이자 미 컬럼비아대 석좌교수인 조셉 유진 스티글리츠(J. E. Stiglitz)와 앤드류 와이스(A. Weiss)는 신용할당과 역선택의 문제에 대해 흥미 있는 분석을 시도했다. 그 내용을 한번 검토해보자.

② 신용할당과 역선택의 관계

금융기관으로부터 대출받기를 희망하는 사람들 가운데는 책임감과 성실성을 겸비한 사람과 그렇지 못한 사람들이 혼재되어 있다. 그런데 금융기관은 이들 차입자에 대한 정보가 불완전할 수밖에 없다. 따라서 금융기관과 차입자들 간에도 비대칭 정보의 문제가 존재한다. 이런 상황에서 대출자금에 대한 초과수요가 발생하고, 금융기관들이 대출이자율의 인상을 통해 그 문제를 조정하기로 했다고 가정해보자.

대출이자율이 크게 인상했음에도 불구하고 대출받기를 희망하는 차입자는 그만큼 자금이 절실하게 필요한 사람이다. 담보 능력(예; 부동산 등)을 구비(具備)했거나 신용도가 좋은 사람은 구태여 비싼 대출이자율을 감수하면서까지 급전(急錢)을 빌리려고 하지 않을 것이다. 그런 관점에서 높은 대출이자율하에서 대출받기를 희망하는 차입자들은 빌린 돈을 떼어먹을 불량 차입자일 가능성이 크다.

금융기관들은 이와 같은 역선택의 문제를 회피하기 위해 대출자금의 초과수요를 조정하기 위한 수단으로 대출이자율보다는 신용할당을 이용한다. 즉 대출이자율의 인상은 불량 차입자의 비율만 높임으로써 금융기관이 보유한 부실채권의 크기를 가중시킨다. 따라서 금융기관들은 대출자금의 초과수요를 조정하는 수단으로서 신용할당을 최선책으로 선택한다. 즉 신용도가 아주 높거나 담보 능력을 충분한 우량 차입자들에게만 자금을 대출해줌으로써 부실채권을 최소화하면서 금융기관의 장기적 수익성을 제고시키기 위해 노력한다.

(4) 보험시장과 역선택의 문제

① 정의 및 기본모형

보험시장의 역선택도 보험회사와 보험가입자간의 비대칭 정보로 인해 발생한다. 암 관련 보험을 생각해보자. 보험회사는 보험가입자의 건강상태에 대해 잘 알지 못한다. 그래서 보험회사는 건강한 사람과 그렇지 못한 사람이 반반씩 섞여 있다고 가정하고 보험료를 산정한다. 이때 건강한 사람들은 보험료가 너무 비싸다고 생각해서 보험 가입을 꺼리는 반면, 질병의 위험에 노출된 사람들은 쌍수를 들며 보험 가입에 적극 나선다. 그런 상황에서 만약 손해를 본 보험회사가 이윤 손실을 만회하기 위해 보험료를 인상할 경우, 역선택의 현상은 한층 더 심화될 가능성이 있다. 여기서는 덤프트럭 운전기사들이 가입한 자동차보험을 통해 보험시장과 역선택의 문제를 살펴보자.

덤프트럭 운전기사 A, B가 있다고 하자. A, B의 연봉은 6천만원으로 동일하지만, 차량 사고를 낼 확률은 다르다고 가정하자. 즉 운전경력이 짧은 A가 차량 사고를 낼 확률은 2/5이고, 운전경력이 많은 B의 그것은 1/5이라고 가정하자.

또 A, B가 차량 사고를 낼 경우, 그들의 연봉은 0이 된다고 가정한다. 역선택의 문제를 다루기 위한 기본모형은 공정한 보험하에서의 선택 모형이다. 우리는 이미 제 6장에서 공정한 보험은 '프리미엄률(= 보험료/보험금)'이 차량 사고의 발생 확률과 같은 경우'라고 정의한 바 있다.

〔그림 17-4〕의 그래프에 대해 살펴보자. w_1은 차량 사고가 발생하지 않았을 경

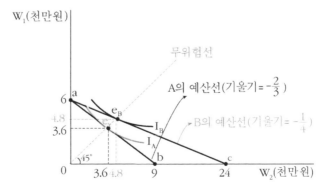

〔그림 17-4〕 공정한 보험하에서의 선택

우 A, B의 연간 순소득, w_2는 차량 사고가 발생했을 경우 A, B의 순소득이다. 참고로 w_1, w_2의 단위는 천만원이다. 또 선분 ab는 A의 예산선이며, 그것의 기울기는 −2/3 이다. 선분 ac는 B의 예산선이며, 그것의 기울기는 −1/4이다.[133] I_A는 위험기피자 A의 무차별곡선, I_B는 위험기피자 B의 무차별곡선, e_A는 A의 소비자균형점, e_B는 B의 소비자균형점이다. A, B가 위험기피자라고 말할 수 있는 근거는 무차별곡선 IA와 IB 가 원점에 대해 볼록하기 때문이다. 또 기울기가 1인 무위험선(無危險線)상에서 무차별 곡선과 예산선이 접하는 e_A점과 e_B점에서는 차량 사고의 유무(有無)에 무관하게 연간 순소득이 일정하다. 이는 보험으로 위험을 완전하게 커버한 상태다. 그때 A의 순소득 은 3천 6백원, B의 순소득은 4천 8백만원이다.[134]

② 완전정보 균형과 비대칭(非對稱) 정보 균형

덤프트럭 운전기사 A, B의 보험 가입에 대한 모형에서 우리는 2개의 균형을 생각해 볼 수 있다. 완전정보 균형과 비대칭 정보 균형이 그것이다. 우선 완전정보 균형에 대 해 살펴보자. 완전정보 균형에서는 보험회사가 완전경쟁기업으로서 A, B에 대해 완 전한 정보를 갖고 있다. 또 보험회사는 A, B에게 개별적으로 공정한 보험을 제공하 며[135] 이윤의 크기는 0이다.[136] 즉 보험회사는 정상이윤만 얻고 있다. 참고로〔그림

---

133 a점은 차량 사고가 발생하지 않았을 경우 덤프트럭 운전기사 A, B가 얻을 수 있는 연봉 6천만원을 나타낸다. b점은 차량 사고가 발생했을 경우 A가 보험회사로부터 받게 되는 보험금에서 보험료를 빼준 값으로 9천만원이다. 그 근거는 '9천만원 =〔6천만원 × (5/2)〕− 6천만원'이다. 이때 6천만원 에다 (5/2)를 곱해주는 이유가 무엇인지? 궁금해 하는 독자들이 있을 것이다. 그 근거는 공정한 보 험이 되기 위한 전제조건에서 찾아야 한다. 즉 차량 사고의 발생확률 2/5와 프리미엄율(보험료/보 험금) = 6천만원/X원이 같아야 한다. 2/5 = 6천만원/X원에서 X를 풀면 6천만원 × (5/2) = 1억 5천 만원이 도출된다. 따라서〔그림 17-5〕에서 b점은 보험금 1억 5천만원에서 보험료 6천만원을 빼준 9천만원으로 정의된다. 따라서 선분 ab의 기울기는 − 2/3(= − 6천만원/9천만원)이다. 또 c점은 차 량 사고가 발생했을 경우 B가 보험회사로부터 받게 될 보험금에서 보험료를 빼준 값으로 2억 4천만 원이다. 그 근거는 '2억 4천만원 =〔6천만원 × (5/1)〕− 6천만원'이다. 따라서 선분 ac의 기울기는 − 1/4(= − 6천만원/2억 4천만원)이다. 이때 6천만원에다 (5/1)을 곱해주는 이유는 앞서 설명한 것과 똑같다.

134 e_A점의 수치를 도출하려면 2개의 방정식, 즉 무위험선의 궤적인 $w_1 = w_2$와 예산선의 궤적인 $w_1 = 6 − (2/3)w_2$를 풀어야 한다. 마찬가지로 e_B점의 수치를 도출하려면 2개의 방정식, 즉 무위험선의 궤 적인 $w_1 = w_2$와 예산선의 궤적인 $w_1 = 6 − (1/4)w_2$를 풀어야 한다. 이는 독자 여러분들의 자율적인 학습에 맡긴다.

135 공정한 보험에서 보험회사는 차량 사고의 발생확률이 높은 A에게는 2천 4백만원(= 6천만원 − 3천

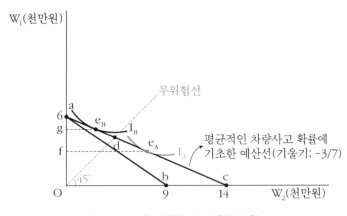

〔그림 17-5〕 비대칭 정보 균형의 모형

17-4]의 e_A점과 e_B점을 통해 알 수 있듯이 완전정보 균형에서는 차량 사고의 발생확률이 낮은 B의 순소득이 A보다 크게 나타난다.

이제 보험회사와 덤프트럭 운전기사 A, B 간에 비대칭 정보가 존재하는 경우의 균형에 대해 살펴보자. 보험회사는 A, B의 차량 사고 확률에 대한 정보는 갖고 있지 않고, 단지 그것의 평균 확률만 알고 있다고 가정하자. 또 보험회사는 보험가입자 가운데 A타입의 가입자와 B타입의 가입자가 50%로 구성되어 있다는 것만 안다고 가정하자. 이때 A, B가 가입한 자동차보험이 공정한 보험이 되려면 프리미엄률(= 보험료/보험금)은 0.3이어야 하고, 선분 ac로 정의되는 A, B의 예산선 기울기는 – 3/7이다.[137] 만약 이 모형에서 A, B가 동일한 보험료를 요구하는 자동차보험에 가입한다면, 즉 무위

6백만원)의 보험료를 제시하고, 차량 사고의 발생확률이 낮은 B에게는 1천 2백만원(= 6천만원 – 4천 8백만원)의 보험료를 제시한다. 3천 6백만원과 4천 8백만원은 〔그림 17-4〕의 e_A, e_B점에서 확인하기 바란다.

[136] 완전경쟁기업의 장기초과이윤이 0이라는 사실은 이미 제9장의 완전경쟁시장에서 학습한 바 있다.

[137] A의 차량 사고 확률은 2/5, B의 차량 사고 확률은 1/5이다. 또 보험가입자 가운데 A 타입과 B 타입의 보험가입자가 각각 50%라고 가정했다. 이런 상황에서 프리미엄률은 0.3이다. 그 근거는 0.3 = (2/5 × 1/2) + (1/5 × 1/2) = 3/10이다. 또 선분 ac의 기울기는 – 3/7인데, 그 근거 역시 간단하게 입증된다. 프리미엄률이 0.3이라는 것은 차량 사고가 일어날 평균 확률이 0.3이라는 얘기다. 또 프리미엄률이 0.3이라는 것은 3원의 보험료를 납부한 후, 차량사고가 발생하면 10원의 보험금을 받는다는 것을 의미한다. w_1축의 6천만원을 보험료로 납부한 후, 차량 사고가 발생하면 2억원[= 6천만원 × (10/3)]을 보험금을 받는다. 거기서 보험료 6천만원을 빼면, 순소득은 1억 4천만원이다. w_2축의 c점이 바로 1억 4천만원이다. 따라서 선분 ac의 기울기는 – 3/7(= 6천만원/1억 4천만원)이다.

험선상의 한 점(예: d점)에서 예산선 ac와 무차별곡선 $I = I_A = I_B$가 교차한다면, 보험회사의 이윤은 평균적으로 0이다. 하지만 현실 세계에서는 그렇지 않을 개연성이 크다. A, B에게 동일한 보험료의 납부를 요구하면, 차량 사고의 확률이 높은 A는 보험으로 위험이 완전하게 커버되는 수준을 초과하는 e_A점까지 보험 가입을 시도할 것이다. 이 때 A가 납부해야 할 보험료는 '6천만원 – f'이다. 반면, 차량 사고 확률이 낮은 B는 보험으로 위험이 완전하게 커버되지 못하는 e_B점을 선택할 가능성이 크다. 이런 경우 B가 납부해야 할 보험료는 '6천만원 – g'이다. 이것이 바로 보험시장에서 흔히 발견되는 역선택 현상이다.

③ 보험시장에서의 역선택과 보험회사의 대응

보험시장에서의 역선택은 보험회사의 수익성에 매우 부정적인 영향을 미친다. 더욱이 역선택의 문제가 시정되지 않고 심화될 경우, 보험회사의 파산이나 시장 퇴출이라는 극한 상황에 직면할 수도 있다. 따라서 보험회사는 보험가입자들 가운데 불량가입자를 걸러내기 위한 다양한 수단들을 고안하기 위해 노력한다. 이하에서는 그것에 대해 살펴보자.

보험회사들이 제일 많이 선택하고 있는 첫 번째 방안은 '보험료율(保險料率)에 대한 탄력적 운용'이다. 자동차보험을 예로 들면 성별·연령별·직업별·운행거리별·운전대상자별(부부한정특약 등)로 차등을 두는 보험료를 책정하는 것이다. 그러면 차량 사고의 위험성이 큰 보험가입자는 상대적으로 비싼 보험료를 납부해야 한다. 두 번째 방안은 '기초공제제도의 도입'이다. 기초공제제도란 '사고가 발생한 경우, 손실의 일정부분을 보험가입자에게도 부담시킴으로써 그가 사고 예방을 위해 노력하도록 유인하는 제도'을 말한다. 세 번째 방안은 차량의 책임보험이나 국민건강보험처럼 모든 사람들을 강제적으로 가입하게 하는 것도 역선택을 방지할 수 있는 하나의 대안이다. 그러면 사고의 위험에 취약한 사람들만 가입하는 역선택의 문제를 막을 수 있다. 그 밖에도 보험회사 간의 데이터 링크를 통해 불량가입자들의 보험 가입을 원천적 차단하는 방법도 고려해볼만하다.

(5) 신호와 선별에 대한 사례 분석

① 노동시장에서의 신호

비대칭 정보하에서 정보우위자는 자신의 숨겨진 특성을 정보열위자에게 노출시키지 않으려고 노력하는 경향이 있다. 하지만 경우에 따라서는 그와 반대로 행동하는 사람들이 존재할 수 있다. 일례로 중고 자동차 시장에다 팔려고 내놓은 자신의 자동차가 레몬차량이 아니라는 것을 납득시키기 위해 구매자에게 '보증(warranty)'을 제시하는 경우다. 여기서 말하는 보증은 '만약 내가 판매한 차량이 일정한 기간(예; 1년) 이내에 고장이 난다면 책임지고 무료로 수리를 해주겠습니다'와 같은 약속이다. 그러면 중고 자동차의 구매자는 "아! 이 자동차는 레몬 차량이 아니구나!"라는 확신을 갖고, 그것을 구매할 것이다. 이것이 신호(signal)의 본질이다.

이런 신호는 구직(求職)시장에서도 활발하게 작동된다. 앞서 언급한 것처럼 스펜스(A.M. Spence)는 신호이론을 구직시장에다 적용시킨 인물이다. 구직시장에서는 구인자(救人者; 기업)와 구직자(이하 취준생) 간에 비대칭 정보의 문제가 존재한다. 따라서 기업은 구직시장에 존재하는 비대칭 정보로 인해 구직을 희망하는 취준생의 역량을 완전하게 파악하지 못한다. 그것을 정확하게 파악하려면 엄청난 시간과 돈이 소요된다. 그런 상황에서 기업들은 학력[138]과 같은 외적 간판을 토대로 취준생들의 역량을 평가한다. 반면, 취준생들은 역(逆)으로 그런 간판을 자신의 능력을 입증해주는 신호로 적극 활용한다. 참고로 2020년을 기준으로 한국의 대학 진학률은 72.5%였다. 이는 OECD 국가의 평균인 41%보다는 훨씬 높은 편이다. 더욱이 우리나라보다 잘사는 미국(34%), 일본(37%), 스위스(29%), 독일(28%), 이탈리아(24%)와도 비교할 수 없을 정도로 큰 차이를 보인다. 이처럼 대학 진학률이 높다 보니 기업들은 취준생들에게 희소 가치가 떨어진 4년제 대학 졸업장 이외에 무언가 자신의 숨겨진 능력을 보여줄 다른 신호를 강력하게 원한다. 요즘 젊은 대학생들이 다종다양한 스펙을 쌓기 위해 많은 돈과 시간을 투입하는 현상도 그와 무관하지 않다. 신호이론의 관점에서 스펙의 인플레이션을 바라본다면, 기업들이 취준생들에게 대학 졸업장 이외의 다른 스펙(예; 자격증, 외국어 능력, 해외연수 경험, 타인과 분명하게 차별될 수 있는 다른 능력의 소유 여부 등)을 요구하는

---

[138] 직장에 취업한 고졸 학력자가 방송통신대학이나 사이버대학에 재학하는 이유도 이러한 학력의 신호 효과를 노리는 것으로 볼 수 있다.

것은 합리적인 현상으로 보인다.

스펜스는 '시장 신호(market signaling)'를 다음과 같이 정의했다. 즉 시장 신호는 '정보우위자가 사익(私益)추구를 목적으로 정보열위자에게 관련 정보를 제공해줌으로써 정보격차를 해소시키려는 노력'이다. 이런 경우, 대학교육도 하나의 신호가 될 수 있다. 하지만 스펜스는 '대학교육이 취준생들의 노동생산성을 높여 주는가?'에 대해서는 부정적인 입장을 견지했다. 그에 따르면 '대학 졸업장은 단지 간판에 불과하다'는 것이었다. 물론 그의 주장은 인적자본이론(human capital theory)과 정면으로 배치(背馳)된다. 왜냐하면 인적자본이론은 대학교육이 대학졸업자인 취준생들의 노동생산성을 제고시켜 준다고 역설하기 때문이다. 결국 스펜스와 인적자본이론간의 본질적 차이는 '대학을 직업학교로 간주할 것인가, 그렇지 않은가?'에 대한 관점의 차이라고 볼 수 있다.

아무튼 스펜스가 제시한 신호모형은 대학교육이 취준생들의 노동생산성에는 별다른 영향을 미치지 못하고 오직 본래 갖고 있던 취준생의 능력에 대한 신호로서의 역할만 한다고 강조한다. 이런 그의 주장이 얼마만큼 현실과 부합하는지에 대해서는 의문의 여지가 있다. 현실 세계에서 대학교육이 어느 정도는 취준생의 노동생산성 향상에 기여하는 측면이 존재하기 때문이다. 특히 구인자인 기업과 취준생간에 인턴십을 포함하는 조건부 계약(條件附 契約)이 맺어질 가능성을 전제한다면, 스펜스의 신호모형은 설득력이 그만큼 줄어들 개연성이 있다. 가령, 구인자인 기업이 취준생을 임시 고용해서 일정 기간 일을 시켜보면 그의 잠재 역량(직무수행능력)을 정확하게 판별할 수 있다. 그런 과정을 통해 능력이 검증된 취준생을 정식 직원으로 채용하고 임금까지 소급해서 그 차액을 보상해주겠다는 조건부 계약을 체결할 수 있다. 만약 그것이 가능하다면 스펜스의 신호모형이 시사해주는 것과 전혀 다른 양상이 나타날 수 있다. 비근한 예로 조건부 계약이 가능해지면 취준생들은 굳이 많은 돈과 시간이 요구되는 대학교육을 포기하고, 낮은 임금을 받으며 일찌감치 일을 배우기 시작할지도 모른다. 기업이 요구하는 역량 개발에 큰 도움이 되지 않는 학벌보다는 기업업무에 대한 경험과 노하우, 그리고 성실성으로 자신의 능력을 검증받는 것이 훨씬 더 낫다는 것을 잘 알기 때문이다. 이 때문인지 스펜스도 "신호 발송을 통해 구직 시장이 보다 더 원활하게 작동되기 위해서는 학력이나 각종 자격증을 인증해 줄 수 있는 사회적 보완 기제(補完機制)가 필요하며 동시에 교육기관의 역할도 막중하다"라고 강조했다.

② 가격차별을 통한 선별의 사례분석

선별은 '정보열위자가 정보우위자의 유형(類型)을 구분하기 위한 제반(諸般) 노력'으로 정의된다. 여기서는 가격차별을 통한 선별의 사례를 분석해보자. 선별의 사례로는 독점 운행하는 민간 항공사(이하 민항사)의 차등요금제를 들 수 있다. 이윤극대화를 추구하는 민항사는 부자(富者) 승객들로부터 좀 더 많은 항공료를 받아내고 싶을 것이다. 하지만 그들 역시 비대칭 정보의 문제로 인해 부자 승객과 일반승객을 구별하기가 쉽지 않다. 따라서 민항사는 다소 불편한 이코노미석을 제공하면서 서비스의 차별화를 도모한다. 그러면 부자 승객은 이코노미석 대신에 비즈니스석이나 1등석을 타기 위해 자신의 지갑을 열 것이다. 바로 이것이 선별의 본질이다.

서울대의 이준구 명예교수님께서는 서울과 제주를 오가는 독점 민항사를 가정하고, 가격차별을 통한 선별의 사례를 제시해서 흥미를 끌고 있다. [139] 그는 승객의 유형을 둘로 구분했다. 1그룹의 승객은 사업차 제주를 찾는 사람으로 20만원의 왕복 항공료를 지불할 용의가 있으며 당일 서울로 돌아오는 것을 원한다. 반면 2그룹의 승객은 여가를 즐길 목적에서 제주를 탐방하는 사람으로 12만원의 왕복항공료를 지불할 의사가 있다고 하자. 또 그들은 시간적 여유가 많기 때문에 며칠 동안 제주에 머물러 있어도 좋다는 생각을 갖고 있다고 하자. 1그룹과 2그룹의 승객은 각각 100명씩 존재한다고 가정하자. 또 민항사는 200인승 비행기를 운용하고 있으며 승객 한 사람을 더 실어 나르는 데 소요되는 MC(한계비용)는 8만원, 이때 MC는 AC(평균비용)와 같다고 가정한다.

만약 20만원을 왕복 항공료로 책정할 경우, 민항사의 이윤은 1,200만원이다. 그 근거는 '1,200만원 = 100(명) × 12(만원/인)'이다. 즉 왕복 항공료가 20만원이면 이 비행기의 승객은 사업차 제주를 찾는 100명뿐이다. 그때 민항사의 승객 1인당 이윤[140]은 12만원(= 20만원 − 8만원)이다. 따라서 민항사의 총이윤은 승객 100명에다 승객 1명당 이윤인 12만원을 곱해준 값으로 정의된다. 한편, 왕복 항공료를 20만원에서 12만원으로 인하하면 승객은 200명으로 증가한다. 그때 민항사의 총이윤은 800만원이다. 그

---

139 이준구, 『미시경제학』(제7판), 문우사, 2019, 656-657쪽 참조.

140 이때 승객 1인당 이윤은 P − MC가 아니라 P − AC로 정의됨에 유의하기 바란다. 이준구 명예교수님께서 MC와 AC가 같다고 가정한 이유도 그 때문이다.

근거는 '800만원 = 200(명) × 4만원(= 12만원 – 8만원)'이다. 따라서 모든 승객들에게 단일 항공료를 부과해야 한다면, 이윤극대화를 추구하는 민항사는 20만원의 왕복 항공료를 선택할 것이고 승객은 사업차 제주를 찾는 사람들로 한정될 것이다.

이제 민항사가 승객의 유형을 둘로 구분해서 가격차별화를 시도한다고 상정하자. 즉 사업차 제주를 찾는 승객에게는 왕복 항공료로 20만원을 받고 여가를 즐길 목적에서 제주를 탐방하는 승객에게는 왕복 항공료로 12만원을 받는다고 하자. 이때 민항사의 총이윤은 1,600만원이다. 그 근거는 '1,600만원 = (100명 × 12만원/명) + (100명 × 4만원/명)이다.[141] 그런데 문제는 민항사가 비대칭 정보로 인해 1그룹의 승객이 누구인지 잘 모른다는 사실이다. 만약 왕복 항공권을 판매하는 창구 직원이 승객들에게 자신이 1그룹의 승객인지, 아니면 2그룹의 승객인지 밝히라고 요구하면 그들은 낮은 가격대의 왕복 항공권을 구입할 목적에서 여가를 즐기기 위해 제주를 탐방하는 2그룹의 승객이라고 말할 것이 분명하다. 결국 민항사는 간접적인 방법으로 승객들이 1그룹에 속하는지, 2그룹에 속하는지를 선별하는 방법을 채택할 수밖에 없다. 가장 대표적인 선별방식은 정상요금과 특별휴가요금이 공존하는 복수요금제의 도입이다. 정상요금은 20만원의 왕복 항공료를 지불하는 대신 제주에 머물러 있는 시간에 아무런 제약이 없는 반면, 특별휴가요금은 왕복 항공료가 12만원으로 저렴하지만 제주에 1주일 이상 머물러 있어야 한다는 조건을 덧붙인다. 이제 승객들은 왕복 항공료뿐만 아니라 제주에 머무는 기간까지 고려해서 티켓팅을 해야 한다. 우선 분초를 다투는 사업가가 제주에서 불필요하게 1주일간 머물고 돌아온다면, 그의 기회비용은 너무 클 것이다. 따라서 그는 8만원을 아낄 목적에서 특별휴가요금 쪽을 선택하지 않을 것이다. 하지만 제주에서 여가를 즐기려는 승객들은 기꺼이 특별휴가요금 쪽을 선택할 것이 확실하다. 이와 같은 선별 작업에 성공한 민항사는 1,600만원이라는 최대 이윤을 얻을 수 있다.

---

141 1,600만원 = (100명 × 12만원/명) + (100명 × 4만원/명)에서 (100명 × 12만원/명)은 사업차 제주를 찾는 승객들로부터 얻을 수 있는 이윤이고, (100명 × 4만원/명)은 여가를 즐기기 위해 제주를 방문하는 승객들로부터 얻는 이윤이다. 또 (100명 × 12만원/명)에서 12만원은 사업차 제주를 찾는 승객 1명당 이윤으로서 왕복 항공료 20만원에서 평균비용 8만원을 공제한 값이고, (100명 × 4만원/명)에서 4만원은 여가를 즐길 목적으로 제주를 방문한 승객 1인당 이윤으로서 왕복 항공료 12만원에서 평균비용 8만원을 빼준 값이다.

3 모럴 해저드와 정보경제학

(1) 주인-대리인 문제에 대한 개요

① 정의 및 발생원인

주인-대리인 문제(principal-agent problem)는 '주인과 대리인 간에 존재하는 비대칭 정보로 인해 발생하는 제반(諸般) 문제'를 말한다. 주인-대리인 문제는 본인-대리인 문제, 대리인의 문제, 대리인의 딜레마(agency dilemma)라고도 말한다. 1976년에 주인-대리인 문제를 처음 제기한 사람은 미 하버드대 경영대학원 교수인 마이클 콜 젠슨(M.C. Jensen)과 로체스터대 교수인 윌리엄 멕클링(W. Meckling)이다.

역선택이 정보우위자의 숨겨진 특성 때문에 발생하는 현상이라면, 주인-대리인 문제는 주인이 대리인에 관한 정보를 갖고 있지 못하기 때문에 발생한다. 주인-대리인 문제는 주인이 업무 처리를 대리인에게 위임할 때 발생한다. 또 주인-대리인의 관계가 잘 유지되기 위해서는 주인이 대리인에게 적절한 보상을 해주는 동시에 대리인의 노력과 그에 따른 경제적 성과를 정확하게 평가할 수 있어야 한다. 하지만 주인-대리인의 관계는 불확실한 미래 상황을 대상으로 하는 데다 주인이 대리인을 완벽하게 감시·평가하는 것이 거의 불가능하다. 그래서 비대칭 정보의 문제가 발생하게 된다. 대리인은 주인이 자신을 제대로 관리·감독하지 못한다는 점을 악용해서 주인의 이해관계에 반하는 행동을 서슴없이 하는 경향이 있다. 그 때문에 모럴 해저드(moral hazard)와 같은 사회적 문제가 발생한다.

② 주인-대리인의 관계에 대한 사례 조사

현실 경제에서 주인-대리인의 관계는 매우 다양하다. 주인이 대리인에게 업무를 위임하는 이유가 여럿이기 때문이다. (1) 특정 분야에 대한 전문지식·정보처리·문제해결 능력의 부족으로 전문가의 도움을 받는 경우, (2) 주인 혼자서 모든 일을 처리할 수 없기 때문에 대리인을 선정해서 일을 위임하는 경우, (3) 대리인을 뽑아서 업무를 맡기도록 법(제도)에 명시된 경우 등 다양하다.

주주와 전문경영인, 변호사와 소송의뢰인, 환자와 의사의 관계는 (1)에 대한 사례다. 택시회사 사장과 택시 기사, 부재(不在)지주와 소작인, 가수를 비롯한 연예인과 매니저, 농부와 위탁판매자, 운동선수와 에이전트, 백화점 매장의 사장과 종업원의 관계는 (2)의 사례에 속한다. 국민과 대통령, 지역 구민과 지역구 국회의원, 국민과 공무원의 관계는 (3)과 깊은 관련이 있다.

주인-대리인 문제는 3가지의 특징을 갖는다. 첫째, 정보열위자인 주인은 비대칭 정보로 인해 대리인의 행동을 제대로 관찰하거나 감독하기 어렵다. 둘째, 주인은 대리인에게 위임한 업무와 관련해서 상당한 재량권을 부여한다. 또 대리인은 재량권의 범위 내에서 위임된 업무를 처리하지만, 그 결과는 고스란히 주인의 몫으로 귀속된다. 셋째, 주인과 대리인은 각자 자신의 효용극대화를 추구한다. 따라서 그들 간에 이해관계가 상충되는 측면이 있다.

③ 주인-대리인 문제에 내재된 기회주의적 속성

주인-대리인 문제는 양측 간에 존재하는 비대칭 정보에서 비롯된 것이다. 정보우위자인 대리인은 정보열위자인 주인이 자신을 제대로 관리·감독하지 못하는 기회를 악용해서 자신의 사익(私益)부터 챙기려는 유혹에 사로잡히게 된다. 경제학에서는 이 것을 '기회주의적 속성'이라고 말한다.

비대칭 정보에는 사전적(事前的) 기회주의인 역선택과 사후적(事後的) 기회주의인 모럴 해저드가 있다.[142] 역선택은 주인이 복수의 대리인 후보들 가운데 어느 특정인을 대리인으로 선택할 때, 비대칭 정보로 인해 함량미달의 대리인을 선택하는 것을

---

142 여기서 '사전적'이라는 용어는 관련 업무를 위임하기 이전(또는 계약 이전)을 의미한다. 반면, 모럴 해저드는 대리인의 선정과 함께 관련 업무가 위임된 이후(또는 계약 이후)에 일어난 현상이기 때문에 사후적이란 표현을 사용한 것임에 유의하기 바란다.

말한다. 반면 모럴 해저드는 대리인으로 선정된 자가 주인이 위임한 과업의 수행을 위해 주의(注意)와 노력을 기울여야 할 도덕적 의무를 저버리고 자신의 사익부터 추구하는 것을 말한다. 물론 대리인이 그렇게 행동하는 것은 비대칭 정보로 인해 주인이 자신을 제대로 관리 감독하지 못한다는 것을 잘 알고 있기 때문이다.

④ 비대칭 정보의 문제를 완화시킬 수 있는 방법

주인-대리인 문제는 본질적으로 양자(兩者)간에 존재하는 비대칭 정보에 기인한다. 따라서 주인-대리인 문제를 해결하기 위해서는 비대칭 정보의 한계를 완화시키기 위한 노력을 전개할 필요가 있다. 여기서는 그에 대해 간략하게 살펴보고자 한다.

첫째는 신호 발송(signalling)이다. 이는 대리인 자신이 학력, 전문경력, 근무 자세, 인생관 등 자신의 업무수행능력과 전문지식 등에 관한 정보를 주인에게 드러내는 것을 의미한다. 둘째는 선별(screening)이다. 이는 주인이 복수(複數)의 차별화된 계약조건을 제시한 후, 대리인 후보자들로 하여금 그것을 선택하도록 함으로써 대리인에 대한 여러 가지 정보(전문능력, 인간관계, 업무수행능력, 성실성 등)를 얻는 방법을 지칭한다. 셋째는 대리인에 대한 평판(reputation)의 활용이다. 이는 대리인에 대한 세평(世評)을 잘 조사한 후, 전문성·성실성·책임감을 고루 갖춘 우수한 대리인을 발탁함으로써 비대칭 정보의 문제를 해결하는 것이다. 넷째는 확실한 유인체계의 구축이다. 즉 대리인이 주인을 위해 최선을 다하도록 성과금을 보장해주는 것을 말한다. 대표적인 사례로는 기업이 전문CEO에게 제공하는 스톡옵션을 들 수 있다. 그 이외에도 복수(複數)의 대리인을 고용함으로써 대리인 상호간의 경쟁과 견제, 정보의 경쟁적 제공 등을 노리기 위한 멀티에이전트(multiple agents)도 고려해 봄직하다.

(2) 모럴 해저드의 정의, 사례 분석, 유인설계의 문제

① 정의 및 개관

모럴 해저드(moral hazard)는 '숨겨진 행동이 문제가 되는 비대칭 정보의 상황에서 주인을 위해 최선을 다하기로 계약을 맺은 대리인이 주인의 정보 부족을 악용해서 대리인 자신의 사익부터 챙기는 것'을 말한다. 또는 '숨겨진 행동이 문제가 되는 비대칭 정보의 상황에서 대리인이 주인의 입장에서 바라볼 때, 바람직하지 않은 행동을 취하는 것'을 뜻한다. 지역구의 발전과 주민들의 복리증진을 위해 헌신해야 할 지역구 국회의원이 부정부패에 연루되거나 사악한 정쟁(政爭)에만 몰두하는 것은 모럴 해저드의 전형이다. 또 화재보험에 가입한 사람이 화재 사고의 예방을 위해 노력하지 않는 것, 소송의뢰인이 송사(訟事)에서 패소(敗訴) 당하지 않도록 변론에 최선을 다해야 할 변호사가 무사안일한 태도로 대처하는 것 역시 모럴 해저드에 속한다.

저자는 오래전부터 모럴 해저드를 '도덕적 해이'로 번역해서 사용하는 것에 대해 부정적으로 생각해왔다. 처음엔 "국내 최고의 석학들이 모럴 해저드를 도덕적 해이라고 얘기하는데, 내가 뭐라고 그들에게 시비를 붙어!"라는 생각에서 별다른 이의제기를 하지 않았다. 하지만 시간이 흐르면서 '모럴 해저드 = 도덕적 해이'는 아주 잘못된 번역(誤譯)이라는 확신이 들어 인터넷 신문인 '디트뉴스 24'에다 그 문제점에 대한 칼럼[143]을 기고한 바 있다. 모럴 해저드를 도덕적 해이라고 얘기하는 것을 보면, moral을 '도덕적'으로 번역한 것 같다. 거기에 대해서는 태클을 걸 생각이 없다. 하지만 해저드(hazard)는 '위험'이지 '해이(解弛; 느슨하다, 풀어지다)'가 아니다. 해이(解弛)의 정확한 영어표현은 relaxation이다. 모럴 해저드를 세계 최초로 제시한 사람이 누구인지는 정확히 모르겠지만 영미권 경제학자일 가능성이 크다.[144] 그렇다면 왜 영미권 경제학자는 모럴을 해이해질 수 있는 대상이 아니라 위험한 대상으로 봤을까? 만약 그 사람도 한국의 지식인들처럼 도덕을 해이하거나 타이트하게 쪼일 수 있는 대상으로 여겼다면, 그는 'moral hazard' 대신 'moral relaxation'이라고 표현했을 것이다. 그런데도 그가 'moral hazard'란 표현을 한 것은 '도덕'을 해이해질 수 있는 대상이 아니라

---

143 이 문제에 관심 있는 독자 여러분들은 인터넷 신문인 디트뉴스 24에 게재된 "김덕수의 파워 칼럼; 누가 모럴 해저드를 도덕적 해이라고 번역했는가?"(2005. 9. 28.)를 참고해주기 바란다.

144 모럴 해저드의 문제가 경제분석의 도구로서 학문연구에 본격적으로 도입되기 시작한 것은 1960년 대 말 홍콩 출신 경제학자 스티븐 청(S. Cheung) 교수가 부재지주와 소작인 사이의 산출물 분배계약(sharecropping rule)을 연구하면서부터라는 것이 정설이다. 이후 1974년 영국 출신 경제학자인 제임스 멀리스(J. Mirrlees) 교수가 이를 분석 가능한 이론적 모형으로 발전시켰으며, 그의 모형은 1979년 핀란드 출신 경제학자인 벵트 홀름스트룀(Bengt Holmstrom) 교수에 의해 보다 정교하고 세련된 형태로 완성돼 오늘 이 분야를 연구하는 거의 모든 경제학자들은 홀름스트룀 교수의 모형을 가장 기본적인 모형으로 사용한다. 참고로 제임스 멀리스와 벵트 홀름스트룀은 그 공로가 인정되어 각각 1996년과 2016년에 노벨경제학상을 수상했다. 출처; 김선구(서울대 경제학과 교수), "'모럴 해저드' 해결할 만병통치약이 있을까?", 『나라 경제』(KDI), 2017년 8월호에서 부분 인용.

근본적으로 실천하기 어려운 '위험'한 대상으로 간주했음을 시사한다.

실제로 『노자(일명, 도덕경)』의 저자인 노담(老聃)은 자신의 책에서 만물의 근원에 존재하는 보편적 원리를 '도(道)'라고 정의했다. 여기서 보편적 원리란, '자식은 부모님께 정성을 다해 효도해야 한다'와 같이 인간이라면 당연히 해야 할 도리를 의미한다. 그런데 노담 얘기의 정수(精髓)는 도(道)보다는 오히려 '덕(德)'에 관한 기막힌 해석에 있다. 그는 "도를 체득함으로써 도가 지니는 뛰어난 작용, 즉 겸손, 유연, 양심, 질박, 무심(無心), 무욕(無欲) 등을 몸에 익히고 그것을 구체적인 행동으로 실천하는 것이 곧 덕이다"라고 설명했다. 도덕에 관한 그의 설명은, 우리들로 하여금 '도덕이라는 잣대야말로 매우 위험한 논리일 수밖에 없다'는 결론을 내리게 한다. 그것은 소시민들이 노담이 말한 도덕의 숭고한 가치를 일상에서 실천한다는 것 자체가 매우 어려운 일이기 때문이다. 내가 이렇게 얘기해도 권위주의적인 한국의 지식인 사회가 모럴 해저드를 '도덕적 위험'으로 수용해줄 가능성은 0%라고 생각한다. 하지만 틀린 것, 잘못된 것은 바로 잡고 가야 한다는 생각에서 그에 대한 문제를 기록으로 남겨두고자 한다. 그런 의미에서 본서에서는 '도덕적 해이'라는 표현 대신에 모럴 해저드로 일관해서 기술(記述)하고자 한다. 이에 대한 독자 여러분들의 따뜻한 이해를 바란다.

② 모럴 해저드의 사례(1); 택시 기사의 월급제가 시행되지 않는 이유[145]

1995년 연말쯤에 일본 교토에 다녀온 적이 있다. 그때 교토에서 유봉식 회장이 운영하는 MK 택시를 숙소까지 이용하면서 크게 놀랐던 경험이 있다. 당시 MK 택시회사는 택시 기사들에게 고정급의 월급을 주고 있다는 것을 알았기 때문이다. 우리나라는 지금도 택시 기사들의 월급제가 시행되지 않고 있다. 참고로 우리나라 택시 기사들은 일정액의 사납금(그 금액은 지역마다 약간씩 다르다)을 정해진 횟수(예; 25회/월)만큼 납부해야만 월급을 받을 수 있다. 만약 택시 기사가 하루 일당으로 번 돈이 사납금에 미달할 경우, 그 차액은 택시 기사가 사비(私費)로 충당해야 한다. 물론 하루 일당으로 번 돈이 사납금보다 많은 경우에는 사납금을 공제하고 남은 돈은 모두 택시 기사의 몫이라고 한다. 그런 이유로 택시 기사들의 하루살이는 일반 셀러리맨보다 불안할 수밖에 없고, 이는 불법 운행과 불친절 서비스로 이어진다.

---

145 김덕수, 『김덕수 교수의 통쾌한 경제학』, 한국경제신문, 2001, 312-316쪽 참조.

그렇다면 왜 택시회사들은 택시 기사들의 고정급 월급제 시행을 거부하는가? 이유는 간단하다. 택시회사와 택시 기사 간의 비대칭 정보로 인한 모럴 해저드 때문이다. 고정급 월급제를 시행할 경우, 정보열위자인 택시회사는 정보우위자인 택시 기사에 대한 정보 부족으로 그가 얼마만큼 열심히 일하는가를 제대로 관리 감독할 수 없다. 즉 온종일 근무 태만으로 일관한 택시 기사가 최소한의 사납금 규모에도 미치지 못하는 쥐꼬리만한 수입금을 택시회사에 납부하면서 "아, 오늘은 정말로 짜증스럽다. 어쩌면 택시 승객들이 그리도 없지? 참으로 희한한 일일세"라고 변명하면 택시회사도 속수무책으로 당할 수밖에 없다. 즉 택시회사의 입장에서 바라볼 때, 택시 기사들의 도덕에만 의존하는 것은 그만큼 위험하다는 뜻이다. 그래서 택시회사는 택시 기사들의 도덕을 믿지 않고 시스템을 만든 것이다. 그것이 바로 사납금 제도이다. 사납금 제도는 택시회사를 위한 택시 기사들의 자발적인 노력이 궁극적으로 자신들의 보수(報酬)와 직결되도록 설계한 시스템이다. 그것이 작동하는 한, 택시회사는 택시 기사들의 일거수일투족을 감독할 필요가 없다. 어차피 게으르고 불성실한 택시 기사들에게는 월급을 주지 않아도 되고, 또 그런 유형의 택시 기사들은 제 발로 택시회사를 떠날 것이기 때문이다.

이런 상황에서도 교토의 MK 택시가 고정급의 월급제를 실행할 수 있었던 비결은 무엇인가? 그것은 택시 기사들 스스로 모럴 해저드에 대한 택시회사 사장의 불신과 우려를 불식시켰기 때문이다. 물론 여기에는 유봉식 회장의 열린 경영과 탁월한 리더십도 한몫했다. MK 택시는 한 해 동안의 경영실적을 전(全)사원들에게 공지한 후, 낡은 택시를 신차로 교체하기 위한 사내유보이윤을 제외하고 남은 돈을 택시기사들에게 성과급으로 나눠주었다. 이를 지켜본 택시 기사들은 MK 택시의 경영이념과 방침에 절대 공감을 하고, 모두 다 성실하게 근무했다. 그 결과 택시기사들에 대한 월급제를 시행할 수 있었다. 오래전 얘기지만 유봉식 회장이 서울에다 OK 택시회사를 설립하려고 시도했던 적이 있다. 하지만 국내 택시회사들의 강력한 반발에 부딪쳐 그의 꿈은 좌절되고 말았다. 택시회사와 택시기사간의 비대칭 정보에 따른 모럴 해저드를 슬기롭게 극복했던 유봉식 회장[146]의 경영 비법이 한국에 도입되었다면 국내 택시

---

146 유봉식(兪奉植, 일본명: 아오키 사다오), 1928년 6월 23일 경남 남해군에서 태어난 후, 1943년 홀로 일본행을 선택해서 산전수전을 경험하며 기업가의 꿈을 키웠다. 1977년 그는 미나미 택시회사와 가쓰라 택시회사를 통합해서 MK 택시회사를 설립한 후, 특유의 경영수완과 뛰어난 리더십으로 일

업계도 한 단계 도약했을 것이라는 점에서 아쉬운 마음을 금할 길 없다.

③ 모럴 해저드의 사례(2); 보험시장에서의 모럴 해저드

보험시장의 비효율은 보험가입자의 모럴 해저드가 사고 예방을 위한 노력을 게을리 하도록 부추기기 때문에 발생한다. 여기서는 화재보험에 가입한 건물주 A씨(이하 A)의 모럴 해저드를 분석해보고자 한다.

평소 A는 자신의 건물에서 화재가 발생하지 않도록 많은 노력을 기울여왔다. 건물 각 층의 출입구는 물론 화재에 취약한 곳에 소화기를 집중 배치하고, 소화전 설치, 전기배선의 주기적 점검과 교체, 화재 방호벽 설치 등등. 건물주가 화재 예방에 대한 노력을 기울일수록 화재 발생의 가능성은 줄어든다. 따라서 화재 예방을 위한 A의 노력(E; endeavor)과 화재로 인한 기대 손실액(EL; expected loss amount)의 관계는 〔그림 17-6〕의 (a) 그래프에서 보는 것처럼 반비례한다. 우리는 (a) 그래프로부터 화재 예방의 노력에 따른 한계편익(MB)곡선을 도출할 수 있다. MB곡선은 〔그림 17-6〕의 (b) 그래프로 정의된다.[147] 한편 화재 예방을 위한 A의 최적 노력 수준을 도출하기 위해서

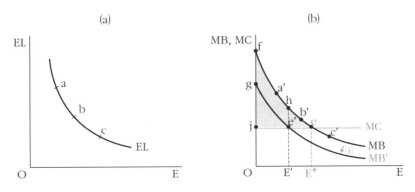

〔그림 17-6〕 보험시장에서의 모럴 해저드

본의 택시왕이라는 별명을 얻으며 존경받는 재일동포기업가로 승승장구했다. 우리 정부도 그의 기업가적 정신을 높이 평가해서 2004년 국민훈장 무궁화장을 수여했다. 그는 90세를 일기로 2017년 6월 8일 교토의 한 병원에서 흡인성 폐렴으로 사망했다.

147 〔그림 17-6〕의 (a) 그래프에서 EL선의 기울기는 A가 화재 예방을 위한 노력을 추가적으로 시도했을 때 화재로부터 예상되는 기대 손실액의 감소폭(= △EL/△E)이다. 또 (a) 그래프에서 a점에서 b점, c점으로 이동함에 따라 그 기울기의 절대값은 감소한다. 그런데 그 기울기의 절대값은 화재 예방의 노력에 따른 A의 한계편익이다. 따라서 (a) 그래프상의 a, b, c점과 (b) 그래프상의 a′, b′, c′점은 1대1 대응 관계에 있다.

는 MB와 한계비용(MC)이 개념이 필요하다.

분석의 편의상 화재 예방의 노력에 따른 한계비용(MC)은 일정하게 주어져 있다고 가정하자. 화재보험에 가입하지 않은 A는 MB와 MC곡선이 일치하는 균형점 e에서 E^*수준에 해당되는 화재 예방의 노력을 기울인다. 이때 E^*수준은 파레토 최적이다. 이제 A가 화재보험에 가입했다고 상정하자. 이때 A가 보험회사에 납부하는 보험료는 고정비용의 성격을 갖기 때문에 MC곡선은 변하지 않는다. 하지만 한계편익에는 적지 않은 변화가 일어난다. A가 화재보험에 가입하는 순간, 화재 예방의 노력에 따른 MB곡선, 즉 A의 사적 한계편익곡선은 MB에서 MB′로 하향 이동(①)한다. 그 이유는 화재가 발생했을 경우, A는 보험회사로부터 화재 손실액의 상당 부분을 보상받기 때문이다. 그 결과 화재 예방을 위한 A의 노력은 E^*에서 E′수준으로 감소한다. 보험회사의 관점에서 바라봤을 때, 화재 예방을 위한 A의 노력 감소($E^* \rightarrow E'$)가 바로 모럴 해저드의 본질이다.

한편, A가 화재보험에 가입했다고 해서 화재 발생에 따른 사회적 후생 손실까지 감소하는 것은 아니다. 즉 〔그림 17-6〕에서 '화재 예방을 위한 노력의 사회적 한계편익은 A의 화재보험 가입 여부와는 무관하게 MB이다'라는 얘기다. A는 화재 발생으로 인한 손실액 가운데 보험금으로 커버되는 부분을 자신의 손해라고 인식하지 않는다. 그렇지만 보험회사는 보험금을 전액 부담해야 하기 때문에 화재 발생에 의한 사회적 손실은 동일 수준에 머문다. 화재보험의 존재로 인해 사회적 MB곡선은 A의 사적 한계편익곡선(= MB′)과의 괴리를 유발한다. 〔그림 17-6〕에서 화재보험이 존재하지 않을 경우의 사회적 잉여는 MB = MC조건이 충족되는 균형점 e에서 결정되는 △ fej의 크기로 정의된다. 하지만 화재보험의 존재로 A의 사적 한계편익곡선이 MB′로 하락할 경우의 사회적 잉여는 MB′ = MC조건이 충족되는 균형점 e′점에서 사다리꼴 fh e′j로 결정된다. 결국 화재보험의 존재에 따른 경제적 비효율은 △ hee′이다.

이상에서 언급한 것처럼 화재보험의 존재는 A로 하여금 화재 예방을 위한 노력을 게을리하게 만든다. 이와 같은 A의 모럴 해저드는 사회적 잉여를 좀 먹기 때문에 보험회사들도 그것을 조금이라도 방지하기 위한 다양한 정책 수단을 강구한다. 공제제도(deduction)와 공동보험(co-insurance)제도의 도입이 대표적 사례다. 전자는 화재 발생으로 인해 손실액 가운데 일정부분을 보험가입자들에게 부담시키고, 그것을 초과하는 부분에 대해서만 보험금을 지급하는 방식을 말한다. 그러면 화재 발생 시, 보험자가 부담해야 할 부분이 존재하기 때문에 화재 예방에 좀 더 많은 관심과 노력을 기울일 것이다. 후자인 공동보험은 화재가 발생했을 경우, 보험회사가 손실의 일정부분(예; 손실액의 70%)만 보상해주는 것을 말한다. 그러면 보험가입자도 화재 발생에 따른 손실액의 30%를 부담해야 되기 때문에 화재 예방을 위한 노력을 가일층 강화해 나갈 수밖에 없다. 하지만 분명한 것은 공제 제도나 공동보험제도가 실행된다고 해도 보험가입자의 모럴 해저드를 완벽하게 차단할 수는 없다. 그 이유는 공제액이 화재 발생으로 인한 손실액과 거의 비슷하거나 보험가입자에게 화재 발생에 따른 손실액의 100%를 부담시키지 않는 한, 모럴 해저드를 야기할 유인이 존재하기 때문이다. 그렇다고 해서 기초공제액 = 화재 발생에 따른 손실액, 보험가입자에게 화재 발생에 따른 손실액의 100%을 부담시킬 경우에는 어느 누구도 화재보험에 가입하지 않을 것이다. 이것을 종합해볼 때, 보험시장에서의 모럴 해저드는 어느 정도 감수할 수밖에 없다는 생각이다.

④ 모럴 해저드의 사례(3); 상품시장에서의 모럴 해저드

상품이라 함은 재화와 서비스를 포괄해서 부르는 말이다. 상품시장에서도 비대칭 정보의 문제가 내재되어 있다. 즉 상품을 공급하는 기업들은 자기가 생산한 상품의 품질에 대해서는 소비자보다 상대적으로 많은 정보를 갖고 있다. 따라서 기업들은 소비자들의 정보 부족을 악용해서 폭리(暴利)를 취하려는 시도를 할 수 있다. 이것이 상품시장에서 일어날 수 있는 기업들의 모럴 해저드다. 기업들이 폭리를 취하는 방법은 크게 2가지다. 하나는 상품의 판매가격이 일정한 상황에서 상품의 품질 저하를 통한 생산비 절감으로 이윤을 증대시키는 것이다. 다른 하나는 비용조건이 일정한 상황에서 상품가격의 일방적인 인상을 통해 이윤을 증대시키는 것이다. 그런데 기업의 입장에서 볼 때, 소비자들의 저항을 불러일으키지 않으면서 폭리를 취할 수 있는 전략은 후자보다 전자가 훨씬 더 낫다.

한편, 시장은 관련 기업에 대한 대내외적 평판(reputation)과 상품의 브랜드 가치를 통해 기업의 모럴 해저드에 대처한다. 기업이 소비자들로부터 좋은 평판을 얻기 위해서는 오랫동안 양질의 상품을 저렴하게 생산 판매하고, 사회적 책임을 다함으로써 높은 신뢰를 얻어야 한다. 또 관련 기업의 상품이 높은 브랜드 가치를 확보하기 위해서는 무엇보다도 소비자들이 그런 상품을 사용한 경험이 축적되어야 한다. 즉 기업의 대내외적 평판과 상품의 브랜드 가치는 기업이 오랫동안 쌓아 올린 공든 탑과 같다. 하지만 이것을 깨트리는 것은 한순간이다. 이 때문에 기업들은 상품시장에서의 모럴해저드에 대해 늘 고민하지 않을 수 없다. 더구나 요즘은 SNS를 통해 관련 기업의 상품정보는 물론 소비자들의 사용 후기까지 실시간으로 유통되기 때문에 기업들이 상품의 품질 저하를 통한 사악한 이윤 추구 행위는 곧바로 기업의 시장 퇴출이나 자멸(自滅)로 이어질 수 있다. 이미 독자 여러분들은 대한항공의 땅콩회항사건, BMW의 잇따른 차량 화재 사고, 폭스바겐의 배기가스 배출 조작사건 등으로 해당 기업이 얼마나 큰 고통을 겪었는지 잘 알고 있을 것이다. 이제 기업 오너 일가의 분별없는 일탈 행위, 사고 처리에 대한 기업의 늦장 대응, 정직하지 못한 기업경영과 같은 모럴 해저드를 용인해줄 소비자들은 그 어디에도 없다. 이제는 기업이 최소한의 생존권만이라도 보장받으려면, 경영대도(經營大道)의 신뢰경영을 선택해야 한다. 그것은 소비자들의 입장에서도 매우 바람직한 일이라고 생각한다.

⑤ 효율임금이론

경제학에서는 여러 생산요소들에 대해 어느 정도의 소득이 분배되는지를 살펴보는 것을 분배이론이라고 한다. 특히 생산요소는 상품 수요를 전제로 한다. 따라서 생산요소에 대한 수요를 파생수요 또는 2차 수요라고 부른다. 상품시장과 생산요소시장이 모두 완전경쟁일 경우, 균형 임금(w)은 노동의 한계생산물가치($VMP_L = P \cdot MP_L$)나 노동의 한계수입생산물($MRP_L = MR \cdot MP_L$)과 같다. 이는 신고전학파의 분배이론이다. 신고전학파는 생산성이 높은 근로자일수록 더 높은 수준의 임금을 받는다고 주장한다. 그런데 효율임금이론(efficiency wage theory)은 그것과 다른 논리를 편다. 즉 '높은 임금이 높은 노동생산성을 유발한다'는 것이다.[148] 신고전학파의 분배이론에 익숙한 사람들은 효율임금이 균형 임금보다 높게 책정될 경우에는 필연적으로 비자발적 실업이 발생한다고 생각할 것이다.

하지만 효율임금이론을 주장하는 사람들은 높은 임금이 높은 노동생산성을 유발하는 이유로 4가지를 제시한다. 근로자의 영양(營養) 상태, 이직률 저하, 역선택의

---

[148] 일찍이 미국의 포드 자동차를 창업했던 헨리 포드(H. Ford)도 1914년 당시의 평균임금의 2배에 달하는 파격적인 임금을 지급했다고 한다. 훗날 그는 자신의 이러한 고(高)임금 정책이 다른 어떤 비용절감 시도보다 매우 효과적이었다고 회고한 바 있다.

예방, 근무 태만(怠慢) 방지 등이 그것이다. 첫째, 영양 상태와 노동생산성간의 관계다. 효율임금이론은 근로자의 임금 수준이 높아지면 자신의 건강관리에도 투자할 여력이 생기기 때문에 노동생산성이 올라간다는 것이다. 이는 근로자가 자신의 건강관리에는 엄두를 내지 못할 정도로 저(低)임금에 시달리는 저개발국가의 경우에는 나름대로 설득력을 갖는다. 둘째, 균형 임금보다 높은 수준의 효율임금은 근로자들의 이직률을 낮춤으로써 근로자의 현장경험 축적을 통한 노동생산성 증가를 불러온다. 또이는 신규 근로자의 채용 규모를 줄임으로써 그들에 대한 교육비용까지 절감할 수 있다. 셋째, 효율임금은 노동시장에서 결정되는 균형 임금보다 높기 때문에 노동생산성이 우수한 근로자들이 대거 몰려올 수 있다. 이로 인해 근로자의 역선택 문제가 상당 부분 해소될 수 있다. 넷째, 균형 임금보다 높은 효율임금을 받는 근로자가 근무 태만으로 해고될 경우, 그의 기회비용은 매우 커지게 된다. 따라서 효율임금을 받는 근로자는 자신의 업무를 무책임하게 처리하거나 게으름을 피울 수 없다. 즉 효율임금이 근로자의 모럴 해저드를 차단시킬 수 있다는 것이다.

효율임금이론은 앞서 언급한 것과는 다른 방식으로 모럴 해저드의 문제를 해결하기 위한 시도로 볼 수 있다. 근로자가 무책임한 태도로 업무를 수행하거나 근무 태만의 행태를 보이는 것은 기업이 자신의 행동을 일일이 모니터링하지 못한다는 것을 알고 있기 때문이다. 그 때문에 근로자의 모럴 해저드가 발생하는 것이다. 그렇다면 근로자는 왜 게으름을 피우고 자신의 업무를 대충대충 처리할까? 그 이유는 간단하다. 업무 스트레스를 조금이라도 줄여보기 위함이다. 이제 편익-비용분석을 통해 근로자의 모럴 해저드 문제를 좀 더 살펴보자.

이제 업무 스트레스의 감소에 따른 근로자의 이익(gain)을 화폐적 단위로 나타낸 것을 g라고하자. 또 그가 게으름을 피우거나 무책임한 자세로 업무를 처리할 경우, 그는 해고의 위험에 처할 수 있다. 그것은 모럴 해저드를 자행하는 근로자가 지불해야 할 기회비용이다. 그것을 산출하려면 2가지 요소를 고려해야 한다. 하나는 기업이 근로자의 모럴 해서드를 적발할 확률(probability) P(단, P는 $0 \leq P \leq 1$)이고, 다른 하나는 그가 기업에서 해고될 경우, 효율임금(= w^*)에서 균형 임금(= w^e)을 빼준 것만큼의 임금소득 하락을 감수해야 한다는 점이다. 이것에 대해 의아해하는 독자 여러분들이 있을지 모른다. "일단 근로자가 해고되면 효율임금을 못 받기 때문에 w^*만큼의 임금소득이 하락해야지, 왜 $w^* - w^e$ 만큼 하락한다고 하지?"라고 말이다. 그 이유는 해당

기업에서 해고된 근로자가 다른 기업에 취업하면, 그곳에서는 균형 임금에 해당하는 임금(= w^e)을 받는다고 보기 때문이다. 그래서 w^*에서 w^e를 빼주는 것이다.

이제 근로자는 모럴 해저드로 인한 편익과 비용을 비교하며 의사결정을 할 것이다. 모럴 해저드로 인한 비용, 즉 기대손실액인 $P \cdot (w^* - w^e)$가 g보다 크다면 모럴 해저드를 중지하고, 기업을 위해 최선의 노력을 다할 것이다. 하지만 g $>$ $P \cdot (w^* - w^e)$인 경우에는 근로자가 게으름을 피우며 자신이 맡은 업무를 대충대충 처리할 것이다. 우리는 모럴 해저드로 인한 근로자의 사적(私的) 이익인 g와 근로자의 모럴 해저드가 기업 내에서 적발될 확률 P에 대한 기초 정보만 제공된다면 효율임금의 크기까지 산출할 수 있다. 가령 P가 0.5이고, g가 100만원이라고 하자. 그러면 g = $P \cdot (w^* - w^e)$의 관계로부터 $(w^* - w^e)$ = g/P = 100만원/0.5 = 200만원이 도출된다. 이것을 w^*와 w^e의 관계로 정리하면 w^* = w^e + 200만원이 된다. 즉 효율임금은 균형 임금보다 200만원을 더 지급해야만 효율임금으로서의 제 역할을 할 수 있다는 얘기다.

⑥ 모럴 해저드와 유인설계의 문제

이제 모럴 해저드를 근본적으로 해결할 수 있는 만병통치약이 존재하는가?를 살펴볼 단계에 도달했다. 저자는 지금까지 초지 일관되게 모럴 해저드라는 용어만을 고집해왔다. 그 이유도 유인 설계(incentive design)와 밀접한 관련을 맺는다. 만약 모럴 해저드가 '도덕적 해이'라면 유인설계의 문제는 너무나도 간단하다. 즉 도덕적 긴장감이 해이해진 결과로 나타난 것이 '도덕적 해이'라면, 유치원 때부터 도덕교육을 강화하고 국가 차원에서 윤리의식 함양을 위한 대(對)국민 캠페인을 대대적으로 벌여나가면 된다. 그런데 모럴 해저드를 해결하기 위한 유인책으로 제시되는 것은 하나 같이 '시스템(system)'이다. 그런데도 앞으로 모럴 해저드를 '도덕적 해이'로 번역하고 가르칠 셈인가?

저자는 도덕이라는 단어에 강한 거부감을 느끼는 사람이다. 지금까지 60평생을 살아오면서 도덕을 외치는 자(者)들 가운데 도덕적인 인간을 만나본 적이 없기 때문이다. 굳이 '내가 하면 로맨스요, 남이 하면 불륜이다'라는 내로남불이란 얘기를 꺼내지 않더라도 말이다. 그래서 자신의 몸에 똥이 잔뜩 묻은 자들이 겨 묻은 사람을 향해 "적폐(積弊) 청산!"을 외치던 사악한 무리들에게 인조반정(음력; 1623.3.12) 이후 세간에 나돌았던 '상시가(傷時歌; 시대를 한탄하는 노래)'를 들려주며 경고메시지를 보내곤 했다. 8.15

해방 이후 지금까지 대한민국 근·현대사의 조작과 왜곡을 일삼아온 좌익 역사학자와 역사 교사들은 독자 여러분들에게 '상시가'를 들려주지도, 가르치지도 않았을 것이다. 실제로 독자 여러분들은 '상시가'라는 말을 듣거나 배운 적이 있는가? 비록 늦은 감이 있지만, 이 책을 통해 그 내용을 학습하기 바란다. 저자가 '상시가'를 언급하는 이유는 '도덕을 떠드는 놈치고 도덕적인 놈이 없다!'는, 그래서 도덕은 언제나 위험할 수밖에 없다는 것을 분명하게 일깨워주기 위함이다. 그래서 역사는 돌고 돈다고 말하는 것인지도 모른다. 예나 지금이나 정치가란 자들은 납세의무를 성실하게 수행해온 민초들을 조지 오웰의 『동물농장』에 등장하는 동물처럼 취급하고 있다. 그와 같은 추악한 현실을 똑똑히 기억해주기를 바라는 마음에서 서글프고 쓰라린 시 한 수를 독자 여러분들에게 올린다.

인조반정 상시가(傷時歌)

차이훈신(嗟爾勳臣); 아, (쿠데타로 권력을 찬탈한)너희 훈신들아!

무용자과(毋庸自誇); 스스로 잘난 척 하지 마라!

원처기실(爰處其室); (쿠데타를 통해 빼앗은)그들의 집에서 살고

내점기전(乃占其田); 그들의 토지를 (쿠데타를 통해 불법으로)차지하고

차승기마(且乘其馬); (쿠데타를 통해 빼앗은)그들의 말을 타고 다니며

우행기사(又行其事); 그들이 (쿠데타 전에)하던 일을 행하니

이여기인(爾與其人); (쿠데타로 권력을 찬탈한)너희들과 (권력을 빼앗긴)그들이

고하이재(顧何異哉); 돌아보건대, 무엇이 다른가!

출처: 조선왕조실록, 인조실록(인조3년), 1625년 6월 19일자.

앞서 살펴보았듯이 도덕은 실천하기 힘든 덕목이다. 또 실제로 일(업무)을 하는 것은 인간의 도덕이 아니라 시스템이다. 여기서 독자 여러분들에게 묻고자 한다. 도덕과 시스템은 어떻게 다른가? 참고로 도덕은 인간의 이성에다 "~를 하자, ~를 합시다!"라고 호소하는 것을 말한다. TV 인기 드라마 '허준'에서 탤런트 임현식씨가 "줄을 서시오!"라고 말하는 게 다름 아닌 도덕이다. 그런데 도덕에는 늘 새치기가 존재하고, 그를 감시하거나 규제하기 위해서는 가스총을 찬 청원경찰이 있어야 한다. 또 사람들은 자기 차례가 다가올 때까지 기다리며 혹시 누가 내 자리를 은근슬쩍 넘보는지? 긴장하며 오랫동안 서 있어야 한다. 그래서 불편하기 그지없는 게 도덕이다.

한편, 시스템은 '~를 하지 않으면 안되겠금 법과 제도를 치밀하게 설계하는 것'을 뜻한다. 일례로 금융기관 객장에 설치된 순번 번호표 장치가 시스템의 표본이다. 그것은 일본에서 도입된 것으로 고객들은 금융기관 객장에 들어서자마자 순번 번호표부터 뽑는다. 그런 다음 조용히 객석에 앉아서 디지털 전광판의 숫자만을 응시한다. 그리고 자신의 번호가 그곳에 뜨면, 직원에게 다가가 조용히 일을 보면 그만이다. 거기에는 새치기도 없고 청원경찰의 모습도 보이지 않는다. 또 "제발 줄을 서 달라!"는 직원의 읍소도 존재하지 않지만, 객장의 질서만큼은 확실하게 지켜진다. 그것이 바로 시스템의 장점이자 매력 포인트다. 모럴 해저드를 해결하기 위한 유인설계도 결국은 이런 시스템을 어떻게 구축할 것이냐?와 직결된 문제다.

비대칭 정보로 인한 모럴 해저드의 해결 방안은 대리인(agent)이 주인(principle)을 위해 최선을 다할 수 있는 시스템을 구축하는 데 있다. 즉 대리인의 일거수일투족을 관리·감독하는 대신, 그들 스스로 열심히 일할 수 있도록 동기부여를 해줄 수 있는 강력한 유인구조를 설계해야 한다. 이와 관련해서 영국 태생의 미국 경제학자로서 2016년도에 노벨경제학상을 수상하고 하버드대 경제학과 교수를 역임한 올리버 하트(O. S. D. Hart)의 계약이론을 주목해 볼 만하다. 그는 '정교한 계약'을 통해 비즈니스 세계에서 일어날 수 있는 모럴 해저드를 완화 또는 제거할 수 있다고 주장했다. 그가 제시한 대표적 제안이 스톡옵션(stock option)이다. 스톡옵션은 '기업이 전문 CEO에게 일정 수량의 자기 회사 주식을 일정 가격으로 매수할 수 있는 권리를 부여하는 제도' 또는 '기업에 고용된 전문 CEO가 주주들의 이익을 위해 열심히 노력하도록 설계한 유인구조'이다. 스톡옵션을 통해 전문 CEO와 주주들의 이해관계가 일치하면, 전문 CEO는 누가 간섭하지 않더라도 주주들의 이익 극대화를 위해 최선의 노력을 다할 수밖에 없다. 왜냐하면 주주들의 이익이 전문 CEO 자신의 이익과 직결되기 때문이다. 이런 관점에서 바라본다면 소송 의뢰인이 변호사에게 지급하는 성공보수금, 기관장이 조직구성원들에게 차등(差等) 지급하는 성과급(performance pay)[149], 보험회사가 자동

---

149 성과급이 모럴 해저드를 예방 또는 차단하는 유인책으로서 기능한다는 점에 대해서는 동의한다. 그러나 성과급이 언제나 모럴 해저드를 막아주는 만병통치약은 아니라는 점도 독자 여러분들을 냉철하게 직시할 필요가 있다. 성과급이 본연의 역할을 다하기 위해서는 하나의 전제조건이 충족되어야 한다. 그것을 조직이 추구하는 목표에 부합하도록 성과급 제도를 완벽에 가까울 정도로 치밀하게 설계해야 한다는 점이다. 즉 섣부른 성과급 제도는 오히려 조직의 발전에 해악을 끼친다. 일례

차보험 가입자에게 제시하는 할증과 할인제도[150], 공제 제도와 공동보험, 최선책은 아니지만 차선책으로서 모럴 해저드가 적발될 경우의 처벌 강화도 유인책이 될 수 있다. 이는 효율임금이론에서 언급했듯이 경제주체들은 모럴 해저드로 인한 이익과 적발되었을 때의 손해를 비교하면서 의사결정을 하는 경향이 있기 때문이다.

보론 4 ┃ 국민건강보험의 재정이 악화되는 이유는?

앞서 언급한 것처럼 모럴 해저드의 사례로 자주 언급되는 것 가운데 하나가 보험회사와 보험가입자의 관계다. 보험가입자는 보험 가입의 유무(有無)를 떠나 늘 자신의 건강관리에 최선을 다해야 함에도 불구하고 보험에 가입한 이후부터는 그것을 게을리한다는 것이다. 결국 병을 키운 나머지 병원을 찾을 확률이 높아지는 데다 조금만 아파도 대형 병원을 찾아가거나 의사가 권하는 고급수준의 진료를 기꺼이 수요한다. 매년 건강보험급여비의 지출 규모가 폭발적으로 증가하는 것도 그 때문이다. 한 언론보도가 그것의 심각성을 잘 보여준다.

로 대학교수들에게 성과급을 지급하는 사례를 살펴보자. 일단 강의평가는 학생들의 평가에 전적으로 의존한다. 30년에 가까운 교수 생활을 뒤돌아볼 때, 학생들의 강의평가엔 그다지 높은 신뢰도를 주고 싶지 않다. 교수들의 연구업적과 사회봉사실적 평가도 마찬가지다. 논문과 전문 도서 출간에 대한 배점에 불공정한 측면이 많고, 사회봉사도 어떤 것은 해당되고 어떤 것은 배제시킨다. 그에 대한 이의를 제기하면 객관적인 답변보다는 총장이나 업적평가와 관련된 학내위원회 위원들의 입김에 의해 결정되는 것이 대부분이기 때문이다. 그렇다고 해서 교수들의 성과급제를 폐지하라는 것은 아니다. 각 대학들과 총장들은 대학발전을 위해 교수들의 노력이 어떻게 어떤 방향으로 나가야 할 것인지를 정밀하게 분석한 후, 그에 합당한 교수업적평가시스템과 성과급제도를 설계하고 실행해야만 소기의 목적을 거둘 수 있다는 것을 강조하고 싶을 따름이다.

150 보험회사는 자동차 운전자가 차량사고를 내면 낼수록 보험료를 누적적으로 할증한다. 반면, 블랙박스를 차내에 설치하거나 1년 동안 운행 거리가 1만 km이하의 운전자에게는 보험료의 10%를 되돌려주는 것도 따지고보면 유인구조의 하나로 볼 수 있다.

저출산 · 고령화 · 저성장 파고에 건강보험 지속가능성 '빨간불'

● 고령화·보장성 확대로 지출은 '급증' … 건보재정 확충방안은 '난망'

건강보험은 현재 곳간에 20조원이 넘는 누적 적립금을 쌓아두고 있다. 아직은 재정이 넉넉한 편이다. 현금수지의 흐름도 괜찮다. 2010년부터 2017년까지 보험료 등으로 들어온 수입이 요양급여비 등으로 나간 지출보다 많아서 적어도 지금까지는 보험재정이 비교적 안정적으로 운영되고 있다. 하지만 이는 단기적 현상일 뿐, 장기적으로는 앞날이 결코 밝지 않다는 게 전문가들의 진단이다. 세계 유례없이 급속도로 진행되는 저출산과 고령화에다 경제마저 저성장 시기로 접어든 상황에서 '문재인 케어'로 불리는 건강보험의 보장성 확대와 신의료기술 발달 등으로 의료이용이 늘면서 건강보험 재정의 지속가능성이 위협받게 될 것이라고 경고한다. 이런 우울한 전망이 근거가 없는 게 아니다. 실제로 건강보험 재정에 경고등이 켜졌다. 건강보험은 7년간의 연속 흑자 행진에 마침표를 찍고, 2018년에 1천 778억원의 당기 수지 적자를 기록했다. 기획재정부가 공시한 2018년 재무 결산을 보면 겉으로 드러난 성적표는 더 나쁘다. 이른바 '충당부채'(실제 현금이 나가지 않았지만 향후 지출될 금액을 반영한 부채)가 눈덩이처럼 불어나면서 2018년 결산 회계상 건강보험은 3조 8천 954억원의 당기 순손실을 봤다. 이미 이와 같은 적자 전환은 예견된 것이다.

● 건강보험 적립금 소진은 '시간문제' … 국회예산정책처 "2026년 누적 적립금 바닥"

국회예산정책처는 건강보험 보장률을 2017년 62.7%에서 2022년까지 70%로 올리는 것을 목표로 하는 정부의 건강보험 보장성 강화대책을 반영해 2017년부터 2027년까지 중장기 건강보험 재정지출을 추계했다. 그 결과, 건강보험 당기수지는 2019년부터 해마다 2조~3조원의 적자로 돌아서면서 누적 적립금도 문재인 정부 임기가 끝나는 2022년에는 11조 5천억원으로 줄어든 뒤 2026년에는 소진될 것으로 전망했다. 쌓아놓은 비상금을 모두 써버리고 2027년에는 누적 수지마저 10조원의 적자를 기록할 것으로 내다봤다. 이에 앞서 기획재정부도 2017년 3월에 발표한 2016~2025년 8대 사회보험 중장기 재정 추계를 통해 건강보험이 고령화에 따른 노인 의료비 증가 영향 등으로 2018년 적자로 전환되고, 누적 적립금도 2023년에는 모두 소진될 것으로 예측했다.

출처: 연합뉴스(2019. 7. 4.), 서한기 기자.

국민건강보험공단과 보험가입자 간의 비대칭 정보와 그에 따른 모럴 해저드가 국민건강보험의 재정 악화에 미치는 현상을 의료서비스에 대한 수요·공급의 이론을 통해 분석할 수 있다. 위 기사에서 서 기자는 저출산, 고령화, 저성장을 국민건강보험의 재정 악화요인으로 강조했다. 하지만 재정 악화의 핵심 요인은 의료서비스에 대한 과잉수요에 있다고 생각한다. 여기서는 국민건강보험에 가입한 A환자(이하 A)의 사례를 통해 의료서비스에 대한 과잉수요와 국민건강보험의 재정 악화 문제를 조명해보기로 한다.

〔그림 17-7〕에서 D는 의료서비스에 대한 A의 수요곡선, S는 의료서비스에 대한 공급곡선이다. 의료서비스에 대한 비용 전액을 A가 부담할 경우의 균형은 e점에서 이루어지고, 그때의 균형가격과 균형 의료서비스 수준은 P^*, X^*이다. 하지만 A가 국민건강보험에 가입한 후, 의료서비스를 이용하면 그의 부담 수준은 P^*보다 적은 P_1이다. 이것이 A로 하여금 의료서비스를 과잉수요하게 만든다. 즉 A의 부담이 P^*에서 P_1으로 감소하면 의료서비스 수요는 X^*X_1만큼 증가한다. 그 결과 두 가지의 경제문제가 발생한다. 첫째는 경제적 비효율이 커진다는 점이다. 의료서비스에 대한 비용 전액을 A가 부담할 경우는 자원배분의 파레토 최적이 달성되지만, 의료서비스의 과잉수요(= X^*X_1)가 일어나면 경제적 비효율성은 △ebc만큼 증가한다.

둘째는 국민건강보험의 재정 악화가 야기된다는 사실이다. A의 모럴 해저드에 따른 의료서비스의 과잉수요가 발생할 경우, 추가로 부담해야 할 비용은 사다리꼴

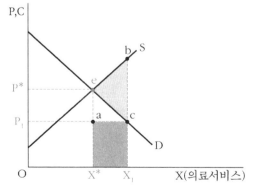

〔그림 17-7〕 의료서비스에 대한 과잉수요와 건강보험의 재정 악화

ebX_1X^*이다. 이 가운데 A가 부담해야 할 몫은 □acX_1X^*이다. 그 나머지에 해당되는 사다리꼴 ebca는 A를 보험가입자로 둔 국민건강보험공단이 부담해야 한다. 참고로 국민건강보험공단의 재정은 사다리꼴 ebca의 크기와 A가 납부하는 건강보험료의 차이에 의해 결정된다. '사다리꼴 ebca ⟨ 건강보험료'이면 재정 흑자, '사다리꼴 ebca ⟩ 건강보험료'이면 재정적자가 된다. 하지만 현실은 후자일 가능성이 크기 때문에 국민건강보험공단의 재정은 날로 악화될 수밖에 없다.

요약 및 복습

정보는 경제주체들의 합리적인 선택이 가능하도록 도와주는 경제적 자원이다. 따라서 정보는 자유재가 아니라 경제재로 취급해야 한다. 정보라는 상품은 일반 상품들과 다른 여러 특성을 갖는다. 잠금효과(lock-in effect), 전환비용(switching cost), 네트워크효과(network effect), 경험재(experience effect)가 그것이다. 자세한 내용은 본문 내용을 참조하기 바란다.

정보경제학은 정보가 완전하게 구비되어 있지 않은 상황, 즉 비대칭 정보가 만연된 상황에서 일어날 수 있는 역선택과 모럴 해저드와 같은 경제 현상들의 원인을 규명하고 합리적인 해결 방안에 대해 관심을 갖는다. 또 비대칭 정보의 형태는 크게 2종류로 나뉜다. 하나는 중고 자동차처럼 숨겨진 특성에 대한 것으로 이것은 역선택과 관련이 있다. 다른 하나는 숨겨진 행동에 대한 것으로서 그것은 모럴 해저드와 직결된다.

역선택은 정보가 비대칭적으로 분포된 상황에서 정보열위자의 입장에서 바라볼 때, 가장 바람직하지 않은 상대방과 거래할 가능성이 높은 현상을 말한다. 역선택은 중고 상품시장, 보험시장, 금융시장(신용할당), 노동(취업)시장에서 다양하게 분석할 수 있다. 자세한 것은 본문 내용을 하나하나 체크하며 꼼꼼하게 학습해주기 바란다. 향후 각종 경제시험에서 이들 부문의 내용이 출제될 가능성이 높기 때문이다.

정보경제학은 역선택의 문제를 해결하기 위한 대응 방안으로서 신호 발송, 선별, 자기선택장치, 평판, 신용할당, 표준화, 정부 당국의 강제나 기타 정보 관련 정책 등이 제시된다. 이들 가운데 신호란 숨겨진 특성 가운데 관찰 가능한 객관적 지표를 의미한다. 또 신호 발송은 정보우위자가 정보열위자에게 자신의 숨겨진 특성에 대한 정보를 제공해줌으로써 비대칭 정보의 문제를 해소시키려는 노력을 지칭한다. 신호 발송과 관련해서 중요한 개념 가운데 하나가 선별이다. 선별은 정보열위자가 정보우위자로 하여금 자신에 관한 정보를 드러내도록 유인하는 행동, 또는 정보열위자가 정보우위자의 감추어진 특성을 파악하려는 일련의 노력을 지칭한다. 본문에서는 노동시장에서의 신호 발송과 시장에서 가격차별을 통한 선별의 사례를 제시하고 있다. 독자 여러분들은 이들 항목에 대해서도 꼼꼼하게 학습해주기 바란다.

모럴 해저드(moral hazard)를 '도덕적 해이'라고 번역해서 사용하는 것은 영어 천국인 대한민국의 수치라고 생각한다. 어떻게 hazard가 해이(解弛)인가? '해이'에 대한 영어식 표현은 relaxation이다. 또 hazard는 위험하다는 뜻이다. 그렇다면 모럴 해저드를 최초로 제시한 영미권 학자는 왜 도덕(moral)을 위험하다고 봤을까? 그 이유는 도덕이야말로 인간이 지키기 힘든 절대 덕목이기 때문이다. 그 근거는 도자의 『도덕경』에서 찾을 수 있다. 책 읽기가 부담스러운 독자 여러분들은 2005년 9월 28일자 디트뉴스 24에 게재된 내 칼럼 '누가 모럴 해저드를 도덕적 해이라고 번역했는가?'를 읽어보기 바란다. 그런 다음, 모럴 해저드를 학습하면 좋을 것 같다.

모럴 해저드를 이해하기 위해서는 주인-대리인 모형(principal-agent model)에 대한 기초부터 학습해야 한다. 주인-대리인 모형은 주인(principal)과 대리인(agent) 사이에 존재하는 비대칭 정보로 인해 발생하는 문제를 집중적으로 조명한다. 왜냐하면 그것이 모럴 해저드의 본질이기 때문이다. 참고로 주인-대리인 문제는 본인-대리인 문제, 대리인의 문제, 대리인의 딜레마라고도 부른다.

모럴 해저드는 숨겨진 행동이 문제가 되는 비재칭 정보의 상황에서 주인의 이익을 위해 최선을 다하기로 약속을 맺은 대리인이 주인의 정보 부족을 악용해서 대리인 자신의 이익을 위해 일하는 것을 말한다. 본서에서는 모럴 해저드의 사례로서 택시기사의 월급제가 시행되지 못하는 이유, 보험시장, 상품시장, 효율임금, 국민건강보험의 재정이 악화되는 이유 등에 대해 친절한 설명을 붙여놓았다. 꼼꼼하게 학습해주기 바란다.

모럴 해저드를 극복하기 위한 방법으로 유인설계의 문제를 논의한다. 모럴 해저드를 해결하기 위한 방안은 도덕 및 윤리의식의 함양이 아니라 시스템의 구축이다. 도덕은 인간이 실천하기 힘든 덕목이다. 따라서 모럴 해저드는 시스템에서 그 해결책을 찾아야 한다. 참고로 시스템은 "~를 하자!"고 주장하는 것이 아니라 "~를 하지 않으면 안되겠끔 법과 제도를 치밀하게 설계하는 것"을 의미한다. 시스템의 대표적인 사례로는 금융기관 객장의 순번 번호표 제도와 전문CEO들에게 지급되는 스톡옵션, 그리고 대리인들에게 지급되는 각종 성과급 등을 들수 있다.

제18장

공공선택이론

1 　 공공선택이론에 대한 개관

(1) 공공선택이론의 의의와 중요성

① 공공선택이론에 대한 정의

공공재는 비배제성과 비경합성의 특성을 갖는다. 특히 비배제성은 소비자들로 하여
금 공공재에 대한 선호를 극단적으로 거짓 왜곡(예; "나는 공공재 소비로부터 얻는 한계편익이 0
이다!")하거나 축소함으로써 시장에서 가격기구를 통한 공공재의 최적 공급을 불가능
하게 만든다. 따라서 불가피하게 정부가 개입해서 공공재를 생산 공급할 수밖에 없
다. 물론 그것을 위해 필요한 재원은 국민 혈세(血稅)로 충당하는 게 일반적이다.

　　공공선택이론(public choice theory)은 정부가 어떠한 정치적 의사결정과정을 통해
공공재의 최적 수준을 선택하는지, 또 정부는 국민 개개인의 다양한 선호를 어떻게
통합하고 조정해서 하나의 사회적(or 집단적) 선호를 도출하는지를 체계적으로 분석하
는 실증경제학의 한 분야이다. 시장 경제에는 생산물을 수요하고 생산요소를 공급하
는 가계(소비자)와 생산물을 공급하고 생산요소를 수요하는 생산자(기업)이 존재하듯이
공공부문에서는 정치가, 관료, 특수이익집단, 유권자가 존재한다. 공공선택이론은
공공부문의 구성요소인 이들의 행태나 의사결정방법을 경제적 관점에서 분석하는
이론이다.

② 공공선택이론에 대한 기초개념

공공선택이론을 학습하기 전에 우리는 공공선택과 시장 선택의 유사점과 차이점에
대해 살펴볼 필요가 있다. 유사점은 크게 3가지로 요약된다. 첫째, 공공선택이나 시

장 선택을 막론하고 동기유발은 전적으로 개인의 이기심에 근거한다는 점이다. 둘째, 이들 선택에는 모두 기회비용이 수반된다는 점이다. 셋째, 공공선택이든 시장 선택이든 경쟁이 불가피하다는 점이다. 앞서 학습한 소비자이론, 생산자이론, 시장이론, 생산요소시장이론에서 다룬 내용은 모두 시장경쟁과 관련된 것들이다. 공공선택에서 경쟁의 핵심 주체는 정당과 관료들이다. 정당은 권력을 쟁취하기 위해 경쟁하고, 관료들은 내년도 예산 확보를 위해 치열하게 경쟁한다.

공공선택과 시장 선택의 차이점 또한 3가지로 정리된다. 첫째, 시장 선택에서 사적재(私的財)의 배분은 소비자의 소득이나 부(富)에 의해 결정된다. 그러나 공공선택에서 공공재의 배분은 국민투표에 의해 결정된다는 점이다. 둘째, 시장 선택에서 사적재를 소비하기 위해서는 반드시 대가를 지불해야 한다. 하지만 공공선택에서 공공재는 무임승차가 가능하기 때문에 공짜 소비가 가능하다는 점이다. 셋째, 시장 선택에서 사적재의 재원은 소비자부담원칙이 적용되지만, 공공선택에서 공공재 생산을 위한 재원은 국민 세금이라는 점이다.

공공선택이론의 발전을 위해 선구자적 역할을 한 인물은 1986년에 노벨경제학상 수상자인 조지 맥길 뷰캐넌 주니어(J. M. Buchanan, jr) 교수이다. 그는 미국의 경제학자로서 테네시大 교수, 조지메이슨大 명예교수를 역임한 후 2013년에 사망했다. 또그는 공공선택이론을 신(新)정치경제학, 정치의 경제이론이라고 규정했다. 우리는 그의 주장으로부터 우리는 공공선택이론의 3대 미션을 유추할 수 있다. 정치의 경제이론이란 '공공선택이론은 투표와 같은 비(非)시장적 의사결정과정을 통해 희소한 자원의 배분과 사회적 후생의 우월(優越) 여부를 분석하는 이론'임을 시사해준다. 또 공공선택이론은 다음과 같은 질문에 명쾌한 해답을 제시해야 한다. 첫째, 정부가 어떤 정치적 의사결정과정을 통해 국민 개개인의 다양한 선호를 사회적 선호로 통합하는가? 둘째, 그러한 정치적 의사결정과정과 원칙이 과연 합리적인가? 셋째, 그것이 기술적으로도 실현 가능한 일인가? 등이다.

(2) 공공선택의 논리와 그래프적 이해

① 공공선택의 본질적인 문제

정부가 공공재의 생산 및 공급을 위한 공공지출의 규모를 결정할 때는 투표와 같은 정치적 의사결정과정을 통해 국민 개개인의 다양한 선호를 사회적 선호로 집계한 후, 그 결과에 따라 의사결정을 한다. 이때 언급되는 투표 방법으로는 만장일치제, 2/3찬성제, 다수결 원칙 등이 있는데, 문제는 그런 투표 방법이 사회적 선호를 도출하는 데 있어서 과연 합리적인 방법인가?라는 점이다. 이에 대해서는 2절에서 후술한다.

② 공공선택의 논리와 공공선택이론의 과제

〔그림 18-1〕에서 보는 것처럼 원점에 대해 오목한 형태의 효용가능곡선을 활용해서 공공선택의 논리와 공공선택이론의 과제에 대해 살펴보자.[151] 어느 한 사회에 다수파와 소수파로 구성된 2개의 집단이 있다고 가정하자. 즉 중·저소득층은 다수파, 고소득층은 소수파라고 하자. 〔그림 18-1〕의 e점은 시장실패가 발생하고 있는데도 정부가 수수방관하고 있는 상황을 나타낸다. 즉 e점에서는 시장실패로 인해 모든 사람들의 후생 수준이 낮은 상태다. 이때 정부가 개입해서 각종 공공재(예; 치안 서비스, SOC, 방역 활동, 환경개선 등)를 공급하고, 기존의 낡고 구태의연한 법과 제도를 과감하게 개혁하

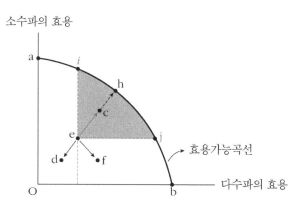

〔그림 18-1〕 공공선택의 논리와 공공선택이론의 과제

---

151 김대식·노영기·안국신·이종철, 앞의 책, 503-504쪽 참조.

며 규제 완화를 추진한다면, 모든 계층의 후생 수준은 크게 개선될 수 있다. 그것의 변화 방향은 크게 3가지 형태로 나타날 수 있다.

첫째는 효용 수준의 변화가 e → c → h로 나타날 수 있다. 이는 모든 계층의 후생 수준이 정부개입 이전과 비교해서 크게 개선되는 경우다. 특히 효용가능곡선 상의 h점에 도달하려면 정부실패(government failure)가 발생하지 않아야 한다. 그런 의미에서 c점으로의 도달은 가능하지만 h점으로의 이동은 결코 쉽지 않은 과제다. 왜냐하면 정부실패가 발생할 개연성이 존재하기 때문이다. 둘째는 효용 수준이 e점에서 f점으로 변하는 경우다. 이때는 소수파인 고소득층의 후생 수준은 감소하고 중·저소득층의 후생 수준만 증가한다. 정부가 누진세 제도를 도입해서 소득재분배를 추진하는 동시에 중·저소득층에 대한 복지혜택을 대폭 확대하는 경우가 여기에 해당된다. 셋째는 후생 수준의 변화가 e점에서 d점으로 후퇴하는 경우다. 이는 정부의 공공선택이 완전하게 실패했음을 시사해준다. 즉 모든 국민들의 후생 수준이 감소하는 최악의 상황이다. 이런 경우 대통령은 탄핵 위기에 직면하고, 행정부와 관료들은 국민들의 거센 비난과 저항을 받게 된다.

여기서 우리가 학습해야 할 공공선택이론의 과제가 도출된다. 즉 공공선택이론이 지향해야 할 최선의 과제는 e점에서 d점으로의 변화가 아니라 e → c → h로 나가기 위한 방안의 마련이다. 그러기 위해서는 정부, 관료, 국민 개개인이 어떤 절차와 방법을 통해 합리적인 대안을 마련할 것인가?를 체계적으로 분석할 필요가 있다. 그것이 바로 공공선택이론의 존재 이유다.

2　정치시장에 대한 분석

(1) 정치시장에 대한 개관

민간부문에서 자원배분의 역할을 담당하는 핵심 기제는 시장(market)이다. 이때 시장은 생산물시장과 생산요소시장을 포괄한다. 반면, 공공부문에서 자원배분을 담당하는 것은 정치시장(political market)이다. 그런데 정치시장을 올바로 이해하려면 정치가, 관료, 특수이익집단, 투표자인 유권자의 행태에 대해 잘 알아야 한다.

　　소비자가 시장에서 상품을 구매하는 것은 마치 돈으로 표를 사는 것과 유사하다. 민간 시장에서는 돈이 많은 사람일수록 더 많은 투표권을 행사할 수 있다. 하지만 민주주의 사회의 정치시장에서는 유권자들에게는 오직 '1인 1표'의 권리만 부여된다. 따라서 공공부문의 자원배분을 담당하는 정치시장에서는 투표만큼 중요한 것이 없다.

(2) 공공선택; 투표를 통한 정치적 의사결정

① 개요

집단적 의사결정의 기준으로는 여러 가지가 있다. 민주주의 사회에서의 다양한 투표형태, 공산주의 체제의 일당 독재나 1인 독재, 전통적 규범 등이 그것이다. 하지만 여기서는 민주주의 사회에서 통용되는 투표 형태를 토대로 공공선택의 문제를 살펴보고자 한다. 투표를 통한 공공선택은 국민 개개인의 상이(相異)한 선호를 집계해서 하나의 사회적 선호를 결정하는 방식을 말한다.

대표적인 투표 형태로는 전원합의제, 2/3찬성제, 다수결 투표제, 최적 다수결 투표제, 점수투표제 등이 존재한다. 그들 각각에 대해 살펴보자.

② 전원합의제

전원합의제(unanimity system)는 모든 구성원들이 전원 찬성을 해야만 어떤 안건이 통과되는 제도이다. 어쩌면 투표제도의 끝판왕이라고 볼 수 있다. 또 모든 구성원들이 만족할만한 상태에 도달했다는 점에서 전원합의제는 파레토 최적 상태와 같다. 참고로 스웨덴의 경제학자 에릭 린달(E. Lindahl)의 자발적 교환모형도 전원합의제에 입각한 것으로 볼 수 있다. 즉 린달이 제시한 공공재의 규모와 조세부담 모형은 공공지출 분야에서도 전원합의제가 가능함을 시사해준다.

전원합의제에 의한 공공선택은 사회구성원 어느 누구의 후생 수준도 감소하지 말아야 한다. 만약 사회구성원 가운데 A의 후생 손실이 발생한다면, 그가 반대의사를 표명함으로써 전원 합의가 이루어질 수 없다. 따라서 〔그림 18-2〕에서 전원합의제에 따른 공공선택의 결과는 반드시 음영 처리된 eab 내에서 이루어져야 한다. 그 결과 소수파의 의사도 보호받을 수 있는 동시에 파레토 개선까지 가능하다. 그것이 전원합의제의 장점이다.

하지만 현실 경제에서 전원합의제를 적용한다는 것은 쉽지 않다. 어쩌면 불가능하다고 보는 게 옳다. 앞서 언급했듯이 A와 같은 유권자가 단 한 사람만 존재해도 정책 제안은 합의에 이르지 못한다. 이때 A는 독재자 수준의 막강한 파워를 갖는다. 더

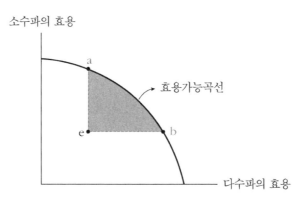

〔그림 18-2〕 전원합의제에 따른 공공선택의 결과

욱이 A는 그런 지위를 이용해서 정책 제안에 찬성하는 절대 다수의 유권자들을 상대로 뒷거래를 통한 불법적인 타협을 도모할 수도 있다.

전원합의제는 이론적으로 가장 바람직한 투표제도라고 할 수 있다. 그러나 의사결정에 이르기까지 많은 비용이 드는 데다 비토권을 가진 A의 전략적 반대가 상존하기 때문에 현재 상태(e점)가 다른 정책 대안(eab 내 한 점)에 비해 우위를 지닐 수도 있다. 게다가 애로우(K.J. Arrow)가 제시한 4가지 공리 가운데 '완비성'을 위배할 가능성이 있다.[152] 이런 것을 종합해볼 때, 전원합의제는 중대한 정책안건을 놓고 극소수의 사람들이 투표할 경우에나 적용할 수 있는 투표 형태로 평가된다.

③ 다수결 투표제

다수결 투표제(majority system)는 투표자의 과반수 이상이 지지하는 정책 대안이 선택되는 투표제도로서 현실에서 가장 많이 채택되는 정치적 의사결정방식이다. 다만 다수결 투표제에 의한 공공선택의 결과는 승자와 패자가 공존하기 때문에 자원배분의 파레토 최적이 달성되기 어렵다.

〔그림 18-3〕에서 볼 수 있듯이 다수결 투표제에 따른 공공선택의 결과는 점선으로 표시된 수직선(점선으로 표시된 geh)의 오른쪽 영역에서 나타난다. 다수결 투표제의 실행 결과, 승자(勝者)인 다수파의 효용 수준은 개선되지만 패자(敗者)인 소수파의 효용 수준은 감소할 개연성이 높다. 물론 다수결 투표제를 통해 자원배분의 상태가 기존의 e점에서 c점으로 이동한다면, 그것은 효율적이고 공평한 결과라고 볼 수 있다. 하지만 대부분의 경우는 e점에서 d점이나 f점으로 이동시킴으로써 소수파의 효용 수준이 감소할 가능성이 크다. 다수파의 횡포(tyranny by the majority)도 e점에서 d점이나 f점으로 이동함으로써 소수파의 효용 수준을 저하시키는 것을 말한다. 게다가 다수결 투표제는 정책 대안들이 결정되는 과정에서 순서에 따라 결과가 뒤바뀌는, 즉 사회적 선

---

152 사회적 선호체계(≳ₛ)가 완비성을 충족하지 못할 경우에는 2개의 사회 상태에 대해 사회적으로 바람직한 정도를 비교·평가하기 어렵다. 〔그림 18-2〕의 e점에서 음영 처리된 eab 내의 한 점으로 이동하는데 사회구성원 모두가 전원 합의를 했다면 eab 내의 한 점은 e점보다 사회적 후생 수준이 높다고 말할 수 있다. 하지만 사회구성원 어느 누구라도 e점에서 음영 처리된 eab 내의 한 점으로 이동하는 데 반대한다면, eab 내의 한 점과 e점에 대한 사회적 후생 수준의 비교·평가가 불가능하다. 따라서 전원합의제는 완비성을 위배할 가능성이 매우 크다.

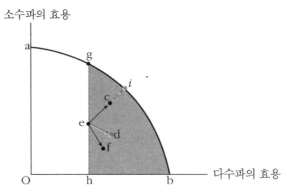

소수파의 효용

다수파의 효용

〔그림 18-3〕 다수결 투표제에 따른 공공선택의 결과

호가 이행성을 충족하지 못하는 '투표의 역설(paradox of voting)'현상이 나타날 수 있다. 자세한 것은 〔보론 1〕을 참조하기 바란다. 그 밖에도 각 투표자의 선호에 대한 강도 (強度)를 표현할 수 없다는 점, 최소의 의사결정비용이 보장되지 않는다는 점도 다수 결 투표제의 한계점으로 지적된다. 참고로 뷰캐넌(J.M. Buchanan, jr)교수는 "다수결 투 표제에 따른 정치적 의사결정이 예산을 확대하는 결과를 초래했다"라고 강조한 바 있다.

이러한 문제를 보완하기 위해 유권자의 2/3 이상의 찬성을 요구하는 조건부 다 수결 투표제(2/3 찬성제)가 운용되는 경우를 심심찮게 볼 수 있다. 문제는 그것으로 인 해 다수결 투표제의 문제가 완벽하게 극복되는 것은 아니다. 다만 그 강도가 완화될 따름이다.

보론 1 │ 투표의 역설

투표의 역설(voting paradox)은 그것을 처음 제기한 사람의 이름을 따서 '콩도르세의 역 설'이라고 부른다. 또 그것은 이행성(transitivity)이 성립하지 않는 것을 말한다. 3인의 마을주민이 3종류의 정책 대안 A, B, C에 대해 선호도를 1, 2, 3위로 정하는 투표를 한 다고 하자. 정책대안 A와 B에 대해 투표를 하면 A가 B를 이기고, B와 C에 대해 투표 를 하면 B가 C를 이기는 것으로 나왔다고 하자. 그러면 상식적으로 A는 C를 이길 것으로 예상한다. 하지만 막상 A와 C에 대해 투표를 하면, C가 A를 이김으로써 서로 물고 물리는 결과가 반복되는 현상이 투표의 역설이다.

앞서 살펴본 마을주민 3인의 선호도를 재활용해서 투표의 역설을 분석해보자. 여기서는 정책대안 A, B, C에 대한 주민 1과 주민 2의 선호도는 변함이 없고 주민 3의 선호도만 아래와 같이 달라졌다고 가정한다.

주민 1; A ≳ B ≳ C
주민 2; B ≳ C ≳ A
주민 3; C ≳ A ≳ B

이런 경우에도 투표의 역설이 나타난다. 이때는 의사진행을 장악한 사람이 큰 영향력을 행사할 수 있다. 그것은 정책대안 간 표결 순서를 자기의 입맛에 따라 바꾸는 의사진행 조작(agenda manipulation)을 통해 표결의 결과를 좌지우지(左之右之)할 수 있다는 얘기다. 가령, 의사 진행자가 정책대안 C를 제일 선호한다고 하자. 그러면 그는 C가 채택되도록 하기 위해 다음과 같은 표결을 시도할 것이다. 먼저 정책대안 A와 B를 묶어 표결한 다음, 거기서 살아남은 정책대안과 C를 묶어 최종 표결에 임할 것이다. 그 결과 정책대안 C가 채택되게 된다. 그 과정을 좀 더 살펴보자. 정책대안 A와 B를 묶어 표결하면 A가 B를 2 : 1로 앞선다. 이어 살아남은 정책대안 A와 C를 묶어 표결에 부치면 정책대안 C가 A를 2 : 1로 앞서기 때문에 최종적으로 C가 선택된다. 이제 의사 진행자가 정책대안 A를 가장 선호한다고 가정하자. 그는 A가 최종적으로 선택되도록 표결 순서를 바꿀 것이다. 즉 정책대안 B와 C를 묶어 표결한 후, 거기서 살아남은 정책대안과 A를 묶어 최종 표결에 임할 것이다. 그 결과 정책대안 A가 최종적으로 선택된다. 그 과정도 간단하게 살펴보자. 정책대안 B와 C에 대해 표결하면 B가 C를 2 : 1로 앞선다. 이제 정책대안 B와 A를 최종 표결에 붙이면 A가 B를 2 : 1로 앞서기 때문에 최종적으로 A가 선택된다.

투표의 역설이 발생하는 이유는 3인의 마을주민(주민 1, 주민 2, 주민 3)의 선호 가운데 주민 3과 같이 봉우리가 1개 이상의 다봉(多峰)선호(multi-peaked preference)를 가진 투표자가 존재하기 때문이다. 〔그림 18-4〕에서는 주민 3의 선호가 봉우리가 2개인 쌍봉(雙峰)선호에 해당된다.

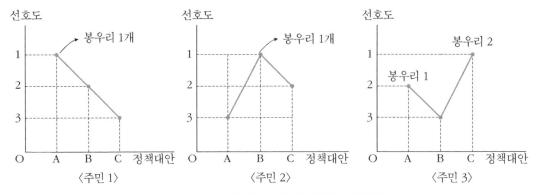

〔그림 18-4〕 투표의 역설과 투표자의 다봉(多峰)선호

④ 최적 다수결 투표제

최적 다수결 투표제(optimal majority system)는 '투표제도의 운용에 따른 총비용(= 의사결정 비용 + 외부비용)이 극소화되는 찬성 비율을 초과할 때, 정책 대안이 통과되는 제도'를 말한다. 뷰캐넌 교수와 조지 메이슨大의 고든 털럭(G. Tullock) 교수는 개인의 효용극대화 관점에서 공공재의 공급에 대한 효율적인 의사결정의 원칙으로 최적 다수결 투표제를 제안했다.

투표제도를 운용하는 데는 2가지 비용이 소요된다. 그것은 〔그림 18-5〕에서 보는 것처럼 의사결정비용과 외부비용이다. 전자는 유권자들의 동의를 구하는 데 필요한 시간과 노력에 따른 비용이며, 그 크기는 정책대안의 통과에 필요한 찬성표의 비율이 높을수록 증가한다. 반면 후자는 어떤 의안이 통과됨에 따라 그 의안에 반대했던 사람들이 느끼는 부담(= 반대 유권자의 피해비용)을 말하며, 그 크기는 찬성하는 유권자들이 많을수록 낮아지며, 극단적으로 모든 유권자가 찬성할 경우에는 0이 된다. 〔그림 18-5〕에서 N점은 외부비용 = 0을 시사한다.

〔그림 18-5〕를 통해 최적 찬성 비율의 결정 과정에 대해 알아보자. 총비용은 우상향하는 의사결정비용(D)과 우하향하는 외부비용(E)의 종적 합으로 정의된다. 즉 총비용 = 의사결정비용(D) + 외부비용(E)이다. 총비용이 가장 낮은 곳은 a점이다. 또 a점에서 X축(사람 수)에 수직선을 그으면 N*점이 도출된다. 총비용이 a점에서 극소화된다면 최적 찬성 비율은 ON*/ON로 결정된다. 최적 다수결 투표제는 찬성 비율이 ON*/ON 이상일 경우, 정책 대안이 통과되는 제도이다.

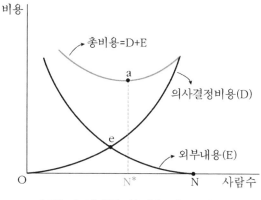

비용

총비용=D+E

a

의사결정비용(D)

e

외부내용(E)

O　　　N*　　　N　사람수

〔그림 18-5〕 최적 다수결제도와 공공선택

하지만 의사결정비용과 외부비용의 크기를 정확히 산출해낸다는 것은 결코 쉽지 않다. 그 때문에 현실에서 정치적 의사결정과정으로 최적 다수결 투표제를 채택하는 경우는 그리 많지 않다.

⑤ 점수투표제

점수투표제(point voting)는 '각 유권자들에게 사전에 정한 점수(예: 100점)를 부여한 후, 그들이 여러 정책대안들에 대해 점수로 투표하는 제도'이다. 점수투표제는 다른 투표제와 비교해서 다음과 같은 장단점을 가진다.

점수투표제의 장점은 크게 3가지다. 첫째, 점수투표제는 유권자가 선호하는 정책대안에 대해 얼마만큼 좋아하는지? 구체적인 점수로 투표하기 때문에 유권자의 선호 강도가 잘 반영된다. 둘째, 특정 정책대안을 선호하는 소수파의 의견도 투표 결과에 잘 반영될 수 있다. 셋째, 가장 높은 점수를 얻은 정책대안이 최종적으로 선택되기 때문에 투표의 역설 문제가 발생하지 않는다.

하지만 점수투표제의 단점 역시 만만치 않다. 첫째, 소수의 유권자가 전략적 행동을 도모할 경우, 최적의 정책대안이 선택되지 못할 수도 있다. 물론 다른 투표제에서도 전략적 행동이 나타날 수 있지만 점수투표제에서 가장 심각하게 나타난다. 〔표 18-1〕을 통해 그 내용을 검토해보자. 5명으로 구성된 마을주민이 10억원의 정부지원금을 어떻게 사용할 것인가를 놓고 점수투표제를 실시한다고 가정하자. 마을주민들이 생각하는 후보안(案)으로는 마을진입로 확장공사(A안), 농가주택의 지붕개량사업

(B안), 공동 태양광 시설 구축사업(C안)이 있다고 가정하자. 단, 점수투표제를 실시하기 전에 마을주민 각자에게 부여한 점수는 총 100점이다. 또 그들의 투표 결과가 다음과 같다고 하자.

〔표 18-1〕 마을 공동사업 후보안(案)에 대한 점수투표제의 결과

후보 안 \ 주민	주민 1	주민 2	주민 3	주민 4	주민 5	총합
A안	60	40	30	60	10	200
B안	10	30	60	20	50	170
C안	30	30	10	20	40	130

만일 마을주민 모두가 〔표 18-1〕에 나타난 것처럼 자신의 선호를 정직하게 반영해서 점수투표제를 했다면, A안인 '마을진입로 확장공사'가 최종안(案)으로 확정될 것이다. 하지만 '농가주택의 지붕개량사업'을 강력하게 원했던 마을주민 3이 다음과 같은 전략적 행위를 도모한다고 하자. 즉 그는 B안을 적극 지지하고 있지만 그것이 선정될 가능성이 적다는 것을 동물적 감각으로 감지했다고 하자. 그런 상황에서 주민 3은 자신이 가장 싫어하는 A안이 선정되지 못하도록 자신에게 부여된 100점을 C안에다 몰아줄 수 있다. 그러면 C안의 총합은 220점이 되기 때문에 '공동 태양광시설 구축사업'이 최종안(案)으로 선정된다. 그것이 전략적 행위의 전형이다. 둘째, 투표자의 선호를 기수적으로 나타내기 때문에 애로우가 제시한 4가지 공리 가운데 '무관한 선택 대안으로부터의 독립' 조건을 위배한다.[153] 셋째, 각 정책 대안에 대해 투표자의 선호도를 하나의 수치로 정확하게 나타낸다는 것이 쉽지 않은 과제다.

---

153 애로우는 타당한 사회적 선호체계가 되기 위해 반드시 구비해야 할 4가지 조건을 제시한 바 있다. ① 사회적 선호체계의 완비성과 이행성, ② 파레토원칙, ③ 무관한 대안으로부터의 독립, ④ 비독재성이 그것이다. 그런데 '무관한 선택 대안으로부터의 독립'은 선호의 순서, 즉 선호의 서수성을 전제로 한다. 하지만 점수투표제는 선호의 기수성에 바탕을 두기 때문에 바로 무관한 선택 대안으로부터의 독립이라는 조건을 위배한다.

미시경제학 II

'보르다 카운트'는 점수투표제와 유사하게 선호의 강도를 어느 정도 반영시킬 수 있도록 설계한 투표제이다. 그것은 일명 '보르다(de Borda) 투표제'라고도 부른다. 보르다 카운트는 N개의 대안이 있을 때 가장 선호하는 대안부터 순서대로 N, (N − 1), (N − 2), ..., 3, 2, 1점을 부여하고, 그 가운데서 가장 높은 점수를 받은 대안을 선택하는 투표제이다. 보르다 카운트가 점수투표제와 다른 것은 오로지 순서에 의해서만 선호의 강도를 표시한다는 점이다. 보르다 카운트의 장점은 2가지다. 하나는 보르다 카운트에서는 선호의 강도가 아주 높거나 낮은 정책 대안보다는 유권자 모두에게 어느 정도 차선의 대안이 될 수 있는 중도 대안이 선택될 가능성이 높다. 다른 하나는 가장 높은 점수를 얻은 정책 대안이 선택됨으로써 '투표의 역설' 현상이 발생하지 않는다. 한편, 보르다 카운트 역시 2개의 단점이 존재한다. 첫째, 점수투표제와 같은 유권자의 전략적 행동이 나타날 가능성이 있다는 점이다. 물론 그 폐해는 점수투표자보다 낮다. 둘째, 보르다 카운트도 각 개인의 선호를 기수적으로 나타내기 때문에 애로우가 제시한 4가지 공리 가운데 '무관한 선택 대안으로부터의 독립' 조건을 위배한다.

(3) 다수결 투표제와 정치적 의사결정

① 중위투표자이론

중위투표자이론(中位投票者理論; median voter theory)은 미국의 경제학자이자 통계학자인 헤롤드 호텔링(H. Hotelling)의 논문 'Stability in Competition'을 통해 처음으로 제기되었다. 스코틀랜드의 경제학자 던칸 블랙(D. Black)과 미국의 경제학자 앤서니 다운스(A. Downs)도 중위투표자이론과 깊은 연관이 있다. 중위투표자이론의 핵심은 다수결 투표제에서는 중간 선호를 지닌 중위투표자(median voter)가 지지하는 정책 대안이 채택된다는 것이다.

중위투표자이론이 성립하기 위해서는 몇 가지 전제조건이 충족되어야 한다. 첫째, 유권자의 선호가 단봉선호이어야 한다. 둘째, 유권자들이 가장 선호하는 정책대안을 솔직하게 선택해야 한다. 셋째, 투표를 통해 선택할 정책대안들을 단일 연속선상에 나타낼 수 있어야 한다. 넷째, 모든 정책 대안들이 투표 대상이 되어야 한다. 다섯째, 다수결 투표제이어야 한다.

가령, 3인의 마을주민이 존재하는 상황에서 마을의 발전과 직결된 정책대안 A, B, C를 놓고 다수결 투표를 한다고 가정하자. 이때 A는 예산 규모가 가장 크게 소요되는 사업, B는 중간규모의 예산이 소요되는 사업, C는 가장 작은 규모의 예산이 소요되는 사업이라고 하자. 또 각 사업에 소요되는 예산은 마을주민 3인이 공동으로 부담한다고 가정한다. 이때 정책대안 A, B, C에 대한 주민 1, 주민 2, 주민 3의 선호도를 요약하면 아래와 같다. 참고로 A ≳ B는 '정책대안 A를 B보다 선호(좋아)하거나 최소한 같다'는 것을 의미한다.

주민 1; A ≳ B ≳ C
주민 2; B ≳ C ≳ A
주민 3; C ≳ B ≳ A

이런 상황에서 정책 대안 A, B, C를 놓고 동시 투표를 실시할 경우, 마을주민 1, 2, 3이 1순위 후보로 뽑은 정책 대안 A, B, C는 각각 1표씩이다. 따라서 최종 의사결정을 내릴 수 없다. 따라서 다음과 같은 다수결 투표제를 활용해서 표결과정을 진행해 보자. 우선 정책 대안을 두 개씩 묶어 다수결 투표를 실시한 후, 그중 과반수를 얻은 정책 대안만 살려두고 나머지는 기각한다. 과반수를 얻어 살아남은 정책 대안과 제3의 정책 대안을 비교해서 과반수를 얻은 정책 대안을 최종적으로 선택한다.

먼저 정책 대안 A와 B를 비교해 보자. 주민 2와 주민 3이 정책대안 B를 A보다 지지하기 때문에 과반수를 얻은 정책대안 B가 채택되고 A는 기각된다. 이어서 정책 대안 B와 C를 비교해 보자. 주민 1과 주민 2가 정책 대안 B를 C보다 지지하기 때문에 과반수를 얻은 정책대안 B가 채택되고 C는 기각된다. 결국 다수결 투표에 의해 최종적으로 채택된 정책 대안 B는 중위투표자인 주민 2가 제일 지지하는 것이다.[154] 경제학

---

154 마을주민 3인의 선호가 위와 같이 주어진 경우에는 비교의 순서를 어떻게 설정하든 정책대안 B가 최종 대안으로 선택되는 결과가 도출된다. 일례로 정책대안 A와 C를 비교하면 과반수를 얻은 C가 채택되고 A는 기각된다. 이어 정책대안 C와 B를 비교하면 과반수를 얻은 B가 채택되고 C는 기각된다. 따라서 최종적으로 정책대안 B가 선택된다.

에서는 이런 과정을 거쳐 최종적으로 채택된 정책 대안 B를 '꽁도르세 승자(Condorcet winner)'라고 부른다. 그것의 유래는 18세기 말에 다수결 투표제에 내재된 특성을 연구했던 프랑스의 수학자 꽁도르세 후작(侯爵)의 이름에서 비롯된 것이다.

앞서 살펴본 중위투표자이론이 성립하는 이유는 3인의 주민 선호가 〔그림 18-6〕에서 보는 것처럼 단봉(單峰)선호(single-peaked preference)를 가졌기 때문이다. 참고로 단봉선호가 보장되기 위해서는 전형적인 소비자 균형 조건이 충족되어야 하는 것으로 알려졌다. 즉 무차별곡선이 원점에 대해 볼록해야 하며 직선 형태의 예산선이 존재해야 한다는 점이다. 하지만 모든 투표자의 선호가 단봉선호를 갖는 경우에도 투표의 역설 현상이 나타날 수 있음에 유의해야 한다. 특히 2차원 이상의 선택 문제에서는 비록 주민 선호가 단봉선호를 갖더라도 투표의 역설 현상이 나타날 수 있다. 이에 대해서는 다음의 ②에서 자세하게 언급한다.[155]

중위투표자이론의 한계와 문제점은 4가지로 요약된다. 첫째, 선택된 중위(中位)의 정책 대안이 모든 유권자의 선호도를 반영한 것은 아니다. 둘째, 선택된 중위의 정책 대안이 파레토 최적을 보장하는 것도 아니다. 셋째, 선택된 중위의 정책 대안이 모든 유권자의 효용극대화를 보장해주는 대안이 아니다. 넷째, 선택된 중위의 정책 대안이 모든 유권자의 한계편익과 한계비용을 고려한 것도 아니다.

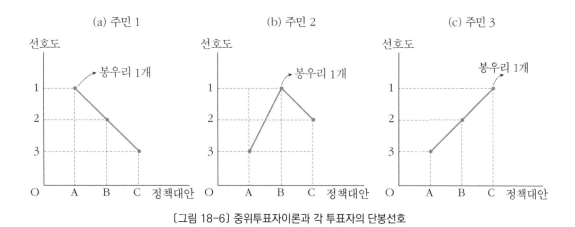

〔그림 18-6〕 중위투표자이론과 각 투표자의 단봉선호

---

155 이준구, 『재정학』, 다산출판사, 1999, 140-143쪽 참조.

② 전형적인 소비자 균형 조건의 충족과 단봉선호

앞에서 단봉선호가 충족되기 위한 필요조건은 전형적인 소비자 균형 조건이 성립하는 것이라고 했다. 이를 보여주는 것이 〔그림 18-7〕의 (a), (b)그래프이다. (a) 그래프는 공공재와 사적재(私的財)에 대한 소비자균형점을 나타낸다. 원점에 대해 볼록한 무차별곡선은 소비자 선호가 볼록선호(convex preference)임을 시사해준다. 그리고 X축은 사적재, Y축은 공공재의 양(量)을 나타낸다. 그런데 공공재 양의 많고 적음은 정부의 예산 규모와 직결된다. 즉 공공재의 양이 많으면 정부의 예산 규모는 크고, 그 반대는 예산 규모가 작다는 것을 말한다.

　(a) 그래프에서 소비자균형점은 c점이고, 그때 소비자의 효용 수준은 i_2로서 제일 크다. c에서 공공재의 양은 OC이다. 이것을 나타낸 것이 (b) 그래프이다. 또 (a) 그래프에서 b점과 d점의 효용 수준은 i_1로서 동일하지만 공공재의 양은 b점이 d점보다 많다. 그것을 나타낸 것이 (b) 그래프의 b점과 d점이다. 참고로 (b) 그래프에서 b점과 d점의 선호도가 같은 이유는 b점과 d점에서의 효용 수준이 i_1으로 동일하기 때문이다. a점과 e점의 경우도 마찬가지 논리로 (b) 그래프에서 a점과 e점으로 나타낼 수 있다. 이를 통해 전형적인 소비자 균형 조건이 충족되면 단봉선호가 존재한다는 것을 확인할 수 있다.

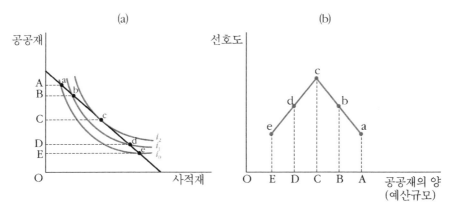

〔그림 18-7〕 소비자균형점과 단봉선호

③ 2차원 이상의 공공선택과 투표의 역설

지금까지는 유권자의 단봉선호만 충족되면 투표의 역설 현상이 나타나지 않는다는 것을 학습했다. 하지만 2차원 이상의 공공선택 문제에서는 유권자의 선호가 비록 단봉선호를 갖더라도 투표의 역설 현상이 나타날 수 있다. 여기서는 그것을 증명해보자. 〔그림 18-8〕은 3차원 공간에서의 공공선택 문제를 2차원 평면에 나타낸 것이다. X축은 댐 건설에 투입되는 정부예산이고, Y축은 국가안보를 위한 신형 무기개발사업(예; KFX 사업, 핵추진 항공모함 사업)의 건조사업에 투입되는 정부예산이라고 가정하자.

또 C_1, C_2, C_3는 댐 건설과 신형 무기개발사업에 대한 여러 조합(combination) 가운데 투표자 1, 2, 3이 가장 선호하는 조합을 의미한다. 가령 C_1의 경우, 유권자 1은 D_1 수준의 댐 건설과 W_1 수준의 신형 무기개발사업을 가장 선호한다는 것을 뜻한다. 독자 여러분들은 C_2, C_3에 대해서도 직접 X축과 Y축에 선을 그어가며 (D_2, W_2), (D_3, W_3)를 체크해 보기 바란다. 여기서 D는 댐(Dam), W는 무기(Weapon)의 첫 자에서 따온 것이다. 게다가 C_1, C_2, C_3점을 중심으로 그려진 여러 개의 등고선은 어느 방향으로 이동하든 C_1, C_2, C_3점에서 멀어질수록 유권자 1, 2, 3의 선호도가 낮아지는 것을 의미한다. 따라서 유권자 1, 2, 3은 단봉선호를 갖는다.

이런 상황에서 댐 건설과 신형 무기개발사업을 위한 정부의 예산 규모를 놓고 3가지 정책 대안 X, Y, Z가 〔그림 18-8〕과 같이 제시되었다고 가정하자. 우선 정책 대안 X와 Y를 표결에 부치면 어떤 결과가 나올지 살펴보자. 유권자 1은 X를 선호하지만, 유권자 2, 3은 Y를 선호하기 때문에 과반수 이상의 표를 얻은 정책 대안 Y가 채택

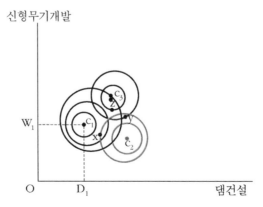

〔그림 18-8〕 3차원 공간에서의 단봉선호와 투표의 역설

된다.[156] 이어 정책 대안 Y와 Z에 대해 표결을 시도하면 유권자 1, 3이 선호하는 Z가 채택된다. 즉 Z가 꽁도르세 승자가 된다.

이제 표결의 순서를 바꿔보자. 정책 대안 X와 Z를 표결에 부치면, 유권자 1, 2가 지지하는 정책 대안 X가 채택된다. 다음으로 정책 대안 X와 Y에 대해 표결을 부치면 유권자 2, 3이 선호하는 정책 대안 Y가 채택된다. 이때는 정책 대안 Y가 꽁도르세 승자가 됨으로써 전형적인 투표의 역설이 나타난다. 이를 통해 우리는 모든 유권자의 선호가 단봉선호를 갖는다고 해서 투표의 역설 현상이 나타나지 않는 것은 아니라는 것을 확인할 수 있다.

(4) 대의민주주의제도와 공공선택의 문제

① 대의민주주의제도와 정치과정 참여자들

대의민주주의제도하에서 정치과정 참여자들은 크게 정치가(politician), 관료(bureaucracy), 특수이익집단(special interest group), 유권자(국민)들로 구분된다. 이들 간의 관계를 요약 정리하면 〔그림 18-9〕와 같다.

유권자는 투표를 통해 행정부의 수장인 대통령과 입법부를 구성하는 국회의원을 선출한다. 대통령은 공직자인 관료들을 임명한다. 또 국회의원들은 공공정책과 관련된 입법을 추진한다. 관료들은 공공정책과 관련된 법률에 근거해서 국정운영을 담당한다. 이 과정에서 공공재 생산이 이루어진다. 물론 여기에는 국민 혈세가 정부 예산이란 이름으로 투입된다. 또 국회의원들은 국정감사를 통해 관료들로 구성된 행정부를 감시하고 견제한다.

또 다른 정치과정의 참여자로 이익집단을 들 수 있다. 이익집단은 이해관계를 공유하는 사람들의 모임체(예; 민노총, 전교조, 전경련, 전국학부모연합, 환경단체 등)로서 자신들

---

156 이에 대한 증명을 위해서는 〔그림 18-8〕에 나타내지 않은 3차원 공간에서의 가상적인 등고선 높이에 대한 이해가 선행되어야 한다. 우선 유권자 1부터 살펴보자. 유권자 1의 선호도는 등고선의 높이로 나타낸다. 그런데 등고선의 꼭대기 점인 C_1에 가까울수록 등고선의 높이가 높고, 당연히 정책의 선호도도 클 수밖에 없다. 그러한 점을 반영해서 투표자 1의 선호도는 X ≳ Z ≳ Y임을 알 수 있다. 마찬가지로 유권자 2, 3의 선호도는 각각 Y ≳ X ≳ Z, Z ≳ Y ≳ X로 나타낸다. 그를 통해 투표의 역설 현상이 나타나는지? 여부는 내 설명을 참조하기 바란다. 그러면 아주 쉽게 이해될 것이다.

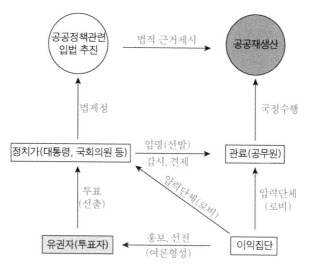

〔그림 18-9〕 대의민주주의제도와 정치과정 참여자들

의 이익을 실현하기 위해 유권자, 대통령과 국회의원을 비롯한 정치가, 관료들을 상대로 선전, 홍보, 로비 등의 정치적 활동을 한다.[157]

② 정치가와 다운스의 득표극대화 모형

미국의 경제학자 앤서니 다운스(A. Downs)의 득표(得票)극대화 모형은 대의민주주의제도하에서 공공선택에 관한 의사결정을 하는 정치가들의 행동에 분석의 초점을 맞춘 모형이다. 특히 다운스는 유권자와 정치가에 대해 다음과 같은 가정을 했다. 즉 유권자는 효용극대화, 좀 더 구체적으로 말한다면 정치가가 결정한 공공선택으로부터 얻을 수 있는 순편익의 극대화를 추구한다. 반면, 정치가는 오로지 당선을 위한 득표극대화를 추구한다는 것이다.

따라서 유권자는 자기 이익을 가장 잘 보장해줄 수 있는 후보에게 표를 던질 것

---

157 이익집단에 대한 평가는 사람마다 약간씩 다르다. 하지만 객관적인 관점에서 이익집단을 평가한다면 긍정적인 측면과 부정적인 측면이 공존한다고 보는 게 옳다. 정책입안자들에게 관련 정보 제공, 정부 정책에 대한 충실한 감시자 역할 수행, 정치과정에서의 다양성 제고(여러 특정 집단의 다양한 이익 대변, 또 그들 간의 경쟁으로 정부 정책의 조화와 균형 유도) 등은 이익집단의 긍정적인 부분이다. 하지만 기업 활동이나 교육 분야에서 균형감각을 상실한 주장과 행동으로 국론분열을 조장하고, 공익이나 국민 대다수의 이익과는 배치되는 그들만의 이익을 추구한다는 것은 비판받기에 충분하다고 생각한다.

이고, 정치가는 당선에 가장 유리한 정책공약을 유권자들에게 제시할 것이다. 이와 같은 투표과정을 통해 지역민들의 개인적 선호가 사회적 선호로 집약된다. 득표극대화 모형은 우리에게 2가지를 시사해준다. 첫째, 정치가가 당선을 목표로 하는 한, 그는 지역민들의 의사를 충실하게 대변할 수밖에 없다는 점이다. 둘째, 정치가는 투표수가 제일 많은 중위투표자들이 지지하는 정책을 밀고 나간다는 사실이다. 정치가들의 이런 속성으로 인해 후보자들의 선거공약이 엇비슷하고, 선거철만 되면 혁신의 기수를 자처하던 정당이 중도 보수정당으로 급선회하거나 중위투표자를 자처하는 여러 압력단체들의 등장으로 집단이기주의가 만연하고 공공지출이 크게 증가하는 폐단이 발생한다.

정책 대안이 다수일 때는 다수결 투표제가 투표거래(logrolling, 정치적 결탁 or 정치적 짬짜미)와 같은 전략적 행동을 유발하기도 한다. 투표 거래는 독자적으로 다수결 투표를 하면 소수의 지지를 받는 바람에 채택되지 못할 안(案)이, 유권자들의 정치적 결탁을 통해 탈락의 위기에 놓였던 안(案)이 채택되는 현상을 말한다. 투표거래에는 긍정적 측면과 부정적 측면이 공존한다. 전자를 주장하는 사람들은 '시장에서 자유롭게 이루어지는 상품의 교환이 자원의 효율적 배분을 가능하게 한다'는 논리를 피력한다. 즉 투표거래를 통해 얻는 유권자들의 총편익이 그로 인해 손해를 보는 유권자들의 총비용을 능가할 경우, 사회 전체적으로는 효율적인 공공선택에 도달할 수 있다는 것이다. 반면, 후자의 입장을 견지하는 사람들은 민주주의 사회에서 투표거래는 야합(野合)이며, 대다수 유권자의 이익에 반하기 때문에 최적의 공공선택과는 거리가 멀다고 주장한다.

보론 3 ┃ 투표거래의 원리와 공공재의 과다(過多)생산

투표거래는 다수결 투표제하에서 다수의 대안이 존재할 때, 유권자들이 자신이 가장 선호하는 대안이 채택되도록 하기 위해 다른 유권자와 협의하여 각각 상대방이 선호하는 대안에 찬성 투표를 하는 행위를 말한다. 투표거래는 다수결 투표제하에서 자신의 선호 강도를 반영하려는 유권자들의 전략적 행동으로 볼 수 있다. 또 투표거래가 과연 바람직한 것인가에 대해서는 학자들마다 의견이 상이하다.

투표거래를 지지하는 입장

투표거래를 지지하는 사람들은 시장을 통한 상품거래가 사적재(私的財)의 효율적 배분을 보장하는 것처럼 투표거래도 공공재의 효율적 배분에 기여한다고 말한다. 또 투표거래는 선호의 강도를 반영함으로써 안정적 균형이 가능하다고 주장한다. 따라서 민주주의가 본연의 기능을 잘하려면 투표거래가 일정부분 필요하다는 입장이다. 〔표 18-2〕를 보자. 다수결 투표제에 따르면 A, B, C 안(案) 어느 것도 채택되지 못한다. A안은 유권자 2, 3이 반대하고, B안은 유권자 1, 3이 반대하고, C안은 유권자 1, 2가 반대하기 때문이다.[158] 그러면 A, B, C 안의 사회적 순편익이 모두 플러스(+)임에도 불구하고 공공재가 하나도 생산되지 못한다. 이때 유권자 1, 2가 투표거래를 통해 서로의 정책대안을 지지해 주기로 약속하고 실행에 옮긴다고 가정하자.

〔표 18-2〕투표거래(logrolling) I

( ) 안의 숫자는 편익을 의미

유권자 정책대안	1	2	3	순편익	
A (다리)	230	- 70 ⟶ 90	- 95	65 ⟶	+ 225
B (공원)	- 60 ⟶ 50	180	- 80	40 ⟶	+ 150
C (회관)	- 100	- 50	330	180	

가령 유권자 1이 B안에 대한 자신의 편익이 - 60 아니라 + 50이라고 하고 유권자 2 역시 A안에 대한 자신의 편익이 - 70이 아니라 + 90이라고 하면, A안, B안이 동시에 채택되어 공공재인 다리건설과 공원 조성이 가능해진다.[159] 만약 투표거래가 없었다

---

158 A안(예; 다리건설)에 대해서만 살펴보자. A안은 유권자 1만 찬성하고 유권자 2, 3은 반대한다. 따라서 다수결 투표제하에서 A안은 사회적 순편익이 플러스(+) 65(=230 - 70 - 95)임에도 불구하고 채택되지 못한다. 이는 B안과 C안에 대해서도 마찬가지다.

159 투표거래를 통해 유권자 1이 B안에 대해 순편익이 - 60이 아니라 + 50으로 선호의 강도를 바꾸면, B안은 순편익이 (+)인 유권자 1, 2가 찬성하게 되므로 공원이 조성된다. 또 투표거래를 통해 유권자 2가 A안에 대해 순편익이 - 70이 아니라 + 90으로 선호의 강도를 변경하면, A안은 순편익이 플러스(+)인 유권자 1, 2가 찬성하게 됨으로써 다리가 건설된다.

면 공공재의 생산은 0이었을 것이다. 하지만 투표거래를 통해, 사회 후생 수준이 증가되는 방향으로 공공재의 생산이 이루어진다. 투표거래는 공공재의 과다생산을 유발할 수 있다고 주장하는 것도 바로 이러한 특성 때문이다.

투표거래를 반대하는 입장

〔표 18-2〕에서 살펴본 투표거래는 어디까지 긍정적 경우에 해당된다. 하지만 투표거래는 때때로 부정적인 결과를 야기할 수도 있다.

〔표 18-3〕 투표거래(logrolling) II

정책대안 \ 유권자	1	2	3	순편익
A (다리)	100	-90 90	-80	-70 110
B (공원)	-80 60	110	-50	-20 120
C (회관)	-70	-90	130	-30

〔표 18-3〕에서 보는 것처럼 사회적 순편익이 마이너스(−)인 경우에는 정책대안인 A, B, C가 생산되는 것은 바람직하지 않다. 또 다수결 투표제를 실시해도 A, B, C안은 채택되지 않는다. 하지만 유권자 1, 2가 투표거래를 시도하면 사정이 달라진다. 즉 유권자 2가 A안에 대한 선호 강도를 −90에서 +90으로 변경하고, 유권자 1 역시 B안에 대한 선호 강도를 −80에서 +60으로 바꾸면, 실질적으로 순편익이 마이너스(−)인 정책대안 A, B안이 채택되는 문제가 발생한다. 이는 분명 자원배분의 비효율을 야기하는 것으로 비판받아 마땅하다.

③ 관료제와 니스카넨, 미그에-벨랑제 모형

오늘날 대부분의 국가들은 직업공무원제도를 채택하고 있다. 직업공무원제도하의 관료들은 정치가들과 몇 가지 측면에서 다르다. 첫째, 관료들의 신분은 특별한 잘못(예: 법적 처벌 등)을 저지르지 않는 한, 정년퇴임까지 보장된다. 그러나 정치가의 신분은 임기(예: 4년) 동안으로 제한된다. 즉 관료들의 수명이 정치가들보다 훨씬 더 길다. 따라서 오랜 경험에서 축적된 관료들의 전문성이 정치가를 압도하는 경우가 많다. 둘째, 관료들에 대한 업적 평가는 민간기업의 샐러리맨 평가보다 무척 애매하다. 이는 관료들의 공적 성과를 계량화하기가 쉽지 않기 때문이다. 따라서 관료들이 유권자의 선호와 그것을 대변하는 정치가들의 의사를 정책에 반영하고 공복(公僕, public servant)으로서 최선을 다하도록 하는 유인구조의 설계가 쉽지 않다. 셋째, 관료들은 겉으로 공공의 이익을 추구하기 위해 최선을 다하겠다고 말하지만, 속으로는 자신들의 이해관계를 최우선시할 개연성이 크다.

관료제에 대한 경제적 분석을 시도하는 모형들은 하나같이 다음과 같은 의문으로부터 출발한다. 첫째, 관료들은 무엇을 추구하는 집단인가? 즉 그들이 추구하는 최종목표는 무엇인가?라는 점이다. 둘째, 그들이 직면하고 있는 제약조건(예; 예산 등)은 무엇인가? 셋째, 관료들의 행태에 관한 것이다. 일례로 관료들은 자신의 파워를 키울 목적으로 예산 증대를 위해 노력한다는 것이다. 여기서는 1980년대 미국의 레이건 행정부에서 대통령 경제자문위원회 의장 대행을 역임했던 윌리엄 아더 니스카넨(W. A. Niskanen)이 제시한 예산극대화모형에 대해 살펴보고자 한다. 니스카넨은 관료들에 대해 다음과 같이 가정했다. '관료들은 자신이 속한 부서의 예산극대화를 위해 노력한다' 이는 관료들이 공익증진보다는 자신들의 사회적 명성, 직책상의 특권이나 권한 등을 추구하기 위해 예산의 증대 및 확보에 관심을 갖는다는 얘기다. 특히 니스카넨은 관료들이 입법부를 상대로 공공서비스의 생산에서 비롯된 TB(총편익, total benefit)가 TC(총비용, total cost)보다 크다는 점을 설득한다면 TC에 해당되는 만큼의 예산을 손쉽게 배정받을 수 있다는 것을 잘 안다고 간주했다.

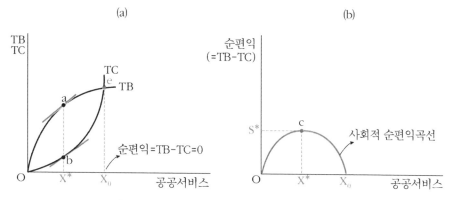

〔그림 18-10〕 니스카넨 모형과 공공서비스의 생산

[그림 18-10]을 통해 그것이 시사하는 바를 좀 더 살펴보자 [그림 18-10]의 (a) 그래프는 공공서비스의 생산에 따른 사회적 TB와 TC의 크기를 나타낸다. 그 차액은 사회적 순편익(S)이며, S = TB − TC로 정의된다.[160] 이것을 나타낸 것이 [그림 18-10]의 (b) 그래프이다. (a) 그래프에서 공공서비스의 생산에 따른 사회적 순편익이 극대화되는 점은 TB곡선에 대한 접선의 기울기와 TC곡선에 대한 접선의 기울기가 같은 점이며, 그때 사회적 순편익(S)의 크기는 ab이다. 이것을 (b) 그래프에 나타내면 cX^*(= ab)이다. (a) 그래프에서 사회적 순편익이 극대화되는 공공서비스의 생산수준은 X^*이다. 즉 X^*는 사회적으로 최적 생산수준이다. 하지만 니스카넨에 따르면 예산 극대화를 추구하는 관료들은 X^*보다 큰 생산수준(= X_0)을 선택한다는 것이다. 그 이유는 2가지다. 첫째로, 관료들이 추구하는 것은 효율적인 생산수준이 아니라는 점이다. 관료들은 좀 더 많은 예산을 확보해서 공공서비스의 생산을 확대하려고 한다. 그들 입장에서는 그렇게 하는 것이 자신들의 대내외적 파워와 영향력을 키우는 지름길이라고 생각하기 때문이다. 둘째로, 관료들은 TB 〉 TC의 조건이 성립하는 한, 입법부를 설득시켜 X_0만큼을 생산할 수 있는 예산 확보가 그리 어렵지 않다고 보기 때문이다. 하지만 관료들이 선택하는 생산수준 X_0에서는 사회적 순편익이 0인 데다 사회적인 관점에서 최적 수준보다 과다(過多)생산함으로써 공공서비스 생산의 비효율성을 야기한다. 니스카넨은 이런 문제점을 극복하기 위해 2가지 대안을 제시했다. 우선 관료들의 예산 절감 노력을 보수(報酬)체계와 연동시킴으로써 공공서비스의 생산이 사회적 최적 수준에 도달할 수 있도록 해야 한다고 주장했다. 그 취지에는 공감이 가지만 현실적인 측면에서 관료들의 보수체계를 탄력적으로 운용한다는 것은 쉽지 않은 과제다. 또 생산과 공급은 민간기업이 담당하고 정부는 거기에 필요한 예산만을 지원함으로써 공공서비스의 생산의 비효율성을 제거시켜야 한다는 것이다. 하지만 이것역시 관료들의 비효율 문제를 완벽하게 극복하기엔 역부족이다. 왜냐하면 예산 집행과 관련해서 관료들의 간섭과 입김이 보이지 않게 작용할 것이기 때문이다.

니스카넨 모형은 관료들이 공익보다는 자신들의 이익(예; 봉급, 권력, 수당, 사회적 위신, 퇴직연금 등)을 더 중시하며, 그로 인해 예산의 비효율적 집행이 이루어질 수 있다는 점과 관료들이 예산 확보를 위해 노력하는 현실 상황을 잘 설명해 준다. 하지만 입법

---

160 만약 사적재(私的財)였다면 사회적 순편익(S)은 이윤(π)으로 정의될 것이다.

부가 단지 TB 〉 TC라는 이유만으로 관료들의 예산요구를 무작정 승인해줄 정도로 단순하지는 않다는 비판이 제기될 수 있다. 또 관료들이 예산 확보에만 목숨을 거는 집단인가에 대해서도 의문의 여지가 있다. 이런 문제에 대해 또 다른 시각을 제시한 사람이 미그에(J.L. Migue)와 벨랑제(G. Belanger)이다. 그들은 관료들도 소비자들처럼 효용 극대화를 추구한다고 가정한다. 그들은 관료들의 효용함수(u)를 다음과 같이 정의했다.

u = U(X, P) 단, X는 예산 규모, P는 관료들의 특권을 의미함

미그에-벨랑제 모형은 〔그림 18-10〕의 (b) 그래프에다 관료들의 효용함수(u)인 무차별곡선을 가미시켜준 것이다. 효용함수에서 X는 공공서비스의 생산 크기로 대변되는 예산 규모, P는 관료들의 특권(prerogative right)을 말한다. 여기서 특권이란 넓은 집무실, 검은색 관용차와 운전기사, 수행 비서, 많은 판공비, 회전의자를 비롯한 고급 가구 등을 일컫는 말이다. 미그에와 벨랑제는 관료들이 여러 특권을 누리기 위해서는 무엇보다도 예산상의 잉여(= TB - TC)가 전제되어야 한다고 생각했다. 따라서 〔그림 18-11〕과 같은 관료들의 무차별곡선이 정의될 수 있다.

참고로 〔그림 18-10〕의 (b) 그래프와 〔그림 18-11〕의 Y축을 보면 동일한 Y축에 사회적 순편익(S)과 예산상의 잉여가 각각 등장하는 바람에 의아하게 생각하는 독자 여러분들이 있을지 모른다. 하지만 사회적 순편익이든 예산상의 잉여든 그것은 모두

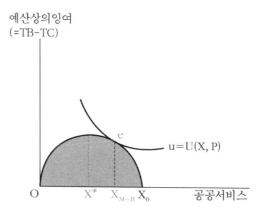

〔그림 18-11〕 미그에-벨랑제 모형과 공공서비스의 생산

TB - TC로 정의된다는 점에서 같은 개념이다. 이제 미그에-벨랑제 모형의 결론을 도출해보자. 미그에-벨랑제 모형에서 관료들의 효용극대화를 충족시켜주는 공공서비스의 생산수준은 X_{M-B}이다. 이것 역시 사회적으로 최적 생산수준인 X^*보다는 과다(過多)생산이지만 니스카넨 모형의 생산수준(= X_o)에 비해서는 상대적으로 작다. 즉 $X_o \rangle X_{M-B} \rangle X^*$라는 얘기다. 참고로 X_{M-B}에서 아래첨자 M과 B는 각각 미그에와 벨랑제의 첫 자를 의미한다. 그에 대한 오해없기를 바란다.

④ 이익집단(압력단체)

'철의 삼각형(iron triangle)'이란 말이 있다. 그 용어는 현대 미국 정치의 주요 특징 가운데 하나인 정치가, 관료, 이익집단의 3각 연합관계를 나타낸다. 그만큼 현대사회에서 이익집단의 파워는 매우 강하다. 이익집단(interest group)을 한마디로 정의하면 '이해관계를 공유하는 사람들이 공동의 이익을 실현하기 위해 정치권 및 정부 정책에 영향력을 행사하려는 집단'이다. 이들 이익집단의 장점은 공동의 목적의식을 갖고 있는 사람들의 모임이기 때문에 강한 조직력, 깊은 유대관계, 높은 결속력, 풍부한 자금력을 구비하고 있다는 점이다. 이익단체의 형태는 민주노총과 같은 노동조합, 전교조, 전국경제인연합회, 대한약사회, 대한의사회, 대한한의사협회, 환경운동연합, 성소수자 부모모임, 각종 시민단체 등에서 보는 것처럼 매우 다양하다. 이익집단은 정부의 정책에 압력을 가한다는 점에서 정당(政黨)과 유사한 측면이 있다. 하지만 정당은 정권 획득을 위해 노력하고, 이익집단은 정권 획득이 아닌 자신들의 특수이익을 추구한다는 점에서 서로 차별된다. 이익집단이 사회적 후생에 미치는 효과는 한마디로 단언하기 곤란하다. 왜냐하면 이익집단에는 순기능과 역기능이 함께 내재되어 있기 때문이다.

이익집단의 순기능을 요약·정리하면 다음과 같다. 첫째, 이익집단은 정부와 정부 정책에 대한 감시자와 비판자의 기능을 수행한다. 둘째, 이익집단은 다양한 시민들의 의사와 이익을 대변함으로써 정당의 기능을 보완해주는 역할을 수행한다. 셋째, 이익집단은 최고 정책결정자나 정책을 설계하는 사람들에게 시민들의 의사와 관련된 여러 정보들을 제공함으로써 시민들이 원하는 정책을 계획하고 실행하도록 돕는다.

이익집단에는 역기능적 요소도 만만치 않다. 그것을 요약하면 다음의 3가지로 정리된다. 첫째, 이익집단의 활동은 본래 특정 소수의 특수이익을 달성하려는 의도를 지니고 있기 때문에 공익과 충돌하는 경우가 적지 않다. 또 집단이기주의로 인해 정부의 정책 결정에 혼란을 초래할 가능성도 있다.[161] 둘째, 이익집단의 영향력이 지나치게 커질 경우에는 시민들의 의사와는 무관하게 일방적으로 정부의 정책 결정에 막강한 영향력을 행사할 수 있다. 셋째, 경우에 따라서는 정치 권력과 결탁함으로써 부정부패를 조장하기도 하고 정당의 공천과정에도 깊숙이 개입하기도 한다.

---

161 출처: 네이버 지식백과, 서경원 편저, 'Basic 고교생을 위한 정치경제용어사전', 2002 참조

요약 및 복습

공공선택이론은 정부가 어떠한 정치적 의사결정과정을 통해 공공재의 적정수준을 선택하는지, 또 정부는 유권자인 국민 개개인의 다양한 선호를 어떻게 통합하고 조정해서 하나의 사회적 선호로 도출할 수 있는지를 체계적으로 분석하는 실증경제학이다. 공공선택이론의 발전에 대한 선구자는 미국인 경제학자로서 테네시대 교수와 조지 메이슨대 명예교수를 역임하고 1986년에 노벨 경제학상을 수상한 조지 맥길 뷰캐넌 주니어(J. M. Buchanan, jr)이다.

공공선택과 시장 선택의 유사점과 차이점은 각각 3가지로 요약된다. 유사점은 ① 공공선택과 시장 선택에서 동기유발은 모두 개인의 이기심에 근거한다는 점이다. ② 공공선택이나 시장 선택에는 반드시 기회비용이 수반된다. ③ 공공선택이나 시장 선택에서 경쟁은 불가피하다. 차이점은 ① 사적재 배분은 시장 선택에 의해 이루어지며 그것의 원천은 소비자의 부나 소득인 데 반해, 공공재는 투표라는 공공선택에 의해 배분된다. ② 사적재는 반드시 대가를 지불해야 하지만 공공재는 비배제성의 원칙에 따라 공짜로 소비한다. ③ 사적재의 공급을 위한 재원은 소비자부담원칙이 적용되지만 공공재의 재원은 국민 혈세로 충당한다.

사적재의 자원배분을 담당하는 것이 상품시장(생산요소시장 포함)이라면 공공재의 자원배분을 이해하기 위해서는 정치시장에 대한 학습이 선행되어야 한다. 또 정치시장을 올바로 이해하기 위해서는 정치가, 관료, 유권자인 국민의 행태에 대한 기본지식을 터득해야 한다.

공공선택은 한마디로 투표를 통한 정치적 의사결정과정이라고 말할 수 있다. 본서에서 다루는 대표적인 투표 방식으로는 전원합의제(일명, 만장일치제), 다수결 투표제, 2/3찬성제, 최적 다수결 투표제, 점수투표제 등을 들 수 있다. 이들 투표제도의 기본 개념, 장단점은 재정학이나 미시경제학을 막론하고 자주 출제되기에 독자 여러분들의 주의를 요한다. 본문 내용의 전개 과정에서 조금이라도 어렵거나 모호하게 느껴지는 부분은 각주를 통해 보완설명을 충분히 해두었다. 따라서 독자 여러분들은 각주 내용까지 꼼꼼하게 읽어가며 공공선택이론에 대한 지식 쌓기에 정진해주기 바란다.

투표의 역설이란, 가령 마을주민 갑, 을, 병이 세 가지 정책 대안 A, B, C에 관해 선호도를 1, 2, 3위로 정하고 투표를 한다고 가정하자. 정책 대안 A와 B에 대해 투표를 하면 A가 B를 이기고, 정책 대안 B와 C에 대해 투표를 하면 B가 C를 이기는 것으로 나왔다. 그러면 상식적으로 A는 C를 이길 것으로 예상한다. 그러나 정책 대안 A와 C에 대해 투표를 하면 C가 A를 이기는 경우가 나타나는 것을 말한다. 즉 투표의 역설은 이행성의 조건이 충족되지 않는 경우라고 보면 좋을 것 같다.

① 투표의 역설 현상이 발생하는 이유는 투표자 가운데 어느 투표자가 단봉선호를 갖지 않기 때문이다. 즉 투표자의 선호가 봉우리가 두 개인 양봉 선호를 가지면 이와 같은 투표의 역설이 발생한다. 참고로 투표자가 단봉선호를 충족시키기 위한 필요조건은 소비자균형점이 반드시 존재해야 한다는 점이다. 이에 관한 자세한 사항은 본문 내용을 참조하기 바란다.

② 또 한 가지 독자 여러분들이 유의해야 할 사항은 '모든 투표자의 선호가 단봉선호를 갖는 경우에도 투표의 역설 현상이 발생할 수 있다'는 사실이다. 가령 3차원 공간에서 공공선택의 문제를 고려할 경우에는 비록 투표자들이 단봉선호를 갖고 있더라도 투표의 역설이 발생할 수 있다. 그에 대한 자세한 사항은 본문 내용을 참조하기 바란다.

대의민주주의제도하에서 정치과정의 참여자는 크게 정치가, 관료, 특수이익집단, 유권자 등이다. 유권자는 투표를 통해 행정수반인 대통령과 국회의원을 선출한다. 대통령은 공직자(관료)들을 선발하고, 관료들은 관련 법에 근거해서 국정운영을 담당한다. 국회의원들은 법률을 제정하고 국정감사를 통해 행정부를 감시하고 견제한다. 또한 이익집단은 이해관계를 공유하는 사람들의 모임체로서 자신들의 이익을 실현하기 위해 유권자, 대통령, 국회의원을 비롯한 사람들을 상대로 선전, 홍보, 로비 등을 행한다.

다운스의 득표극대화 모형은 대의민주주의제도하에서 공공선택에 관한 의사결정을 하는 정치가들의 행동에 분석의 초점을 맞춘 모형이다. 다운스는 유권자인 투표자와 정치가에 대해 다음과 같은 가정을 한다. ① 투표자는 정치가가 결정한 공공선택으로부터 순편익의 극대화를 추구한다. ② 정치가는 오로지 당선을 목표로 득표극대화를 추구한다.

① 그러다 보니 지역구 국회의원들은 당선을 위해 지역구민들의 의사를 충실하게 대변할 수밖에 없다.

② 정치가는 당선을 위해 투표수가 제일 많은 중위투표자들이 선호하는 정책을 밀어붙일 수밖에 없다. 이런 이유로 정당 간, 후보자 간 선거공약이 엇비슷하고 선거철만 되면 평소 혁신의 기수를 자처했던 정당이 중도 보수정당으로 급선회하는 경향이 있다.

③ 또 중위투표자들을 자처하는 여러 압력 단체들이 등장해서 집단이기주의가 만연하고 공공지출이 크게 증가하는 폐단이 발생하기도 한다.

관료제와 관련해서 공공서비스의 과다생산 문제를 논의하는 모형으로 니스카넨 모형, 미그에-벨랑제 모형이 존재한다.

① 니스카넨 모형은 관료들이 예산극대화를 추구한다고 가정한다. 또 그들은 공공서비스의 생산에 따른 순편익(= TB - TC)이 제로(0)가 되는 시점까지 생산수준을 확대한다. 이는 순편익이 극대화되는 수준보다 과대 생산되는 문제가 존재한다.

② 미그에-벨랑제 모형은 관료들도 소비자들처럼 효용 극대화를 추구한다고 가정한다. 즉 u = U(X, P) 단 X는 예산 규모, P는 관료들의 파워나 특권을 의미한다. Y축은 예산상의 잉여(= TB - TC)는 관료들의 파워나 특권과 관련된 변수 P이고, X축은 예산규모 X로서 이는 공공서비스의 생산수준과 관련된 변수이다. 예산상의 잉여와 공공서비스 간의 곡선과 관료들의 무차별곡선이 접하는 선에서 관료적 생산이 이루어진다. 미그에-벨랑제 모형에서 산출되는 관료적 생산수준은 니스카넨 모형보다는 적게 생산되지만, 순편익이 극대화되는 생산수준보다는 과대 생산된다.

이익집단은 이해관계를 공유하는 사람들이 공동의 이익을 실현하기 위해 정치권 및 정부 정책에 영향력을 행사하려는 집단이다. 이익집단은 순기능과 역기능을 다함께 고려해서 평가해야 한다. 자세한 사항은 본문 내용을 참조하기 바란다.

참고문헌

김대식·노영기·안국신·이종철,『현대 경제학원론』(제7판), 박영사, 2018.

김덕수,『거시경제학』, 율곡출판사, 2020.

_____,『김덕수 교수의 통쾌한 경제학』, 한국경제신문, 2001.

_____,『마셜이 들려주는 시장과 가격 이야기』, 자음과 모음, 2011.

_____,『블랙벨트 리더십』, 박영사, 2017.

박은태 편저,『경제학사전』, 경연사, 2011.

박준건,『문화와 철학; 생태사회의 사회철학』, 한국철학사상연구회, 동녘, 1999.

성백남·정갑영,『미시경제학』, 박영사, 1999.

_____,『미시경제학』(개정판), 박영사, 2011.

이승훈,『미시경제학』, 영지문화사, 1995.

이승훈·장지상·전병헌,『미시경제학』, 생능출판사, 2020.

이준구,『미시경제학』(제2판), 법문사, 1996.

_____,『미시경제학』(제7판), 문우사, 2019.

_____,『재정학』, 다산출판사, 1999.

이준구·조명환,『재정학』, 문우사, 2021.

홍승기,『7급 경제학』(미시경제학; 2판), 박영사, 2009.

김덕수, "김덕수의 파워 칼럼; 누가 모럴 해저드를 도덕적 해이라고 번역했는가?" 디트뉴스 24, 2005. 9. 28.

김선구, "'모럴 해저드' 해결할 만병통치약이 있을까?",『나라 경제』(KDI), 2017년 8월호.

박정호, "역선택", 한국경제신문, 생글생글 264호; 2010. 10. 11.

북스톤, "LG생활건강이 승자의 저주에서 피할 수 있었던 비결 7가지". https://blog.naver.com/bookstones/221581398120

서한기, "저출산·고령화·저성장 파고에 건강보험 지속가능성 '빨간불'", 연합뉴스, 2019. 7. 4.

조선왕조실록, 인조실록(인조3년), 1625년 6월 19일자.

Chiang, Alpha C., Wainwright, Kevin, 정기준·이성순 역,『Fundamental Methods of Mathematical Economics』(4th edition), McGrawHill, 2018.

Browning, Edgar K., Zupan, Mark A.,『Microeconomics; Theory and Applications』, Wiley,

2023.

Gregory, Mankiw N., 『Principles of Microeconomics』, Cengage, 2021.

Varian, Hal R., 『Intermediate Microeconomics with Calculus』, Norton & Company, 2019.

Robert S. Pindyck, Daniel L. Rubinfeld, 『Microeconomics』, Pearson, 2018.

네이버 지식백과. https://terms.naver.com/

두산백과. https://www.doopedia.co.kr/

유용원의 군사 세계. https://bemil.chosun.com/

한국민족문화대백과사전. https://encykorea.aks.ac.kr/

찾아보기